Übertragung von Hoheitsrechten der Türkei auf die EU
im Falle der EU-Mitgliedschaft

Europäische Hochschulschriften

Publications Universitaires Européennes
European University Studies

Reihe II
Rechtswissenschaft

Série II   Series II
Droit
Law

Bd./Vol. 5392

PETER LANG

Frankfurt am Main · Berlin · Bern · Bruxelles · New York · Oxford · Wien

Bilgütay Kural

Übertragung von Hoheitsrechten der Türkei auf die EU im Falle der EU-Mitgliedschaft

PETER LANG
Internationaler Verlag der Wissenschaften

Bibliografische Information der Deutschen Nationalbibliothek
Die Deutsche Nationalbibliothek verzeichnet diese Publikation in
der Deutschen Nationalbibliografie; detaillierte bibliografische Daten
sind im Internet über http://dnb.d-nb.de abrufbar.

Zugl.: Berlin, Humboldt-Univ., Diss., 2011

Gedruckt auf alterungsbeständigem,
säurefreiem Papier.

11
ISSN 0531-7312
ISBN 978-3-631-63845-3

© Peter Lang GmbH
Internationaler Verlag der Wissenschaften
Frankfurt am Main 2012
Alle Rechte vorbehalten.

www.peterlang.de

Einfach kompliziert
Thomas Bernhard

Vorwort

Die vorliegende Arbeit wurde im Wintersemester 2011 von der Juristischen Fakultät der Humboldt-Universität zu Berlin als Dissertation angenommen. Hinsichtlich der Rechtsprechung und Literatur ist die Arbeit auf dem Stand von 2011.

Bedanken möchte ich mich an erster Stelle bei meinem Doktorvater, Herrn Professor Dr. Dr. h.c. Ingolf Pernice, für die immer wohlwollende und hilfreiche Förderung diese Arbeit. Seine Anregungen, konstruktive Kritik und Hilfsbereitschaft haben wesentlich zur Entstehung dieser Arbeit beigetragen. Herrn Prof. Dr. Georg Nolte danke ich für die zügige Erstellung des Zweitgutachtens. Prof. Dr. Dr. h.c. Christian Tomuschat, Vorsitzender der Prüfungskommission, gilt mein herzlicher Dank für die stringente Diskussionsführung während der Disputation.

Bei meinen Freunden und bei meinen Kollegen bedanke ich mich für die zahlreichen Diskussionen und Hinweise, sie haben mich über die gesamte Entstehungszeit der Arbeit begleitet. Dank auch an Carsten, Onur und Levent sowie die „Carsamba Plattformu" in Berlin Kreuzberg, dort konnte ich meinen Blick für das Wesentliche schärfen.

Meiner Mutter, meiner Familie und Uta schulde ich unendlich Dank für ihre Anteilnahme und Hilfe, sie waren für die Entstehung der Arbeit unentbehrlich.

Berlin, im November 2011   Bilgütay Kural

Inhaltsverzeichnis

11

Abkürzungsverzeichnis

Deutsche und englische Abkürzungen

ABl.:	Amtsblatt
AEUV:	Vertrag über die Arbeitsweise der Europäischen Union
Art.:	Artikel
BGBl.:	Bundesgesetzblatt
BRD:	Bundesrepublik Deutschland
BT-Drs.:	Bundes-Drucksache
BVerfG:	Bundesverfassungsgericht
DÖV:	Die Öffentliche Verwaltung
DVBl.:	Deutsches Verwaltungsblatt
EAG:	Europäische Atomgemeinschaft
EEA:	Einheitliche Europäische Akte
EG:	Europäische Gemeinschaften
EGKS:	Europäische Gemeinschaft für Kohle und Stahl
EGMR:	Europäischer Gerichtshof für Menschenrechte
EGV:	Vertrag über die Europäische Gemeinschaft
EMRK:	Europäische Menschenrechtskonvention
EPG:	Europäische Politische Gemeinschaft
EU:	Europäische Union
EuGH:	Europäischer Gerichtshof
EuGRZ:	Europäische Grundrechte-Zeitschrift
EuR:	Europarecht
EUV:	Vertrag über Europäische Union
EuZW:	Europäische Zeitschrift für Wirtschaftsrecht
EVG:	Europäische Verteidigungsgemeinschaft
EWG:	Europäische Wirtschaftsgemeinschaft
GG:	Grundgesetz
Hrsg.:	Herausgeber
HStR:	Handbuch des Staatsrechts
i.E.:	in Erarbeitung
JöR:	Jahrbuch des öffentlichen Rechts
JuS:	Juristische Schulung
NATO:	North Atlantic Treaty Organization

NJ:	Neue Justiz
NJW:	Neue Juristische Wochenschrift
ÖAW:	Österreichischen Akademie der Wissenschaften
StPO:	Strafprozessordnung
U.N.T.S.	United Nations Treaty Series
VVDStRL:	Veröffentlichung der Vereinigung der Deutschen Staatsrechtslehrer
VvL:	Vertrag von Lissabon
ZaÖRV:	Zeitschrift für ausländisches öffentliches Recht und Völkerrecht

Türkische Abkürzungen

AMKD:	Anayasa Mahkemesi Kararlari Dergisi (Journal der Verfassungsgerichtsentscheidungen)
D.P.Ü.:	Dumlupinar Üniversitesi (Dumlupinar-Universität)
IHD:	Insan Haklari Dernegi (Menschenrechtsverein)
IÜHF:	Istanbul Üniversitesi Hukuk Fakultesi (Istanbul-Universität Juristische Fakultät)
K.Ü.H.F.:	Kocaeli Üniversitesi Hukuk Fakültesi (Kocaeli-Universität Juristische Fakultät)
SBF:	Siyasal Bilgiler Fakültesi (Fakultät der politischen Wissenschaften)
TBB:	Türkiye Barolar Birligi (Bund der Rechtsanwaltsvereine der Türkei)

Einleitung

Europa und die Türkei: Ihre Beziehung hat eine lange und wechselvolle Geschichte. Kein anderer Beitrittskandidat bewegt die europäischen Gemüter so stark wie die Türkei. Die mögliche Aufnahme eines Landes mit einem Staatsvolk von ca. 70 Millionen und einer Fläche von ca. 750.000 Quadratkilometern verursacht in der EU vehemente Diskussionen über Aufnahmekapazität und eigene Identität. Auch auf türkischer Seite werden Chancen und Risiken der Kompatibilität des eigenen politischen und juristischen Systems hinterfragt. Im Jahre 2005 erreichen die Beziehungen zwischen der Türkei und der EU mit der Eröffnung der Beitrittsverhandlungen[1] eine neue Stufe und damit eine andere Qualität. Anfangs provozierte diese neue Phase unzählige, auch juristische Diskussionen. Ab dem Jahr 2008 kann ein Abkühlen der Beziehungen zwischen der Türkei und der EU beobachtet werden: Die Verhandlungsverfahren werden nicht mehr mit der anfänglichen Intensität geführt.

Unabhängig von der Intensität der Verhandlungsdiskussionen und der Entschleunigung des Verhandlungsverfahrens muss die Frage beantworte werden, ob die türkische Verfassungsordnung eine Mitgliedschaft in der EU erlaubt. Aufgrund der Besonderheiten der EU bezüglich der Wirkung von Hoheitsrechten der Mitgliedstaaten und der im Europarecht angewendeten Begriffe wie „Übertragung von Hoheitsrechten" oder „gemeinsame Ausübung von Hoheitsrechten" muss die Kompatibilität des Souveränitäts- und Hoheitskonzepts der Türkei und deren verfassungsrechtliche Bestimmungen mit der europäischen Rechtsordnung analysiert werden. Denn die auf der geschlossenen Staatlichkeit basierenden verfassungsrechtlichen Prinzipien der Türkei, wie Unantastbarkeit des Staates, Einheitlichkeit von Nation und Staat, Souveränität der Nation und Souveränität des Volkes, Uneingeschränktheit der inneren und äußeren Souveränität des Staates und strikte Ablehnung der Übertragbarkeit und Teilbarkeit der Souveränität und Hoheitsrechte, stehen mit den Prinzipien der europäischen Rechtsordnung, wie „Zusammen-Ausübung der Hoheitsrechte", „Beschränkung der Souveränität" oder „geteilte Souveränität", grundsätzlich im Widerspruch.

Insbesondere die Problematik der Souveränität sowie der Hoheitsrechte der Türkei wird bis heute in Bezug auf die Mitgliedschaft in der EU diskutiert und

---

1   Dokumentation der Eröffnung der Beitrittsverhandlungen siehe:
     <http://ec.europa.eu/enlargement/pdf/turkey/st20002_05_tr_framedoc_en.pdf>.

bereitet Sorgen.[2] Die Besorgnis resultiert vor allem daraus, dass die Türkei gezwungen ist, sich mit ihrem Staats- und Souveränitäts- sowie Hoheitsverständnis auseinanderzusetzen und dieses neu zu definieren.

Aus diesem Grund befasst sich die vorliegende Arbeit mit den verfassungsrechtlichen Fragen der Übertragung von Hoheitsrechten auf die EU bezüglich der türkischen Verfassungsordnung, möglichen verfassungsrechtlichen Konflikten und entsprechenden Lösungen. Dies betrifft konkret die Fragestellung, inwieweit für die Mitgliedschaft in der EU die Übertragung von Hoheitsrechten auf die EU erforderlich ist und ob die türkische Verfassungsordnung solche Übertragungsmöglichkeiten vorsieht und zulässt.

Trotz aller Diskussionen in der Gesellschaft und der Angst um die Souveränität des türkischen Staates wird in der türkischen juristischen Fachliteratur die Übertragung von Hoheitsrechten der Türkei bezüglich der EU vorwiegend als verfassungsrechtlich technische Frage behandelt. Infolgedessen wurde diese Frage grundsätzlich mit Vorschlägen zur Änderungen einige Verfassungsartikel beantwortet mit dem Ziel der Harmonisierung der türkischen Verfassung mit der europäischen Rechtsordnung.[3] Wird die politisch und historisch bedingte Eigenschaft der Hoheitsrechte in Betracht gezogen, ist zu konstatieren, dass die Problematik der „Übertragung von Hoheitsrechten" durch eine rein technische Verfassungsänderung nicht zu bewältigen ist.

Daher wird in dieser Arbeit die juristische Bedeutung der Begriffe immer im Zusammenhang mit gesellschaftlichen und historischen Komponenten ana-

---

2   Suner, Asli/Firuzan, Riza Ali/Ayvaz, Yüksel Yusuf: An Application About The University Students in Izmir With Stratified Cluster Sampling, in: Süleyman Demirel Üniversitesi Iktisadi Bilimler Fakültesi Dergisi, Band 14/1, Isparta, 2009, S. 417, 422.

3   Hakyemez, Sevki Yusuf: Mutlak Monarsilerden Günümüze Egemenlik Kavrami (Souveränität als Begriff von den absoluten Monarchien bis heute), Ankara, 2004, S. 262-266; Kocak, Mustafa: Devlet ve Egemenlik (Staat und Souveränität), Istanbul, 2006, S. 236; Kanetti, Selim: Avrupa Toplulugunun Üstünlügü Karsisinda Türkiye Cumhuriyeti Anayasasi (Türkische Verfassung in Bezug auf den EG-Rechtsordnung), in: Anayasa Yargisi, Band 7, Ankara, 1990, S. 131; Dogan, Izzettin: Türk Anayasa Düzeninin Avrupa Topluluklari Hukuk Düzeniyle Bütünlesmesi Sorunu (Die Integrationsfrage der türkischen Rechtsordnung mit der Rechtsordnung der europäischen Gemeinschaften), Istanbul, 1979, S. 196; Inceoglu, Sibel: Türkiye: AB'nin Yetkileri Karsisinda Nasil Bir Egemenlik Anlayisi, (Türkei: die Souveränitätsansicht in Bezug auf Kompetenzen der EU), in: Anayasa Yargisi, Band 22, Ankara, 2005, S. 250 f.; Yüzbasioglu, Necmi [2005]: Türk Anayasasinin Avrupa Anayasasina Uyum Sorunu Üzerine Bir Degerlendirme (Eine Analyse über die Anpassung der türkischen Verfassung an die europäische Verfassung), Anayasa, Yargisi, Band 22, Ankara, 2005, S. 348 f.; Özarslan, Bumin Bahadir: Transferring the Authority of Sovereignty Turkey's Memberschip into European Union, Journal of Turkish World Studies, Band 6/1, Izmir, 2006, S. 169-180; Arsava, Füsun: Gelecegin AB Üyesi Olarak Türkiye Egemenlik Haklarinin Devri Sorunu (Die Problematik der Übertragung von Hoheitsrechten der Türkei als zukünftiges Mitglied der EU), <www.ites-europa.org/ Fusun_Arsava.pdf>

lysiert. Ebenso wird die Diskrepanz zwischen der idealen und der realen juristischen Vorstellung der „Übertragung von Hoheitsrechten der Türkei" behandelt. Die juristische Diskussion in der Türkei in Bezug auf Souveränität und Hoheitsrechte ähnelt der Diskussion in anderen Mitgliedstaaten der EU,[4] da die juristischen Texte der Türkei aus Europa übernommen worden sind. Infolgedessen werden die Souveränität und die Hoheitsrechte in der türkischen Fachliteratur nur durch die Wiederholung der klassischen europäischen Theorien, ohne Beachtung des besonderen historischen Kontextes in der Türkei, analysiert.[5]

Da aber ohne die historischen Wandlungen der Begriffe ihre realen Bedeutungen nicht verstanden werden können, wird in dieser Arbeit die Wandlung der Souveränität und der Hoheitsrechte sowohl in der Türkei als auch in Europa vornehmlich im historischen Kontext untersucht. So soll gezeigt werden, wie die Diskrepanz zwischen Verfassung und Verfassungswirklichkeit minimalisiert werden kann und demzufolge die verfassungsrechtlichen Normen im wirklichen Sinne interpretiert werden können.

Nur aus dem Verständnis des historischen Zusammenhangs kann die Möglichkeit der Übertragung von Hoheitsrechten der Türkei im Kontext der politischen und juristischen Bedeutung der Souveränität und der Hoheitsrechte in der existierenden Verfassungsordnung der Türkei untersucht werden. Die grundsätzliche Problematik des Verständnisses von Souveränität und Hoheitsrechten in der Türkei geht auf die letzte Phase des Osmanischen Reichs zurück. Diese Phase war geprägt durch eine politische Grundhaltung einer „Politik der Anbindung an die Länder Europas". Dieses Paradigma hatte auch juristische und politische Wirkung. Als Ergebnis dieses Paradigmas wurde ab dem 19. Jahrhundert versucht, die Modernisierung und Verwestlichung des Staates und der Gesellschaft durchzuführen. Die vorherrschende Meinung war, dass das Regieren gemäß dem traditionellen osmanischen Staatsverständnis und dessen juristischen Konstruktionen nicht mehr für möglich gehalten wurde. Dies führte zu der Entscheidung, Institutionen und Gesetze der Länder in Europa zu übernehmen. Die Regierenden gingen davon aus, nur durch solche Maßnahmen die Existenz, Unabhängigkeit und Souveränität des Landes retten zu können. Der politische Diskurs mit dem Modernisierungs- und Verwestlichungsparadigma für die Unabhängigkeit und Souveränität des Landes wurde nach der Gründung auch von der türkischen Republik übernommen. Neben der Intensivierung des Verhältnisses zu den Ländern in Europa implementierte die türkische Republik

---

4   Ausführlich dazu: Wendel, Mattias: Permeabilität im europäischen Verfassungsrecht, Tübingen, 2011, Mohr Siebeck.

5   Göztepe, Ece: Avrupa Birliginin Siyasal Bütünlesmesi ve Egemenlik Yetkilerinin Paylasilmasi Sorunu (Das politische Zusammenwachsen der EU und die Frage der Verteilung von Hoheitsrechten), Ankara, 2008. S. 231.

vom Zivilrecht bis zum Verwaltungsrecht, vom Strafrecht bis zum Handelsrecht in fast allen juristischen Bereichen die nur leicht veränderten Gesetze aus den europäischen Ländern.

Das Ziel war, die Türkei zu einem Staat zu entwickeln, dessen inneres Rechtssystem mit den Ländern in Europa kompatibel ist und der mit ihnen durch ein sehr enges Verhältnis verbunden ist. Das Verhältnis zu den europäischen Ländern sollte auf den Prinzipien des klassischen internationalen Rechts, wie Anerkennung der vollen Souveränität und Unabhängigkeit, Gleichheit und Gegenseitigkeit, beruhen.

Auf dieser Basis wurde die Türkei 1950 Mitglied des Europarates. Gleich nach der Gründung der Europäischen Wirtschaftsgemeinschaft bewarb sich die Türkei für die Mitgliedschaft. Der Mitgliedschaftsantrag der Türkei führte nicht zur Mitgliedschaft, aber zum Abschluss eines Assoziationsabkommens zwischen der Türkei und der EWG. Das Assoziationsabkommen bildete die ökonomische und juristische Basis des Verhältnisses zwischen der EU und der Türkei. Letztendlich wurde der Kandidatenstatus der Türkei akzeptiert und 2005 begannen die Verhandlungen für die EU-Mitgliedschaft.

Die juristische und verfassungsrechtliche Terminologie erzeugte scheinbar in all diesen Entwicklungen keine großen Probleme, da die verfassungsrechtliche Terminologie in der Türkei aus den europäischen Ländern übernommen wurde. Aber trotz der Anwendung derselben juristischen Begriffe kann, aufgrund der unterschiedlichen gesellschaftlichen und historischen Entwicklungen, die inhaltliche und gesellschaftliche Bedeutung der verfassungsrechtlichen Normen nicht ausgeklammert werden.

Die Unterschiede der Bedeutung der Normen konkretisieren sich besonders bei der Bedeutung der „nationalen Staatlichkeit". Während die europäischen Länder ihre verfassungsrechtlichen Entwicklungen und Nationalstaatlichkeit im historischen Kontext durch die breite gesellschaftliche Beteiligung begründen, kann die Türkei dies nicht. Denn im historischen Sinne wurden die verfassungsrechtlichen Entwicklungen der Türkei durch die Eliten vorangetrieben. Dieser Unterschied führte zu einem hochsensiblen Umgang mit dem Begriff „Souveränität des Staates". Deswegen hatten und haben die Begriffe „Unteilbarkeit und volle Unabhängigkeit des Staates" in den türkischen Verfassungen einen besonderen Status.

Trotzdem hat die Souveränitätsdoktrin der Türkei, die auf der Basis der vollen Souveränität und Unabhängigkeit des Landes gebaut worden war und in dem die Nationalstaatsidee eine führende Rolle spielt, bis jetzt funktioniert.

Die Rolle und die Funktion der Nationalstaaten haben eine grundsätzliche Veränderung durch ökonomische, soziale und technologische Entwicklungen in der Welt erfahren.

Besonders die politischen und juristischen Entwicklungen nach der Gründung der EU beeinflussten nicht nur die Mitgliedstaaten der EU sondern auch andere Länder bezüglich des Souveränitätsgedanken. In den Mitgliedsländern wurden bezüglich der Ausübung von Hoheitsrechten und der Übertragung von Hoheitsrechten sowohl in Politik und Wissenschaft als auch in der Justiz grundsätzliche Diskussionen geführt. Die höchsten Gerichte der Mitgliedsländer trafen in Bezug auf die Übertragung von Hoheitsrechten wichtige Entscheidungen. Diese Diskussionen werden immer noch weitergeführt, da die verfassungsrechtliche Frage über die Ausübung und Übertragung von Hoheitsrechten mit den Entwicklungen der EU verbunden ist. Unabhängig von der Weiterführung der Diskussionen und dem unterschiedlichen Umgang der Mitgliedsländer und deren Gerichte mit den Fragen bezüglich der Hoheitsrechte wird von den Mitgliedstaaten grundsätzlich die Übertragung von Hoheitsrechten auf die EU ermöglicht. Aufgrund der *„sui generis"*-Eigenschaften der EU im Vergleich mit den klassischen internationalen Organisationen lässt sich die Frage bezüglich der Übertragung von Hoheitsrechten im Falle der Mitgliedschaft mit den klassischen Begriffen des internationalen Rechts nicht vollständig erforschen.

Der Aufbau dieser Arbeit ergibt sich folglich aus den Besonderheiten sowohl der Türkei als auch der EU bezüglich der Hoheitsrechte. So wird zuerst die theoretische und praktische Bedeutung der Hoheitsrechte bzw. Souveränität in der türkischen Verfassungsordnung mit den gesellschaftlichen und historischen Entwicklungen einer Analyse unterzogen. Nach der Konkretisierung der juristischen Bedeutung der Souveränität und der Hoheitsrechte in der türkischen und europäischen Verfassungsordnung werden die denkbaren Verfassungsänderungen für „die Übertragung von Hoheitsrechten der Türkei im Falle der Mitgliedschaft der EU" dargestellt.

In Teil 1 der Arbeit (Verfassungsrechtliche Regelungen der Staatsgewalt und deren Entwicklungen im türkischen Rechtssystem) werden die Bedeutungen der Begriffe wie Souveränität, Hoheitsrechte und Kompetenzen durchleuchtet. Da die Souveränität seit der Gründung der Republik der Türkei als Grundstein der Staatlichkeit angenommen wird[6] und so die Basis für die Diskussionen bezüglich der Hoheitsrechte bietet, wird die Souveränität und deren gesellschaftliche, politische sowie juristische Begründung ausführlich erforscht. Auf der Untersuchungsgrundlage der geschichtlichen Wandlung der Souveränität sowohl in der Türkei als auch in Europa werden Ähnlichkeiten und Diskrepanzen bei der juristischen Anwendung der Begriffe dargestellt.

Anschließend werden besonders das Staatsverständnis der Türkei sowie verfassungsrechtliche Prinzipien bezüglich ihrer Souveränität und Ausübung ihrer

---

6   Kural, Bilgütay: Avrupa Birligine Girme Halinde Egemenligin Devrine Iliskin Anayasal Bir Degerlendirme (Eine verfassungsrechtliche Analyse bezüglich der Übertragung der Hoheitsrechte im Falle der EU-Mitgliedschaft), Hukuk ve Adalet Dergisi, Volume 3, 2004. S. 99.

Souveränität abgebildet, um somit das Verhältnis der Hoheitsrechte zur Souveränität zu klären.

In Teil 2 (Völkerrecht und türkische Verfassung in Bezug auf die supranationalen Eigenschaften der EU) werden im Lichte des im ersten Teil festgestellten Souveränitätsverständnisses die juristische Bedeutung und das Verhältnis der Völkerrechtsnormen zu der türkischen Rechtsordnung analysiert, da die Übertragung von Hoheitsrechten mithilfe der völkerrechtlichen Methode verwirklicht werden soll. Aufgrund der völkerrechtlichen Wurzeln und der besonderen Eigenschaften der EU wird in diesem Teil die Kompatibilität der türkischen Verfassungsordnung mit der europäischen Rechtsordnung untersucht. Obwohl die Türkei grundsätzlich das Verständnis der geschlossenen Staatlichkeit vertritt, unterlag sie in der Vergangenheit durch unterschiedliche Verträge der Selbstbeschränkung ihrer Souveränität. Diese Selbstbeschränkung wurde immer mit dem Prinzip *pacta sunt servanda* begründet, obwohl in einigen Fällen die Verbindlichkeiten der Verträge weit darüber hinausging.

Infolgedessen werden die Prinzipien des internationalen Rechts, wie volle Unabhängigkeit der Parteien und gegenseitige Anerkennung, volle Souveränität, Gleichheit und Gegenseitigkeit, als Basis der internationalen Verantwortung der Türkei akzeptiert.

Somit hat die Türkei auf der einen Seite ihre internationalen Verpflichtungen erfüllt, aber auf der anderen Seite ihre volle Unabhängigkeit und Souveränität betont.

Auch die internationale Verbindlichkeiten der Verträge, wie Lausanne-Vertrag, EMRK, Assoziationsabkommen und Nato-Vertrag, werden durch die klassischen Prinzipien des internationalen Rechts begründet, obwohl diese Verträge die Ausübung von Hoheitsrechten der Türkei beschränken.

Aufgrund dieser Haltung der Türkei werden im zweiten Kapitel die Problematik der Begründung der internationalen Verbindlichkeit bezüglich der Übertragung von Hoheitsrechten auf die EU und daraus resultierende mögliche Probleme untersucht.

Somit wird hier versucht, die Kompatibilität der Prinzipien für internationale Verbindlichkeiten der türkischen Verfassungsordnung mit der Frage der Übertragung von Hoheitsrechten auf die EU im Lichte des autonomen Charakters, der verfassungsrechtlichen Eigenschaft und vorrangiger und unmittelbarer Wirkung des Europarechts auszuarbeiten.

In Teil 3 (Übertragung von Hoheitsrechten in der türkischen Rechtsordnung und in den Mitgliedstaaten der EU) wird die allgemeine Haltung der türkischen Rechtsordnung bezüglich der „Übertragung von Hoheitsrechten" betrachtet.

Danach wird die „Übertragung von Hoheitsrechten" im Europarecht rechtsvergleichend in Bezug auf einige Beispielländer analysiert und die Problematik der

Haltung der türkischen Verfassungsordnung dazu herausgearbeitet. Darüber hinaus lässt sich in diesem Kontext feststellen, dass die unterschiedlichen Verfassungsverständnisse unterschiedliche verfassungsrechtliche Lösungen mit sich bringen.

Trotz all der unterschiedlichen Lösungsmodelle darf die einheitliche Wirkung und Verbindlichkeit des Europarechts für alle Mitglieder der EU nicht außer Acht gelassen werden.

Da das Staatsverständnis der Türkei bei der Ermöglichung der Übertragung von Hoheitsrechten eine grundsätzliche Rolle spielt, werden im nächsten Teil (Teil 4: Bedarf eines neuen offenen Staatskonzepts zur Ermöglichung der Übertragung von Hoheitsrechten der Türkei auf die EU) die rechtliche Qualifizierung sowie die Grundeigenschaften der EU dargestellt, um die Kompatibilität des türkischen Staatsverständnisses mit der europäischen Rechtsordnung unter der Perspektive „offene Staatlichkeit" zu analysieren. Aus dieser Perspektive wird der nötige Paradigmenwechsel in der türkischen Verfassungsordnung und im Staatsverständnis durchleuchtet, damit die nötigen Änderungen der Verfassung nicht mit dem Grunddiskurs der Verfassungsordnung der Türkei kollidieren oder dazu in ein Spannungsverhältnis geraten.

Im letzten Teil (Teil 5: Bedarf der Änderungen der Verfassung der Türkei in der Zeit des Wandels des Hoheitsverständnisses) werden zuerst die mit dem europäischen Recht kollidierenden Artikel der türkischen Verfassung bezüglich der Übertragung von Hoheitsrechten dargestellt. Im Anschluss werden die Änderungsmöglichkeiten dieser mit dem europäischen Recht kollidierenden Artikel der türkischen Verfassung untersucht. Mit rechtsvergleichendem Blick auf die verfassungsrechtlichen Vorschriften der Mitgliedstaaten der EU werden in diesem Teil entsprechende Lösungen für nötige Verfassungsänderungen sondiert. Das Ziel ist, einen Weg aufzuzeigen, mit dem die Türkei ohne Legitimationsprobleme und ohne Ängste, ihre Souveränität zu verlieren, die Übertragung der Hoheitsrechte auf die EU verfassungsrechtlich realisieren kann.

Diese Arbeit hat nicht nur zum Ziel, die rechtlichen Möglichkeiten einer Anpassung der türkischen Verfassung an die europäische Rechtsordnung durch Änderung der mit der europäischen Rechtsordnung kollidierenden Verfassungsartikel aufzuzeigen, sondern darüber hinaus auch die verfassungsrechtlichen Optionen der Harmonisierung der nötigen Änderungen der Verfassung mit den Paradigmen des türkischen Staates zu erarbeiten. So kann durch die Übertragung von Hoheitsrechten auf die EU nicht nur ein De-facto-Zustand konstruiert werden, sondern durch die Beteiligung der Bevölkerung kann auch ein legitimiertes Verhältnis gestaltet werden. Somit lässt sich nicht nur die innere Spannung der türkischen Rechtsordnung bezüglich des Völkerrechts verringern, auch die Kompatibilität der türkischen Rechtsordnung mit der europäischen Rechtsordnung wird weiterentwickelt.

Teil 1
Verfassungsrechtliche Regelungen der Staatsgewalt und deren Entwicklungen im türkischen Rechtssystem

1 Entwicklung des Souveränitäts- und Hoheitsverständnisses und dessen Legitimation

1.1 Souveränität als Begriff

Eine kurze Recherche über die Bedeutung der Souveränität zeigt die Vielfältigkeit und permanente Wandelbarkeit dieses Begriffs je nach politischer, ökonomischer oder gesellschaftlicher Entwicklung in der Geschichte.[7] Aber gerade diese Wandelbarkeit des Begriffs ermöglicht seine weitere Anwendung in einer juristischen Analyse der Herrschaftsverhältnisse eines Staates.[8] Es kann festgestellt werden, dass die Änderungen des Souveränitätsverständnisses immer auf der Legitimationsquelle der existierenden Machtverhältnisse basierten und gerade deswegen immer politische Bedeutung haben.[9]

Die Souveränität, die derzeit wegen der supranationalen Herrschaftsgewalt neu definiert und analysiert werden muss, ist ein elementarer Bestandteil des modernen Staatsverständnisses. Trotz der permanenten Anwendung des Begriffs der Souveränität in der Fachliteratur werden seine fehlende Präzision, Unklarheiten und noch nicht allgemein anerkannte Konturen beklagt. Da der Begriff auch als Kampfparole in der politischen Auseinandersetzung benutzt wird, müssen Politik und Recht bei der Analyse der Souveränität als Begriff immer zusammen betrachtet werden.[10] Aus diesem Grund kann keine konkrete, rein juristische Definition der Souveränität ohne eine entsprechende theoretische geschichtliche Hintergrundanalyse entwickelt werden.

Souveränität ist die politische und juristische Erfindung zu dem Zweck, gespaltene Gesellschaften im Land zu befrieden und dem Einzelnen Schutz und Sicherheit zu geben.[11] Trotz unterschiedlicher Meinungen und Diskussionen über

---

7 Grimm, Dieter [2009]: Souveränität – Herkunft und Zukunft eines Schlüsselbegriffs, Berlin, 2009, S. 9.

8 Barbato, Mariano: Souveränität im neuen Europa. Der Souveränitätsbegriff im Mehrebenensystem der Europäischen Union, Hamburg, 2003, S. 34.

9 Grimm, Dieter [2009]: S. 9.

10 Randelzhofer, Albrecht [2004]: Staatsgewalt und Souveränität, in: Kirchhof, Paul/Isensee, Josef (Hrsg.): Handbuch des Staatsrechts (HStR II), 2004, S. 144.

11 Heintzen, Markus: Das staatliche Gewaltmonopol als Strukturelement des Völkerrechts, in: Der Staat, Band 26, 1986, S. 19.

Bedeutung und Eigenschaften der Souveränität gab es Einigkeit über einige wesentliche Merkmale des traditionellen Souveränitätsverständnisses, die auch in der Türkei immer noch akzeptiert werden. Danach ist die Souveränität der höchste Wille in der Gesellschaft, die Ausübung der höchsten Befehlsmacht, die alleinige Entscheidungskompetenz und alleinige Ausführung dieser Entscheidungen, unter keiner anderen Macht oder Autorität zu stehen sowie seine Macht und Autorität mit niemandem zu teilen.[12]

Souveränität wird als höchste und unabgeleitete, einzige und einseitig staatliche Herrschaftsgewalt bezeichnet, die keiner weiteren Bindung unterliegt.[13] Wörtlich bedeutet Souveränität die uneingeschränkte Herrschaftsgewalt des Herrschenden, der keine höhere Gewalt über sich hat.[14]

Dabei wird in die innere und äußere Souveränität unterschieden, traditionellerweise wird Souveränität dann als höchste Gewalt nach innen und als Unabhängigkeit nach außen definiert.[15]

Die Unabhängigkeit eines Staates von anderen Staaten wird als äußere Souveränität bezeichnet. Die äußere Souveränität gilt als Basis für die internationale Zusammenarbeit der Staaten. Die Anerkennung der äußeren Souveränität eines anderen Staates wird als Grundstein des Völkerrechts akzeptiert.[16]

Die rechtlich höchste Gewalt auf dem Territorium eines modernen Staates stellt die innere Souveränität, die durch die höchste Rechtsetzungs- und Letztentscheidungsgewalt nach innen gekennzeichnet ist, dar.[17] Souveränität kann nach heutigem Verständnis als höchste Gewalt von Rechts wegen bezeichnet werden.[18]

Aber es soll nicht vergessen werden, dass die Bedeutung der Souveränität in der Geschichte in Verbindung mit gesellschaftlichen und politischen Entwicklungen immer neu definiert wurde.[19] Die technischen und ökonomischen Entwicklungen der Gesellschaft verursachten weitere Umwandlungen des Begriffs „Souveränität" in modernen Zeiten. Sicherheitsbedürfnisse und Regulierungsnotwendigkeiten der neuen Zeiten führen dazu, dass die Problemslösungskapazität der territorial begrenzten Staaten oder der traditionellen internationalen Bündnisse überfordert wird.[20] Infolgedessen entschieden sich die Staaten zur Gründung supranationaler

---

12 Soysal, Mümtaz [1993]: 100 Soruda Anayasanin Anlami (Die Bedeutung der Verfassung in 100 Fragen) Istanbul, 1993, S. 181; Pazarci, Hüseyin [2004]: Uluslararasi Hukuk (Völkerrecht), Ankara, 2004, S. 148.

13 Schliesky, Utz: Souveränität und Legitimität von Herrschaftsgewalt, Tübingen, 2004, S. 119.

14 Seidl-Hohenveldern, Ignatz: Lexikon des Rechts, Berlin, 1992, S. 293.

15 Grimm, Dieter [2009]: S. 11; Randelzhofer, Albrecht [2004]: S. 145.

16 Encyclopedia of Public International Law, Volume 4, Amsterdam, 2000, S. 500.

17 Schliesky, Utz: S. 57.

18 Randelzhofer, Albrecht [2004]: S. 153.

19 Schliesky, Utz: S. 57.

20 Grimm, Dieter [2009]: S. 11.

Institutionen und damit für eine Übertragung der Hoheitsrechte auf diese supranationalen Institutionen zur Lösung grenzüberschreitender Probleme.[21] Aus diesem Grund sind die Möglichkeit der Übertragung der Hoheitsrechte auf die supranationalen Institutionen und die Souveränität eng miteinander verbunden.

Obwohl der Begriff der „Souveränität" wegen seiner heutigen abstrakten Konstruktion als ein Aspekt des modernen Staates angenommen wird,[22] bedarf seine historische Entwicklung einer kurzen Analyse, um die jetzige Funktion dieses Begriffs besser zu verstehen.

1.2 Entstehung und Entwicklung des Begriffs

Aufgrund der andersartigen Entwicklung der Gesellschaft und ihrer kulturellen Wurzeln hilft eine kurze Darstellung der geschichtlichen Entstehung und Entwicklung des Herrschaftsverhältnisses einerseits in der Türkei und andererseits in Europa, um die heutige Anwendung des Souveränitätsbegriffs besser zu verstehen und die Problematik besser behandeln zu können.

1.2.1 Historische Entwicklungen des Herrschafts- und Souveränitätsverhältnisses und dessen Legitimation in Europa

Die Souveränität im europäischen Sinne entstand im Kampf der Könige Europas nach außen gegen den allgemeinen Herrschaftsanspruch des Papstes und nach innen gegen die Feudalherren.[23] Diese Machtkämpfe wurden mit weltlichen und göttlichen Argumentationen geführt, die gleichzeitig auch die Legitimationsversuche der zukünftigen Herrschaftsansprüche waren. Während sich die Herrschafts- und Souveränitätstheorien mit der Rechtserzeugungs- und Rechtsdurchsetzungsmacht beschäftigten, befassten sich die Legitimationstheorien mit der Frage, warum die Rechtserzeugungs- und Rechtsdurchsetzungsmacht der Machtinhaber akzeptiert und befolgt wird. Bis zum Säkularisierungsprozess in der Politik stützten sich die Legitimationsversuche und -theorien auch auf eine religiöse Basis. Durch die Verweltlichung der Staatsmacht verlagerten sich die Rechtfertigungs- und Legitimationstheorien vom metaphysischen auf den gesellschaftlichen Bereich.

Im Mittelalter wurden die Legitimationsquellen der Souveränität auf der Idee der funktionierenden Organisation des göttlichen Systems aufgebaut.[24]

21 Ebenda.
22 Walker, Neil: Sovereignty in Transition, Oxford, 2003, S. 57; Schliesky, Utz: S. 119.
23 Randelzhofer, Albrecht [2004]: S. 151.
24 Encyclopedia of Public International Law, Volume 4, S. 501.

Trotz der Feststellung der Konkurrenz um die Ausübung der Herrschaftsgewalt zwischen göttlicher und weltlicher Seite der Herrschaftsträger konnte in
dieser Konstellation nicht von einer Relativität der Herrschaftsgewalt und ihrer
Legitimationsquelle gesprochen werden. Denn auch die weltlichen Herrschaftsträger versuchten, ihre Herrschaftsansprüche durch einen göttlichen Ursprung,[25]
der per se Absolutismus beinhaltet, zu begründen.

Trotz dieser absolutistischen Struktur der Herrschaftsgewalt wurde aufgrund
der gemeinsamen Ausübung der Herrschaftsgewalt durch die Kirche und die
weltlichen Herrscher, wie Kaiser, König oder Fürst, bis zu Jean Bodins „Les six
livres de la République" (1576) die Souveränität bzw. die Herrschaftsgewalt als
teilbar angenommen.[26]

Aufgrund der Entwicklung der Urbanisierung, der Kolonialisierung und
der Entstehung der Bourgeoisie musste das Machtkonzept der mittelalterlichen
Staatskonstruktion reformiert und die metaphysische Legitimationsquelle durch
Renaissance und Reformation verweltlicht werden. Die Verweltlichung der Herrschaftsgewalt und ihrer Legitimationsquelle war der Anfang des Souveränitätsbegriffs der modernen Zeiten.[27]

1.2.1.1 Theorien über die Herrschaftsfrage bis zur Gründung der nationalen Staaten

Aufgrund der damaligen Instabilität[28] der Staaten durch Religionskriege in der
zweiten Hälfte des 16. Jahrhunderts hielt Jean Bodin (1530-1596) die funktionierende Staatlichkeit für das oberste Ziel[29] und verabschiedete sich von den Fragen
der Legitimationsquellen der Herrschaftsgewalt. Das Ziel seines Souveränitätskonzepts war es, Frieden und Sicherheit nach innen und die Unabhängigkeit des
Monarchen nach außen und dadurch die Stabilität des Staates zu gewährleisten.[30]
Da sein Souveränitätsverständnis auf der inneren und äußeren Sicherheit des
Staates basierte, konnte er ein wertneutrales Souveränitätskonzept kreieren.[31]

Nach seiner Staatsdefinition sollte der Staat als *„die am Recht orientierte souveräne Regierungsgewalt über eine Vielzahl von Haushaltungen und das, was
ihnen gemeinsam ist"* verstanden werden.[32]

---

25   Schliesky, Utz: S. 61.
26   Schliesky, Utz: S. 62, 120.
27   Schliesky, Utz: S. 61.
28   Grimm, Dieter [2009]: S. 21; Yildiz, Hüseyin [2007]: S. 18.
29   Encyclopedia of Public International Law, Volume 4, S. 505; Randelzhofer, Albrecht [2004]: S.
     150; Yildiz, Hüseyin [2007]: S. 20.
30   Barbato, Mariano: S. 34.
31   Schliesky, Utz: S. 75.
32   Bodin, Jean: Sechs Bücher über den Staat, München, 1981, S. 98.

*„Unter der Souveränität ist die dem Staat eignende absolute und zeitlich un-
begrenzte Gewalt zu verstehen.“*[33] Aufgrund ihrer Unabhängigkeit von allen
anderen Gewalten muss sie auch unteilbar sein.[34] Der einzige Träger der Herrschaftsgewalt teilt seine Macht mit niemandem und erkennt außer Gott keine höhere Macht an.[35] Die Rechtserzeugung und Rechtsdurchsetzung bedürfen eines
staatlichen Gewaltmonopols, das als ein wichtiges Element der Souveränität des
Staates festgestellt werden kann. Die Monopolisierung der Gewalt kreiert eine
zentrale Instanz, die autonome und lokale Herrschaftsansprüche entmachtet. Somit ist der Staat, als Inhaber des Gewaltmonopols, die einzige autorisierte Institution auf seinem Territorium, die Hoheitsakte erlassen und durchsetzen darf.[36]
Diese Auslegung der Souveränität beinhaltet ihren zweiseitigen Charakter, der
im Inneren Hoheit und gegenüber den anderen Staaten nach dem Territorialitäts-
prinzip Gleichheit bedeutet.[37]

Alle anderen Institutionen dürfen nur als Organ des Staates Hoheitsakte erlassen und sie durchsetzen, solange sie von dem Staat dafür bevollmächtigt werden.
Diese Monopolisierung und Legitimierung der Staatsgewalt,[38] die einzige Rechts-
erzeugungs- und Rechtsdurchsetzungsinstitution im Territorium des Staates zu
sein, wurde als das wesentliche Merkmal des modernen Staates[39] beschrieben.

Die Änderungen der Produktionsverhältnisse aufgrund des Kolonialismus,
der Aufklärung, der Renaissance und der religiösen Kriege im 17. Jahrhundert
brachten gesellschaftliche Veränderungen und eine Vielfalt des Wertesystems
mit sich, die neue Konzepte für Frieden und Sicherheit nach innen und außen
herausforderten.[40] Der am Ende des Dreißigjährigen Krieges abgeschlossene
Westfälische Friedensvertrag (1648) hat die Konturen des neuen Konzepts für
Europa gezeichnet. Durch den Westfälischen Friedensvertrag wurden erstmals
die inneren und äußeren Herrschaftsansprüche der Staaten gegenseitig anerkannt
und respektiert. Auf der einen Seite wurden die territorialen Grenzen der Souveränität der Staaten und auf der anderen Seite die Einzigkeit und Einseitigkeit der
Souveränität der Staaten in diesem Territorium anerkannt.[41] Dadurch wurden die

---

33 Bodin, Jean: S. 205.
34 Fleiner-Gerster, Thomas: Allgemeine Staatslehre, Berlin, 1980, S. 153.
35 Bodin, Jean: S. 207; Schliesky, Utz: S. 76.
36 Weber, Max: Wirtschaft und Gesellschaft, Grundriss der verstehenden Soziologie, 5. Aufl.,
    Tübingen, 1985, S. 29, 821 ff.
37 Quaritsch, Helmut: Souveränität, Entstehung und Entwicklung des Begriffs in Frankreich und
    Deutschland vom 13. Jh. bis 1806, Berlin, 1986, S. 62.
38 Weber, Max: S. 821 ff.
39 Der Begriff „moderner Staat" bezeichnet die Unterscheidung durch den Bezug auf eine über-
    personale Institution von mittelalterlichen politischen Konstruktionen der Staatlichkeit. Siehe:
    Weber, Max: S. 824 ff.
40 Encyclopedia of Public International Law, Volume 4, S. 506.
41 Encyclopedia of Public International Law, Volume 4, S. 507.

souveränen Staaten zu alleinigen Inhabern des Gewaltmonopols innerhalb klar definierter territorialer Grenzen.[42]

Die Anerkennung der Unabhängigkeit und der Gleichheit der Staaten in ihren Beziehungen zu anderen Staaten und ihrem Status als einziger Machthaber innerhalb ihrer Grenzen bildete die grundlegende Eigenschaft des neu gegründeten Völkerrechtssystems.[43] In weiten Teilen der Welt, insbesondere in Afrika, galten dieses Herrschaftssystem und die Normen des Völkerrechts freilich stets nur sehr eingeschränkt.[44] Diese Konstellation kann auch als juristische Basis des funktionierenden nationalen Staatensystems und des Völkerrechts bis zum Ende des 20. Jahrhunderts definiert werden.

Durch die Gesellschaftsvertragstheorien von Hobbes bis Rousseau wurde der Souveränitätsbegriff von seiner religiösen Basis befreit und nahm stattdessen moderne und säkulare Konturen an.

1.2.1.2 Weitere Entwicklungen in den Zeiten der Nationalstaaten

Die bis jetzt dargestellten Theorien basieren auf der Fragestellung, wer der Souverän ist oder sein kann. Dadurch wurde die Personifizierung des Souveräns zum wichtigsten Element des Souveränitätsbegriffs. Die Fürsten-, Staats- oder Volkssouveränitätsfrage[45] oder deren Begrifflichkeiten waren das Ergebnis der Versuche der Personifizierung des Souveräns. Die Personifizierung der Souveränitätsrechte führte zur Identifizierung der Staatsgewalt mit der Souveränität. Aufgrund dieser Identifizierung wurde die Souveränität als Wesensmerkmal des Staates angesehen.[46]

Mit der Entwicklung der Völkerrechtswissenschaft und ihrer Anerkennung der Persönlichkeiten der Staaten nahm die Theorie der Staatssouveränität lange Zeit eine beherrschende Position ein. Die Vertragstheorien und die Anerkennung der Rechtspersönlichkeiten der Staaten entwickelten das Souveränitätsverständnis der modernen Nationalstaatlichkeiten in Europa weiter. Die Begrifflichkeiten wie innere und äußere Souveränität[47] wurden von den modernen Theorien der Staatlichkeit als Basis angewandt.

---

42   Voigt, Rüdiger: Jenseits der Westfälischen Staatenordnung – staatliche Souveränität, internationale Organisation und Global Governance, in: Aden, Hartmut (Hrsg.): Herrschaftstheorien und Herrschaftsphänomene, Wiesbaden, 2004, S. 244.

43   Barbato, Mariano: S. 37; Braun-Otto, Byrde v.: Konstitutionalisierung des Völkerrechts und Internationalisierung des Verfassungsrechts, in: Der Staat, Band 42, 2003, S. 63.

44   Voigt, Rüdiger: S. 244.

45   Randelzhofer, Albrecht [2004]: S. 150, Yildiz, Hüseyin [2007]: S. 20.

46   Randelzhofer, Albrecht [2004]: S. 151.

47   Siehe Teil 1, Kapitel 2.2.4

Das Gewaltmonopol des Nationalstaates autorisierte nur den Staat, auf seinem Territorium hoheitliche Akte zu erlassen, durchzusetzen und die dafür notwendigen Institutionen zu gründen.[48] Diese legitime Monopolisierung der Staatsgewalt auf dem eigenen Territorium ist zum wichtigsten Element des Nationalstaats geworden, das ihn auch von anderen Herrschaftsorganisationen unterscheidet.[49] Die am Anfang angenommene Gleichsetzung und Identifizierung von Staatsgewalt und Souveränität wurden erst in den 1880er-Jahren überwunden und Souveränität nicht selbst als Staatsgewalt, sondern nur als eine Eigenschaft der Staatsgewalt bezeichnet.[50] Danach bestimmt die Souveränität das Verhältnis der Staatsgewalt zu anderen Gewalten im Innern und nach außen im Sinne einer *suprema potestas*.[51]

Der Idealtypus der Souveränität in den modernen Zeiten der Nationalstaaten kann folgendermaßen beschrieben werden:

„Nach dem Strukturprinzip der inneren Souveränität ist der innerstaatliche Willensbildungsprozess grundsätzlich hierarchisch aufgebaut und auf Subordination angelegt. Der Grundsatz der äußeren Souveränität hat dagegen zur Folge, dass das Völkerrecht auf dem gleichen Nebeneinander souveräner Staaten beruht und somit als Koordinationsrecht entwickelt wurde."[52]

Dieses Konzept kann als *„supremacy over others (omnipotence) or freedom from the control by others (independence)"*[53] formuliert werden.

Die technische und gesellschaftliche Entwicklung und die Globalisierung besonders nach dem Zweiten Weltkrieg haben die strikte Annahme der inneren und äußeren Souveränität eines Staates unhaltbar gemacht. Diese Änderungen führten zu einer engeren Verflechtung der internationalen Beziehungen der Staaten.[54] Besonders die Gründung und Entwicklung der EU nach dem Zweiten Weltkrieg brachte enorme Neuerungen und ganz neue Perspektiven in der Souveränitätsfrage der Staaten mit sich, die im Folgenden analysiert werden.

Eindeutig ist jedenfalls, dass das seit Bodin konzipierte Staats- und Souveränitätsverständnis die neu entstehenden Probleme und Fragen der Souveränität nicht mehr allein lösen kann. Das Souveränitätskonzept in den Zeiten des geschlossenen Rechtssystems der Nationalstaatlichkeit mit der absolutistischen Annahme

48 Yildiz, Hüseyin [2007]: S. 21.
49 Gerth, Heinrich Hans/Mills, C. Wrigth: From Max Weber: Essay, in: Sociology, Oxford, 1958, S. 77.
50 Randelzhofer, Albrecht [2004]: S. 152.
51 Steiger, Heinhard: Geht das Zeitalter des souveränen Staates zu Ende?, in: Der Staat, Band 41, 2002, S. 335.
52 Bleckmann, Albert [1985]: Zur Entwicklung des modernen Souveränitätsdenkens, in: Aus Politik und Zeitgeschichte, Nr. 43, 1985, S. 7.
53 Schwarzenberger, Georg: The Forms of Sovereignty, in: Stankiewicz, Wladyslaw J. (Hrsg.): In Defence of Sovereignty, New York, 1969, S. 163.
54 Hakyemez, Sevki Yusuf: S. 208–213.

der inneren und äußeren Souveränität musste überwunden werden, um die neuen Probleme in der Welt zu lösen. Statt eines auf der strikten und absolutistischen Annahme der inneren und äußeren Souveränität beruhenden Systems musste ein Modell mit einer relativierten inneren Souveränität mit einem Konzept, das auf Kooperation basiert, eingeführt werden. Das absolute Verbot der gegenseitigen Einmischung der Staaten in die inneren Angelegenheiten von anderen Staaten und der totale Unabhängigkeitsgedanke sind in dieser transnationalen Welt mit ihren Verflechtungen zwischen den Menschen, den ökonomischen Systemen und Staaten nicht mehr vertretbar.

Die Entwicklungen des Souveränitätsgedankens und dessen Ausübung durch die Mitgliedstaaten der EU werden in dem Kapitel über die EU detailliert analysiert.

1.2.2 Historische Entwicklungen des Herrschafts- und Souveränitätsverhältnisses und dessen Legitimation im Osmanischen Reich

1.2.2.1 Soziale und ökonomische Struktur des Osmanischen Reiches

Während sich in Europa das Staatsverständnis wie beschrieben verändert hatte, kann im Osmanischen Reich aufgrund der anders verlaufenen gesellschaftlichen Entwicklungen ein anderes Staatskonzept bzw. Herrschaftsverhältnis vorgefunden werden.

Die auf kleiner familiärer Agrarwirtschaft basierende sozial-ökonomische Konstruktion[55] des Osmanischen Reiches bestimmte auch die Herrschaftsverhältnisse. Nach dieser Konstruktion besaß im Osmanischen Reich bis zum 19. Jahrhundert der Staat das Eigentum an einem Grundstück.[56]

Das war der wesentliche Unterschied zum Feudalsystem,[57] das damals in Europa das dominierende sozial-ökonomische System war. Da der Staat Eigentümer des überwiegenden Teils des gesamten Grund und Bodens des Landes war, konnte er von Anfang an eine stark zentrierte Staatlichkeit und deren staatliche Organe gründen und durchsetzen.

---

55 Inalcik, Halil: Osmanli Imparatorlugu: Toplum ve Ekonomi (Osmanisches Reich: Gesellschaft und Ökonomie), Istanbul, 1993, S. 1.

56 Ilgen, Abdülkadir: Osmanli Toprak Mülkiyeti Anlayisinin Tesekkülü ve Bunun Sosyal Tabakalasma Üzerindeki Etkisi (Eigentumsverhältnisse von Grund und Boden im Osmanischen Reich und ihr Einfluss auf das Zustandekommen der gesellschaftlichen Schichten), in: Türk Dünyasi Arastirmalri Akademik Arastirmalar Dergisi, Band 128, 2000, S. 46; Marx, Karl/ Engels, Friedrich [1958]: Über Religion, Berlin, 1958, S. 99.

57 Divitcioglu, Sencer: Asya Tipi Üretim Tarzi (Asiatische Produktionsverhältnisse), Kirklareli, 1981, S. 54.

Aufgrund der fehlenden Eigentumsstruktur des Landes wird das Produktionsverhältnis des Reiches von manchen Wissenschaftlern als „Asiatischer Typus" des Produktionsverhältnisses bezeichnet.[58] Unabhängig davon, ob diese Bezeichnung der gesellschaftlichen Struktur entspricht oder nicht, muss festgestellt werden, dass die Unterschiede und die Andersartigkeit bei der wissenschaftlichen Analyse in Betracht gezogen werden müssen. Die Betonung der notwendigen Analyse der Andersartigkeit darf nicht dazu führen, wie es allzu oft geschieht, dass alle Begriffe entfernt von ihrer wirklichen Bedeutung nach eigenen politischen oder ideologischen Wünschen ausgelegt werden. Ziel solcher Analysen ist es, die richtige Darstellung der juristischen Fragen und deren Antworten zu unterstützen, statt stets die existierenden Probleme und deren Unlösbarkeit zu bestätigen.

Die auf dem Grundstück arbeitende Bevölkerung sollte dem Staat, nicht einer Privatperson, wie dem Fürsten oder den Lehnsmännern, entsprechende Steuern und Gebühren zahlen. Als Gegenleistung sollte der Staat diesen Menschen Sicherheit, Stabilität und ein gerechtes Steuersystem gewährleisten. Aufgrund dessen haben die Behörden des Reiches permanent die Preise der Produktion im Land und die Aktivitäten und Gewinnspannen der Kaufleute stark kontrolliert.[59] Diese Produktionsverhältnisse und diese ökonomische Konstruktion des Reiches verursachten ein symbiotisches Zusammenleben, aber auch eine gleichzeitige Trennung in zwei Gesellschaftsfronten, dem Zentrum und der Peripherie.[60] Eine von diesen Gesellschaftsformen ist das Zentrum. Das Zentrum besteht aus einer kleinen Gruppe, die sich mit dem existierenden System identifiziert und die Rettung und die Fortführung des Systems zu ihrer Lebensaufgabe macht. Diese Gruppe wird auch die etatistische oder elitistische Seite des Systems genannt.[61] Die auch traditionalistische Liberale[62] genannte Peripherie besteht aus der Mehrheit der Gesellschaft, die möglichst wenig Berührung mit dem existierenden System hat oder haben möchte. Die Peripherie führte ihren traditionellen Lebenswandel und bemühte sich dabei, eine Kollision mit dem existierenden System zu vermeiden,[63] solange das System ihre lebenswichtigen Bedürfnisse nicht angreift. Aufgrund der Dauerhaftigkeit von gesellschaftlichen Konstruktionen und unabhängig vom

---

58   Divitcioglu, Sencer: S. 54.

59   Ilgen, Abdülkadir: S. 49.

60   Ausführliche Erklärung in: Mardin, Serif [1975]: Center-Periphry Relations, A Key to Turkish Politics, in: Akarli, Engin/Ben-Dor, Gabriel (Hrsg.): Political Participation in Turkey: Historical Background and Present Problems, Istanbul, 1975.

61   Kongar, Emre: Imparatorluktan Günümüze Türkiyenin Toplumsal Yapisi (Die gesellschaftliche Konstruktion der Türkei von dem Reich bis heute), Istanbul, 1997, S. 143.

62   Ebenda.

63   Kotsovilis, Spyridon: Between Fedora and Fez: Modern Turkey's Troubel Road to Democratic Consolidation and Pluralizing Role of Erdogan's Pro-Islam Government, in: Joseph, S. Joseph (Hrsg.): Turkey and European Union, S. 58.

Willen der Staatsmänner eines Landes spielte dieser Dualismus im Osmanischen Reich auch nach der Gründung der Republik eine große Rolle.

„Der Staat (Devlet) ist zugleich ‚Vater‘, der den Einzelnen schützt, wie aber auch eine allgewaltige Einrichtung, deren Berührung man besser meidet. So sind im politischen Denken und Handeln des Türken das Kollektiv, die Nation und ihre politische Organisation, der Staat, dem Einzelnen und seinen Rechten noch immer übergeordnet.

Dem steht eine tiefe Zersplitterung der politischen und gesellschaftlichen ‚Landschaft‘ gegenüber. Auch sie ist ein Erbe der Strukturen des Osmanischen Reiches. Das Machtmonopol lag bei der zentralen Verwaltung, die sich um den Hof in Istanbul gruppierte. Diesem ‚Zentrum‘ stand die ‚Peripherie‘ gegenüber, die ‚Provinz‘ außerhalb der Hauptstadt, deren Verhältnis zu ihr durch den Status des Untertanen gekennzeichnet war. Auch die Peripherie wiederum war in sich zergliedert nach Völkern, Stämmen, Clans, größeren oder kleineren Familienverbänden und Religionsgemeinschaften, die sich gegeneinander abgrenzten oder miteinander rivalisierten und in jedem Falle von ihren Mitgliedern eine übergeordnete Loyalität verlangten.“[64]

Durch die oben beschriebenen ökonomischen Maßnahmen und Produktionsverhältnisse wurde die Lebensfähigkeit des Reiches verlängert und die Akkumulation des Kapitals,[65] das die Voraussetzung für eine moderne Staatlichkeit im Sinne der europäischen Staatsgeschichte war, verhindert.[66] Aufgrund des nicht existierenden privaten Großgrundstückseigentums und der infolgedessen fehlenden Kapitalansammlung haben sowohl die Herrschaftsverhältnisse im Osmanischen Reich als auch die Herrschaftsverhältnisse bzw. das Souveränitätsverständnis der türkischen Republik mit ihrer stark staatszentrierten und absoluten Eigenschaft immer einen anderen Akzent als europäische Versionen.

1.2.2.2 Souveränitätsverständnis und verfassungsrechtliche Entwicklungen im Osmanischen Reich

1.2.2.2.1 Ära des Absolutismus

Diese ökonomischen und sozialen Konstruktionen hatten einen negativen Effekt auf die gesellschaftliche Entwicklung anderer sozialer und politischer Akteure außerhalb des Staates und wirkten hinderlich auf deren Entstehung.

Da der Staat das gesamte ökonomische und soziale Leben der Bevölkerung kontrollierte, gab es zwischen Individuum und Staat ein absolutes Über- und Unterordnungsverhältnis, sodass die Idee der Begrenzung der Macht des Staates

---

64   Steinbach, Udo [2000]: Geschichte der Türkei, München, 2000, S. 86 f.

65   Tanör, Bülent [2006]: Osmanli-Türk Anayasal Gelismeleri (Osmanisch-türkische Verfassungsentwicklung), Istanbul, 2006, S. 32.

66   Ilgen, Abdülkadir: S. 50; Bulut, Nihat: Feodaliteden Küresellesmeye Ekonomik Iktidar Siyasal Iktidar Iliskisi (Von der Feudalität bis zur Globalisierung: ökonomische und politische Machtbeziehungen), Ankara, 2003, S. 142.

immer weiter aufgeschoben wurde.[67] Zwischen dem Staat und der Bevölkerung gab es ein symbiotisches Verhältnis zwischen Repression und Bestätigung. Die starke zentrale Autorität des Reiches schuf durch Repression eine sichere Umgebung, die das Überleben der Bevölkerung ermöglichte, wobei die Bevölkerung im Gegenzug durch ihre Bestätigung das Herrschaftsverständnis des Reiches legitimierte.[68] Die Bestätigung der Bevölkerung basierte nicht nur auf ökonomischen Überlegungen. Es gab auch religiöse und traditionelle Legitimationsgründe für die Herrschaft des Sultans. Aufgrund der Vereinigung des religiösen und weltlichen Herrschaftsanspruchs des Sultans sind sich Geschichts- und Rechtswissenschaftler über die absolutistischen und zentralistischen Eigenschaften des Osmanischen Reiches einig.[69]

Die verfassungsrechtlichen Entwicklungen der Staatskonstruktion des Osmanischen Reiches können in zwei große Perioden aufgeteilt werden. Die erste Periode kann als Ära des Absolutismus bezeichnet werden, die von der Gründung des Reiches 1301 bis zu den ersten Reformbewegungen des 19. Jahrhunderts gedauert hat.

Die zweite Periode kann Reformära genannt werden, sie beinhaltet auch die Zeiten der konstitutionellen Monarchiekonstruktion des Reiches und dauerte bis zum Untergang des Reiches im Jahre 1923.[70]

Obwohl es in der Ära des Absolutismus keine schriftliche Verfassung gab, kann eine Grundlinie des existierenden Staatssystems des Reiches festgestellt werden. In dieser Ära hatte das Osmanische Reich eine im Vergleich zu den europäischen Ländern streng zentralistische Staatskonstruktion.[71] Der Sultan und der von seinen Untertanen (Beamten) gebildete Reichsrat (der sogenannte Divan: Reichsrat) bildeten die Führungskräfte des entstandenen Systems des Osmanischen Reiches.[72] Die Mitglieder des Divans vertraten nicht die gesellschaftlichen Interessen bestimmter Gruppen, sondern arbeiteten als Diener des Sultans oder als Bedienstete des Sultanats.[73] Trotz ihres Untertanenstatus waren die Beamten

---

67 Bulut, Nihat: S. 134; dagegen siehe: Kaboglu, Ibrahim [1998]: Özgürlükler Hukuku, Insan Haklarinin Hukuki Yapisi (Das Freiheitsrecht, die rechtliche Grundstruktur der Menschenrechte), Istanbul, 1998, S. 143.

68 Islamoglu, Huri Cihan: Osmanli Imparatorlugunda Köy ve Köylü (Dorf und Dorfgemeinde im Osmanischen Reich), Istanbul, 1991, S. 40.

69 Sabuncu, Yavuz: Der Gedanke der nationalen Souveränität, in: Depenheuer, Otto/Dogan, Ilyas/Can, Osman (Hrsg.): Deutsch-Türkisches Forum für Staatsrechtslehre III, Berlin, 2006, S. 101.

70 Yildiz, Hüseyin [2007]: S. 116.

71 Steinbach, Udo [2000]: S. 86.

72 Howard, A. Douglas: History of Turkey, Westport, 2001, S. 44.

73 Heper, Metin [1980]: Center and Periphery in the Ottoman Empire: With Special Reference to the Nineteenth Century, International Political Science Review, 1/1, 1980, S. 85; Bulut, Nihat: S. 141.

nicht die Leibeigenen des Sultans. Der von solchen Beamten gegründete sachliche und rationale Verwaltungsapparat hatte in gewisser Weise Einfluss auf den Sultan bei der Ausübung seiner Herrschaft. Die Beamten durften nicht nach eigener Willkür handeln, sondern nur nach den Erlassen des Sultans. Der Sultan und die Beamten des Reiches sollten die Existenz des Reiches und die Gerechtigkeit im Lande sichern und gewährleisten. Die Idee der Ewigkeit des Staates war das höchste Gebot und Ziel des gesamten Systems.[74] Dieses Gebot basierte auf der Annahme des Staates als Widerspiegelung der göttlichen Ordnung auf Erden. Die Erhaltung und Gewährleistung der Ewigkeit des Staates waren die Hauptaufgabe des Sultans. Die islamische Religion und ihre Traditionen waren die verfassungsrechtliche Basis und der Legitimationsgrund des Systems.[75] Der Islam spielte in der staatlichen Struktur zweierlei Rollen. Einerseits sollte die Religion die Herrschaft des Sultans rechtfertigen, andererseits die Fundamente des Reiches kräftigen. Trotz der islamischen Religion als Hauptlegitimationsgrund musste das System wegen der nicht muslimischen Gesellschaftsgruppen im Reich zweckrational und wertneutral funktionieren. Der zweckrationale und wertneutrale Handlungsbedarf zwang das System, Legitimationsargumente auch außerhalb des islamischen Kontextes heranzuziehen.[76] Deswegen wurden neben der religiösen Legitimation der Herrschaft auch die Sitten und Bräuche des Osmanischen Reichs als Legitimationsargumente angewandt.[77] Infolgedessen ist bei einer detaillierten Analyse festzustellen, dass das Osmanische Reich keinen rein theokratischen Staatscharakter hatte.[78] Denn neben der Religion können auch das traditionelle Rechtsverständnis und die traditionelle Rechtspraxis der Gesellschaft – bevor der Islam als Staatsreligion angenommen wurde – zu den Rechtsquellen des Reiches gezählt werden.[79] Die starke De-facto-Rolle der Tradition in der Staatsführung hatte aber die wesentliche Funktion der Religion, nämlich die Legitimation der Herrschaftsverhältnisse, nicht aufgehoben. Der Staat und das System galten als Gottesschöpfungen, die zu bewahren waren. Der Sultan hatte die Aufgabe, dieses göttliche System zu erhalten, weswegen nicht seiner Person, aber dem Sultanat de jure unbegrenzte Macht zugesprochen wurde.[80]

---

74 Yildiz, Hüseyin [2007]: S. 135.
75 Yildiz, Hüseyin [2007]: S. 131.
76 Yildiz, Hüseyin [2007]: S. 136.
77 Dragos, C. Mateescu: Kemalism in the Era of Totalitarianism: A Conceptual Analysis, in: Turkish Studies, Volume 7/2, 2006, S. 233.
78 Heper, Metin [1993]: Bureaucrats: Persistent Elitists, in: Heper, Metin/Kramer, Heinz/Öncü, Ayse (Hrsg.): Turkey and West Changing Political and Cultural Identities, London, 1993, S. 38.
79 Sabuncu, Yavuz: S. 101; Kahraman, B. Hasan: From Culture of Politics to Politics of Culture, in: Keyman, E. Fuat (Hrsg.): Remaking Turkey: Globalization, Alternative Modernities and Democracy, Plymouth, 2008, S. 49.
80 Heper, Metin [1985]: The State Tradition in Turkey, London, 1985, S. 26.

Trotz der theoretischen Begrenzung der Herrschaft des Sultans durch die Normen des islamischen Rechts[81] und die traditionelle Konstruktion gab es praktisch nur eine göttliche Begrenzung. Aufgrund der fehlenden weltlichen Begrenzung seiner Herrschaftsmacht verkörperte der Sultan die innere und äußere Einheit des Reiches und konnte sich de facto nur durch die Annahme traditioneller Staatsführungsideen selbst begrenzen. Bis zur Stagnationsphase des Osmanischen Reiches wurde wegen der funktionierenden und produktiven Staatsführung und Verwaltung die auf der Dichotomie basierende irdische und überirdische Konstruktion des Rechtssystems nicht infrage gestellt: Der Sultan war die Verkörperung der inneren und äußeren Einheit des Reiches.

1.2.2.2.2 Ära der konstitutionellen Monarchie

a) Änderungsdruck der Eliten und fehlende Beteiligung der Gesellschaft

Die technischen und wissenschaftlichen Entwicklungen ab dem 15. Jahrhundert haben die Produktionsverhältnisse weltweit so stark beeinflusst, dass das Osmanische Reich nicht ohne Änderung seines Staatsverständnisses weiterexistieren konnte. Das Osmanische Reich konnte seine frühere Machtposition nicht mehr erhalten, da es außerhalb dieser Entwicklungen geblieben war.[82] Aufgrund dieser geschichtlichen Entwicklungen konnten ab dem 18. Jahrhundert auch die sozioökonomische Konstruktion der Gesellschaft des Osmanischen Reiches und der absolute Herrschaftsstatus des Sultans nicht mehr unverändert bleiben.[83] Aufgrund der von Europa abweichenden Entwicklungen wurden die neuen Regulierungen des Herrschaftsverhältnisses im Osmanischen Reich nicht von einer ökonomischen und soziologischen Ratio, sondern von imperialen Staatsrettungsreflexen begleitet. Die staatsgefährdende Wirkung der Beibehaltung des alten Staats- und Souveränitätsverständnisses war für die Eliten des Staates nicht mehr zu übersehen.

Die Epoche, in der radikale Änderungen der staatlichen Ordnung stattfanden, wird als Tanzimat (wörtlich: etwas neu ordnen, Neuordnung) bezeichnet. Ziel der neuen Ordnung war es, die militärische, fiskalische und administrative Schwäche des Reiches gegenüber dem Westen zu beseitigen, um den Staat zu erhalten.[84] In dieser Epoche wurde versucht, in den Bereichen Militär, Administration

---

81 Arslan, Zühtü [2005a]: Anayasa Teorisi (Verfassungstheorie), Ankara, 2005, S. 118.
82 Steinbach, Udo [2000]: S. 18.
83 Kedourie, Elie: The Middle East 1900-1945. The Shifting Balance of World Forces 1898-1945, in: The New Cambridge Modern History, Volume XII, Cambridge, 1968, S. 269.
84 Doganalp-Votzi, Heidemarie/Römer, Claudia: Herrschaft und Staat: Politische Terminologie des Osmanischen Reiches der Tanzimatzeit, Wien, 2008, S. 39.

und Gerichtswesen viele Reformen durchzusetzen, die die Stabilität des Reiches gewährleisten sollten. Die Reformen orientierten sich an den Entwicklungen in westlichen Ländern, auch in der Hoffnung, dass mit der Unterstützung der europäischen Staaten die Stabilität und Einheit des Reiches erhalten werden könnte.[85] Einige elitäre Gruppen im Lande übernahmen die entscheidenden Initiativen, um die nötigen Reformen zu forcieren. Diese elitären Gruppen bestanden hauptsächlich aus Offizieren des Militärs und Beamten[86], die in Europa oder in Schulen nach europäischem Muster ausgebildet worden waren.[87]

Die naturwissenschaftliche, rein rationale Methodik und Denkweise bei der Lösung sozialer Fragen waren der gemeinsame ideologische Ausgangspunkt dieser Eliten.[88]

Die nötige Modernisierung des Reiches wurde durch Eliten, wie die Militär- und Zivilbeamten, die nach europäischer Weise studiert hatten, verwirklicht, da das Entstehen einer Bourgeoisie im Land aufgrund des bestehenden ökonomischen Systems nicht möglich war.[89] Die Eliten des Landes fühlten sich verpflichtet, die Funktion der europäischen Bourgeoisie zu übernehmen. Sie meinten, dass nur dann die Rettung und Entwicklung des Landes möglich wäre. Die Rettung des Staates war das Hauptziel der Eliten des Reiches.[90] Die Rettung des Staates bedeutete aber am Anfang nicht die Infragestellung des Status des Sultans, obwohl diese Eliten wegen ihrer europäischen Ausbildung[91] die damalige freiheitliche Denkweise Europas gelernt hatten[92] und das System des Reiches nach dieser Denkweise ändern wollten.[93] Die unterschiedliche geschichtliche Entwicklung und Gesellschaftskonstruktion zwischen dem Osmanischen Reich und Europa bildete große Hindernisse für diese Eliten. Trotz ihrer freiheitlichen Denkweise mussten die Eliten ihre modernen Ideen für das Volk gegen das Volk durchsetzen,[94] denn sie hatten aufgrund fehlender Kapitalakkumulation im Osmanischen Reich keine sie unterstützenden gesellschaftlichen Gruppen hinter sich. Während

85 Yildiz, Hüseyin [2007]: S. 117.
86 Kramer, Heinz/Reinkowski, Maurus: Die Türkei und Europa. Eine wechselhafte Beziehungsgeschichte, Stuttgart, 2008, S. 103–104.
87 Kedourie, Elie: S. 270.
88 Kahraman, B. Hasan: S. 52; Yildiz, Hüseyin [2007]: S. 169.
89 Heper, Metin [1993]: S. 37; Cecen, Anil: Atatürk ve Cumhuriyet (Atatürk und die Republik), Ankara, 1995, S. 277; Bulut, Nihat: S. 147.
90 Akad, Mehmet/Dinckol,Vural Bihterin: Genel Kamu Hukuku (Öffentliches Recht), Istanbul 2002, S. 213; Arslan, Zühtü [2005a]: S. 117-123.
91 Turan, Ilter: Politicians, Populist Democracy, in: Turkey and West Changing Political and Cultural Identities, London, 1993, S. 118.
92 Feroz, Ahmad: Great Britain's Relation with the Young Turks, 1908–1914, Middle Eastern Studies, 2, 1966, S. 305.
93 Mardin, Serif [1994]: Türk Modernlesmesi (Türkische Modernisierung), Istanbul, 1994, S. 84.
94 Arslan, Zühtü [2005a]: S. 129, S. 135.

die Eliten ihre Modernisierungsideen durchsetzen wollten, kollidierten diese Ideen mit den Werten des Volkes, das den Sultan mit seiner religiösen und traditionellen Herrscherposition mehrheitlich anerkannt hatte. Die Eliten des Reiches wollten, dass die unbeschränkte Herrschaftsgewalt des Sultans durch ein Parlament begrenzt und die gesetzliche Sicherheit für das Eigentum und für Leib und Leben aller Bürger im Land gewährleistet werden.[95] Trotz der fehlenden Unterstützung dieser Meinung in der breiten Mehrheit der Bevölkerung[96] konnten sich die Eliten aufgrund der politischen und ökonomischen Änderungen in Europa und dem damit verbundenen permanenten Machtverlust des Osmanischen Reiches gegen den Sultan durchsetzen. Die Durchsetzung solcher Änderungen bedeutete gleichzeitig die Aufhebung des Symbolstatus des Sultans als innerem und äußerem Souverän des Reiches, da ja so das weltlich und metaphysisch legitimierte Machtmonopol des Sultans infrage gestellt wurde. Nach vielen juristischen Änderungen mit verschiedenen Erlassen und proklamierten Verfassungen im 19. Jahrhundert entstand ein neues Konzept, das die Machtanwendung und die Letztentscheidungsposition des Sultans schwächte und begrenzte. Trotz diverser intellektueller Versuche, eine neue Legitimationsquelle der Herrschaft zu finden, gelang dies bis zur Gründung der türkischen Republik nicht, obwohl die verfassungsrechtlichen Texte bis zur Gründung der türkischen Republik das Machtmonopol des Sultanats grundsätzlich geändert und begrenzt hatten.

b) Begrenzung der Herrschaft des Sultans durch verfassungsrechtliche Normen

Die Eliten wollten die Änderung der Staatskonstruktion nach europäischem Beispiel und forderten deswegen eine Verfassung sowie die Gründung eines Parlaments.[97] Diese Wünsche der Eliten kollidierten mit der absolutistischen Herrschaftskonstruktion des Sultans. Bis dieser Machtkampf zu einer konstitutionellen Konstruktion des Staatswesens führte, wurden dreimal wichtige De-facto-Kompromisse zwischen dem Sultan und den Eliten verwirklicht. Die schriftliche Proklamation der Ergebnisse dieser Kompromisse wurde de jure immer als einseitiger Erlass des Sultans angekündigt.

Bei all diesen Reformversuchen sind wichtige Gemeinsamkeiten festzustellen. Da das Reich seine Machtposition gegenüber anderen Staaten verloren hatte, wurden die Sultane oft von ausländischen Staaten unter Druck gesetzt, bestimm-

---

95 Turan, Ilter: S. 128.

96 Özbudun, Ergun [1990]: Türkiyede Siyasal Kültür ve Demokrasi, Türkiyede Demokrasi ve Siyasal Kültürün Gelismesi (Politische Kultur und Demokratie), in: Erkan, Hüsnü (Hrsg.): Die Entwicklung der Demokratie und politischen Kultur in der Türkei, Izmir, 1990, S. 65.

97 Yoldas, Yunus: Das politische System der Türkei, Frankfurt am Main, 2008, S. 11.

te juristische Änderungen in ihrem Land zu verwirklichen.[98] Gleichzeitig übten die Eliten, die die Forderungen des Auslands als richtig für die Erneuerung des Staatswesens erachtet hatten, Druck auf die Sultane aus. Trotz ihrer daraus resultierenden Schwäche versuchten die Sultane immer, ihre Machtposition gegenüber ihren Untertanen zu retten. Aus diesem Grund haben die Sultane die Erlasse niemals als Abkommen zwischen den Parteien, sondern immer als einseitigen Akt des Herrschers gegenüber seinen Untertanen dargestellt. Die Rechte, die in diesen Texten schriftlich fixiert waren, wurden nicht als natürliche, bürgerliche oder sonstige Rechte der Menschen, sondern als ein Geschenk des Sultans an seine Untertanen bezeichnet.

Von der Eröffnung des ersten Parlaments von 1876 bis zur Gründung der türkischen Republik war der dauernde Konflikt über die Frage der Herrschaftsgewalt des Sultans zwischen den Eliten und dem Sultan prägend. Obwohl die Eliten in diesem Konflikt immer die Argumente der europäischen Theorien zur Souveränität, wie die von Locke, Hobbes oder Rousseau, angewandt haben, wurde bis zur Gründungphase der türkischen Republik die Souveränität des Volkes oder der Nation nicht in Erwägung gezogen. Sowohl für die Eliten als auch für die Seite des Sultans war der Sultan der Souverän im Staat und auch das Symbol der Souveränität in zwischenstaatlichen Beziehungen. Obwohl diese Entwicklungen kaum den europäischen ähneln, können auch im Osmanischen Reich Versuche festgestellt werden, durch neue Institutionen wie das Parlament oder durch neue Gesetze, vor allem über den Schutz des Eigentums und des Leibes usw., die Macht des Sultans zu begrenzen. Aber die Eliten, die die Macht des Sultans begrenzen wollten, versuchten auch immer, absolute Machtansprüche für sich durchzusetzen, um die fehlende Entwicklung der Gesellschaft durch ihre Reformen zu kompensieren und eine dafür geeignete Staatskonstruktion zu verwirklichen.[99]

Durch die Niederlage im Ersten Weltkriege hat der Sultan seine nicht zu hinterfragende Macht als Symbol der Souveränität des Reiches sowohl im eigenen Land als auch gegenüber anderen Ländern verloren.

Die Gründung der neuen nationalen Staaten im Balkangebiet des Reiches seit Anfang des 19. Jahrhunderts hat auf der einen Seite die Infragestellung des Status des Sultans als Symbol der inneren und äußeren Souveränität des Reiches und auf der anderen Seite die Idee der Eliten, nämlich die „Rettung des Staates"[100], eminent gestärkt.

---

98   Rumpf, Christian: S. 40.
99   Arslan, Zühtü [2005a]: S. 128.
100 Tanör, Bülent [2006]: S. 220.

1.3 Souveränitätsverständnis in der Republik der Türkei

Die Wurzeln des heutigen Souveränitätsverständnisses liegen in der Gründung der Republik. Eine kurze Analyse der Anwendung der Souveränität als Begriff in den vorherigen Verfassungen ist deshalb eine Voraussetzung, um die heutige Anwendung und Bedeutung dieses Begriffes zu verstehen.

1.3.1 Gründungsphase der Republik der Türkei

Nach der Niederlage des Osmanischen Reiches im Ersten Weltkrieg und nach dem „Unabhängigkeitskrieg" wurde die Türkei gezwungen, ein neues Staatskonzept zu entwerfen. Die Eliten im Osmanischen Reich handelten erstmalig offen gegen den Willen des Sultans und gegen seinen Herrschaftsstatus,[101] obwohl sie am Anfang keine einheitlichen Ideen verfolgten. Die Eliten waren aber immer noch von der alten Tradition beeinflusst und konnten sich von ihren antiquierten Denkweisen wie die besondere Ergebenheit oder Treue gegenüber dem Sultan nicht befreien.

So wie die Entwicklungen der Nationalstaatlichkeit, der Souveränität und deren Legitimation und der Staatssysteme in Europa auf der Infragestellung und Begrenzung des Machthabers basierten, basierten die Entwicklungen in der Türkei grundsätzlich auf der Idee der „Rettung des Staates" und der Unabhängigkeit des Staates bzw. dem Kampf gegen die imperialistischen europäischen Kräfte.[102]

Trotz der Gründung der Nationalversammlung der Türkei im Jahre 1920 konnte diese nichts Konkretes gegen den Sultan unternehmen. Da sie gegen den Willen des Sultans entstanden war, erklärte er sie nach damaligem Recht zur illegalen Organisation.[103] Aufgrund dessen wurden am Anfang der Arbeit der Nationalversammlung die Rettung des Staates und des Sultans als Ziele erklärt.[104] Der Staat und der Sultan blieben weiterhin gleichgestellt. Die Notwendigkeit und Legitimation der Gründung der Nationalversammlung wurden mit der Behauptung untermauert, dass der Sultan gefangen genommen und das Land wegen des verlorenen Krieges besetzt wurde.

Am Anfang begründeten sie ihre Revolte damit, dass der gefangene Sultan seinen Willen nicht mehr frei äußern könne, deswegen müsse der Sultan befreit und das nicht funktionierende System wiederhergestellt werden.[105] Diese anfäng-

---

101 Steinbach, Udo [2000]: S. 25.
102 Tanör, Bülent [2006]: S. 227.
103 Özbudun, Ergun [2002]: Türk Anayasa Hukuku (Türkisches Verfassungsrecht) Ankara, 2002, S. 28; Jäschke, Gotthard: Auf dem Wege zur Türkischen Republik: Ein Beitrag zur Verfassungsgeschichte der Türkei, in: Die Welt des Islams, Volume 5, Issue 3-4, 1958, S. 210, 214.
104 Özbudun, Ergun [2002]: S. 29.
105 Tanör, Bülent [2006]: S. 234.

liche Behauptung der Zivil- und Militäreliten wurde während des Unabhängigkeitskrieges geändert.

Die Nationalversammlung verkündete 1921[106] eine kurze Verfassung mit 23 Artikeln unter dem Namen „Gesetz über die grundlegende Organisation". Trotz der Annahme des verkündeten Gesetzes als Verfassung sind bei einer materiellen Prüfung des Gesetzes die Eigenschaften einer Verfassung nicht festzustellen,[107] da weder Grundrechte noch Staatsorganisationsrechte erwähnt werden. Die Annahme dieses Gesetzes als Verfassung entsprach eher dem Wunsch einer Äußerung oder Feststellung und der Dringlichkeit und Notwendigkeit einer Verfassung für den neu entstehenden Staat.[108]

Aufgrund der Gewalteneinheitskonstruktion der 1921er Verfassung konzentrierten sich alle Gewalten auf die Große Nationalversammlung.[109] Obwohl das erklärte Ziel der Großen Nationalversammlung die Rettung des Sultans und des Sultanats war,[110] wurde in der 1921er Verfassung über den Status und die Rolle des Sultans bzw. Kalifen hinweggegangen. Nach der Verfassung galt der Islam als Staatsreligion, aber die Große Nationalversammlung besaß Kompetenzen und Macht über Angelegenheiten der Religion und des Schariarechts.[111] Nach der Beendigung der „nationalen Befreiungskriege"[112] begann eine neue Epoche in der türkischen Verfassungsgeschichte. Mit der Begründung, dass die Souveränität nun in den Händen der Nation liege, wurde das Sultanat am 1.11.1922 von der Großen Nationalversammlung abgeschafft[113] und der Weg zur Proklamation einer Republik eröffnet.

Der Erfolg im Unabhängigkeitskrieg führte am Ende zur Gründung einer neuen Republik. Die Zivil- und Militäreliten des Landes mit ihrem modernen Staatsverständnis wollten es nicht mehr, wie vorherige Reformer des Osmanischen Reiches, nur bei einer Modernisierung belassen, sondern strebten darüber hinaus eine gesamtgesellschaftliche, politische und weltanschauliche Verwestlichung des Landes an.[114] Dieses Reformkonzept führte dazu, dass die alte Herrschaftskonstruktion und das alte Staatskonzept komplett geändert werden mussten.

---

106 <www.verfassungen.eu/tr/index.htm> Solange in der Fußnote keine andere Quelle angegeben ist, wird für die 1921er Verfassung diese Übersetzung angewendet.

107 Özbudun, Ergun/Genckaya, F. Ömer: Democratization and the Politics of Constitution-Making in Turkey, Central European University Press, Budapest, 2009, S. 10.

108 Dragos, C. Mateescu: S. 230.

109 Yoldas, Yunus: S. 27.

110 Aksin, Sina: Turkey From Empire to Revolutionary Republic: The Emergence Of The Turkish Nation From 1789 To The Present, 1. Aufl., New York, 2007, S. 143.

111 Rumpf, Christian: S. 60.

112 Kedourie, Elie: S. 290 f.

113 Aksin, Sina: S. 179; Özbudun, Ergun [2002]: S. 30; Yildiz, Hüseyin [2007]: S. 162.

114 Yildiz, Hüseyin [2007]: S. 160.

Die Modernisierungsidee und das aus dieser Idee hervorgegangene Staatskonzept der Eliten basierten auf republikanischen Gedanken, die ein neues Herrschafts- und Souveränitätsmodell voraussetzten. Die Zivil- und Militäreliten als Retter des untergehenden Staates und spätere Republikgründer[115] wollten zu Beginn sowohl eine neue Legitimationsquelle oder ein neues Herrschaftskonzept als auch eine neue Staatskonstruktion, obwohl sie ursprünglich immer behaupteten, ihr Ziel sei die Befreiung des Sultans.[116] Ihre grundsätzliche Position gegenüber einer neuen Legitimationsquelle oder einem neuen Herrschaftskonzept kann durch die Analyse der Begrifflichkeiten der 1921er Verfassung ermittelt werden. Aufgrund ihrer politischen Haltung tauchte erstmals in der juristischen Geschichte der Türkei in der 1921er Verfassung der Begriff „Souveränität der Nation" auf, obwohl das Osmanische Reich immer noch existierte.[117] So wurde die Nation zum ersten Mal in der türkischen Verfassungsgeschichte als Legitimationsquelle angenommen und die Souveränität der Nation als verfassungsrechtlicher Begriff angewandt. Die Idee der Volkssouveränität in Europa diente gleichzeitig zur Realisierung des Nationalstaatsgedankens.[118] Das Volkssouveränitätskonzept bedarf allerdings einer gewissen Homogenität der Wertnormen der Bevölkerung, damit die von dem Konzept ausgehenden Eigenschaften der Souveränität wie Einzigkeit und Unteilbarkeit der Staatsgewalt bewahrt werden können. Diese gewisse Homogenität des Volkswillens mildert auch die Diskrepanz zwischen den Begriffen Volk und Nation ab. Die aufgrund des Vielvölkersystems fehlende Homogenität der Gesellschaft im Osmanischen Reich führte zu Zwangsnationalisierungs- und Zwangsharmonisierungsmaßnahmen der Gesellschaft in der neu gegründeten Republik. So sollte die Spannung zwischen dem existierenden Volk und der fiktiv kreierten Nation aufgehoben werden.

Obwohl die Nation keine vorgegebene natürliche, sondern eine sich wandelnde geschichtliche Fiktion und ein Ergebnis der Nationalstaatlichkeit war,[119] wird sie in der Türkei als teleologische und natürliche höchste Entwicklung der Menschheit dargestellt.

Der Art. 1 Satz 1 der 1921er Verfassung lautet: *„Die Staatsgewalt steht uneingeschränkt und unbedingt der Nation zu."* An diesem Beispiel zeigt sich die Problematik einer angemessenen Übersetzung. Der Begriff „Hakimiyet" wird in dem Fall als „Staatsgewalt" übersetzt, da die in der deutschen Rechtssprache bekannte Formulierung „Alle Staatsgewalt geht vom Volke aus" existiert. Wird

---

115 Özbudun, Ergun [2006]: Political Origins of the Turkish Constitutional Court and the Problem of Democratic Legitimacy, in: European Public Law, Volume 12, 2006, Issue 2, S. 216.

116 Yildiz, Hüseyin [2007]: S. 161.

117 Dragos, C. Mateescu: S. 230; Rumpf, Christian: S. 92; <www.tuerkei-recht.de/Rezeption.pdf>.

118 Schliesky, Utz: S. 101.

119 Görres-Gesellschaft (Hrsg.): Staatslexikon, 3. Band, Freiburg, 1987, S. 1265.

aber die grundlegende Änderung des Staatskonzeptes des Osmanischen Reiches durch den Art. 1 Satz 1 betrachtet, ist eine andere Übersetzung geeigneter, die die Änderung der sowohl inneren als auch äußeren Herrschaftskonstruktion und Herrschaftslegitimation unterstreicht. Aufgrund dessen ist nach Ansicht des Verfassers der Art. 1 Satz 1 besser folgendermaßen zu übersetzen: „*Die Souveränität gehört uneingeschränkt und unbedingt der Nation.*"[120]

Der Art. 1 Abs. 2 lautet: „*Das System der Verwaltung beruht auf dem Grundsatze, dass das Volk selbst und tatsächlich seine Geschicke lenkt.*" Trotz der fehlenden Beteiligung der Bevölkerung bei der Vorbereitung und Zustimmung der Verfassung wurde die Nation als uneingeschränkte und unbedingte Quelle der Souveränität anerkannt. Die ausschließliche Ausübungskompetenz dieser Souveränität lag in der Hand der Großen Nationalversammlung.[121]

Diese Souveränität wurde als unteilbare Einheit kreiert. Aufgrund dieser unteilbaren Einheitlichkeit der Souveränität konnte die von dieser Souveränität ausgehende Herrschaftsgewalt auch nur durch eine Einheit ausgeübt werden.[122] Als logische Konsequenz dieser Ansicht wurde in der 1921er Verfassung das Gewalteneinheitsprinzip angenommen. Somit konzentrierte sich die Gewalteneinheit in der Großen Nationalversammlung, die sowohl gesetzgeberische als auch vollziehende Aufgaben ausübte.[123]

Es kann an dieser Stelle schon festgestellt werden, dass durch diese Souveränitätskonstellation die Rechtsposition des Sultans durch die abstrakte Nation ersetzt wurde. Da die Übergangphase des Systemwechsels noch nicht abgeschlossen war, wurde die Einsetzung der Nation in die Rechtsposition des Sultans nicht besonders angekündigt. Das in der 1921er Verfassung enthaltene Prinzip der Souveränität der Nation wurde als harmloser Artikel der Verfassung dargestellt, obwohl es mit der Ersetzung der Position des Sultans durch die abstrakte Nation gleichzeitig die Änderung der Legitimationsquelle der Herrschaft und der alten Staatsstruktur bedeutete. Die Legitimationsquelle der Herrschaft war nicht mehr metaphysisch, sondern weltlich. Aber trotz dieser Verweltlichung der Legitimationsquelle der Herrschaft dachte der Verfassungsgeber der 1921er Verfassung an keine begrenzte Machtkonstruktion, noch wurde diese gewollt. Die grenzenlosen Machtansprüche des Sultans wurden auf die Nation übertragen und vom Parlament als Vertreter des Willens der Nation ausgeübt.

---

120 Für den Begriff „Staatsgewalt" wird der Begriff „Souveränität" angewendet. In direkten Zitaten bleibt der Originalbegriff kursiv, nachfolgend werden die vom Verfasser präferierten Begriffe in Klammern genannt.
121 Rumpf, Christian: S. 60.
122 Rumpf, Christian: S. 60.
123 Tanör, Bülent [2006]: S. 258.

Mit der 1921er Verfassung wurden die Herrschaft und der Souveränitätsanspruch des Sultans de jure aufgehoben und eine republikanische Perspektive für die zukünftige Staatsordnung eröffnet.[124]

1.3.2 Souveränitätsverständnis bis zur 1982er Verfassung der Türkei

Eine Situation, die von charismatischen Persönlichkeiten, politischen Erfolgen und militärischen Siegen im Unabhängigkeitskrieg gekennzeichnet war, ermöglichte den Republikgründern der Türkei, die nach Mustafa Kemal Atatürk „Kemalisten" genannt werden, die Macht zu übernehmen und auf diktatorische Weise ihr Gesellschaftsprojekt von oben durchzusetzen.[125]

> *„Their primary concern was to consolidate the building of a strong and enduring nation-state, and provide a final answer to the age old question of, how to save the state."*[126]
>
> *„Moreover, in the process of making, the primary aim was to reach contemporary level of civilization by establishing its political, economic, and ideological prerequisites, such as the creation of an independent nation-state, the fostering of industrialization, and the construction of a secular and modern national identity. Thus, while Turkey as an independent nation-state emerged out of an independence war against Western imperialist powers, it nevertheless accepted the universal validity of Western modernity as the way of building modern Turkey. For Atatürk and his followers, it was only through rapid modernization that entailed the introduction and dissemination of Western Reason and rationality into what was regarded as traditional and backward social relation that Turkey would be stronger and secure vis-à-vis its enemies."*[127]

Durch die Gründung der Republik der Türkei 1923 wurde der Konflikt über die Souveränität nach innen und außen zwischen dem Sultan und der Nationalversammlung de facto und de jure beendet. Der Sultan und seine ganze Familie verließen das Land.

Die kemalistischen Eliten des Landes, die die Republik gegründet hatten, formulierten nach ihren europäischen Vorbildern eine Verfassung, in der die Form des Staates als Republik und die Nation als Souverän festgelegt wurden. Aufgrund ihrer Ausbildung, ihrer politischen Einstellung und des starken Einflusses des Positivismus in den Geisteswissenschaften in Europa waren die Eliten der Türkei vom Determinismus stark geprägt.[128] Die Verwestlichung und Mo-

---

124 Steinbach, Udo [2000]: S. 112 f.
125 Steinbach, Udo [2000]: S. 33; Kramer, Heinz/Reinkowski, Maurus: S. 121
126 Ciddi, Sinan: Kemalism in Turkish Politics, London, 2009, S. 20.
127 Keyman, E. Fuat: Introduction: Modernity and Democracy in Turkey, in: Keyman E. Fuat (Hrsg.): Remaking Turkey: Globalization, Alternative Modernities and Democracy, Plymouth, 2008, S. 20.
128 Kahraman, B. Hasan: S. 53; Karaosmanoglu, L. Ali: Officers: Westernization and Democracy, in: Heper, Metin/Kramer, Heinz/Öncü, Ayse (Hrsg.): Turkey and West Changing Political and Cultural Identities, London, 1993, S. 22, 32.

45

dernisierung der Gesellschaft war für die Eliten die einzige Lösung der Hauptprobleme des Landes.[129] Die Verwestlichungs- und Modernisierungsideologien entstanden auf der Basis einer zentralistischen und positivistischen Denkweise. Die erwünschte Modernisierung sei mit der traditionellen Kultur in der Türkei nicht kompatibel, diese sollte abgeschafft und durch die westliche Kultur ersetzt werden, da es nur eine universelle Zivilisation gäbe.[130]

Die angeblich bis dahin nicht vollzogene Entwicklung und Ordnung der muslimischen Gesellschaft konnte durch den zentralistischen modernen Staatsapparat mit der Hilfe des Positivismus säkularisiert und modernisiert werden.[131] Es war im Nachhinein leicht festzustellen, dass diese Transformationsbemühungen nicht die erhoffte Wandlung hin zu einer modernen und homogenen Gesellschaft, sondern vielmehr zur Spaltung des Landes in die führende Elite des Staates und die breite Masse des Volkes führten. Diese verfestigte Zentrum-Peripherie-Beziehung zwischen den modernen, säkularen und westlich geprägten Eliten und den traditionellen, wertkonservativen islamisch orientierten Gesellschaftsschichten ist bis heute nicht überwunden.[132]

> *„In Atatürk's view, moreover, Turkey had to be ruled in accordance with the following principles:*
> *Religion had to be removed from public life and controlled by the government.*
> *Modern Turkey had to be a homogeneous State.*
> *The interest of the people had to be the main concern of ruling party.*
> *The State had to be distinct from the person of the leader, and there had to be cooperation between the private und the public sector.*
> *The State had to be pre-eminent in the economic field and had to be continuously adapted at the requests of modernization.*
> *There had to be national solidarity, and the interest of the whole nation had to be put before those of any group or class."*[133]

Aufgrund seiner rationalen und säkularen Konstruktion wurde der Positivismus von den republikanischen Eliten als Legitimationsbasis ihrer Verwestlichungsmaßnahmen angenommen und angewandt.[134] Nach ihrer Meinung sollte die türkische Nation wichtigstes Element und Träger der Herrschaftsgewalt der neuen

---

129 Turhan, Mehmet [2007]: Anayasanin Hak Temelli Yorumu ve Anayasa Yargisi (Auslegung der Verfassung auf der Basis des Rechts und der Verfassungsgerichtsbarkeit), in: Ankara Üniversitesi SBF Dergisi, Band 62/3, 2007, S. 383.
130 Giesendorf, Sabrina: Politische Konditionalität der EU – eine erfolgreiche Demokratieförderungsstrategie, Baden-Baden, 2009, S. 145.
131 Keyman, E. Fuat: S. 21.
132 Turhan, Mehmet [2007]: S. 384; Giesendorf, Sabrina: S. 149.
133 Faucompret, Eric/Konings, Jozef: Turkish Accession to the EU, London, 2008, S. 4.
134 Turhan, Mehmet [2007]: S. 383; Göle, Nilüfer: Engineers, Technocratic Democracy, in: Heper, Metin/Kramer, Heinz/Öncü, Ayse (Hrsg.): Turkey and West Changing Political and Cultural Identities, London, New York 1993, S. 200.

Republik sein. Jedoch sei das Volk aufgrund der seit Hunderten von Jahren an-
dauernden Ausbeutung durch das Sultanat und seiner fehlenden Ausbildung nicht
in der Lage, seine Rechte wahrzunehmen und seine Pflichten entsprechend zu
erfüllen. Nach der Erreichung des nötigen kulturellen Niveaus des Volkes sollten
die sogenannten modernen Zivilisationen eingeholt und sogar überholt werden.[135]
Um dieses Ziel zu verwirklichen, mussten also im Land kulturelle und juristische
Neuerungen geschaffen werden.

Nach Meinung der Eliten hätte die Rezeption[136] des europäischen Rechts in das
Rechtssystem der türkischen Republik ähnliche gesellschaftliche und juristische
Entwicklungen in das Land bringen können wie in europäischen Ländern. Durch
die Realität konnte dies jedoch noch nicht ganz bestätigt werden. Diese Denkweise der Eliten war der Motor für die Änderungen der Herrschaftsverhältnisse
und der Souveränitätskonstruktion der Türkei. Sie war aber gleichzeitig der größ-
te Konfliktpunkt zwischen den Eliten und dem Volk bei der Durchsetzung der
Änderungen. Die Reformen, die die kemalistisch-säkularen Eliten durchsetzen
wollten, kollidierten mit dem Verständnis des traditionell-religiösen Volkes.[137]

Die Verweltlichung der Herrschaftskonstruktion und die Abschaffung des
Sultanats waren grundsätzlich die Ideen der Eliten, die niemals große Unterstützung von der Bevölkerung bekamen. Wegen dieser fehlenden Unterstützung der
Bevölkerung mussten die Eliten die Veränderung der Herrschaftskonstruktion
und des Systems gegen das Volk und für das Volk verwirklichen.

Solche Handlungen der Eliten führten und führen den Konflikt zwischen den
konservativ-islamischen und laizistisch-nationalen Kräften fort, der immer noch
das soziopolitische System und dadurch auch das Rechtssystem beeinflusst.[138]

*1.3.2.1 Souveränitätsverständnis der 1924er Verfassung[139] im Licht der
Entwicklungen des Souveränitätsverständnisses nach dem Zweiten
Weltkrieg in Europa*

Nach der Gründung der Republik der Türkei am 29.10.1923 wurde entschieden,
eine neue Verfassung für die Türkei nach westeuropäischem Muster[140] zu schaffen. Die neue Verfassung trat am 20.4.1924 in Kraft.

Die verkündete Verfassung hatte das Ziel, die Gesellschaft zu modernisieren.
Deshalb hatte die 1924er Verfassung stark autoritäre und an der Theorie Rous-

---

135 Keyman, E. Fuat: S. 21.
136 <www.tuerkei-recht.de/Rezeption.pdf>.
137 Faucompret, Eric/Konings, Jozef: S. 5.
138 Yildiz, Hüseyin [2007]: S. 163.
139 <www.verfassungen.de/tr/tuerkei24.htm>. Solange in der Fußnote keine andere Quelle angegeben ist, wird für die 1924er Verfassung diese Übersetzung angewendet.
140 Rumpf, Christian: S. 61.

seaus angelehnte Konturen[141], die sogar noch auf das heutige Verfassungsverständnis wirken.[142]

Die 1924er Verfassung der Republik wiederholte bezüglich der Souveränität den Artikel der vorherigen Verfassung. Der Art. 3 der 1924er Verfassung lautet:„*Die Staatsgewalt [Souveränität] steht [gehört] uneingeschränkt und unbedingt der Nation zu.*"

Mit der Gründung der Republik wurden die Beziehungen zwischen dem Staat und der Gesellschaft auf eine andere Weise als im Osmanischen Reich beschrieben. Die einstmaligen Untertanen des Sultans wurden zu Bürgern erklärt. Die von den Bürgern gebildete Einheit wurde als Nation und diese Nation als Träger der Souveränität anerkannt.

In der Republik sollte nach konsequentem Verständnis des Nationalstaates, anders als im Osmanischen Reich, die Existenz des Staates nicht vor die Existenz der Nation gestellt werden.[143] Nach neuer Staatsideologie sollte die Nation aufgrund ihrer Bedürfnisse den Staat gegründet haben und die Staatsgewalt bzw. die Souveränität des Staates so gewährleisten und legitimieren.[144]

Aber aufgrund der fehlenden Beteiligung der Menschen an der Auflösung des Reiches und der Gründung der Republik musste dieses Verständnis des Nationalstaats von oben durchgesetzt werden.[145] Die Festlegung der Idee von der Souveränität der Nation in der Verfassung bedeutete nicht, dass diese Idee von der Bevölkerung unterstützt wurde. Dies zu ändern war eines der erklärten Ziele der Kemalisten.[146] Die von oben durchgesetzte Idee des Nationalstaats, die fehlende Beteiligung des Volkes und das traditionelle Staatverständnis im Land haben einen Widerspruch in der Türkei kreiert, der bis heute nicht ganz überwunden werden konnte. Nach der Meinung der Gründer der Republik sollten die Existenz und das Ziel des Staates und der Staatsgewalt de jure durch die Nation legitimiert werden. Aber de facto lehnte die Bevölkerung die Beendigung des Osmanischen Reiches und die Gründung der Republik ab. Aufgrund dieser Diskrepanz wurden wieder die Elemente des alten traditionellen Staatsverständnisses, das die Existenz und Sicherheit des Staates in den Vordergrund stellte, aufgegriffen. Die Nation, die in der 1924er Verfassung zur Trägerin der Souveränität erklärt worden war, wurde als unfehlbares und absolutes, aber gleichzeitig auch als mystifiziertes und mythologisiertes Wesen dargestellt.[147]

---

141 Özbudun, Ergun/Genckaya, F. Ömer: S. 12.
142 Arslan, Zühtü [2005a]: S. 135.
143 Bulut, Nihat: S. 149.
144 Ebenda.
145 Dagegen: Tanör, Bülent [2006]: S. 288.
146 Kramer, Heinz/Reinkowski, Maurus: S. 121; Kotsovilis, Syridon: S. 44.
147 Arslan, Zühtü [2005a]: S. 135.

Sie war keine Gesamtheit von Individuen, die Rechte gegenüber dem Staat haben konnten, stattdessen haben die Individuen ihre Rechte auf die abstrakte Nation übertragen[148] und sich damit selber gegenüber dem Staat verpflichtet. Der Sultan war nicht mehr absoluter Machthaber und Souverän, aber die Beschreibung und Feststellung des neuen Souveräns wurde so abstrahiert, dass die zum Souverän erklärte Bevölkerung keine Verbindung zu diesem Status aufbauen konnte.

Deswegen entstand zwischen dem Staat, der durch die Eliten geführten Verfassungsbewegung, die die Modernisierung und Europäisierung des Landes anstrebte,[149] und der Bevölkerung, die bei all diesen Entwicklungen nicht als Subjekt, sondern nur als Objekt beteiligt war, ähnlich wie im Osmanischen Reich eine Zentrum-Peripherie-Beziehung.

Trotz der Feststellung in Art. 3 der 1924er Verfassung, dass die Nation Souveränitätsträger sei, wurde durch die allgemeine Konstruktion der Verfassung die Ausübung der Souveränität nach dem Willen des Volkes durch die verfassungsmäßigen Organe so gestaltet, dass der Staat durch diese Ausübung nicht gefährdet werden konnte. Obwohl in der Verfassung keine Einwände gegen das Mehrparteiensystem existierten, entschied man sich de facto mit der Behauptung der Besonderheiten der türkischen Republik statt für eine partizipationsoffene, demokratische und parlamentarische Konstruktion und ein pluralistisches Parlamentssystem für ein Einparteiensystem, das die Beteiligung des Volkes am politischen Leben und die Ausübung der Souveränität des Volkes stark beschränkte.[150] Dadurch wurden die politischen Aktivitäten und die Ausübung der Souveränität im Namen der Nation von den Eliten des Landes de facto übernommen, um den Staat zu retten und für die Zukunft zu modernisieren. Zweimal wurde am Anfang der Republik sogar versucht, mit der Fortschrittlichen Republik Partei (1924)[151] und der Freiheitspartei (1930)[152] ein Mehrparteiensystem zu konstruieren.[153] Beide Versuche sind schnell gescheitert, da die Eliten ihren Machtverlust fürchteten.

In dieser Phase der Republik kann das jakobinische[154] Staats- und Verfassungsverständnis der Eliten festgestellt werden. Die 1924er Verfassung regulierte mit ihrem ausgestalteten gesetzestechnischen Programm die Beziehungen zwischen dem Staat und den Bürgern. Durch diese Regulierung sollte die reibungslose Funktionalität des Staates zum Wohle der Gesellschaft gewährleistet werden.

---

148 Tezic, Erdogan: Anayasa Hukuku (Verfassungsrecht), Istanbul, 2007, S. 100.
149 Tank, Pinar: Political Islam in Turkey: A State of Controlled Secularity, Turkish Studies,Volume 6/1, 2005, S. 5 f.; Arslan, Zühtü [2005a]: S. 134.
150 Özbudun, Ergun [2002]: S. 39.
151 Aksin, Sina: S. 199.
152 Aksin, Sina: S. 208; Özbudun, Ergun [2002]: S. 33.
153 Aksin, Sina: S. 201.
154 Lexikon der Geschichte: Paderborn, 2005, S. 448.

Obwohl die Eliten tendenziell westeuropäischen Staatsvorstellungen folgten, wurden in der Verfassung – aufgrund ihres jakobinischen Staatsverständnisses – dem Bürger keine rechtsstaatlichen Garantien gegenüber dem Staat gewährleistet.[155]

Trotz der Festsetzung der Nation als Trägerin der Souveränität wurde der Wille der Bevölkerung durch die Prinzipien des Kemalismus beschränkt. Kemalismus[156] ist ein Begriff, der für die sechs Prinzipien des Republikgründers Mustafa Kemal steht.

„Der Katechismus des Kemalismus' umfasst sechs Prinzipien, auf denen der neue Staat gründen sollte:

– Nationalismus: Errichtung eines türkischen Nationalstaates.

– Laizismus: Trennung von Staat und Religion. De facto übt freilich das Amt für religiöse Angelegenheiten die Kontrolle über das religiöse Leben aus.

– Republikanismus: Gründung eines republikanischen Regimes. Damit war die Entschlossenheit bekundet, der Wiedereinführung einer Sultanats- oder Kalifatsherrschaft entgegenzuwirken.

– Populismus: Gleichheit der Bürger ohne Ansehen von Volkszugehörigkeit, Sprache, Glauben und gesellschaftlicher Schicht. Dies implizierte auch, den ‚Willen des Volkes' als konstitutives Element der Türkischen Republik anzuerkennen.

– Etatismus: Bestimmende Rolle des Staates in der Wirtschaft.[157]

– Revolutionismus: Die Neuen Reformen führen in gewisser Hinsicht eine neue normative Wert- und politische Ordnungsvorstellung für das Volk ein."[158]

Die mit der Verfassungsänderung von 1937[159] in der 1924er Verfassung verankerten Prinzipien des Kemalismus bilden bis heute die Grundsätze des türkischen Rechtssystems[160] und die Grenzen der Nation als Trägerin der Souveränität.

Die Souveränität war im Namen der Nation durch das Parlament auszuüben.[161] Die Legislativ- und Exekutivkompetenzen lagen beim Parlament.[162] Obwohl die Gesetzgebung und vollziehende Gewalt beim Parlament vereinigt waren, wurde die rechtsprechende Gewalt nach Art. 8 der 1924er Verfassung unabhängigen Gerichten zugewiesen.[163] Die Formulierung der Verfassung bezeichnete ein moderates Gewalteneinheitssystem, in dem die Souveränität vor allem durch das Parlament ausgeübt wurde. Nach der Konstruktion der Verfassung ist der besondere Rang der Parla-

---

155 Rumpf, Christian: S. 62.
156 Ausführlich dazu in: Steinbach, Udo [2000]: S. 35 f.; Kramer, Heinz/Reinkowski, Maurus: S. 128 ff.
157 Steinbach, Udo [2000]: S. 35.
158 Yildiz, Hüseyin [2007]: S. 170.
159 Tanör, Bülent [2006]: S. 324.
160 Rumpf, Christian: S. 62; Kramer, Heinz/Reinkowski, Maurus: S. 129
161 Art. 4 1924er Verfassung.
162 Art. 5 1924er Verfassung.
163 Rumpf, Christian: S. 63.

mentssouveränität festzustellen.[164] Dieser besondere Rang der Parlamentssouveränität ohne Beteiligung des Volkes an dem politischen Leben und mit der historisch erzwungenen Durchsetzung der Prinzipien des Kemalismus hat die verfassungsrechtlich festgestellte Souveränität der Nation manchmal ad absurdum geführt.

Durch ihre bloße programmatische Aussage und Wirkung über die Orientierung der zukünftigen Politik unterscheiden sich die Staatszielbestimmungen vom Verfassungsauftrag und von dessen normativer Verbindlichkeit.[165] Durch die 1924er Verfassung war es gewollt, einen sowohl nach außen als auch nach innen voll unabhängigen und souveränen Staat zu gründen. Dieses Ziel war aber von Anfang an nicht realistisch. Eine solche rein geschlossene Staatlichkeit war nur in der Theorie möglich, da die nationalen Staaten seit ihrer Gründung miteinander im negativen oder positiven Sinne verbunden waren, was auch für die Türkei der Fall war. Während die Türkei ihr Souveränitätsverständnis und den Gedanken der vollen Unabhängigkeit immer wieder zu stärken versuchte, entwickelte sich in Europa nach dem Zweiten Weltkrieg durch die Gründung der Europäischen Gemeinschaft eine neue Dimension und Epoche des Völkerrechts und der nationalen Staatlichkeit. Die Gründung neuer internationaler Organisationen sowie supranationaler Organisationen forderte von den Mitgliedstaaten auch die Änderungen ihres Souveränitätsverständnisses bzw. des Verständnisses über ihre Hoheitsrechte.

1.3.2.2 Entwicklungen nach dem Zweiten Weltkrieg und die Wandlungen des Souveränitätsverständnisses durch die EU

1.3.2.2.1 Historischer Blick auf die Einigungsidee Europas

Die Wurzeln der Gemeinsamkeitsidee Europas können in der Geschichte vom karolingischen Europa bis zur Gründung der EG gefunden werden.[166] Besonders zwangen die Entwicklungen der kapitalistischen ökonomischen Verhältnisse und die revolutionären Strömungen in Europa die Staaten Europas, für die entstandenen Probleme durch die Zusammenarbeit der Länder eine Lösung zu finden.

Aufgrund der Orientierung der kapitalistischen Produktionsweise, ihrer Existenz in einem Nationalmarkt und des klassischen Souveränitätsgedankens der nationalen Staaten[167] konnten die kriegerischen Wettbewerbe nicht nur durch

---

164 Rumpf, Christian: S. 65; Özbudun, Ergun [2002]: S. 31 f.

165 Scholz, Rupert: Art. 23, in: Maunz, Theodor/Dürig, Günter (Hrsg.): Grundgesetz Kommentar, Band III, München, 1999, S. 69.

166 Oppermann, Thomas: Europarecht, München, 2005, S. 3.

167 Erogul, Cem: Degisen Egemenlik anlayisinin hak ve özgürlüklerin korunmasina ve anayasa yargisina etkileri (Die Wirkung des geänderten Souveränitätsverständnisses auf die Verfassungsgerichtsbarkeit und der Schutz der Freiheiten), in: Anayasa Yargisi, Band 20, Ankara 2003, S. 215.

den abstrakten Willen der Staatsmänner reguliert werden.[168] Deswegen konnten solche Versuche die zwei Weltkriege, die vom Boden Europas ausgingen, nicht verhindern. Zwischen den zwei Weltkriegen liefen die völkerrechtlichen europäischen Entwicklungen immer weiter, wenn auch weniger enthusiastisch, um so die Beziehungen zwischen Staaten und international zu regulieren. Die Gründung der neuen Ordnung in Europa war die Konsequenz aus den traumatischen Erlebnissen der Weltkriege, die durch den Nationalismus beinah zur Selbstzerstörung Europas geführt hatten.[169] Der Wunsch der Sicherung des Friedens und der Stabilität nach dem Zweiten Weltkrieg führte dazu, dass die Länder in Europa nicht mehr mit den alten Staatsgedanken weiter existieren konnten. Durch die neue Ordnung in Europa sollte die bis dahin vorherrschende Macht- und Interessenpolitik der europäischen Nationalstaaten überwunden werden.[170]

Vom Ende des Zweiten Weltkrieges bis zur Gründung der EG wurden im internationalen Bereich weltweit und besonders in Europa viele neue Institutionen gegründet. Die Gründung der Organisation für europäische wirtschaftliche Zusammenarbeit (OEEC, 1948) mit den 17 Gründungsmitgliedern aus fast dem gesamten westeuropäischen Wirtschaftsraum zielte auf die handelspolitische Liberalisierung Westeuropas. Auch die Gründung des Europarates (1949)[171] kann allgemeinpolitisch als eine wichtige Etappe der dauerhaften Zusammenarbeit der europäischen Staaten festgestellt werden. Gleich nach dem Ende des Zweiten Weltkrieges wurde versucht, die politische und militärische Integration in Europa zu verwirklichen, und zwar durch die Planung der Europäischen Verteidigungsgemeinschaft (EVG) und der Europäischen Politischen Gemeinschaft (EPG). Die Versuche scheiterten gleich am Anfang 1954, da einige Länder ihre volle Souveränität in Gefahr sahen.[172] Es wurde ein anderer Weg gewählt, und statt sich direkt mit den staatspolitischen Fragen zu beschäftigen, bevorzugte man die Verwirklichung der anvisierten Ziele. Denn die Kontrolle der Rohstoffe für die Kriegsindustrie hatte den Prozess in Gang gebracht, der durch die Entwicklung eine ganz besondere Gestalt im Völkerrecht geschaffen hat.

Nach den zwei Weltkriegen stand fest, dass besonders die Kontrolle des kriegswichtigen Bereichs der Kohle- und Stahlindustrie in Deutschland ohne einseitige Diskriminierung ein neues internationales und institutionelles Modell benötigt.[173] Über dieses Modell, das die EU mit sechs Ländern startete, wurde durch

---

168 Lipgens, Walter: 45 Jahre Ringen um die Europäische Verfassung, Bonn, 1986, S. 21.

169 Hochleitner, Erich/Scheich, Manfred: Die Aufnahmefähigkeit der Europäischen Union: Politische und institutionelle Grenzen, in: Grenzenloses Europa. Die Türkei und die Aushöhlung der Politischen Union, Wien, 2007, S. 51.

170 Hochleitner, Erich/Scheich, Manfred: S. 51.

171 BGBl. I 1950, S. 263.

172 Oppermann, Thomas: S. 5.

173 Bieber, Roland/Epiney, Astrid/Haag, Marcel: Die Europäische Union, Baden-Baden, 2009, S. 40.

die Entwicklung im letzten halben Jahrhundert mit seinen nun 27 Mitgliedstaaten und besonderen Eigenschaften viel diskutiert und viele Theorien entwickelt.[174]

1.3.2.2.2 Abkehr vom konventionellen Souveränitäts- und Hoheitsverständnis in Europa

Die Europäisierung und Internationalisierung der politischen Institutionen ab der zweiten Hälfte des 20. Jahrhunderts und das Gebot der „offenen Staatlichkeit" brachte die Abkehr vom konventionellen Souveränitäts- und Hoheitsverständnis mit sich. Das konventionelle westfälische Souveränitätsverständnis nahm an, dass die Staaten voneinander unabhängig und mit dem Monopol legitimer physischer Gewalt ausgerüstet sind.[175] Als organisierte Macht hat der Staat die Funktion, Rechtsfrieden, Rechtssicherheit und das Zusammenleben zu gewährleisten.[176] Die Legitimation solcher Herrschaftsstrukturen basierte auf der Akzeptanz der Nation, die in dem Staatsgebiet eines Staates lebten.[177]

Die Entwicklungen nach dem Zweiten Weltkrieg forderten die Staaten heraus, eine andere Legitimationsbasis für ihre Existenz zu begründen, da die erwähnten Funktionen des Staates nicht mehr nur mit dem Monopol legitimierter physischer Gewalt zu erfüllen sind.[178] Die souveräne Gleichheit aller Staaten, die *non intervention* und Reziprozität waren drei allgemein geltende Regeln des klassischen Völkerrechts. Diese Regeln spiegelten die Eigenschaften der klassischen souveränen Staatlichkeit im Bereich des Völkerrechts wider.[179] Die zunehmenden Interdependenzen zwischen den Staaten, den Völkerrechtsprinzipien, wie Einschreiten der Vereinten Nation gegen unerlaubte zwischenstaatliche Aggressionen oder Interventionen gegen grobe Menschenrechtsverletzungen,[180] und die Ausstattung supranationaler Organisationen mit Kompetenzen führten zur Wandlung der traditionellen Souveränitäts- und Hoheitsbegriffe.[181]

Der Öffnungs- und Kooperationszwang führt in diesem Zeitalter für die Nationalstaaten zur Neuauslegung der alten Begriffe. Wenn heute Souveränität

---

174 Loth, Wilfried/Wesels, Wolfgang: Theorien europäischer Integration, Leverkusen 2001; Rosamond, Ben: Theories of European Integration, New York, 2000; Wolf, Dieter: Integrationstheorien im Vergleich, Baden-Baden, 1999.
175 Schuppert, F. Gunnar: Souveränität – überholter Begriff, wandlungsfähiges Konzept oder „born 1576, but still going strong"?, in: Stein, Tina/Buchstein, Hubertus/Offe, Claus (Hrsg.): Souveränität, Recht, Moral, Frankfurt, 2007, S. 253.
176 Zippelius, Reinhold: Allgemeine Staatslehre, 1. Aufl., München, 2003, S. 58.
177 Zippelius, Reinhold: S. 60.
178 Schuppert, F. Gunnar: S. 257 ff.
179 Schuppert, F. Gunnar: S. 254–255.
180 Art. 2 Uno-Satzung.
181 Zippelius, Reinhold: S. 72.

als höchste Gewalt nach innen und Unabhängigkeit nach außen definiert wird, kann sie nicht mehr als schrankenlose höchste Gewalt bezeichnet werden, da die Souveränität nun als höchste Gewalt von Rechts wegen bezeichnet wird.[182] Die Souveränität darf dann nicht mehr nur durch die inneren Machtverhältnisse eines Staates gerechtfertigt und legitimiert werden. Will der Staat funktionsfähig werden, soll er seine Legitimationsgründe der Souveränität auch von der internationalen Gemeinschaft anerkennen lassen. Sonst droht die Gefahr, dass er von der internationalen Gemeinschaft isoliert wird.

Die besonders von der supranationalen Organisation angewendeten Hoheitsrechte erreichen die der staatlichen Hoheitsgewalt unterstehenden Einzelnen und verpflichten auch im innerstaatlichen Bereich wirkende Staatsorgane wie Gerichte oder Verwaltungsorgane usw. Durch diese Wirkungen der supranationalen Organisation wird der Souveränitätspanzer der Mitgliedstaaten durchbrochen.[183] Als Mitgliedstaat der supranationalen Organisation darf der moderne Staat nicht furchtsam unter seinem Souveränitätspanzer Schutz suchen, „... *sondern er begibt sich freiwillig und auf Kooperationsgewinne hoffend in internationale Kooperations- und supranationale Integrationsstrukturen*".[184] Obwohl damit das klassische Souveränitätsmodell und die geschlossene Staatlichkeit infrage gestellt werden, verschwindet aber die Souveränität der nationalen Staaten nicht,[185] da die supranationale Organisation (auch die EU) keine eigenen Vollstreckungsorgane besitzt und immer noch die Gewalt der Mitgliedstaaten benötigt, um ihre Entscheidung durchzusetzen.[186] Durch die Entwicklungen aber hat die Souveränität „... *sich also aus einem ausschließenden Herrschafts- und Verfügungsrecht in ein kommunikatives und interaktives Teilhabe- und Teilnahmerecht gewandelt*".[187]

Infolgedessen eignen sich die konventionellen Souveränitäts- und Hoheitsbegriffe nicht zur Analyse der entstehenden Rechtssysteme. Das Festhalten an konventionellen Souveränitäts- und Hoheitsbegriffen würde mit der Rechtsrealität kollidieren, da sich in der Realität die Staaten schon längst von konventionellen Souveränitäts- und Hoheitsbegriffen verabschiedet haben.[188] Die Eigenschaften

---

182 Randelzhofer, Albrecht [2004]: S. 155.

183 Wassermann, Rudolf: Kommentar zum Grundgesetz für die Bundesrepublik Deutschland, Neuwied, 1989, S. 1613.

184 Schuppert, F. Gunnar: S. 260.

185 Schuppert, F. Gunnar: S. 256.

186 Schuppert, F. Gunnar: S. 261.

187 Preuß, K. Ulrich: Souveränität – Zwischenbemerkung zu einem Schlüsselbegriff des Politischen, in: Stein, Tina/Buchstein, Hubertus/Offe, Claus (Hrsg.): Souveränität, Recht, Moral, Frankfurt/Main, 2007, S. 324.

188 Grimm, Dieter [2007]: Souveränität – zur aktuellen Leistungsfähigkeit eines rechtlich-politischen Grundbegriffs, in: Stein, Tina/Buchstein, Hubertus/Offe, Claus (Hrsg.): Souveränität, Recht, Moral, Frankfurt/Main, 2007, S. 308.

der klassischen souveränen Staatlichkeit wie die souveräne Gleichheit aller Staaten, die *non intervention* und Reziprozität wandelten sich durch die Entwicklung des Völkerrechts und die Funktion der supranationalen Institutionen um in die *regulated intervention* und kooperative Reziprozität.[189]

1.3.2.2.3 De-facto-Anerkennung der Änderung des Souveränitätskonzepts der Türkei in den Zeiten der 1924er Verfassung ohne verfassungsrechtliche Normen

Während dieser grundsätzlichen Änderungen in Europa in Bezug auf das Staats- und Souveränitätsverständnis wurde in der Türkei verfassungsrechtlich immer noch der alte volle Souveränitäts- und Unabhängigkeitsgedanke vertreten. Obwohl sich die Türkei von Anfang an und besonders nach dem Zweiten Weltkrieg sowohl in internationalen als auch in supranationalen Organisationen aktiv und völkerrechtlich verbindlich verhielt, gab es in der 1924er Verfassung nur einen Artikel,[190] in dem das Wort „Völkerrechtsverträge" einmal erwähnt wurde. Hier wurde nur festgelegt, dass Staats- und Friedensverträge vom Parlament abgeschlossen werden sollten. Über die Wirkung und Geltung der Völkerrechtsnormen war in der 1924er Verfassung nichts zu finden. Bei der Gründung der türkischen Republik hat die Türkei mit den verschiedenen Parteien insgesamt 18 völkerrechtliche Verträge abgeschlossen, alle Verträge zusammen wurden im Lausanner Friedensvertrag genannt und traten 1924 in Kraft.[191] Der Lausanner Friedensvertrag beinhaltet Regeln für Grenzverwaltungssysteme, kommerzielle Beziehungen, Bevölkerungsaustausch und Niederlassungsrechte der Ausländer bis hin zur allgemeinen Amnestie für Strafsachen und der Organisation des Gesundheitssystems im Lande.[192] Durch die Verträge verpflichtete sich die Türkei, die Rechte der Minderheiten in der Türkei gemäß dem Vertrag zu schützen und zu pflegen.[193] Neben den Rechten der Minderheiten wurde mit dem Vertrag über die Verwaltung der Meerengen[194] die Durchfahrt der Schiffe durch die Dardanellen und den Bosporus reguliert. Gemäß Art. 10 des Vertrages über die Ver-

---

189 Schuppert, F. Gunnar: S. 260–261.

190 Art. 26 der 1924er Verfassung: „*Die Große Nationalversammlung handelt selbst bei Staatsakten wie Inkraftsetzung von Schariatrechtsbestimmungen, Abfassung, Abänderung, Auslegung und Aufhebung von Gesetzen, Abschluß von Staats- und Friedensverträgen, ...*"

191 Bozkurt, Enver: Türkiye'nin Uluslararasi Hukuk Mevzuati (Völkerrechtsvorschriften der Türkei), Ankara, 2003, S. 5.

192 Kramer, Heinz/Reinkowski, Maurus: S. 118 f.

193 Oran, Baskin: Ulusal Egemenlik Kavraminin Dönüsümü, Azinliklar ve Türkiye (Wandlungen der nationalen Souveränität, die Minderheiten und die Türkei), Anayasa Yargisi, Band 20, Ankara, 2004, S. 61–93.

194 Text dieses Vertrages in: Bozkurt, Enver: S. 51-60.

waltung der Meerengen wurde die Regulierung der Durchfahrt der Schiffe durch die Dardanellen und den Bosporus unter die Kontrolle der durch den Vertrag gegründeten internationalen Kommission gestellt. Gemäß Art. 12 des Vertrages wurde die Kommission zusammengesetzt aus Mitgliedern Frankreichs, Großbritanniens, Italiens, Japans, Bulgariens, Griechenlands, Rumäniens, Russlands, Serbiens, Kroatiens und Sloweniens. Das Kontrollorgan wurde mit der Durchführung des Vertrages und der damit ermöglichten reibungsfreien Durchfahrt der Schiffe beauftragt und mit den Kontrollkompetenzen ausgestattet. Es übte seine Kontrolltätigkeit auf dem Territorium der Türkei aus, ohne die Zustimmung der türkischen Behörden zu benötigen. Obwohl es in der türkischen Verfassung von 1924 nur einen allgemeinen Artikel über völkerrechtliche Verträge gab und die Übertragung von Hoheitsrechten an zwischenstaatliche Organisationen für den neu gegründeten türkischen Staat unmöglich war, wurden die Hoheitsrechte konkludent an die Kontrollkommission übertragen, ohne die dafür nötigen verfassungsrechtlichen Änderungen vorzunehmen. Da die 1924er Verfassung keine Übertragung von Hoheitsrechten an die Kontrollkommission vorgesehen oder zugelassen hat, kollidierten die Vorschriften des Lausanner Vertrages nicht nur mit der 1924er Verfassung, sondern darüber hinaus auch mit den Grundprinzipien wie Souveränität und Unabhängigkeit des türkischen Staates.

Trotz dieser groben Kollision zwischen dem Vertrag und der 1924er Verfassung wurden die Funktionen der Kontrollkommission de facto akzeptiert, anstatt entsprechende verfassungsrechtliche Änderungen vorzunehmen. 1936, vor dem Zweiten Weltkrieg, wurden der Lausanner Vertrag durch den Montreux-Vertrag ersetzt,[195] der immer noch gültig und verbindlich ist. Der Montreux-Vertrag reguliert ähnlich wie der Lausanner Vertrag die Durchfahrt durch die Dardanellen und den Bosporus, sieht aber kein Kontrollorgan für die Anwendung des Vertrages vor. Gemäß Art. 24 des Montreux-Vertrages übernimmt die Türkei die Kompetenzen der Lausanner Kommission. Bis zum Inkrafttreten der 1961er Verfassung hatte die Anwendung des Montreux-Vertrages keine verfassungsrechtliche Basis, er wurde aber de facto angewendet. Neben solchen völkerrechtlichen Verträgen wurde die Ausübung der Hoheitsrechte der Türkei auch durch die Mitgliedschaft in verschiedenen Institutionen beschränkt, obwohl die 1924er Verfassung diese Möglichkeiten nicht vorgesehen hatte.

Die Türkei ist seit 1945 Mitglied der Vereinten Nationen[196] und damit gilt die Satzung[197] der Vereinten Nationen auch für die Türkei. Laut Art. 44 der Satzung der Vereinten Nation entscheidet der Sicherheitsrat über den Einsatz der Streit-

---

195 Düstur III, Tertip C. 17 (Gesetzessammlung, III, Band 17), S. 1455-1496.
196 Düstur III, Tertip C. 26 (Gesetzessammlung, III, Band 26), S. 1382 ff.
197 Charter of the United Nations, vom 26.7.1945, Text in: United Nations Conference on International Organisation (U.N.C.I.O)

kräfte, die von den Mitgliedstaaten nach Maßgabe von Sonderabkommen zur Erfüllung ihrer Aufgaben zur Verfügung zu stellen sind.[198]

Auch die NATO mit ihrer zwischenstaatlichen Organisationsstruktur verlangt von ihren Mitgliedern die Beschränkung der eigenen Souveränität der Mitgliedstaaten bezüglich der Befehlskompetenzen der NATO-Kommandeure über die Streitkräfte der Mitgliedstaaten in Art. 5 des NATO-Vertrages[199] an die NATO-Organe in vordefinierten Fällen.

Die Türkei ist seit 1952 Mitglied der NATO,[200] ohne die verfassungsrechtlichen Fragen hinsichtlich der Beschränkung der Souveränität bzw. der Übertragung von Hoheitsrechten in Bezug auf die NATO-Mitgliedschaft zu diskutieren. Obwohl erst Art. 66[201] der 1961er Verfassung dafür eine verfassungsrechtliche Basis bietet, wurden die mitgliedschaftlichen Pflichten zehn Jahre lang ohne gesetzliche Grundlagen erfüllt.

Art. 66 der 1961er Verfassung erlaubte die Stationierung ausländischer Truppen in der Türkei, ohne die Wirkung auf die Hoheitsrechte der Türkei zu erwähnen. Es wurde versucht, die Idee der Erodierung der Hoheitsrechte der Türkei zu relativieren, und zwar durch die Betonung, dass die Erteilung der Erlaubnis im Zuständigkeitsbereich des Parlaments liegt. Trotz des Bedarfs der Beschränkung der Souveränität bzw. der Übertragung von Hoheitsrechten für die NATO-Mitgliedschaft wurde in Art. 66 Abs. 1 die Beschränkung der Souveränität bzw. die Übertragung von Hoheitsrechten nicht vorgesehen,[202] obwohl de facto die Mitgliedschaft der NATO die Beschränkung von Hoheitsrechten der Türkei bedeutete.

Die EMRK mit ihren supranationalen Eigenschaften wurde von der Türkei 1954 unterzeichnet und trat in Kraft.[203] Trotz der Unterzeichnung blieben der juristische Status und die Wirkung der EMRK und der Entscheidungen des EGMR ungeklärt, da die Beschränkung der eigenen Souveränität oder Übertragung von Hoheitsrechten auf die supranationalen Organisationen von der türkischen Verfassung nicht vorgesehen worden war. Bei dem Zustandekommen dieses Geset-

---

198 Mosler, Hermann: Übertragung von Hoheitsgewalt, in: Kirchhof, Paul/Isensee, Josef (Hrsg.): Handbuch des Staatsrechts (HStR VII), Heidelberg, 2004, Band VII, S. 611.

199 Nordatlantikvertrag, in: United Nations Treaty Serie (U.N.T.S.), Volume 34, S. 243.

200 ABl. Nr. 8038 vom 18.2.1952.

201 Art. 66 Abs. 1 der 1961er Verfassung: „*Die Erklärung des Kriegszustandes in den Fällen, in denen dies nach Völkerrecht als rechtmäßig erachtet wird, sowie die Entsendung türkischer Streitkräfte ins Ausland und die Erteilung der Erlaubnis, ausländische Truppen in der Türkei zu stationieren, liegt im Zuständigkeitsbereich der Türkischen Großen Nationalversammlung, diejenigen Fälle ausgenommen, in denen dies auf Grund internationaler Verträge, deren Partner die Türkei ist, oder nach den Regeln internationaler Courtoisie erforderlich.*"

202 Urteil des Verfassungsgerichts, E. 1963/311 K. 1965/12, ABl. Nr. 12185 vom 24.12.1965.

203 ABl. Nr. 866 vom 13.3.1954, Gesetz Nr. 6366.

zes wurden im türkischen Parlament keine Diskussionen über die Wirkung der EMRK auf die türkische Rechtsordnung geführt.[204]

Infolgedessen ist festzustellen, dass die Türkei trotz der Betonung des vollen traditionellen Souveränitäts- und Unabhängigkeitsgebots durch die 1924er Verfassung Völkerrechtsverträge abschließt, die mit ihrer verfassungsrechtlichen Souveränitäts- und Unabhängigkeitskonstruktion kollidieren. Die Entwicklungen in der Welt nach dem Zweiten Weltkrieg lassen der Türkei aber keine andere Möglichkeit, als den Änderungen in den internationalen Beziehungen zu folgen und entsprechend zu reagieren. Die Kernstaats- und Verfassungsideologie lässt aber nicht zu, De-facto-Änderungen des Souveränitäts- und Unabhängigkeitsgedankens verfassungsrechtlich festzulegen.

1.3.2.3 Souveränitätsverständnis der 1961er Verfassung[205]

Die 1961er Verfassung wurde von einer Gruppe liberaler Rechtswissenschaftler formell nach der italienischen Verfassungskonstruktion und materiell nach dem französischen Verfassungssystem verfasst.[206] Obwohl der Entstehungsprozess der Verfassung wegen der fehlenden Beteiligung der Bevölkerung undemokratisch verlief,[207] entsprach die 1961er Verfassung inhaltlich sehr modernen Verfassungsprinzipien, wie Grundrechte, demokratische Rechtsstaatlichkeit sowie laizistische und soziale Rechtsstaatlichkeit, Gewaltenteilung, Verhältnismäßigkeit.[208]

Obwohl die 1961er Verfassung in einigen Punkten immer noch paternalistische Staatsgedanken enthielt[209] wie die Funktion des Nationalen Sicherheitsrats oder des Senats, wird die Verfassung nach ihrem Inhalt allgemein als demokratisch und liberal bezeichnet.[210]

---

204 Gölcüklü, Feyyaz/Gözübüyük, Seref: Avrupa Insan Haklari Sözlesmesi ve Uygulamasi (Europäisches Menschenrechtsabkommen und dessen Anwendung), Ankara, 1996, S. 14.

205 <www.verfassungen.de/tr/tuerkei61.htm>. Solange in der Fußnote keine andere Quelle angegeben ist, wird für die 1961er Verfassung diese Übersetzung angewendet.

206 Rumpf, Christian: S. 69.

207 Tanör, Bülent [1994]: Iki Anayasa (Zwei Verfassungen), Istanbul, 1994, S. 15; Gözler, Kemal [2000b]: Türk Anayasa Hukuku Dersleri (Türkisches Verfassungsrecht), Bursa, 2000, S. 67-70.

208 Kalaycioglu, Ersin: Religiosity and protest behaviour: the case of Turkey in comperative perspective, in: Verney, Susannah/Ifantis, Kostas (Hrsg.): Turkey's Road to European Union Membership: national identity and political change, London, 2009, S. 63; Karpat, Kemal: Studies on Turkish Politics and Society, Band I, Boston, 2004, S. 119.

209 Arslan, Zühtü [2005b]: Iki Anayasa Tarzi Demokrasi: Avrupa Anayasasi ve Türk Anayasasi Üzerine Notlar (Demokratie in zwei Verfassungen: Notizen über europäische und türkische Verfassung), in: Anayasa Yargisi, Band 22, Ankara, 2005, S. 368.

210 Abadan, Yavuz: Die türkische Verfassung von 1961, in: Jahrbuch des öffentlichen Rechts, (JöR), Band 13, 1964, S. 326.

Der Art. 4 Abs. 1 der 1961er Verfassung wiederholt, wie die vorherige Verfassung, die unbedingte und uneingeschränkte Koppelung der Souveränität an die Nation: *„Die Souveränität gehört uneingeschränkt und unbedingt der Nation."*[211] Der Art. 4 Abs. 2 und 3 lautet: *„Die Nation übt ihre Souveränität durch die zuständigen Organe gemäß den in der Verfassung festgesetzten Prinzipien aus. Das Recht zur Ausübung der Souveränität darf keiner Einzelperson, Gruppe oder Klasse übertragen werden. Keine Person oder Behörde darf irgendwelche staatliche Autorität ausüben, die nicht in der Verfassung gründet."*

Aufgrund des Missbrauchs des nach dem Gewalteneinheitsprinzip konstruierten Staatssystems[212] der 1924er Verfassung seitens der Exekutive verabschiedete sich die 1961er Verfassung von dem Verständnis der Parlamentssouveränität und verankerte das Konzept der Gewaltenteilung im klassischen Sinne.[213] Die bisherige juristische Meinung über die Souveränität der Nation setzte unbedingt die Parlamentssouveränität für die Ausübung der Souveränität durch die Nation voraus. Mit der 1961er Verfassung wurde entschieden, die Ausübung der von der souveränen Nation ausgehenden Macht auf drei Organe zu verteilen, die sich nach dem Check-and-Balance-System gegenseitig zu kontrollieren haben.[214] Durch das Prinzip der Gewaltenteilung sollte der Missbrauch der Machtausübung verhindert werden, gleichzeitig aber widersprach das Prinzip der Gewaltenteilung der Vorstellung einer einheitlichen Gewalt. Bei all diesen Änderungen wurden die Begriffe der Souveränität, Hoheit, Kompetenz usw. nicht diskutiert oder analysiert, obwohl sich die Türkei seit der Republiksgründung gegenüber dem Völkerrecht de facto geöffnet und in verschiedenen Bereichen die Verbindlichkeit des Völkerrechts akzeptiert hatte. Die Änderungen wurden nur vorgenommen, um die durch Machtausübung und Machtmissbrauch entstandenen Probleme zu lösen. Aufgrund des fehlenden Vertrauens der Eliten gegenüber den vom Volk gewählten Politikern wurde eine zweite Kammer installiert, die diese Politiker kontrollierte und die Interessen des Staates vertrat.[215]

Trotz eines ausführlichen Katalogs von Grundrechten, politischen Rechten und sozialen und wirtschaftlichen Rechten und der Konstruktion der Gewaltenteilung in der 1961er Verfassung kann konkret eine Skepsis gegenüber der Beteiligung der Bevölkerung am politischen Leben und an der Machtausübung festgestellt werden.[216] Mit der Begründung, dass die Bevölkerung durch die reaktionären, antiwestlichen, religiösen oder kommunistischen Strömungen die Existenz und

---

211 Übersetzung des Verfassers.
212 Rumpf, Christian: S. 69.
213 Abadan, Yavuz: S. 344.
214 Rumpf, Christian: S. 71.
215 Hakyemez, Sevki Yusuf: S. 162.
216 Özbudun, Ergun/Genckaya, F. Ömer: S. 16.

Struktur des türkischen Staates gefährden könnte, wurden verschiedene Instrumentarien wie der Senat und der Nationale Sicherheitsrat usw. geschaffen, um die Existenz und Struktur des türkischen Staates vor ungebildeten und deshalb unmündigen Bürgern zu schützen.[217]

Die Verfassungsentwicklung der 1960er- und 1970er-Jahre zeigt ganz konkret, dass die seit der Modernisierung des Landes existierenden Fragen, wie die nach der Souveränität der Nation, der Beteiligung der Bevölkerung am politischen Leben, der Gewaltenteilung, der Rechtsstaatlichkeit usw., immer noch nicht geklärt werden konnten. Obwohl wie in allen vorherigen Verfassungen der Türkei auch in der 1961er Verfassung die Nation als Trägerin der Souveränität bezeichnet wurde, wurde dieser Status mit verschiedenen Artikeln wieder eingeschränkt, da die Nation angeblich noch nicht reif für diese Aufgabe war.[218] Dadurch wurde die verfassungsrechtliche Scheinheiligkeit der Souveränität der Nation gewährleistet, ohne dass die Heiligkeit des Staates gefährdet wurde. Aber die Anwendung der in der 1961er Verfassung gewährleisteten politischen Rechte des Volkes wurde vom Militär als selbst ernanntem Hüter des Staatssystems[219] als staatsgefährdendes Phänomen betrachtet, statt eine Beteiligung des Souveräns durch die Ausübung seines Willens zuzulassen. Diese Kollision führte dazu, dass die Freiheitsrechte der 1961er Verfassung im Jahre 1971 durch den Zwang des Militärs erst beschränkt wurden und letztendlich am 12.9.1980 nach dem Militärputsch die gesamte Verfassung aufgehoben wurde.

1.3.2.3.1 De-facto-Anerkennung der Änderung des Souveränitätskonzepts in den Zeiten der 1961er Verfassung

Anders als die 1924er Verfassung wurde in der 1961er Verfassung versucht, den Status der völkerrechtlichen Normen durch Art. 65[220] festzulegen. Erst durch

---

217 Kramer, Heinz/Reinkowski, Maurus: S. 130.
218 Ebenda.
219 Satana, S. Nil: Transformation of the Turkish Military and the Path to Democracy, in: Armed Forces & Society, Volume 34/3, 2008, S. 372.
220 Art. 65 der 1961er Verfassung: *„(1) Die Ratifizierung der mit ausländischen Staaten oder internationalen Organisationen vereinbarten Verträge im Namen der Türkischen Republik ist an die Zustimmung der Türkischen Großen Nationalversammlung gebunden; die Ratifizierung kann nur durch den Erlaß eines Gesetzes durch die Große Türkische Nationalversammlung erfolgen.*
(2) Verträge zur Regelung von Wirtschafts-, Handels- und technischen Beziehungen mit einer Laufzeit von weniger als einem Jahr können, sofern sie keine Belastung der Staatsfinanzen nach sich ziehen und sofern sie niemandes Stellung oder die Eigentumsrechte türkischer Staatsangehöriger im Ausland verletzen, mit ihrer Verkündung in Kraft gesetzt werden. In diesem Falle müssen solche Verträge innerhalb von zwei Monaten nach ihrer Verkündung der Türkischen Großen Nationalversammlung unterbreitet werden.

Art. 65 der 1961er Verfassung haben die von der Türkei abgeschlossenen Völker-rechtsverträge eine verfassungsrechtliche Begründung bekommen. Während aber durch die Entwicklungen in der EU die geschlossene Staatlich-keit und das gesamte Souveränitätskonzepts enorme Änderungen erfuhren,[221] wurden durch Art. 65 der 1961er Verfassung nur die Abschlüsse und der Status der Völkerrechtsverträge reguliert, ohne die Souveränität des türkischen Staates infrage zu stellen. Die rein völkerrechtlichen Verbindlichkeitsregeln des Art. 65 der 1961er Verfassung konnten die völkerrechtlichen Verträge mit den supra-nationalen Eigenschaften wie Lausanne, EMRK oder den Assoziationsvertrag zwi-schen der Türkei und der EWG nicht entsprechend umsetzen, da diese Verträge unmittelbare Wirkung auf die Rechtsordnungen der Parteien des Vertrages haben und dadurch das Souveränitätskonzept der Parteien beeinflussen.

Der Assoziationsvertrag[222] von 1963 zwischen der EWG und der Türkei ver-pflichtet die Türkei, die Wirkung der durch den Vertrag gegründeten Institutio-nen auf ihrem Territorium zu akzeptieren. Aus völkerrechtlicher Sicht ist das Assoziationsabkommen ein völkerrechtlicher Vertrag; aus der gemeinschafts-rechtlichen Sicht ein Assoziierungsabkommen nach ex-Art. 238 EG-Vertrag.[223] Gemäß Art. 22 Abs. 1 des Assoziationsvertrages darf der Assoziations-rat für die Parteien verbindliche Beschlüsse fassen, um die Verwirklichung der Vertragsziele zu erreichen. Die Parteien sind danach verpflichtet, für die Durchführung der Beschlüsse die erforderlichen Maßnahmen zu ergreifen. Aber nur nach den erforderlichen Maßnahmen können die Beschlüsse indivi-duell wirksame Rechtswirkung auf dem Territorium der Parteien des Vertrages entfalten.[224] Gemäß Art. 25 Abs. 1 des Vertrages dient der Assoziationsrat im

---

(3) Im Zusammenhang mit einem internationalen Vertrag getroffene Ausführungsabkommen sowie mit gesetzlicher Ermächtigung abgeschlossene Wirtschafts-, Handels-, technische oder Verwaltungsverträge sind nicht an die Zustimmung der Türkischen Großen Nationalversamm-lung gebunden; Wirtschafts- und Handelsverträge und Verträge, die Individualrechte berüh-ren, treten jedoch erst nach ihrer Verkündung in Kraft.

(4) Die in Absatz 1 enthaltenen Vorschriften finden für alle Verträge Anwendung, die eine Abänderung türkischer Gesetze nach sich ziehen.

(5) Ordnungsgemäß in Kraft gesetzte internationale Verträge haben Gesetzeskraft. Hinsichtli-ch dieser Verträge ist der Rechtsweg zum Verfassungsgerichtshof gemäß den Artikeln 149 und 151 nicht gegeben."

221 Siehe Teil 1, Kapitel 1.3.2.2

222 ABl. Nr. 11858 vom 17.11.1964; gemäß Art. 32 Assoziationsvertrag am 1.12.1964 in Kraft ge-treten. Ausführliche Information über den Tag des Inkrafttretens des Abkommens zur Grün-dung einer Assoziation zwischen der Europäischen Wirtschaftsgemeinschaft und der Türkei (64/736/EWG).

223 Hofmann, Mahulena: Von der Transformation zur Kooperationsoffenheit? Die Öffnung der Rechtsordnungen ausgewählter Staaten Mittel- und Osteuropas für das Völker- und Europare-cht, Heidelberg, 2009, S. 32.

224 Akyürek, Metin: Das Assoziationsabkommen EWG – Türkei, Wien, 2005, S. 32.

Falle juristischer Konflikte zwischen den Parteien des Vertrages als ein judikatives Organ. Als judikatives Organ kann der Rat nach Art. 25 Abs. 2 des Vertrages den Konflikt entweder durch einen Beschluss beilegen, oder er kann die Beilegung der Streitigkeit dem EuGH oder einem anderen bestehenden Gericht übertragen. Art. 25 Abs. 3 des Assoziationsvertrags verpflichtet die Parteien, die zur Durchführung des Beschlusses oder Schiedsspruches erforderlichen Maßnahmen zu treffen.

Obwohl weder die 1924er noch die 1961er noch die 1982er Verfassung den Abschluss solcher Verträge, in der die hoheitlichen Handlungen des türkischen Staates neu reguliert werden, vorgesehen und zugelassen haben, wurden der Assoziationsvertrag von 1963 bis heute de facto weiter angewendet. Es ist also festzustellen, dass ähnlich wie in der Phase der 1924er Verfassung auch in der Phase der 1961er Verfassung pragmatisch Verträge mit supranationalen Eigenschaften ratifiziert und angewendet wurden, ohne entsprechende verfassungsrechtliche Änderungen zu diskutieren. Die pragmatische Anwendung solcher Verträge wurde immer bevorzugt, statt die juristische Frage bezüglich der Souveränität des türkischen Staates im Zusammenhang mit solchen völkerrechtlichen Verträgen zu stellen. Infolgedessen wurde die traditionelle volle Unabhängigkeit und Souveränität des türkischen Staates weiter als Staats- und Verfassungsideologie hochgehalten, während de facto im internationalen Bereich auf Kosten der inneren Verfassungsordnung völkerrechtliche Pflichten der Türkei erfüllt werden.

2 Staats- und Souveränitätsverständnis der heutigen 1982er Verfassung der Türkei

2.1 1982er Verfassung[225]

Die 1982er Verfassung ist die immer noch geltende Verfassung der Türkei, obwohl sie seit dem Inkrafttreten mehrfach geändert wurde.[226] Trotz der vielen Än-

---

225 <www.verfassungen.de/tr/tuerkei82.htm>. Solange in der Fußnote keine andere Quelle angegeben ist, wird für die 1982er Verfassung diese Übersetzung angewendet.
226 Gesetz Nr. 3361 vom 17.5.1987 (Art. 67, 75, 175, Übergangsartikel 4)
Gesetz Nr. 3913 vom 8.7.1993 (Art. 133);
Gesetz Nr. 4121 vom 23.7.1995 (Präambel, Art. 33, 52, 53, 67, 68, 69, 75, 84, 85, 93, 127, 135, 149, 171);
Gesetz Nr. 4388 vom 18.6.1999 (Art. 143);
Gesetz Nr. 4446 vom 13.8.1999 (Art. 47, 125, 155);
Gesetz Nr. 4709 vom 3.10.2001 (Präambel, Art. 13, 14, 19, 20, 21, 22, 23, 26, 28, 31, 33, 34, 36, 38, 40, 41, 46, 49, 51, 55, 65, 66, 67, 69, 74, 87, 89, 94, 100, 118, 149, Übergangsartikel 15, besonderer Übergangsartikel);

derungen dieser Verfassung war es aufgrund ihres rein reaktionären Charakters gegenüber der 1961er Verfassung und deren freiheitlichen und demokratischen Rechtsgedankens nicht möglich, sie zeitgemäß zu gestalten.[227]

Da die Ausübung der verfassungsrechtlich gewährleisteten Rechte in den 1960er- und 1970er-Jahren von den Regierenden immer als Gefahr für das Land angenommen wurde,[228] versuchte man wiederholt, die gesellschaftliche Bewegung und deren Organisationsversuche durch Repressalien zu verhindern. Am Ende dieser Entwicklungen nahm das Militär durch einen Putsch gegen das Parlament und die Verfassungsordnung die Macht im Hand.

2.1.1 Inkrafttreten der neuen Verfassung

Die aus 15 Mitgliedern der Beratenden Versammlung bestehende Verfassungskommission legte am 17.7.1982 einen Verfassungsentwurf vor. Die Debatten in der Beratenden Versammlung über den Verfassungsentwurf wurden nach zwei Lesungen beendet. Der von der Beratenden Versammlung vorbereitete Verfassungsentwurf wurde vom Nationalen Sicherheitsrat gründlich überarbeitet und am 20.10.1982 verkündet.[229] Es wurde entschieden, den überarbeiteten Verfassungsentwurf am 7.11.1982 durch eine Volksabstimmung zu legitimieren. Im Folgenden wurden von vornherein undemokratische Methoden,[230] vom Verbot der Nichtbeteiligung an der Volksabstimmung bis zur Strafe für Äußerungen gegen den Verfassungsentwurf, angewandt, um bei der Volksabstimmung eine hohe Unterstützung für den Verfassungsentwurf zu bekommen.[231]

Gesetz Nr. 4720 vom 21.11.2001 (Art. 86);

Gesetz Nr. 4777 vom 27.12.2002 (Art. 76, 78);

Gesetz Nr. 5170 vom 7.5.2004 (Art. 10, 15, 17, 30, 38, 87, 90);

Gesetz Nr. 5370 vom 21.6.2005 (Art. 133);

Gesetz Nr. 5428 vom 29.10.2005 (Art. 130, 160 161, 162);

Gesetz Nr. 5551 vom 13.10.2006 (Art. 76);

Gesetz Nr. 5659 vom 10.5.2007 (Übergangsartikel 17).

Gesetz Nr. 5735 vom 09.02.2008 (Art. 10, 42);

Gesetz Nr. 5735 vom 07.05.2010 (Art. 10, 20, 23, 41, 51, 53, 54, 74, 84, 94, 125, 128, 129, 144, 145, 146, 147, 148, 149, 156, 157, 159, 166, Übergangsartikel 15);

Gesetz Nr. 6214 vom 17.03.2011. (Art. 59).

227 Can, Osman: <www.nasname.com/tr/6117.html>;
    Köker, Levent: <http://yenisafak.com.tr/Roportaj/?i=172484>;
    Cicek, Cemil: <www.cumhuriyet.com.tr/?hn=117834>

228 Tanör, Bülent [1994]: S. 62.

229 Rumpf, Christian: S. 92.

230 Tanör, Bülent [1994]: S. 100.

231 Bilgin, Fevzi Mehmet: Constitution, Legitimacy and Democracy in Turkey, in: Arjomand, Amir Said (Hrsg.): Constitutional Politics in the Middle East, 1. Aufl., Oxford, 2008, S. 132.

Während der Staatschef, gleichzeitig Chef des Nationalen Sicherheitsrats, eine Werbekampagne für die Verfassung betrieb, wurde durch eine Entscheidung des Nationalen Sicherheitsrats jegliche Kritik am Verfassungsentwurf strengstens verboten.[232]

Noch interessanter war, dass gemäß Übergangsartikel 1 des Verfassungsentwurfes die Volksabstimmung und Präsidentschaftswahl miteinander kombiniert werden sollten. Mit der Verkündung der Anerkennung des Verfassungsentwurfes als Verfassung der Republik der Türkei wurde durch die Volksabstimmung auch der Chef des Nationalen Sicherheitsrats für sieben Jahre als Präsident gewählt. Das bedeutete, dass auch bei negativem Ergebnis der Volksabstimmung (Ablehnung des Verfassungsentwurfs) das Militärregime weitergeführt werden sollte.[233] Wenn aber die Volksabstimmung ein positives Ergebnis aufweisen und der Verfassungsentwurf als Verfassung akzeptiert werden sollte, könnten sich die Mitglieder des Nationalen Sicherheitsrats unter anderem als Präsident weiterhin politisch betätigen.[234]

In der unter solch undemokratischen Bedingungen geführten Volksabstimmung wurde der Verfassungsentwurf mit 91,37 % der Stimmen[235] als Verfassung angenommen. Sie trat mit der Verkündung im Amtsblatt am 9.11.1982 als Verfassung in Kraft.

2.1.2 Struktur und kurze Analyse der 1982er Verfassung

Ein allgemeiner Überblick über die 1982er Verfassung zeigt ihre reaktionären Eigenschaften gegenüber der 1961er Verfassung.[236] In der 1982er Verfassung bemühte sich der Verfassungsgeber aufgrund seines reaktionären Charakters, im Gegensatz zur inhaltlich freiheitlichen 1961er Verfassung alle gesellschaftlichen und verfassungsrechtlichen Fragen und Antworten für heute und morgen zu konkretisieren und zu regulieren, anstatt einen verfassungsrechtlichen Rahmen für die Lösung juristischer Probleme zu schaffen.[237] Durch diese neu konstruierte starke Staatlichkeit sollte die zukünftige Spannung zwischen den Freiheitsrechten und der Staatsautorität verhindert werden.

---

232 Milli Güvenlik Konseyi Karari, Numara 71 (Erklärung des Nationalen Sicherheitsrats, Nummer 71), ABl. Nr. 17845 vom 21.10.1982; Bilgin, Fevzi Mehmet: S. 132.

233 Özbudun, Ergun [2002]: S. 54.

234 Özbudun, Ergun [2002]: S. 60.

235 Özbudun, Ergun [2002]: S. 54.

236 Tanör, Bülent/Yüzbasioglu, Necmi: S. 26, 63.

237 Tanör, Bülent/Yüzbasioglu, Necmi: S. 123; Soysal, Mümtaz [1993]: S. 110–117.

2.1.3 Kasuistische Methode und gestaltende Verfassungskonstruktion

Aus diesem Grund wurde die 1982er Verfassung nicht als Rahmenverfassung, sondern nach der kasuistischen Methode zu Papier gebracht[238] und als „gestaltende Verfassung"[239] bezeichnet. Durch die kasuistische Methode wollte der Verfassungsgeber alle vorhersehbaren Probleme verfassungsrechtlich so strikt behandeln und lösen, dass in Zukunft keine grundsätzlichen und großen Verfassungsprobleme auftauchen, die das System lahmlegen könnten. Aber gerade diese Denkweise des Verfassungsgebers, alle verfassungsrechtlichen Probleme vorhersehen zu wollen, ist zur Schwachstelle der 1982er Verfassung geworden, da die sozialen Veränderungen und Entwicklungen nicht vorhersehbar sind. In Anbetracht der Unvorhersehbarkeit der sozialen Entwicklungen der Gesellschaft in der Türkei wäre eine Rahmenverfassung besser geeignet als eine kasuistisch geschriebene Verfassung. Durch die allgemeinen Prinzipien einer Rahmenverfassung wären die durch eine Kollision zwischen verfassungsrechtlichen Regelungen und gesellschaftlichen Änderungen hervortretenden Probleme besser zu lösen gewesen.[240]

2.1.4 Starre Verfassungskonstruktion

Neben ihrer kasuistischen Eigenschaft sind auch die Änderungsregeln der 1982er Verfassung absichtlich erschwert worden, weshalb die 1982er Verfassung auch „starre Verfassung" genannt wird.[241] Damit wollte der Verfassungsgeber als primär konstituierende Macht die Hauptmerkmale der von ihm gegründeten Verfassungskonstruktion gegenüber der sekundären Verfassungsgebung retten. Das Ändern von Verfassungsartikeln ist schwieriger als das Ändern normaler Gesetze, zumal es auch unveränderbare Artikel gibt,[242] deren Änderung bei der Übertragung von Hoheitsrechten große Schwierigkeiten bergen.

2.1.5 Autoritätstendiertes Verständnis

Aufgrund der Kritik der Militärputschisten an den freiheitlichen und demokratischen Inhalten der 1961er Verfassung wurde die Balance zwischen Autorität und Freiheit bzw. zwischen Schranken und Freiheiten in der 1982er Verfassung zuun-

---

238 Kuzu, Burhan: 1982 Anayasasinin Temel Nitelikleri, ve Getirdigi Yenilikler (Die Grundeigenschaften der 1982er Verfassung und die Neuigkeiten), Istanbul, 1990, S. 31-44; Özbudun, Ergun [2002]: S. 57 f.

239 Rumpf, Christian: S. 94.

240 Özbudun, Ergun [2002]: S. 58.

241 Tanör, Bülent/Yüzbasioglu, Necmi: S. 122; Rumpf, Christian: S. 94.

242 Gözler, Kemal [2000b]: S. 85; Özbudun, Ergun [2002]: S. 59.

gunsten der Freiheiten verändert. Die in der 1982er Verfassung neu konstruierte starke Staats- und autoritäre Verwaltungsorganisation[243] sollte den Missbrauch der Freiheitsrechte verhindern und ein funktionierendes Verhältnis zwischen Individuum, Gesellschaft und Staat schaffen.[244] So wurden die Menschenrechte in der 1982er Verfassung nicht mehr als Grundlage des Gemeinwesens, sondern als ein Begriff neben bestimmten anderen Komplexen des öffentlichen Interesses dargestellt.[245] Dieser Verfassungsstruktur liegt die Idee zugrunde, dass die Bürger mit ihren Freiheiten und Rechten verantwortungsvoll umgehen und ihre Verpflichtungen gegenüber dem heiligen Staat nicht vergessen.[246] Bis zur Änderung[247] der Verfassung 1995 wurde die „heilige Eigenschaft des türkischen Staates"[248] in der Präambel der 1982er Verfassung wortwörtlich betont. Diese Betonung unterstreicht das autoritäre „Staat-Individuen"-, „Staat-Gesellschaft"- und „Gesellschaft-Individuen"-Verhältnis der Verfassung, in der der Staat gegenüber den Individuen und der Gesellschaft immer vorrangig behandelt wird.[249] Infolge der Bevorzugung des Status des Staates in der Verfassung werden die Funktion und Ideologie der 1982er Verfassung nicht als die Begrenzung der Herrschaft und die Schaffung eines demokratischen freiheitlichen Verfassungsrahmens für die Individuen gesehen, sondern durch die Gleichstellung des Staates mit dem Recht wird die Funktion der Verfassung zugunsten der Herrschenden im Land umgekehrt. Aufgrund dessen wurde die Verfassung von manchen als Antiverfassung bezeichnet.[250]

---

243 Erdem, Fazil Hüsnü: 1982 Anayasasi`nin Toplum Tasavvuru (Gesellschaftsvorstellung der 1982er Verfassung), in: Heinrich-Böll-Stiftung Istanbul (Hrsg.): Yeni Bir Anayasada Insan Haklarina Yeni Bir Bakis (Eine neue Perspektive für die Menschenrechte in einer neuen Verfassung), Istanbul, 2007, S. 11.

244 Özbudun, Ergun [2002]: S. 61.

245 Rumpf, Christian: S. 217.

246 Mumcu, Ahmet: Türkiye`de Anayasa Reformlari – Tarihte Geriye Bakis, Anayasa Reformlari – Prensipler ve Sonuclar Icinde (Verfassungsreformen in der Türkei – Rückblick in der Geschichte, in: Verfassungsreformen in der Türkei – Prinzipien und Ergebnisse), Ankara, 2001, S. 55.

247 Gesetz Nr. 4121 vom 23.7.1995.

248 Präambel: „*Als gegen das ewige türkische Vaterland und die Integrität seiner Nation sowie gegen die Existenz des geheiligten türkischen Staates ein während der Republikzeit in gleicher Weise noch nie gesehener entzweiender, verheerender und blutiger Bürgerkrieg auszubrechen drohte, ...*"

249 Yazici, Serap [2009a]: Yeni Bir Anayasa Hazirligi ve Türkiye (Vorbereitung für eine neue Verfassung und Türkei), Istanbul, 2009, S. 69; Tanör, Bülent [1994]: S. 133.

250 Tanör, Bülent [1994]: S. 155.

2.1.6 Partizipationsskeptisches Verständnis

Da die in der 1961er Verfassung gewährleistete breite politische Partizipation der Bevölkerung vom Verfassungsgeber der 1982er Verfassung als eines der Grundprobleme der 1960er- und 1970er-Jahre identifiziert wurde, wurde in der 1982er Verfassung eine skeptische Position gegenüber den verfassungsrechtlichen Partizipationsmechanismen bezogen.[251] Als Grundidee der Verfassung sollte die Bevölkerung nur durch die Mitgliedschaft in Parteien und durch Wahlen politisch beteiligt werden. Alle Organisationen sollten gemäß ihrer Aufgabenbereiche tätig werden. Die Vereine, die Gewerkschaften und die Stiftungen sollten sich auf keinen Fall mit Politik beschäftigen, nur die politischen Parteien durften das Ziel haben, politisch tätig zu werden. Als Ergebnis des partizipationsskeptischen Gedankens wurde die Exekutive gestärkt, um die politische Stabilität zu gewährleisten,[252] was die Störung des Gleichgewichts zwischen den Gewalten verursacht. Infolgedessen wird die Beteiligung der Bevölkerung an den demokratischen Entwicklungen im Lande geschwächt. Obwohl viele Artikel der 1982er Verfassung in der Zwischenzeit geändert worden sind, konnte bis jetzt das partizipationsskeptische Verständnis der Verfassung nicht modifiziert werden, da jeder einzelne Buchstabe der Verfassung diese skeptische Haltung verkörpert.

2.2 Souveränitätsverständnis der heutigen 1982er Verfassung der Türkei

Verfassungen sollen als Integrationsordnungen dem Ziel dienen, die politischen und gesellschaftlichen Konflikte derart zu formen, dass die Menschen in Freiheit und Gleichheit solidarisch zusammenleben können.[253] Obwohl die Normen der Verfassung einseitige Anordnungen des Verfassungsgebers sind, sollen sie auch mit der Rechtsüberzeugung der in dem Staatsgebiet lebenden Menschen im Einklang stehen.[254] Dieser Gedanke setzt eine allgemeine Übereinstimmung der Werte der Bevölkerung mit dem durch die Verfassung geschaffenen Wertesystem voraus. Sonst führt die Diskrepanz zwischen beiden Wertesystemen zu Spannungen, die die Verfassung und die Verfassungswirklichkeit voneinander trennen.[255] Genau solch eine Wertekollision zwischen der Normenutopie der tür-

251 Kalaycioglu, Ersin: S. 63; Bilgin, Fevzi Mehmet: S. 139.

252 Bedirhanoglu, Pinar: Rekonstrukturierung des türkischen Staates im Kontext der neoliberalen Globalisierung, in: Atac, Ilker/Kücük, Bülent/Sener, Ulas (Hrsg.): Perspektiven auf die Türkei – Ökonomische und gesellschaftliche (Dis)Kontinuitäten im Kontext der Europäisierung, Münster 2008, S. 115.

253 Schneider, Hans-Peter: Die verfassunggebende Gewalt, in: Kirchhof, Paul/Isensee, Josef (Hrsg.): Handbuch des Staatsrechts (HStR VII), Band VII, 2004, S. 19.

254 Ebenda.

255 Bleckmann, Albert [1995]: Allgemeine Staats- und Völkerrechtslehre: Vom Kompetenz- zum Kooperationsvölkerrecht, 1. Aufl., München, 1995, S. 34.

kischen Verfassung mit der Normenwirklichkeit der Gesellschaft in der Türkei führt dazu, dass die verfassungsrechtliche Idee der Souveränität der Nation nicht der Verfassungswirklichkeit entspricht.[256]

Die Skepsis der Eliten gegenüber dem Rechtsverständnis des Volkes bezüglich der Souveränitätsfrage ist auch in der 1982er Verfassung festzustellen. Die 1982er Verfassung hat ähnliche Souveränitätseigenschaften wie die vorherigen Verfassungen der Türkei übernommen.[257]

Aber aufgrund ihrer reaktionären Eigenschaften gegenüber der 1961er Verfassung hat sie noch striktere ideologische Konstruktionen gewählt, die die Anpassung des Staatsverständnisses an die Änderungen in der Welt nach den 1980er-Jahren grundsätzlich erschweren. Die besondere ideologische Konstruktion[258] der Verfassung ist in Art. 2 und trotz der mehrfachen Änderungen immer noch in der Präambel[259] zu lesen.[260]

2.2.1 Unantastbarkeit des Staates

Die elitäre und skeptische Einstellung gegenüber der Mehrheit der Gesellschaft[261] und das unantastbare Staatsverständnis des Verfassungsgebers sind in jeder Zeile der 1982er Verfassung zu sehen. Bis zur Verfassungsänderung im Jahre 1995 wurde sogar die „*Heiligkeit des türkischen Staates*"[262] wortwörtlich in der türkischen Verfassung zum Ausdruck gebracht.[263]

---

256 Rumpf, Christian: S. 29.

257 Tanör, Bülent/Yüzbasioglu, Necmi: S. 109.

258 Erdem, Fazil Hüsnü: S. 10.

259 Die Präambel der 1982er Verfassung lautet: „*Diese Verfassung, die die ewige Existenz des türkischen Vaterlandes und der türkischen Nation sowie die unteilbare Einheit des Großen Türkischen Staates zum Ausdruck bringt, wird, um entsprechend der Auffassung vom Nationalismus, wie sie Atatürk, der Gründer der Republik Türkei, der unsterbliche Führer und einzigartige Held, verkündet hat; [...]*" Für die Präambel siehe Teil 5, Kapitel 1.1.

260 Yazici, Serap [2009b]: Demokratiklesme Sürecinde Türkiye (Die Türkei im Demokratisierungsverfahren), Istanbul, 2009, S. 124.

261 Özbudun, Ergun [2006]: S. 218.

262 „*Als gegen das ewige türkische Vaterland und die Integrität seiner Nation sowie gegen die Existenz des geheiligten türkischen Staates ein während der Republikzeit in gleicher Weise noch nie gesehener entzweiender, verheerender und blutiger Bürgerkrieg auszubrechen drohte, wurde von den türkischen Streitkräften, die einen untrennbaren Bestandteil der türkischen Nation bilden, auf Anruf die Operation vom 12. September 1980 durchgeführt, in deren Folge diese Verfassung von der aus den legitimen Repräsentanten der türkischen Nation bestehenden Beratenden Versammlung vorbereitet, durch den Nationalen Sicherheitsrat in ihre endgültige Form gebracht und von der türkischen Nation angenommen, gebilligt und unmittelbar durch sie festgelegt wurde.*"

263 Präambel Abs. 1 wurde mit dem Gesetz Nr. 4121 vom 23.7.1995 geändert.

Der Begriff Heiligkeit (auf Türkisch: kutsal) betont sowohl die religiöse als auch die weltliche Eigenschaft eines Gebildes. Die Anwendung des Begriffs in der Verfassung als Eigenschaft des Staates zeigt auch die Position des Staates gegenüber der als Träger der Souveränität bezeichneten Nation.[264] Trotz der Änderung des Begriffs der „*Heiligkeit des Staates*" in die „*Größe des türkischen Staates*" findet sich der Gedanke der Heiligkeit des Staates immer noch in der Präambel und in verschiedenen Artikeln der Verfassung, die die Unantastbarkeit, die Unabhängigkeit und die Souveränität des Staates betonen.[265] Das Heiligkeitsgedanke des Staates ist als Leitmotiv der 1982er Verfassung festzustellen.[266] Trotz der oben erwähnten mehrfachen Änderungen der Verfassung mit dem Ziel der Demokratisierung der Verfassung und des Staates zeigt die Präambel immer noch das hoch bewertete Souveränitätsverständnis und die Existenz der Staatlichkeit der Türkei als höchsten verfassungsrechtlichen Wert.[267] Gemäß Art. 2 und 176 Abs. 1 ist die Präambel ein integraler Bestandteil der 1982er Verfassung. Trotz der Kritik der Lehre wird die Präambel vom Verfassungsgericht bei Normkontrollverfahren als unabhängige Verfassungsnorm angewendet.[268]

2.2.2 Einheitlichkeit von Nation und Staat

Der Abs. 1 der Präambel definiert die Verfassung als Ausdruck der Einheitlichkeit der Nation, des Staates und des Vaterlandes mit der offiziellen Ideologie des Kemalismus.[269]

Die Art und Weise der Betonung der ewigen Existenz des türkischen Vaterlandes und die unmittelbare Einheit von Nation und Staat sind die wichtigsten Elemente der Verfassung, um ihr Souveränitätsverständnis nachvollziehen zu können.[270]

Die Behauptung in der Verfassung, dass die Nation und der türkische Staat eine Einheit bilden, wird vom Verfassungsgericht in verschiedenen Entschei-

---

264 Erdem, Fazil Hüsnü: S. 12.
265 Özbudun, Ergun/Genckaya, F. Ömer: S. 22.
266 Duran, Lütfü: Türkiye Avrupa Hukukuna Uyum Saglayabilir mi? (Kann die Türkei sich an das europäische Recht anpassen?), in: Tarhanli, Turgut (Hrgs.): Degisen Dünyada Insan, Hukuk ve Devlet (Der Mensch, das Recht und der Staat in einer veränderten Welt), Festschrift für Edip F. Celik, Engin Verlag, Istanbul, 1995, S. 131.
267 Erdem, Fazil Hüsnü: S. 11 f.
268 Urteil des türkischen Verfassungsgerichts, E. 1986/18, K. 1986/24, in: Anayasa Mahkemesi Kararlari Dergisi – AMKD (Journal der Verfassungsgerichtsentscheidungen), Band 22, S. 233 ff.; Yüzbasioglu, Necmi [1993]: Türk Anayasa Yargisinda Anayasallik Bloku (Verfassungsblock in der türkischen Verfassungsgerichtsbarkeit), Istanbul, 1993, S. 31, 116.
269 Gören, Zafer: Anayasa Hukuna Giris (Einführung ins Verfassungsrecht), Izmir, 1999, S. 94 f.; Erdem, Fazil Hüsnü: S. 10.
270 Duran, Lütfü: S. 131.

dungen immer wieder angewandt.[271] Trotz der permanenten Anwendung dieser Einheitlichkeit von Nation und Staat durch das Verfassungsgericht ist diese Begrifflichkeit noch immer problematisch, da die Betrachtung dieser beiden Begriffe als Einheit in einer demokratischen Verfassung der Natur der Sache widerspricht.

Der Abs. 1 der Präambel der Verfassung kann als Zielvorgabe des Verfassungsgebers gesehen werden. Nach Abs. 1 der Präambel sei ausdrückliches Ziel des Verfassungsgebers: „*... die ewige Existenz, die Wohlfahrt, das materielle und geistige Glück der Republik Türkei als ehrenvolles und gleichberechtigtes Mitglied der Völkerfamilie der Welt entschlossen auf das Niveau moderner Zivilisation zu heben ...*" Dies soll auch das Ziel der in dem Land lebenden Menschen sein. Wie schon mit der historischen Entwicklung der Türkei beschrieben, bestand immer wieder ein Spannungsverhältnis zwischen den Eliten des Landes, die seine Modernisierung erreichen wollen, und der Mehrheit der Bevölkerung des Landes, die die traditionellen Werte der Gesellschaft bewahren möchte. Um dieses Dilemma zu überwinden, hat der Verfassungsgeber die unteilbare Einheitlichkeit von Nation und Staat in der Verfassung verankert, damit die sogenannten regressiven Tendenzen der Gesellschaft die Ewigkeit und die ideologische Konstellation des Staates nicht gefährden können.

Die Festlegung der Einheit von Nation und Staat in der Verfassung zeigt, dass der Staat nicht als eine Institution gedacht ist, die aufgrund der Bedürfnisse der Gesellschaft organisiert wird und funktionieren sollte, sondern er ist ein unabhängig von der Gesellschaft bestehendes, ewiges Gebilde.

Der in Abs. 3 der Präambel vorgeschriebene Vorrang des Nationalwillens und die uneingeschränkte und unbedingte Zugehörigkeit der Souveränität zur türkischen Nation muss auch unter dem Aspekt der konstruierten Einheit von türkischer Nation und türkischem Staat verstanden werden. Die Bedeutung der Einheitlichkeit der beiden Gebilde wurde in Abs. 5 der Präambel konkretisiert. Danach darf keinerlei Aktivität gegenüber den nationalen türkischen Interessen, der türkischen Existenz, dem Grundsatz der Unteilbarkeit von Staatsgebiet und Staatsvolk, gegen die geschichtlichen und ideellen Werte des Türkentums und des Nationalismus, die Prinzipien und Reformen sowie gegen den Zivilisationismus Atatürks entfaltet werden.

„Kemalist leadership declared the national goal to be the achievement of ‚contemporary civilization'. In the minds of the Kemalist leadership, and of Mustafa Kemal himself, modernization meant westernization. In so far as they saw Islam as an obstacle to the achievement of ‚contemporary civilization', in so far, that is, as Islam was considered to represent a set of

---

271 Urteile des türkischen Verfassungsgerichts, E. 1995/1, K. 1996,/1 in: AMKD, Band 33/2, S. 638; E. 1993/1, K. 1993/2, in: AMKD, Band 30/2, S. 841; E. 1993/3, K. 1994/2, in: AMKD, Band 30/2, S. 1061.

traditions, values, legal rules, and norms which were intrinsically non-Western in character, it clashed with the Kemalist version of a modern nation-state."[272]

Durch diese undefinierbaren und abstrakten ideologischen Begriffe[273] wurde der Wille der Nation verfassungsrechtlich beschränkt. Durch den mystifizierten und als unveränderbaren ideologischen Block dargestellten konstitutiven Willen der Nation wurde die Möglichkeit einer Änderung der Verfassung komplett verhindert. Aufgrund des auf Ideologie statt auf Recht basierenden Grundverständnisses[274] der Verfassung ergeben sich stets große Schwierigkeiten, wenn die Begrifflichkeiten der Verfassung rein juristisch analysiert werden sollen. Obwohl die 1982er Verfassung immer den absoluten Vorrang des Nationalwillens wiederholt, wird dieser Wille nur dann als legitim angenommen, solange er den ideologischen Rahmen des Staates akzeptiert, der in der Präambel und im unveränderbaren Art. 1[275] und besonders in Art. 2[276] und Art. 3[277] der Verfassung konkretisiert wird.

Souveränität wird in der Exegese unterschiedlicher Wissenschaftler definiert als

— der höchste Wille in der Gesellschaft, die Handhabung der höchsten Befehlsmacht,[278]
— über den alleinigen Machtbesitz zu entscheiden[279] und die alleinige Ausführungskompetenz dieser Entscheidungen, unter keiner anderen Macht oder Autorität zu stehen[280],

---

272 Gülalp, Haldun: Using Islam As Political Ideology, in: Cultural Dynamics, Volume 14/1, 2002, S. 29.
273 Rumpf, Christian: S. 99.
274 Özbudun, Ergun [2006]: S. 218.
275 Art. 1 der 1982er Verfassung: „*Der Staat Türkei ist eine Republik.*"
276 Art. 2 der 1982er Verfassung: „*Die Republik Türkei ist ein im Geiste des Friedens der Gemeinschaft, der nationalen Solidarität und der Gerechtigkeit die Menschenrechte achtender, dem Nationalismus Atatürks verbundener und auf den in der Präambel verkündeten Grundprinzipien beruhender demokratischer, laizistischer und sozialer Rechtsstaat.*"
277 Art. 3 der 1982er Verfassung: „*Der Staat Türkei ist ein in seinem Staatsgebiet und Staatsvolk [Nation] unteilbares Ganzes.*
Seine Sprache ist Türkisch.
Seine Flagge, deren Form durch Gesetz bestimmt wird, ist die rote Flagge mit weißem Halbmond und Stern.
Seine Nationalhymne ist der ,Unabhängigkeitsmarsch'.
Seine Hauptstadt ist Ankara."
278 Soysal, Mümtaz [2003]: Degisen Egemenlik ve Mesruluk (Veränderte Souveränität und Legitimation), in: Anayasa Yargisi, Band 20, Ankara, 2003, S. 171.
279 Özer, Atilla: Ülkemizde Egemenlik ve Yargi Erkinin Avrupa Insan Haklari Mahkemesi Kararlari Karsisindaki Durumu (Souveränität in unserem Land und Stand der gerichtlichen Hoheitsgewalt gegenüber den Entscheidungen des EGMR), in: Anayasa Yargisi, Band 20, Ankara, 2003, S. 187.
280 Ebenda.

- und seine Macht und Autorität mit niemandem zu teilen,[281]
- höchste und unabgeleitete einzige und einseitige staatliche Herrschaftsgewalt, die keiner weiteren Bindung unterliegt,[282]
- Kompetenz des Staates zur endgültigen Entscheidung in inneren oder äußeren Angelegenheiten[283] oder
- eine vom Recht verliehene und deswegen begrenzte, rechtlich geordnete, nicht schrankenlose gesamte Macht des Staates beschrieben.

Unabhängig davon, wie der Begriff Souveränität definiert wird, ändert dies nichts an dem Einheitlichkeitsgedanken der 1982er Verfassung. Dieser besagt, dass die in dem Land lebenden Menschen, egal ob sie als Nation, Volk oder Bevölkerung bezeichnet werden, nicht alleinige Herrscher sind. Diese Konstellation der Verfassung wurde immer als das natürliche Ergebnis der historischen Entwicklung und Andersartigkeit des Landes erklärt. Da die Verfassungsgebung im Zustand der Revolution stattfand, haben die Auseinandersetzungen über die Verfassung in erster Linie einen politischen Charakter und keinen juristischen.[284] Diese Andersartigkeit des Landes wird dagegen nicht als das Kriterium zur wissenschaftlichen Analyse der verfassungsrechtlichen Begriffe benutzt, sondern als Legitimationsgrund der *„sui generis"*-Auslegung der verfassungsrechtlichen Begriffe. Eine rein politische Analyse der Verfassungsgebung ermöglicht die Neuschöpfung von Rechtfertigungsgründen und die Ausübung der Macht innerhalb einer bestimmten soziokulturellen Ordnung und Tradition.[285] Durch diese Auslegungsmethode wurde versucht, trotz der Anwendung der allgemeinen Begriffe wie Souveränität, Rechtsstaatlichkeit usw., immer andere Ergebnisse als erwartet zu erreichen. Dadurch kann die Ausübung der Souveränität durch die zum Souverän erklärte Nation mithilfe der Idee der Andersartigkeit des Landes kontrolliert und beschränkt werden. Das Souveränitätsverständnis der Verfassung basiert auf der Idee der Souveränität der Nation, obwohl die demokratische Beteiligung des Volkes durch Parteien und verschiedene Organisationen etc. und damit seine Ausübung der Souveränität streng beschränkt worden ist. Dieses Dilemma kann als ein Ergebnis der von oben durchgesetzten Modernisierung[286] und deren Umsetzung im Verfassungsrecht angenommen werden.

---

281 Soysal, Mümtaz [1993]: S. 181; Pazarci, Hüseyin [2004]: S. 148.
282 Schliesky, Utz: S. 119.
283 Hillgruber, Christian [2004]: Der Nationalstaat in der überstaatlichen Verflechtung, in: Kirchhof, Paul/Isensee, Josef (Hrsg.): Handbuch des Staatsrechts (HStR II), Band II, Heidelberg, 2004, S. 954.
284 Schneider, Hans Peter: S. 5.
285 Schneider, Hans Peter: S. 6.
286 Kotsivilis, Spyridon: S. 44.

In der Türkei wurde versucht, all diese widersprüchlichen politischen Konstruktionen, die bei der Suche oder bei der Feststellung des Souveräns oder der Souveränität Verwirrung verursachten, durch die angeblich revolutionäre Perspektive zu legitimieren.[287]

2.2.3 Souveränität der Nation und Souveränität des Volkes

Aufgrund seiner ursprünglichen Affinität zum französischen Rechtssystem hat der Verfassungsgeber den Begriff „Nation" statt „Volk" gewählt. In diesem Sinn wird die Nation als eine juristische Person betrachtet, die aus der Gesamtheit der Individuen, die den Staat bilden, zusammengesetzt und Träger der Souveränität ist.[288] Während das Wort „Volk" eine aus Individuen bestehende Menschengruppe bezeichnet,[289] bezeichnet die Nation eine Gesamtheit auf einem Territorium lebender Menschen ohne die Betonung des individuellen Status des Einzelnen. Dadurch wird bei der Anwendung des Begriffs „Nation" ein einheitliches Gebilde mit einer anderen Eigenschaft als die Gesamtheit der Einzelnen der Gruppe ausgedrückt.[290] Ursprünglich erfüllt die Idee der Nation eine doppelte ideologische Funktion, nämlich das Volk als Abstraktheit als Träger der Souveränität zu konstituieren und gleichzeitig das Volk als Wirklichkeit von der Ausübung der Macht fernzuhalten. Die nationale Souveränität drückt diese Idee aus, indem das Volk zwar zum Souverän wird, jedoch nur in seiner abstrakten Form, der Nation.[291]

Auf der einen Seite wurde in der Verfassung die Nation als Trägerin der Souveränität dargestellt. Auf der anderen Seite aber wurde der Anspruch der Nation, Trägerin der Souveränität zu sein, wieder eingeschränkt, und zwar aufgrund der großen Skepsis des Verfassungsgebers gegenüber der Nation und im Namen der unantastbaren ideologischen Basis des Staates, die unter anderem Laizismus, Nationalismus im Sinne von Atatürk, Modernisierung und Verwestlichung beinhaltet.[292]

Die in der Präambel zu findende allgemeine Ideologie ist auch in verschiedenen Artikeln der Verfassung zum Herrschafts- und Souveränitätsverständnis des türkischen Staates enthalten.

---

287 Özbudun, Ergun [2002]: S. 35.

288 Kaboglu, Ibrahim [2006]: Anayasa Hukuku Dersleri (Verfassungsrechtslehre), Istanbul, 2006, S. 167. Der Verfassungsgeber hat absichtlich nicht die Formulierung „das Volk" (auf Türkisch: Halk), sondern das Wort „die Nation" (auf Türkisch: Millet) gewählt. Im Folgenden wird deswegen in dieser Arbeit nicht das Wort „Volk", sondern „Nation" benutzt.

289 Kocak, Mustafa: S. 236.

290 Okandan, Recai/Umumi, Amme: Hukuku (Allgemeines Öffentliches Recht), Istanbul, 1968, S. 761; Kocak, Mustafa: S. 112.

291 Tezic, Erdogan: S. 100; Lepoivre, Helene: Staatlichkeit und Souveränität in der Europäischen Union am Beispiel Frankreichs, Frankfurt am Main, 2003, S. 32-43.

292 Özbudun, Ergun [2006]: S. 218.

Art. 6 der Verfassung mit der Überschrift „Souveränität" lautet:

„Die Souveränität gehört uneingeschränkt und unbedingt dem Volk [der Nation].
Das Türkische Volk [Die Türkische Nation] gebraucht seine [ihre] Souveränität gemäß
den von der Verfassung bestimmten Grundsätzen durch die zuständigen Organe.
Der Gebrauch der Souveränität darf auf keine Weise irgendeiner Person, einer Gruppe
oder einer Klasse überlassen werden. Niemand und kein Organ darf eine Kompetenz des
Staates ausüben, die nicht aus der Verfassung hervorgeht."

Nach der theoretischen Darstellung wird die türkische Nation als souveräner Verfassungsgeber, als Inhaber aller Staatsgewalt und als Legitimationsquelle der Souveränität des türkischen Staates erklärt. Diese Formulierung ist nicht die Bezeichnung einer Zuständigkeitsregelung, sondern eines Legitimationsprinzips. Durch dieses Prinzip wird versucht, die Prinzipien transzendentaler, traditioneller, elitärer oder charismatischer Provenienz auszuschließen. Die Annahme des Volkes oder der Nation als Legitimationsbasis der Staatsgewalt soll zur demokratischen Rechtfertigung, Beschränkung und Kontrolle der Herrschaft dienen. Aber die totale Abstrahierung des Begriffs „Nation" in der türkischen Verfassung führt dazu, dass die Legitimationsbasis auf eine transzendentale Ebene gehoben wird. Durch diese Transzendentalisierung der türkischen Nation werden die elitäre und charismatische Ausübung der Staatsgewalt weitergeführt. So wurde durch den Begriff „Souveränität der Nation" auf der einen Seite de jure die angebliche demokratische Konstruktion der Ausführung der Staatsgewalt behauptet, während auf der anderen Seite de facto der alte transzendentale, traditionelle, elitäre oder charismatische Souveränitätsgedanke stets ausgeübt wurde. Danach steht als *pouvoir constituant* die Nation nicht unter der Verfassung, sondern gibt und legitimiert die Verfassung. Zeitlich gesehen steht *pouvoir constituant* vor dem Verfassungsstaat. Aber innerhalb der gegebenen Verfassungsordnung hat auch das Volk, das in dem Land lebt, die Gründungsentscheidung und Legitimation des Verfassungsgebers als *pouvoir constituant* anzuerkennen.

Bei der Ausübung der Staatsgewalt müssen die von der Nation als Verfassungsgeber bestimmten Gründungs-, Identitäts- und Kontinuitätsentscheidungen absolut und unbefristet respektiert werden. Die konstitutiven Entscheidungen der Nation als Souverän können aus Sicht der Verfassung nur durch einen revolutionären Akt oder einen Staatsstreich geändert werden. Die unveränderlichen Artikel der Verfassung beschränken die Verfassungsgebungskompetenz der Bevölkerung. Die Bevölkerung kann die Verfassung nur in der von der Verfassung zugelassenen Form und in definierten Bereichen ändern.

Nach einigen Entscheidungen[293] des Verfassungsgerichts soll die Nation sich auf die gemäß Art. 66[294] der Verfassung definierte Staatsangehörigkeit der Türkei beziehen. Das an die Staatsangehörigkeit anlehnende Nationsverständnis könnte das Souveränitätskonzept der Verfassung von seinen mystifizierenden Wurzeln befreien und eine rationale Auslegung ermöglichen. Aber die Eigenschaften der in der Präambel und in Art. 6 genannten Nation als Träger der Souveränität beziehen sich nicht auf Art. 66, woraus sich eine Diskrepanz zwischen der abstrakten Nation und der Bevölkerung ergibt. In der Präambel und in Art. 6 wird die türkische Nation, *pouvoir constituant*, als unfehlbar und absolut, aber gleichzeitig als mystifiziertes Wesen dargestellt, genauso wie in den vorherigen Verfassungen der Türkei.

Aufgrund der Deformierung des Demos können die Versuche der neuen Definition des Staatsvolkes oder der Nation als Überschreitung der Kompetenzen des Gesetzgebers angesehen werden, weil so der Legitimationszusammenhang zwischen dem Inhaber der verfassungsgebenden Gewalt und der existierenden verfassten Staatsgewalt gebrochen wird. Diese Mystifizierung des Begriffs Nation hilft, die Beschränkungen in der Ausübung der Souveränität durch die Nation verfassungsrechtlich zu begründen. Trotz der juristischen Anerkennung der Nation als *pouvoir constituant* und als Legitimationsbasis der Existenz des Staates wird durch die Mystifizierung und Abstrahierung der Nation diese Struktur wieder auf den Kopf gestellt. Der Gedanke, dass die in der Vergangenheit verlorene abstrakte Nation als *pouvoir constituant* über die Ewigkeit der ideologischen, philosophischen und rechtlichen Konstruktion des Staates verbindlich für den *pouvoir constitué* entscheiden soll, hebt grundsätzlich die Souveränität der Nation auf.

Aus den in Art. 6 angewandten Attributen wie *„uneingeschränkt und unbedingt"* ist abzuleiten, dass der Verfassungsgeber eine striktere Souveränität vorzieht, die die anderwärtigen Auslegungsmöglichkeiten erschwert.

In Art. 6 Satz 2 wird betont, dass die Souveränität der Nation von den zuständigen Organen gebraucht wird. Dieser Satz eröffnet in der Verfassung den Weg zur Gewaltenteilungskonstruktion, die im folgenden Kapitel der Verfassung analysiert wird. Dabei muss hier erwähnt werden, dass die Gewaltenteilung keinesfalls die Teilung der Souveränität bedeutet, da die türkische Verfassung zwischen der Legitimationsquelle der Souveränität und deren Ausübung durch die verfassungsrechtlichen Organe trennt. Infolgedessen kann die Souveränität durch

---

293 Urteile des türkischen Verfassungsgerichts, E. 1990/1, K. 1991/1, S. 885, in: AMKD, Band 27/2, S. 885; E. 1997/2, K. 1999/1, in: AMKD, Band 35/2, S. 719; E. 1995/1, K. 1996/1, in: AMKD, Band 33/2, S. 638; E. 1993/1, K. 1993/2 in: AMKD, Band 30/2, S. 841.

294 Art. 66 Satz 1 der 1982er Verfassung: *„Jeder, den mit dem Türkischen Staat das Band der Staatsangehörigkeit verbindet, ist Türke."*

die in der Verfassung explizit *numerus clausus* festgestellten Organe ausgeübt werden, ohne die unteilbare Eigenschaft und die Zugehörigkeit der Souveränität zur Nation infrage zu stellen.[295] Aufgrund dessen kann nur die Unterscheidung zwischen der Souveränität und deren Ausübung durch die Organe als das Zeichen der Teilbarkeit und Übertragbarkeit der Souveränität angenommen werden, da sogar die Delegation der Ausübungsrechte zwischen den verfassungsrechtlichen Organen durch Art. 6 der Verfassung ausdrücklich verboten wird.[296] Trotz des Gewaltenteilungsprinzips geht die türkische Verfassung jedenfalls von einem unteilbaren, unübertragbaren[297] und starren Souveränitätsverständnis aus.[298]

Grundsätzlich kann festgestellt werden, dass der türkische Verfassungsgeber von einem im 21. Jahrhundert nicht mehr haltbaren und mit dem europäischen Verfassungssystem komplett kollidierenden Souveränitätsverständnis ausgeht.[299] Die in dem ersten Absatz der Präambel dargestellte unteilbare Kombination aus türkischem Vaterland, türkischer Nation und dem großen türkischen Staat bildet eine ideologische und mystifizierte Souveränitätseigenschaft in der 1982er Verfassung, die nicht den Entwicklungen in der Welt des 21. Jahrhunderts entspricht.[300] Der Souveränitätsgedanke basiert auf der Idee einer totalen, unabhängigen und für die Ewigkeit konstruierten Staatlichkeit der Türkei mit der Einheitlichkeit von Nation und Territorium.

Im Vergleich mit den Mitgliedstaaten der EU[301] können einige Ähnlichkeiten mit dem türkischen Souveränitätsverständnis gefunden werden, da die Mitgliedstaaten ebenfalls versuchen, ihre Verfassungsidentitäten[302] oder Hauptmerkmale ihrer Verfassungsordnung wie Zentralstaatlichkeit in Frankreich oder Parlamentssouveränität in England besonders zu schützen. Trotz der Ähnlichkeiten der verfassungsrechtlichen Fragen soll nicht außer Acht gelassen werden, dass die Souveränitätsfrage eine besondere Rolle spielt aufgrund des seit der Gründung der Republik immer noch beträchtlichen Souveränitäts- und Unabhängigkeitsmythos der Türkei. Außerdem werden die Diskusionen um die Souveränität in den Mitgliedstaaten der EU konjunkturell von den wirtschaftlichen und politischen Entwicklungen beeinflusst, und dementsprechend werden die Beziehungen der mitgliedstaatlichen Verfassungsordnungen mit der europäischen Rechtsord-

---

295 Özer, Atilla: S. 189 f.

296 Ebenda.

297 Art. 6 Satz 3 der 1982er Verfassung *„Der Gebrauch der Souveränität darf auf keine Weise irgendeiner Person, einer Gruppe oder einer Klasse überlassen werden."*

298 Rumpf, Christian: S. 128.

299 Oran, Baskin: S. 172.

300 Oran, Baskin: S. 172 f.

301 Ausführlichere Analyse über die Übertragung von Hocheitsrechte der Mitgliedstaaten der EU in Teil 3, ab Kapitel 2.3.1.1; siehe auch Wendel, Mattias.

302 BVerfGE 123, S. 358.

nung neu definiert. Dagegen wurde und wird in der Türkei seit der Gründung der Republik die volle Souveränität und die totale Unabhängigkeit des Staates immer im Vordergrund gehalten, obwohl diese Behauptung nicht der Realität entspricht. Aufgrund dessen gibt es inhaltliche Unterschiede der angewendeten Begriffe bezüglich der Souveränität in der Türkei und in den Mitgliedstaaten der EU, auch wenn wortwörtlich dieselben Begriffe angewendet werden.

Die in Art. 5 der Verfassung genannten Grundziele und Aufgaben des Staates konkretisieren das allgemeine staatsorientierte Legitimations- und Herrschaftsverständnis der Verfassung.

Art. 5 der Verfassung mit der Überschrift „Grundziele und -aufgaben des Staates" lautet:

> *„Die Grundziele und -aufgaben des Staates sind es, die Unabhängigkeit und Einheit des Türkischen Volkes [der türkischen Nation], die Unteilbarkeit des Landes, die Republik und die Demokratie zu schützen, Wohlstand, Wohlergehen und Glück der Bürger und der Gemeinschaft zu gewährleisten, die politischen, wirtschaftlichen und sozialen Hindernisse zu beseitigen, welche die Grundrechte und -freiheiten der Person in einer mit den Prinzipien des sozialen Rechtsstaates und der Gerechtigkeit nicht vereinbaren Weise beschränken, sowie sich um die Schaffung der für die Entwicklung der materiellen und ideellen Existenz des Menschen notwendigen Bedingungen zu bemühen."*

Die bestimmten Grundsätze und Richtlinien, in denen der Staat bestimmte Richtungen, Orientierungen und Aufgaben durch Gebote und Weisungen formuliert, werden als Staatszielbestimmungen bezeichnet. Durch ihre nur programmatische Aussage und Wirkung über die Orientierung der zukünftigen Politik unterscheidet sich die Staatszielbestimmung vom Verfassungsauftrag und dessen normativer Verbindlichkeit.[303]

Die Betonung des Schutzes der Unabhängigkeit und Einheit der türkischen Nation sowie der Unteilbarkeit des Landes und der Republik als erste Aufgabe und Ziel des Staates (Art. 5) zeigt die elitäre und skeptische Denkweise des Verfassungsgebers gegenüber der theoretisch als Souverän dargestellten Nation.[304] Natürlich sind Schutzmechanismen für die Staatlichkeit und für das Verfassungssystems in verschiedenen Verfassungen zu finden.[305] Aber die Wiederholungen zum Schutz des Staates und des Verfassungssystems in der türkischen Verfassung zeigen eine besondere Qualität der elitären Haltung des Verfassungsgebers. Diese elitäre und skeptische Haltung des Verfassungsgebers gegenüber der Na-

---

303 Scholz, Rupert: S. 69.

304 Özbudun, Ergun [2007]: Türk Anayasa Mahkemesinin Yargisal Aktivizmi ve Siyasal Elitlerin Tepkisi (Politischer Aktivismus des türkischen Verfassungsgerichts und Reaktionen der politischen Eliten), in: Ankara Üniversitesi SBF Dergisi, Band 62/3, S. 265.

305 Belgien, Art. 195-198; Dänemark, Art. 88; Frankreich, Art. 89; Griechenland, Art. 110; Irland, Art. 46; Italien, Art. 138; Spanien, Art. 166-169; Schweden, Kapitel 8, Art. 15; Niederlande, Kapitel 7, Art. 137-142; Luxemburg, Art. 114.

tion im 21. Jahrhundert erschwert manchmal die Annahme der Nation als Träger der Souveränität. In der Zielsetzung der Staatlichkeit der Türkei, wie Existenz, Ewigkeit, Sicherheit usw., kann eine klassische Denkweise in Bezug auf die Souveränitätskonstruktion in der Tradition von Bodin oder Hobbes festgestellt werden. Da diese Konstruktion der Zielsetzung und diese Denkweise als Grundpfeiler des Verfassungssystems in der Verfassung verankert sind, kann jede Fragestellung über die Wandelbarkeit der Souveränitätskonstruktion in der Türkei als eine Infragestellung der Existenz der Türkei verstanden werden. Die nötigen Entmystifizierungsversuche des Souveränitätsgedankens der Türkei müssen unbedingt den als höchste Werte angenommenen Normen der Verfassung entgegengesetzt werden. Das vielleicht noch bei der Gründung der Republik wegen des revolutionären Zustands des Landes vertretbare Souveränitätsverständnis kann nach so vielen gesellschaftlichen Änderungen in der Türkei und in der Welt nicht mehr vertreten werden. Die Realität, dass der Begriff der Souveränität keinen eigenen, überzeitlichen Inhalt besitzt, sondern immer als sozial konstruiertes und so historisch abhängiges Konzept verstanden werden muss, das dem Wandel unterworfen ist,[306] muss auch von der türkischen Rechtsordnung beachtet werden. Sonst ist es nicht möglich, die Spannung zwischen der de jure nicht existierenden Vollsouveränität der Türkei und der De-facto-Anerkennung der Beschränkung des hoheitlichen Handelns der Türkei durch das internationale Recht zu verstehen.

2.2.4 Innere und äußere Souveränität

Die rechtlich höchste Gewalt, die höchste Rechtsetzungs- und Letztentscheidungsgewalt nach innen auf dem Territorium eines modernen Staates stellt die innere Souveränität dar.[307] Diese höchste Entscheidungsgewalt nach innen bringt die Einzigkeits- und Einseitigkeitseigenschaften der Souveränität mit sich.[308]

Die Souveränität ist nach innen einzig, da es neben der souveränen Gewalt keine gleichrangige andere Gewalt im Staat gibt.[309] Die souveräne Gewalt ist allen anderen Gewalten rechtlich übergeordnet.[310] Das türkische Souveränitätsverständnis lässt nicht zu, dass neben der souveränen Gewalt noch eine andere Ge-

---

306 Barbato, Mariano: S. 21.
307 Yüzbasioglu, Necmi [2003]: Anayasa Hukukunun Temel Kavramlari ve Türk Anayasa Hukuku (Grundbegriffe des Verfassungsrechts und türkisches Verfassungsrecht), Ankara, 2003, S. 4; Schliesky, Utz: S. 211, 57; Hakyemez, Sevki Yusuf: S. 79
308 Turhan, Mehmet [2003]: Degisen Egemenlik anlayisinin hak ve özgürlüklerin korunmasina ve anayasa yargisina etkileri (Die Wirkung des geänderten Souveränitätsverständnisses auf die Verfassungsgerichtsbarkeit und der Schutz der Freiheiten), in: Anayasa Yargisi, Band 20, Ankara, 2003, S. 198.
309 Tezic, Erdogan: S. 121; Kocak, Mustafa: S. 123.
310 Hakyemez, Sevki Yusuf: S. 80

walt konstruiert werden kann.[311] Die souveräne Gewaltkonstruktion bildet eine Einheit, die aber durch verschiedene Organe ausgeübt wird. Dieses verfassungsrechtliche Staatsverständnis findet sein kristallisiertes Bild in der verwaltungsrechtlichen, zentralstaatlichen Organisationsform. Danach sind die Kommunen und die Gemeinden nur für die effektive Ausführung der Zentralstaatlichkeit der Türkei vorgesehen und auch entsprechend organisiert. Die Befugnisse dieser verwaltungsrechtlichen Organisationen sind stark beschränkt. Ihre Aktivitäten und Rechtsakte stehen unter der Kontrolle der aus dem Zentrum geschickten Präfekturen. Die Verwaltungsorganisation der Türkei bildet ein Netz, in dem alle Macht vom Zentrum ausgeht, alle Macht in Richtung Zentrum fließt und sich dort konzentriert.

Die gesellschaftlichen Organisationen, wie die Rechtsanwaltskammer, die Ärztekammer oder die Rundfunkanstalten, die angeblich unabhängige Kräfte sein sollen, stehen auch immer durch verschiedene gesetzliche Formulierungen unter der Kontrolle des zentralstaatlichen Machtapparats.

Die Einseitigkeitseigenschaft der souveränen Gewalt bedeutet, dass für die Ausübung der Gewalt durch den Gewalteninhaber innerhalb seiner Zuständigkeit keine Zustimmung oder Mitwirkung der Betroffenen notwendig ist.[312]

Durch diese Konstellation der Einzigkeits- und Einseitigkeitseigenschaften der Souveränität beansprucht die souveräne Gewalt die Aufstellung letztverbindlicher Regelungen und Rechtsgehorsam von den im Territorium lebenden Menschen.[313] Aufgrund der besonderen Wertschätzung des Souveränitätsgedankens in der Türkei werden die Einseitigkeit, die Einzigkeit, das Gewaltmonopol und weitere Eigenschaften der Staatsgewalt mit der Souveränität gleichgestellt. Jede Infragestellung bezüglich dieser Eigenschaften wird als Staatsgefährdung angenommen.

Die äußere Souveränität gilt als Basis für die internationale Zusammenarbeit der Staaten. Sie bedeutet im klassischen Sinn Unabhängigkeit eines Staates gegenüber anderen Staaten oder sonstiger übergeordneter rechtlicher Macht in seiner Selbstbestimmung sowohl nach innen als auch nach außen.[314] Die Anerkennung der äußeren Souveränität eines anderen Staates wurde als Grundstein des Völkerrechts akzeptiert.[315]

Die Souveränität nach außen kann als Gleichheit und Unabhängigkeit der Staaten definiert werden.[316] Die Gleichheit der Staaten in diesem Sinne bedeu-

311 Turhan, Mehmet [2003]: S. 206; Hakyemez, Sevki Yusuf: S. 86.
312 Kocak, Mustafa: S. 125; Randelzhofer, Albrecht [2004]: S. 160.
313 Steiger, Heinhard: S. 335.
314 Ebenda.
315 Encyclopedia of Public International Law, Volume 4, S. 513; Kocak, Mustafa: S. 126.
316 Tezic, Erdogan: S. 121; Randelzhofer, Albrecht [2004]: S. 154; Hakyemez, Sevki Yusuf: S. 88.

tet, dass ein Rechtssubjekt dem anderen seinen Willen von Rechts wegen nicht aufzwingen kann, weil beide rechtlich gleichgestellte Subjekte sind.[317] Aufgrund der Gleichheitskonstruktion des Völkerrechts können grundsätzlich zwischen den Staaten keine Über- und Unterordnungsbeziehungen akzeptiert werden. Das Gleichheitsgebot der Türkei wird in der Präambel der Verfassung betont. Laut Präambel Abs. 2 soll die völkerrechtliche Gleichheit wie folgt verstanden werden:

„... mit dem Ziel, die ewige Existenz, die Wohlfahrt, das materielle und geistige Glück der Republik Türkei als ehrenvolles und gleichberechtigtes Mitglied der Völkerfamilie der Welt entschlossen auf das Niveau moderner Zivilisation zu heben."

Die Unabhängigkeit eines Staates bedeutet auch die Anerkennung seiner prinzipiellen und ausschließlichen Kompetenz, auf seinem Territorium gegenüber seinen Staatsangehörigen verbindlich Recht zu setzen und Letztentscheidungsmacht zu haben.[318] Das heißt, ein Teil der äußeren Souveränität ist die Anerkennung der inneren Souveränität eines Staates. Die insgesamt zehnmalige Wiederholung des Begriffs „Unabhängigkeit des Staates" in der Verfassung zeigt, dass die Unabhängigkeit der Türkei als einer der Grundpfeiler der Verfassung angenommen werden kann. Seit der Gründung der Republik ist die vollständige Unabhängigkeitsideologie der Kerngedanke der türkischen Außenpolitik.[319] Nach dem vollständigen Unabhängigkeitsprinzip verweigert der türkische Staat de jure grundsätzlich alle äußeren Einmischungen in die inneren Angelegenheiten. Die Gewährleistung der vollständigen Unabhängigkeit des Landes ist als Hauptziel und -aufgabe des Staates in der Verfassung verankert.[320] Nach Art. 58 der 1982er Verfassung sollen sogar die Jugendlichen in der Türkei nach der Unabhängigkeitsidee erzogen werden. Art. 58 der Verfassung lautet:

„Der Staat trifft die Maßnahmen zur Gewährleistung der Entwicklung und Erziehung der Jugend, welcher unsere Unabhängigkeit und unsere Republik anvertraut sind, im Lichte der Naturwissenschaft, im Sinne der Prinzipien und Reformen Atatürks und gegen Anschauungen, welche die Aufhebung der unteilbaren Einheit von Staatsgebiet und Staatsvolk [Nation] zum Ziel haben."

In Art. 68 Abs. 3 heißt es:

„Die Satzungen und Programme der Parteien dürfen der Unabhängigkeit des Staates, der unteilbaren Einheit von Staatsgebiet und Staatsvolk, den Menschenrechten, den Prinzipien der Gleichheit und des Rechtsstaats, der nationalen Souveränität und den Prinzipien der demokratischen und laizistischen Republik nicht entgegenstehen."

---

317 Tezic, Erdogan: S. 122; Hillgruber, Christian [2004]: S. 957.
318 Hillgruber, Christian [2004]: S. 955; Hakyemez, Sevki Yusuf: S. 88, 99.
319 Steinbach, Udo [2000]: S. 38.
320 Art. 5 der 1982er Verfassung.

Solche Regeln in der Verfassung konstruieren den vollständigen Unabhängigkeitsgedanken, der die Gründungsmythologie der Republik repräsentiert, aber mit der heutigen Ausführung der staatlichen Akte der Türkei im Bereich des Völkerrechts kollidiert. Trotz solcher Kollision wird in der Türkei die anachronistische vollständige Unabhängigkeit als oberstes Gebot des Staates dargestellt.

2.2.5 Uneingeschränktheit der inneren und äußeren Souveränität des Staates

Aufgrund des Gründungsmythos der Türkei geht das türkische Staatskonzept davon aus, dass die Türkei volle und unbegrenzte Unabhängigkeit nach außen und unbeschränkte höchste Rechtsetzungs- und Letztentscheidungsgewalt nach innen besitzt. Es wird angenommen, dass jede Beschränkung dieses rechtlichen Status mit dem in der Verfassung verankerten Staatsverständnis der Türkei kollidiert.[321] Der in Art. 2 der 1982er Verfassung erwähnte Nationalismus Atatürks bildet die Grundlage für einen absoluten Unabhängigkeitsgedanken nach außen und innen. Die zwangshomogenisierte und strikt assimilierte Bevölkerung im Land bildet eine mystifizierte Nation, die in Art. 66 der 1982er Verfassung als Einheit dargestellt wird. Wie oben erwähnt, verbindet der Art. 66 Abs. 1 der 1982er Verfassung die Nation und die Staatsangehörigkeit miteinander und versucht damit, die Nation rechtlich zu begründen. Dass der Begriff „Türke" auch der Name einer ethnischen Gruppe ist, bildet den großen Widerspruch gegenüber der Behauptung, dass der Nationalismus Atatürks ein rein kultureller Nationalismus sei,[322] da in der Türkei auch andere ethnische Gruppen leben. Aufgrund ihrer Bildung durch den Staat wird die türkische Nation eine Staatsnation genannt.[323] Art. 3 Abs. 1 der 1982er Verfassung lautet: *„Der Staat Türkei ist ein in seinem Staatsgebiet und Volk [Nation] unteilbares Ganzes."*

Die vom Verfassungsgericht eng ausgelegte[324] Einheit von Staatsgebiet und Nation ist die Grundlage für die strikte Zentralstaatlichkeit, die als Machtkonzentration im Zentrum verstanden werden muss. Diese Zusammensetzung von Staatsgebiet und Nation verhindert jeden Versuch, sich föderalistischen Gedanken zu nähern und sich von der Zentralstaatlichkeit zu entfernen. Nach einer Entscheidung[325] des Verfassungsgerichts muss die Nation aufgrund der Einheit von Staatsgebiet und Nation ihre Souveränität im Sinne des gemeinsamen Na-

---

321 Emiroglu, Gülmisal: Atatürkün Milli Hakimeyet Anlayisinin Temel Vasiflari (Grundelemente des nationalen Souveränitätsverständnisses von Atatürk), Gazi Universitesi Kirsehir Egitim Fakültesi Dergisi, Band 5/1, 2004, S. 113.

322 Kramer, Heinz/Reinkowski, Maurus: S. 153.

323 Rumpf, Christian: S. 101.

324 Urteil des türkischen Verfassungsgerichts, E. 1990/1, K. 1991/1, S. 885, in: AMKD, Band 27/2, S. 885.

325 Urteil des türkischen Verfassungsgerichts, E.1993/3, K. 1994/2, in: AMKD, Band 30/2, S. 1061.

tionalbewusstseins ausüben. Dieser Einheitsgedanke führt dazu, dass die innere und äußere Souveränität des Staates uneingeschränkt sein soll, da jedes in irgendeiner Weise auf das Einheitlichkeitsgebot wirkende rechtliche Element als unakzeptabler Fremdkörper wahrgenommen wird.

Die völkerrechtliche Unabhängigkeits- und Gleichheitskonstruktion der Souveränität kann im Völkerrecht nicht als das absolute Konzept angenommen werden,[326] wie es in der Türkei de jure passiert. Trotz der anders gelebten Verfassungswirklichkeit wird immer die uneingeschränkte Souveränität vertreten. Das theoretische äußere Souveränitätsverständnis der Türkei basiert auf der Idee der faktisch nicht vorhandenen vollen Unabhängigkeit der Republik, obwohl die äußere Souveränität der Republik durch verschiedene völkerrechtliche Abkommen[327] von Anfang an konkret beschränkt wurde. Trotz der selbst behaupteten Interpretationsherrschaft, der Letztentscheidungskraft oder des allgemeinen Konsensprinzips im Völkerrecht darf nicht vergessen werden, dass andere völkerrechtliche Prinzipien wie das Gewohnheitsrecht, *jus cogens,* oder Menschenrechte ein reines, uneingeschränktes Souveränitätsverständnis nicht zulassen.[328]

Durch die Annahme einer strikten Unterteilung der Souveränität nach innen und außen wird versucht, das weltfremde und verklärte Staatskonzept weiter zu erhalten. Aufgrund dieser strikten Unterteilung soll der Staat auf seinem Territorium unabhängig und unbeschränkt von der übrigen Welt seine Rechtsetzungs- und Letztentscheidungskompetenz ausführen. Nach innen soll das gesamte Rechtssystem auf eigenen Wunsch des Souveräns gestaltet, geformt und geführt werden. Nach dieser Souveränitätseinstellung hat die mystifizierte Nation mit dem gemeinsamen Nationalbewusstsein als Souverän unabhängig von den weltlichen, politischen und gesellschaftlichen Bedingungen ein Rechtssystem für die Ewigkeit geschaffen. Hier kann sogar die Göttlichkeit der mystifizierten Nation festgestellt werden.

2.2.6 Strikte Ablehnung der Übertragbarkeit und Teilbarkeit der Souveränität

Die Diskussionen über den Souveränitätsverzicht, die Übertragung der Souveränität oder das Brechen des Souveränitätspanzers der Mitgliedstaaten usw. als Wirkung der Mitgliedschaft in der EU ist und bleibt auch bei vielen EU-Mitglied-

---

326 Braun-Otto, Byrde v.: S. 63.
327 Friedensvertrag von Lausanne von 24.7.1923, Text in: Bozkurt, Enver: S. 5-70; darüber ausführlich in: Kedourie, Elie: S. 289 ff.; Vertrag von Montreux vom 20.7.1936, Text in: Bozkurt, Enver: S. 202-217.
328 Gündüz, Aslan [1986]: Milletlerarasi Hukuk: Temel Belgeler Örnek Kararlar (Völkerrecht: Grundunterlagen und Fallbeispiele), Istanbul, 1986, S. 35 ff.

staaten ein großes Thema.[329] Die Souveränität wird als unteilbare und einheitliche Macht auf dem eigenen Territorium angenommen und als der Geist des Staates bezeichnet.[330] Da auf dem Territorium der Türkei nur ein Souverän existieren kann, darf die Einheitlichkeit und Unteilbarkeit der Souveränität nicht berührt werden.[331] Aufgrund der dargelegten Ursachen sind solche Diskussionen nach dem heutigen Souveränitätsverständnis der Türkei nicht leicht zu führen. Denn die Existenz des türkischen Staates mit der Bewahrung seiner vollen Unabhängigkeit und Souveränität gegenüber anderen Staaten wird an diesem Verständnis gemessen.[332] Aufgrund des Zusammenhangs zwischen der Unabhängigkeit und der Souveränität wird jede Diskussion über Souveränität als Infragestellung der Unabhängigkeit bzw. der Existenz der Staatlichkeit der Türkei interpretiert.[333] Unter diesem Aspekt betont Art. 6 wortwörtlich, dass die Souveränität auf keinen Fall und auf keine Weise irgendeiner Person, einer Gruppe oder einer Klasse überlassen werden könne. Natürlich könnte argumentiert werden, dass durch die Änderung des Artikels das Problem leicht zu lösen wäre. Denn der Art. 6 ist kein unveränderbarer Artikel und deshalb darf er nach Art. 175 nur vom Parlament geändert werden. Trotz dieser formellen Änderungsmöglichkeit darf nicht vergessen werden, dass Art. 6 mit dem unabänderbaren Art. 2 zusammen analysiert werden muss. Nach den Entscheidungen[334] des Verfassungsgerichts ist die gesamte Verfassung in Harmonie mit den unabänderbaren Artikeln der Verfassung auszulegen. Solche Auslegungen lassen die Feststellung zu, dass die unabänderbaren ersten drei Artikel der Verfassung den ideologischen Kern der Verfassung[335] bilden und deshalb als ein Verfassungsblock angesehen werden können.[336]

Das in Art. 2 der Verfassung erwähnte demokratische Merkmal der Republik basiert auf der in Art. 6 formulierten uneingeschränkten und unbedingten Souveränität der Nation. Da die Teilung, Übertragung oder in irgendeiner Weise Beschränkung der Souveränität die Merkmale der türkischen Republik ändern

---

329 Ausführlich dazu: Wendel, Mattias/Grabenwarter, Christoph: Staatliches Unionsverfassungsrecht, in: Bogdandy, Armin von/Bast, Jürgen (Hrsg.): Europäisches Europäisches Verfassungsrecht. Theoretische und dogmatische Grundsätze, 2. Aufl., Berlin, 2009, S. 136; Schwarze, Jürgen [2010]: Zukunftsaussichten für das Europäische Öffentliche Recht – Analyse im Lichte der jüngeren Rechtsentwicklung in den Mitgliedstaaten und der Europäischen Union, Baden-Baden, 2010.

330 Kocak, Mustafa: S. 125.

331 Ebenda.

332 Kocak, Mustafa: S. 285.

333 Yavi, Ersal/Yavi Yazicioglu, Necla: Avrupa Birliginin Önlenemeyen Düsüsü (Unvermeidlicher Sturz der EU), Izmir, 2004, S. 28-31.

334 E. 1977/82, K. 1977/117, in: ABl. Nr. 16169 vom 14.1.1978; E. 1996/55 2 K. 1997/33, in: AMKD, Band 37, S. 79–105.

335 Erdogan, Mustafa: Anayasa ve Özgürlük (Verfassung und Freiheit), Ankara, 2002: S. 128 f.

336 Tanör, Bülent/Yüzbasioglu, Necmi: S. 469.

würde, können solche Änderungen des Art. 6 als verfassungswidrig angenommen werden. Natürlich könnte behauptet werden, dass solche Änderungen mit den unabänderbaren Artikeln nicht zusammen analysiert werden sollen oder dürfen und deswegen existiere kein juristisches Hindernis, den Art. 6 beliebig zu ändern. Dieses Argument wäre aber rein politisch und in keiner Weise juristisch, da es formelle und materielle Aspekte der Verfassungsgeber und der Verfassung selbst nicht beachtet, sondern nach eigenem politischem Interesse die Änderungen vorschlägt. Deswegen kann und darf die Souveränität nach der Konstruktion der Verfassung und deren Auslegung ohne die grundsätzliche Änderung der Verfassungsideologie, die auf der geschlossenen Staatlichkeit der Türkei basiert, nicht geteilt oder übertragen werden.

Die Anerkennung der Begrenzung der inneren Souveränität durch das Verfassungsrecht und der äußeren Souveränität durch das Völkerrecht sind die Voraussetzungen, um die anachronistische De-jure-Haltung des türkischen Staates zu verändern[337] und die Übertragung von Hoheitsrechten zu ermöglichen. So wäre es möglich, ohne die Angst des Souveränitätsverlustes die entsprechende Verfassungsänderung zu verwirklichen.

Bei Anpassungsänderungen und Harmonisierungsversuchen der türkischen Verfassung mit der *acquis communautaire* wurde im Jahre 2001 die Änderung des Art. 90 der Verfassung vorgeschlagen.[338] Das Ziel dieses Verfassungsänderungsentwurfs war es, die Souveränitätsfrage in Bezug auf das Völkerrecht bzw. Europarecht zu regulieren und sich von dem alten strikten Verständnis zu verabschieden. Dieser Verfassungsänderungsentwurf wurde im Parlament ohne weitere Diskussionen abgelehnt, da die Diskussionen politisch und juristisch als zu heikel empfunden wurden.[339]

2.3 Staatsgewalt, Hoheitsrechte und Kompetenz als verfassungsrechtliche Begriffe

2.3.1 Hoheitsrechte

In der türkischen Rechtswissenschaft finden sich keine konkreten Definitionen oder Definitionsversuche und auch keine Abgrenzung zwischen den Begriffen „Staatsgewalt", „Hoheitsrechte" und „Kompetenz".

---

337 Celik, Edip [1980]: Milletlerarasi Hukuk, Cilt I (Völkerrecht, Band I), Istanbul, 1980, S. 324.
338 <www.tbmm.gov.tr/sirasayi/donem21/yil01/ss737m.htm>.
339 Kaboglu, Ibrahim [2002]: 2001 Anayasa Degisiklikleri: Ulusal-Üstü etkiden Ulusal Tepkiye (Verfassungsänderung in 2001: Vom supranationalen Agieren bis nationalen Reagieren), in: Anayasa Yargisi, Ankara, 2002, Band 19, S. 111 f.

Die fehlende Abgrenzung der Begriffe führt zu enormen Schwierigkeiten im Blick auf eine Übertragung von Hoheitsrechten der Türkei. Obwohl auch in der deutschen Fachliteratur erwähnt wird, dass diese Begriffe sich nicht näher präzisieren lassen, ist es hilfreich, einen kurzen Blick auf die Abgrenzungsversuche anderer Länder zu werfen.

Wie betont, sind die „Hoheit" oder die „Hoheitsrechte" auch im Deutschen nicht präzise definierbare Begriffe.[340] Die Entstehungsgeschichte von „Hoheit" und „Hoheitsrechten" als Begriffe bietet keine Anhaltspunkte, eine konkrete Vorstellung des deutschen Verfassungsschöpfers festzustellen.[341] Obwohl auch im Deutschen die Begriffe nicht präzisiert werden, finden sie sich in der deutschen Verfassung.[342] Dagegen beinhaltet die türkische Verfassung die Begriffe „Hoheit" oder „Hoheitsrechte" nicht. Es gibt allerdings in der deutschen Rechtsliteratur verschiedene Definitionsversuche, die aber nicht als eine konkrete und endgültige Version einer Definition gesehen werden können.

Nach dem traditionellen Verständnis der öffentlichen Gewalt werden Befehlsmacht und Zwangsgewalt der innerstaatlichen Institutionen als Hauptmerkmale der Hoheitsrechte angenommen.[343] Die Macht, „...durch einseitige Anordnung Rechtsverpflichtungen zu begründen und diese einseitig durchsetzen zu können...", wird als Hoheitsrecht bezeichnet.[344]

„Hoheitsrechte umfassen alle Aspekte rechtlich gestaltender öffentlicher Gewalt. Daher sind Handlungsformen sämtlicher Funktionen der Staatsgewalt von dem Begriff erfasst, d. h. Normsetzung, Verwaltung und Rechtsprechung."[345] Hoheitsrecht ist die Befugnis, einseitige und rechtsverbindliche Rechtsverhältnisse im Über- und Unterordnungsverhältnis zwischen öffentlicher Gewalt und Privatperson zu gestalten. Sie werden nach ihrer Handlungsart als Befugnisse zur Rechtsetzungs-, Regierungs- oder Verwaltungsordnung oder Rechtsprechung dargestellt.[346] „Im Ergebnis der Analyse des Begriffs Hoheitsrechte kann nach allem formuliert werden, dass Hoheitsrechte Bestandteil der Staatsgewalt, Rechte zur Ausübung der Staatsgewalt sind."[347] „Hoheitsrechte sind Bestandteil der

340 Chapuis, Cedric: Die Übertragung von Hoheitsrechten auf supranationale Organisationen, Frankfurt am Main, 1993, S. 70.
341 Randelzhofer, Albrecht [1992]: Art. 24/1, in: Maunz, Theodor/Dürig, Günter (Hrsg.): Grundgesetz Kommentar, Band III, München, 1992, S. 30.
342 Art. 23, Art. 24, Art. 33 Abs. 4 GG.
343 Tomuschat, Christian [1985]: Art. 24, Bonner Kommentar zum Grundgesetz, Zweitbearbeitung, S. 24.
344 Tomuschat, Christian [1985]: S. 24 f.
345 Randelzhofer, Albrecht [1992]: S. 32.
346 Rojahn, Ondolf: Art. 23, 24, 25 in: Münch, Ingo/Kunig, Philip (Hrsg.): Grundgesetz Kommentar, München, 2001, S. 187.
347 Flint, Thomas: Die Übertragung von Hoheitsrechten. Zur Auslegung der Art. 23 Abs. 1 Satz 2 und Art. 24 Abs. 1 GG, Berlin, 1998, S. 99.

*staatlichen Hoheitsgewalt, die sich ihrerseits nicht durch die Addition von Ho-
heitsrechten ausfüllen lässt.*"[348]

Wenn der Begriff im weiteren Sinn ausgelegt wird, beinhaltet er sogar die Verhältnisse mit anderen Staaten. *„Der Begriff der Hoheitsrechte ist weit zu fassen.
Unter ihn fallen alle Befugnisse zu einseitig verbindlichem Handeln gegenüber dem
Bürger, d. h. zu jedem, einem Träger öffentlicher Gewalt vorbehaltenen Handeln
nach innen und außen, d. h. auch im Verhältnis zu anderen Staaten.*"[349] In diesen
verschiedenen Definitionen der deutschen Rechtslehre werden die Hoheitsrechte als
die Rechte der öffentlichen Gewalt dargestellt, die einseitige Normsetzung, deren
Ausführungs- und Durchsetzungsbefugnisse.[350] Die Hoheitsrechte sind dann die
Konkretisierung der Staatsgewalt im Einzelnen, da durch die hoheitsrechtlichen
Befugnisse den Personen bestimmtes Verhalten befohlen und durchgesetzt werden
kann. Sie bezeichnen nicht nur einzelne Befugnisse (z. B. die Justizfunktion zur
Durchführung eines bestimmten Vertrages), sondern auch einen breiten Funkti-
onsbereich (z. B. die wirtschaftslenkenden Aufgaben).[351] Durch ihre sachbezogene
Ausrichtung und Eingrenzbarkeit sind die Hoheitsrechte im Gegensatz zur Staatsgewalt fassbar.[352] Die Ausübung der Hoheitsrechte eines geschlossenen Nationalstaates, sowohl die einzelnen Befugnisse als auch breite Funktionsbereiche, fielen
vorher in den staatlichen Bereich. Denn die Ausübung der Hoheitsrechte wurde
als Eigenschaft der Souveränität angenommen, was im Lichte der Entwicklungen
des Völkerrechts bzw. des Europarechts nach dem Zweiten Weltkrieg nicht mehr
behauptet werden kann. Die Abgrenzung des Begriffs „Hoheitsrechte" zu den anderen Begriffen wie „Souveränität", „Staatsgewalt" und „Kompetenz" erleichtert
es, die Frage nach den Modalitäten der Übertragung von Hoheitsrechten zu konkretisieren. Wird zwischen den Begriffen nicht die nötige Abgrenzung vorgenommen, kann die Übertragung von Hoheitsrechten mit dem Verlust der Souveränität
eines Staates gleichgesetzt werden. Bloßes Vorhandensein von Hoheitsrechten ist
kein Zeichen für die Existenz der Souveränität oder deren Verlust.[353] *„Angesichts
der Verlagerung hoheitlicher Befugnisse auf die überstaatliche Ebene wäre es mit
der Souveränität auch zu Ende, wenn man sie nur als Begriff in einer Hand konzentrierten öffentlichen Gewalt schlechthin verstehen könnte.*"[354] Aufgrund dessen
muss sich der Souveränitätsbegriff von dem Vollbesitz der öffentlichen Gewalt lösen, wenn er weiter Verwendung finden soll.[355]

---

348 Mosler, Hermann: S. 617.
349 Pernice, Ingolf [2006b]: Art. 24, in: Dreier Kommentar, Grundgesetz-Kommentar, Bd. 2, Tü-
     bingen, 2006, S. 510.
350 Wassermann, Rudolf: S. 1612.
351 Mosler, Hermann: S. 617.
352 Randelzhofer, Albrecht [1992]: S. 32; Chapuis, Cedric: S. 77.
353 Grimm, Dieter [2009]: S. 107.
354 Grimm, Dieter [2009]: S. 106–107.
355 Grimm, Dieter [2009]: S. 107.

2.3.2 Staatsgewalt

Die Staatsgewalt wird als unteilbare „juristische Urgewalt" verstanden, die nicht bloß für physische Gewalt, sondern auch für die Realisierung staatlicher Autorität innerhalb des rechtlichen Rahmens durch das hoheitliche Handeln verstanden werden muss.[356]

Früher wurde die Staatsgewalt als Bündel einzelner Gewalten verstanden und damit als materialisierte Souveränität angenommen.[357]

Nach dem klassischen Konzept der Souveränität kann die Staatsgewalt von den verschiedenen Organen ausgeübt werden. Wenn durch das Rechtssystem alle Regelungsbefugnisse eindeutig, widerspruchsfrei und wirksam zugeordnet sind, dann ist die Einheit der Staatsgewalt gewahrt.[358] In diesem Fall ist die Staatsgewalt nicht nur die Summe nebeneinanderstehender Kompetenzen, sondern sie beinhaltet auch die Entscheidungsgewalt, diese Kompetenzen auszuweiten oder einzuschränken. Das heißt, dass die Kompetenzhoheit oder anders formuliert die Kompetenz-Kompetenz zur Staatsgewalt gehörte.[359] Außerdem existierte in dem Staatsgebiet keine eigenständige hoheitliche Kompetenz, über welche die Staatsorgane nicht verfügen konnten. Ansonsten verlor ein Staat seine Kompetenzhoheit und damit auch seine Souveränität.[360] Die klassischen Eigenschaften der Ausübung der Staatsgewalt als das Phänomen der inneren Souveränität wurden als Einzigkeit und Einseitigkeit kategorisiert. Einzigkeit der Staatsgewalt bedeutete, dass es in einem Staat nur eine souveräne Staatsgewalt geben konnte. Neben der souveränen Staatsgewalt war keine andere gleichwertige Gewalt möglich, sonst konnte die souveräne Gewalt nicht die höchste Gewalt sein. Als Einseitigkeit der souveränen Staatsgewalt wurde beschrieben, wenn es keinen Zustimmungs- oder Mitwirkungsbedarf der Betroffenen gab, um die Ausübung ihrer Aufgabe zu verwirklichen. Die Staatsgewalt war nach dem klassischen Verständnis die Befugnis, ohne die Beteiligung der Betroffenen die Maßnahmen durchzusetzen.[361]

In Zeiten, als die Staaten auf Absolutheitsanspruch plädierten, wäre es möglich gewesen, die beiden Begriffe gleichzustellen und als Einheit zu sehen. Denn der souveräne Staat durfte und konnte alles, da seine Souveränität mit allumfassender Gewalt einherging. Nach der traditionellen Auffassung stellten sich die Staaten im Außenverhältnis als mit einem Souveränitätspanzer ausgerüstetes, einheitliches, geschlossenes Gebilde dar, um im inneren territorialen Bereich

---

356 Chapuis, Cedric: S. 75.
357 Chapuis, Cedric: S. 75.
358 Zippelius, Reinhold: S. 65.
359 Zippelius, Reinhold: S. 66.
360 Zippelius, Reinhold: S. 68.
361 Randelzhofer, Albrecht [2004]: S. 160.

die Wirkung und den Durchgriff der fremden Hoheitsakte zu verhindern. Die fremden Hoheitsakte durften nur durch die Zustimmung des Staates im eigenen Territorium wirksam werden.[362] Deswegen wurde die Staatsgewalt als eine Haupteigenschaft der Souveränität verstanden.

Heute ist es nicht mehr möglich, die Staatsgewalt als materialisierte Souveränität anzunehmen. Sie ist nur die Einheit von Gewalten, durch die der Staatszweck verwirklicht und staatliche Aufgaben erfüllt werden.[363] Da Aufgaben und Zweck von Staat heute anders sind als in Zeiten, als die Staaten auf Absolutheitsanspruch plädierten, ändert dies auch die Bedeutung der Staatsgewalt. Heute ist Staat ein selbstreflektives System, in dem Entscheidungen der Staatsgewalt verbindlich sind, da sie verfassungsgemäß legitim produziert sind und als solche von den Betreffenden akzeptiert werden müssen. Infolgedessen ist es nicht mehr möglich, die Staatsgewalt nur auf der Basis des klassischen Souveränitätsverständnisses durch die Begrifflichkeiten wie Kompetenz-Kompetenz, alleinige Entscheidungsgewalt oder Einseitigkeit und Einzigkeit der Staatsgewalt zu analysieren.

Obwohl Souveränität ohne Staatsgewalt nicht vorstellbar ist, können die beiden Begriffe nicht gleichgestellt werden.

Eine solche Trennung der öffentlichen Gewalt oder Staatsgewalt von der Souveränität erleichtert die Diskussionen über die Anwendung bzw. Übertragung von Hoheitsrechten, ohne in die Existenzfrage des Staates einzugreifen. Eine erste Schwierigkeit im Umgang mit dem Begriff „Hoheitsrecht" ist, dass er in der türkischen Fachliteratur nicht präzise definiert worden ist. Die Hoheitsrechte können wortwörtlich als Rechte des Souveräns übersetzt werden, da Hoheit und Souveränität auf Türkisch gleich übersetzt und zwischen ihnen keine Unterschiede gemacht werden. Aufgrund einer strikteren Unteilbarkeitsannahme der Souveränität würde bei der Anwendung des Begriffs „Hoheitsrechte" immer die Souveränität mit erfasst werden. Da Staatsgewalt oder öffentliche Gewalt eng mit der Souveränität verbunden werden, würden die Hoheitsrechte immer als Elemente der unteilbaren Souveränität angenommen werden. Während der Begriff „Hoheit" kein einziges Mal in der türkischen Verfassung zu finden ist, werden die Begriffe „Kompetenz" 39 Mal, „Souveränität" 11 Mal und „Aufgabe" 97 Mal angewendet. Da der Begriff „Kompetenz" sinngemäß nicht auf dem Wort „Hoheit" oder „Souveränität" beruht, wird er in der türkischen juristischen Fachliteratur in Bezug auf die „gemeinsame Ausübung der Kompetenzen" oder die „Ausdehnung der Kompetenzen" ohne Kollision mit dem Staatskonzept der Türkei angewendet, da die Souveränität und Hoheitsrechte des türkischen Staates dabei nicht gefährdet werden. Die fehlende Begrifflichkeit der Hoheitsrechte in der türkischen Verfassung erschwert die juristische Analyse der völkerrechtlichen Frage, da der

---

362 Tomuschat, Christian [1985]: S. 15.
363 Chapuis, Cedric: S. 76.

Begriff „Hoheitsrechte" der entsprechende Begriff zur Klärung der völkerrechtlichen Frage ist.[364]

2.3.3 Kompetenz

Mithilfe der Kompetenz wird die gesamte Staatstätigkeit rechtlich definiert und auf die Organe verteilt. Dadurch können die Begrenzung der Machtausübung, die Verantwortung der Machtinhaber und deren Reichweite reguliert werden.[365] So werden Leistungsfähigkeit und verfeinerte Funktionalität der Staatsgewalt gefördert.[366]

„‚Kompetenz' gehört zu den rechtlichen Begriffen, die im alltäglichen juristischen Sprachgebrauch mit großer Selbstverständlichkeit verwendet werden, sodass vielfach ein trügerisches Gefühl der Vertrautheit und der Bedeutungsgewissheit besteht, nämlich dass es bei Kompetenzfragen lediglich darum geht, ‚wer was macht' bzw. ‚wer was darf'."[367] Trotz der vielfachen Anwendung des Begriffs erschwert dessen Vielschichtigkeit eine klare Definition.[368] Aber schon ein oberflächlicher Überblick zeigt, dass der Kompetenzbegriff sich *„im Zusammenhang mit der Erzeugung von Rechtsnormen ebenso wie zur Bezeichnung einer Zuständigkeit von Gerichten und Behörden..."*[369] findet und *„...auf die Grundfragen des Staats- und Verfassungsrechts nach den Ursprüngen von Hoheitsgewalt führt"*.[370]

Kompetenz und Hoheitsrecht sind eng miteinander verbundene Begriffe. Ohne Kompetenzen existieren Hoheitsrechte nicht.[371] Die Hoheitsrechte, die Rechtsträgern zugeordnet sind und diese beschränken, werden im erweiterten Verständnis als Kompetenzen bezeichnet. Nach diesem Verständnis werden Kompetenzen als *„Rechtsmacht zur Herbeiführung rechtlich erheblicher Entscheidungen"* begriffen.[372] Somit enthält Kompetenz als Sammelbegriff Zuständigkeit, Aufgabe, Recht oder Ermächtigung.[373] Durch die Berechtigungen eines Rechtsträgers begründen die Kompetenznormen die Zuständigkeiten.[374] Aufgrund der engen Ver-

---

364 Flint, Thomas: S. 110.

365 Isensee, Josef [2004]: Die bundesstaatliche Kompetenz, in: Kirchhof, Paul/Isensee, Josef (Hrsg.): Handbuch des Staatsrechts (HStR VI), Band VI, 2004, S. 456.

366 Ebenda.

367 Mayer, C. Franz [2001]: Die drei Dimensionen der europäischen Kompetenzdebatten, in: ZaöRV, Band 61, 2001, S. 579.

368 Stettner, Rupert: Grundfragen einer Kompetenzenlehre, Berlin, 1983, S. 31–32.

369 Mayer, C. Franz [2001]: S. 579.

370 Ebenda.

371 Flint, Thomas: S. 112.

372 Ebenda.

373 Mayer, C. Franz [2001]: S. 579.

374 Nettesheim, Martin [2009b]: Kompetenzen, in: Bogdandy, Armin von/Bast, Jürgen (Hrsg.): Europäisches Verfassungsrecht. Theoretische und dogmatische Grundzüge, 2. Aufl., Heidelberg, 2009, S. 390.

bundenheit der Kompetenzen und Zuständigkeit werden die Begriffe sogar von manchen Autoren als Synonyme verwendet.[375]

Aufgabe und Ziel[376] oder Rechtsmacht sind von Kompetenzen zu unterscheiden[377]:

> *„Kompetenz ist vielmehr Grundlage und Voraussetzung von Rechtsmacht. In der Kompetenz liegt, soweit es um öffentlich-rechtliche Rechtsmacht geht, die Voraussetzung für die Ausübung von Hoheitsgewalt. Handeln des Hoheitsträgers, dessen Kompetenzlosigkeit feststeht, ist Willkür oder Gewalt, nicht aber Ausübung legaler (und damit legitimer) Hoheitsmacht."*[378]

Die verfassungsrechtlichen Funktionen der Kompetenz als Rechtsmacht zur Ausübung von Hoheitsrechten sind: Ordnungsfunktion, Schutzfunktion, Garantie- und Legitimationsfunktion, Rechenschafts- und Verantwortungsfunktion und zuletzt Auftrags- und Direktivfunktion.[379] Die Frage der Kompetenz ist immer mit der Beschränkung der Souveränität verbunden, da die wichtigsten Zwecke und Aufgaben der Kompetenzordnung neben der Begründung von Herrschaftsfunktionen und Aufgabenzuteilung die Gewaltenverschränkung ist.[380]

> *„Für die rechtsprechende und für die ausführende Gewalt folgt eine Beschränkung schon aus der im Rechtsstaats- bzw. Rechtmäßigkeitsprinzip (Rule of Law) und der letztlich im Gewaltenteilungsprinzip selbst verwurzelten Vorstellung einer Kontrolle von Herrschaft und Macht, der vielfach auch die erste Gewalt unterliegt. Sogar im Sinne eines rechtsstaatlichen Verteilungsprinzips lässt sich argumentieren, dass alle öffentliche Gewalt, die gesetzgebende Gewalt eingeschlossen, jedenfalls durch die Freiheitssphäre des Einzelnen begrenzt ist. Wer den Staat und damit die staatliche Gewalt nicht als vorgegebene politische Einheit begreift, der gleichsam nachträglich Grenzen gezogen werden, sondern staatliche Gewalt nur insoweit als existent annimmt, wie sie verfasst ist, kann die Begrenzung der öffentlichen Gewalt allein mit ihrer Verfasstheit begründen."*[381]

Finden es die Staaten sinnvoll, dass bestimmte Zwecke durch gemeinschaftliches Tätigwerden im Rahmen einer Organisation erreicht werden, werden solche Organisationen von den Staaten gegründet und mit Handlungsmöglichkeiten ausgestattet.[382]

> *„Wie in der Erklärung von Laeken vorgegeben, sollte die Verfassung zu einer klareren Verteilung der Kompetenzen zwischen der Gemeinschaft und den Mitgliedstaaten führen. Es wird in diesem Zusammenhang argumentiert, dass aufgrund der Erweiterung der größeren Heterogenität der Mitgliedstaaten einerseits und angesichts der globalen Herausforderung,*

---

375 Stettner, Rupert: S. 43.
376 Weiß, Norman: Kompetenzenlehre internationaler Organisationen, Heidelberg, 2008, S. 345.
377 Nettesheim, Martin [2009b]: S. 390.
378 Ebenda.
379 Stettner, Rupert: S. 19–20.
380 Nettesheim, Martin [2009b]: S. 391.
381 Mayer, C. Franz [2001]: S. 580–581.
382 Weiß, Norman: S. 325–336.

denen sich Europa gegenübersieht, anderseits die Zuständigkeiten der EU nach außen ge-
stärkt werden müssen und nach innen verschlankt werden könnten."[383]

Durch den Vertrag von Lissabon wird die Kompetenzenfrage in der EU reguliert, danach sind ausschließliche Zuständigkeiten der Union (Art. 3 AEUV), geteilte Zuständigkeiten der Union und der Mitgliedstaaten (Art. 4 AEUV), Maßnahmen mit europäischer Zielsetzung (Art. 6 AEUV) und Vertragsabrundungskompetenzen (Art. 352 AEUV) zu kategorisieren. Der EU wird durch die Kompetenzbestimmungen des Primärrechts (und damit auch durch jene des EG-Vertrags) Hoheitsgewalt zugewiesen, die als originäre Befugnis des supranationalen Verbands anzusehen ist.

Während im europäischen und deutschen Recht die Kompetenzen mit den Hoheitsrechten verbunden analysiert werden, wird in der Türkei die Anwendung des Begriffs „Kompetenz" ohne deren Konkretisierung behandelt und dadurch auch ohne Unterscheidung bzw. Verbundenheiten mit dem Begriff „Hoheitsrechte". Dabei wird die Kompetenz allgemein als die Gründungs-, Aufhebungs- oder Änderungsmacht der juristischen Verhältnisse eines bestimmten Subjekts innerhalb seines Tätigkeitsfelds bezeichnet. Diese Bezeichnung umfasst ein großes Spektrum von Befugnissen, das die Organisations- und Machtausübungskonstruktion des Staates im weiteren Sinne beinhaltet.

Die Auslegung des Begriffs „Kompetenz" im weiteren Sinne in der Türkei ermöglicht die Ersetzung des nicht existierenden Begriffs „Hoheit", ohne die Souveränität infrage zu stellen.

2.3.4 Irreführende Begriffsanwendungen der türkischen Verfassung

Da in der türkischen Verfassungslehre die innere und äußere Souveränität strikt voneinander getrennt und aufgrund des strikten nationalen Souveränitätsverständnisses die autonome Durchgriffswirkung des Völkerrechts auf die innere Souveränität de jure grundsätzlich nicht anerkannt werden,[384] werden die Kompetenzen nur staatsrechtlich behandelt. Aufgrund der Anwendung des Begriffs „Kompetenz" im weiten Sinn kann aber festgestellt werden, dass die Kompetenz auch den Begriff „Hoheit" beinhaltet. Wo in der türkischen Verfassung der Begriff „Kompetenz" verwendet wird, ist auch der Begriff „Hoheitsrecht" gemeint, ohne die Souveränität infrage zu stellen. Gerade deswegen muss die Regulierung der Kompetenzen in der Verfassung als Regulierung der Hoheitsrechte analysiert werden, obwohl der wortwörtliche Begriff „Hoheitsrechte" in der Verfassung nicht existent ist. Auch wenn keine Definition der Hoheitsrechte zu finden ist,

---

383 Weiß, Norman: S. 309.
384 Rumpf, Christian: S. 281.

verweist der Bereich der Aufgaben und Kompetenzen der bestimmten Organe auf die Hoheitsrechte des türkischen Verfassungssystems. Denn gemäß Art. 6 Abs. 2 der 1982er Verfassung wird die Souveränität der türkischen Nation gemäß den von der Verfassung bestimmten Grundsätzen von den zuständigen Organen gebraucht. Die Ausübung dieser Kompetenzen durch die Verfassungsorgane bedeutet die Ausübung der Staatsgewalt in der Türkei.

Nur durch die Annahme, dass der Begriff „Kompetenz" dem Begriff „Hoheitsrecht" gleichgestellt werden kann, können die abstrakte und die fiktive Trennung des inneren und äußeren Souveränitätsverständnisses überwunden werden. Diese Überwindung öffnet die Möglichkeit einer konkreteren juristischen Analyse der Hoheitsrechte und dessen Übertragung auf eine supranationale Organisation.

Nach der Konstruktion der 1982er Verfassung werden die Kompetenzen bzw. die Hoheitsrechte als die Ausübung der Souveränität durch die zuständigen Organe des Staates angenommen.[385] Laut Art. 6 Abs. 2 der 1982er Verfassung gebraucht die Nation ihre Souveränität gemäß den von der Verfassung bestimmten Grundsätzen durch die zuständigen Organe. Das Bündel der Kompetenzen, die in Art. 6 festgelegt sind, ist das Phänomen der einheitlichen und unteilbaren Souveränität des Staates. Wie in Art. 6 beschrieben, sind die Organe mit den Kompetenzen ausgerüstet, um ihre Aufgaben und Pflichten zu erfüllen. Bei der Ausübung der Kompetenzen dürfen die Organe ihre verfassungsrechtlichen Grenzen nicht überschreiten.

Das türkische Verfassungssystem geht von einer starren Kompetenzverteilung aus. Laut Art. 6 der 1982er Verfassung richten sich die Kompetenzen ausschließlich nach der Verfassung. Kein Staatsorgan außer dem verfassungsändernden Gesetzgeber darf die Kompetenzen neu verteilen. Bei der Neuverteilung der Kompetenzen durch eine Verfassungsänderung muss der Gesetzgeber sich an die in Art. 2 der 1982er Verfassung niedergelegten Grundprinzipien halten.[386]

In den folgenden Artikeln der Verfassung werden die zuständigen Organe wie Legislative in Art. 7, Exekutive in Art. 8 und Judikative in Art. 9 geregelt.

Da in der Türkei die Quelle der Souveränität als eine abstrakte Willensäußerung einer abstrakten Nation angenommen wird, muss sogar der Gesetzgeber die ewige Souveränitätsvorstellung der *pouvoir constituant* beachten.[387] Aufgrund der Annahme der Unteilbarkeit der Souveränität dürfen die Kompetenzen nur von den in der Verfassung festgelegten Organen ausgeübt werden.[388] Diese Kompetenzen sind keine Teile der Souveränität und diese Organe sind keine Besitzer

---

385 Tezic, Erdogan: S. 101.
386 Rumpf, Christian: S. 128.
387 Urteil des türkischen Verfassungsgerichts, E. 2008/16, K. 2008/116, in: ABl. Nr. 27030 vom 22.10.2008.
388 Art. 6 1982er Verfassung.

oder Träger der Souveränität. Da der Souverän bzw. das abstrakte Nationsbild als Verfassungsgeber solche Verfassungsorgane nicht mit den Kompetenzen ausgerüstet hat, ihre Kompetenzen weiter auf innere oder internationale Organe zu übertragen, dürfen diese Kompetenzen laut Art. 6 der 1982er Verfassung nur von ihm selbst, dem Souverän, ausgeübt werden.

Durch die Anwendung des Begriffs „Kompetenz" versucht die Verfassung die De-facto-Anerkennung der Durchgriffswirkung der Normen des Völkerrechts auf die innere Rechtsordnung zu legitimieren, ohne den Souveränitätspanzer des türkischen Staates zu berühren, da „Kompetenz" als Begriff in Bezug auf die Souveränität des Staates im Vergleich zu dem Begriff „Hoheitsrecht" relativierbar ist.

2.4 Zentralistischer Aspekt und Einheitsstaatlichkeit der türkischen Republik und deren Einfluss auf die Bedeutung der Hoheitsrechte

Die Bedeutung der Begriffe „Souveränität", „Kompetenz" oder „Hoheit" in der Türkei kann nur im Zusammenhang zentralstaatlicher und einheitsstaatlicher Aspekte der Türkei richtig ausgelegt werden.

Nach der Gründung der türkischen Republik wurde die erfolgreich funktionierende Zentralstaatlichkeit des Osmanischen Reiches mit dem Einheitsstaatlichkeitskonzept kombiniert und übernommen. Diese Kombination der Begriffe konstituiert die verfassungsrechtliche Grundeigenschaft der Türkei.

Als Reaktion auf das Vielvölkerstaatskonzept des Osmanischen Reiches hat die türkische Republik sich mit dem Prinzip „eine Nation", „einziger Staat" und „ganzes Land" für ein einheitliches Staatskonzept entschieden, das in den Entscheidungen[389] des Verfassungsgerichts immer wiederholt wird. Dieses einheitliche kemalistische Staatskonzept setzt die Nation als homogenes politisches Gebilde im Land voraus.[390] Innerhalb der Grenzen dieses Landes wird nach dem konstitutiven Willen der Nation als Souverän ein zentrales Machtzentrum gestaltet. Der Staat als die Erscheinungsform des Willens der souveränen Nation hat die unteilbare ganze Souveränität.[391] Für die Erledigungen der staatlichen Aufgaben werden durch die Verfassung bestimmte Organe mit Kompetenzen ausgestattet.

---

389 Urteile des türkischen Verfassungsgerichts, E. 1995/1, K. 1996,/1 in: AMKD, Band 33/2, S. 638; E. 1993/1, K. 1993/2 in AMKD, Band 30/2, S. 841; E. 1993/3, K. 1994/2, in: AMKD, Band 30/2, S. 1061.

390 Der in Art. 2 der 1982er Verfassung erwähnte Nationalismus Atatürks bildet die Grundlage für ein solches homogenes Nationsbild; Joseph, S. Joseph: Introduction: Turkey at the Threshold of the European Union, in: Joseph, S. Joseph (Hrsg.): Turkey and European Union, New York, 2006, S. 1.

391 Tezic, Erdogan: S. 124.

Diese Organe haben hierarchisch organisierte Verwaltungsnetzwerke, die vom Zentrum bis in die kleinste Gemeinde des Landes die Rechtsakte und Entscheidungen des Machtzentrums durchsetzen können.[392] Die Durchsetzungsmacht der Verwaltung basiert nicht auf eigener öffentlicher Gewalt, sondern auf dem Kompetenzausdehnungsprinzip des Machtzentrums.[393] Durch dieses Staatskonzept werden vom Parlament verkündete Gesetze von der Regierung mit der Hilfe der Verwaltung im ganzen Land durchgesetzt. Durch die Judikative wird die lineare gerichtliche Kontrolle der Durchsetzung der Gesetze im Lande verwirklicht. Die Verteilung solcher Kompetenzen findet nur auf der horizontalen Ebene statt.[394] Die Bündel der auf der horizontalen Ebene verteilten Kompetenzen bilden zusammen das Machtzentrum des türkischen Staates. Durch die Verteilung der Kompetenzen auf der horizontalen Ebene werden die Organisation der politischen Macht des Zentralstaates und die Erfüllung der Aufgaben des Staates im Lande reguliert. Dadurch werden die Zentralstaatlichkeit und Einheitlichkeit des Staates und so auch die Unteilbarkeit der Souveränität weiter bewahrt, obwohl die Kompetenzen der verfassungsrechtlichen Organe weiter ausgedehnt sind.

Dagegen ist die Verteilung der Kompetenzen auf der vertikalen Ebene eine Erscheinungsform der föderalen Staatsorganisation.[395] Die föderale Staatsorganisation basiert nicht auf einer einzigen und einheitlichen Staatsgewalt. Vielmehr gibt es mehrere Ebenen von Staatlichkeit, von denen sich nur die eine auf das Gesamtterritorium des Staates erstreckt.[396] Bei der vertikalen Verteilung der Kompetenzen auf mehrere Ebenen besitzen sowohl der Bund als auch die Gliedländer Staatscharakter.[397] Die Annahme der vertikalen Verteilung der Kompetenzen eröffnet den Weg, die Kompetenzen und die Hoheitsrechte einer Staatsorganisation auf verschiedene Ebenen zu verteilen, ohne die Existenz des Staates und seine Souveränität infrage zu stellen.

Die türkische Verfassung und das Verfassungsgericht kennen keine vertikale Verteilung der Kompetenzen[398] und lehnen das föderale Staatsverständnis grund-

---

392 Uygun, Oktay [2005]: Avrupa ve Türk Anayasasi, Temel Ilkeler Yönünden Temel Bir Degerlendirme (Europäische und türkische Verfassung: Eine Analyse in Bezug auf die Grundprinzipien), in: Anayasa Yargisi, Ankara, 2005, Band 22, S. 381 f.; Tezic, Erdogan: S. 126.

393 Tezic, Erdogan: S. 126.

394 Ebenda.

395 Di Fabio, Udo [2004]: Gewaltenteilung, in: Kirchhof, Paul/Isensee, Josef (Hrsg.): Handbuch des Staatsrechts (HStR II), Band II, Heidelberg, 2004, S. 618.

396 Grzeszick, Bernd: Art. 20/IV, in: Maunz, Theodor/Dürig, Günter (Hrsg.): Grundgesetz Kommentar, Band III, München, S. 19.

397 Grzeszick, Bernd: S. 22.

398 Balta, Nilüfer: Ulus Devlet Modelinin Türkiye'deki Yansimalari (Die Reflektion des Nationalstaatlichkeitsmodell in der Türkei), K.Ü.H.F, Jubiläumsschrift für Vecdi Aral, Kocaeli, 2001, S. 47 f.

sätzlich ab.[399] Da in dem türkischen Staatskonzept nur die ganzen Bündel der auf der horizontalen Ebene verteilten Kompetenzen als Souveränität des Staates genannt werden, kann die Souveränität entweder vollständig besessen oder überhaupt nicht besessen werden.[400] Deswegen wird die Verteilung der Kompetenzen als voller Verlust der Souveränität interpretiert.

Solange das Staatskonzept nicht geändert wird, können die Kompetenzen nicht einfach neu verteilt oder kann auf sie verzichtet werden, ohne den Verlust der Souveränität anzunehmen.

Der zentralistische Aspekt und die Einheitsstaatlichkeit der türkischen Republik können besonders durch die Analyse des Art. 3 Abs. 1[401] der 1982er Verfassung besser verstanden werden.

2.4.1 Zentralstaatlichkeit im Lichte der Einheitlichkeit des nationalen Territoriums

Der zentralistische Aspekt sowie die Einheitsstaatlichkeit der türkischen Republik spiegeln sich in den in der türkischen Verfassung festgelegten Prinzipien des Territoriums, der Nation und ihrer Einheitlichkeit und der Untrennbarkeit mit ihrem Staat (Art. 3) und der Souveränität (Art. 6) wider.

Die in Art. 3 Abs. 1 der 1982er Verfassung erwähnte Einheitlichkeit und Unteilbarkeit des nationalen Territoriums zielt nicht nur auf die Verteidigung des Territoriums gegen Landverluste durch die Übertragung auf einen anderen Staat oder Austrittsversuche einer Region aus der Republik Türkei.[402] Der Artikel betont auch das Zentralstaatlichkeitsprinzip der türkischen Republik. Trotz der Erschwernis der missglückten Formulierung[403] des Artikels gibt es in der Lehre keine Streitigkeiten darüber, dass dieser Artikel im Sinne Jellineks die drei Elemente der türkischen Staatlichkeit festlegt. Die Betonung der Einheitlichkeit und Unteilbarkeit des nationalen Territoriums zeigt, dass das türkische Rechtssystem die föderalen Prinzipien bzw. die Gliedstaatlichkeit grundsätzlich ablehnt.[404]

Jede Auslegung oder jeder Rechtsakt, der die Einheitlichkeit und Unteilbarkeit des nationalen Territoriums der Türkei ändert, verstößt gegen die Grundein-

---

399 Uygun, Oktay [2005]: S. 383 ff.; Rumpf, Christian: S. 148.

400 Fowler, M. Ross/Bunck, J. Marie: Law, Power and The Sovereign State – The Evolution and Application of the Concept of Sovereignty, Pennsylvania, 1995, S. 64 f.

401 „Der Staat Türkei ist ein in seinem Staatsgebiet und Staatsvolk unteilbares Ganzes."

402 Izgi, Ömer/Gören, Zafer: Türkiye Cumhuriyeti Anayasasinin Yorumu (Kommentar der Verfassung der türkischen Republik), Ankara, 2002, S. 64.

403 <www.yasayanananayasa.ankara.edu.tr/anayasa/01.htm>.

404 Uygun, Oktay [1992]: 1982 Anayasasi'nda Temel Hak ve Özgürlüklerin Genel Rejimi (Grundrechts- und Freiheitsordnung in der 1982er Verfassung), Istanbul, 1992. S. 122; Soysal, Mümtaz [1993]: S. 180.

stellung des zentralstaatlichen türkischen Staatsprinzips. Nach der herrschenden Meinung darf Art. 3 aufgrund seiner Unabänderbarkeit nicht einmal von den sekundären Verfassungsgebern (*pouvoir constitué*) geändert werden.[405] Trotzt der verfassungsrechtlichen Regulierung verschiedener Verwaltungseinheiten zur Erfüllung staatlicher Aufgaben, wie Stadt, Dorf oder Bezirk, können keine Abweichungen von der Einheitlichkeit oder Unteilbarkeit des nationalen Territoriums festgestellt werden. Denn die Ausübung der Staatsgewalt basiert auf solchen Verwaltungseinheiten wie dem oben erwähnten Kompetenzausdehnungsprinzip.

2.4.2 Zentralstaatlichkeit im Lichte der Einheit und der Unteilbarkeit der Nation

Nach Art. 3 Abs. 1 der 1982er Verfassung wird die in der Türkei lebende Bevölkerung mit türkischer Staatsangehörigkeit nach Art. 66 als einheitliche homogene Nation bezeichnet. Die Homogenitätsbetonung wird durch die Präambel Abs. 7 der 1982er Verfassung konkretisiert: „... *dass die türkischen Staatsbürger insgesamt in nationalem Stolz und nationalem Leid, in nationaler Freude und nationalem Schicksal, in ihren Rechten und Pflichten gegenüber der nationalen Existenz, in Segen und Mühsal sowie in jeglicher Manifestation des Nationallebens geeint seien, ...*" Durch eine solche Definition werden in der Türkei lebende Menschen als eine homogene Entity kategorisiert,[406] was der soziologischen Realität der Türkei nicht entspricht. Der „Türke" wird laut Art. 66 als Name der Überidentität dieser homogenen Entity festgelegt. Nach Art. 3 der 1982er Verfassung und dessen Auslegung durch das Verfassungsgericht darf die Überidentität „Türke sein" nicht infrage gestellt werden. Die Infragestellung der Überidentität hätte eine separatistische Wirkung auf die Staatlichkeit der Türkei und würde so die Existenz des Staates gefährden.[407] Nach Art. 2 der 1982er Verfassung gehört auch die nationale Solidarität zu den unveränderbaren Eigenschaften des türkischen Staates. Die nationale Solidarität ist auch ein Zeichen des Einheitsbewusstseins der homogenen Nation,[408] die durch ihre Homogenität auf dem unteilbaren Territorium des Staates die Einheitlichkeit und Zentralstaatlichkeit kreiert. Ein solches Homogenitäts- und Einheitlichkeitsverständnis der Verfassung verhindert es, anzuerkennen, dass soziale Probleme durch pluralistische und divergente Möglichkeiten zu lösen sind.[409]

---

405 Izgi, Ömer/Gören, Zafer: S. 65.
406 Bilgin, Fevzi Mehmet: S. 137.
407 Urteile des türkischen Verfassungsgerichts, E. 1990/1, K. 1991/1, S. 885, in: AMKD, Band 27/2, S. 885; E. 1997/2, K. 1999/1, in: AMKD, Band 35/2, S. 719; E. 1995/1, K. 1996/1, in: AMKD, Band 33/2, S. 638; E. 1993/1, K. 1993/2 in: AMKD, Band 30/2, S. 841.
408 Rumpf, Christian: S. 38 f.
409 Bilgin, Fevzi Mehmet: S. 137; Erdem, Fazil Hüsnü: S. 13.

Der durch Art. 3 konstruierte zentrale und einheitliche Staat übt seine Staatsgewalt gemäß den von der Verfassung in Art. 6 bestimmten Grundsätzen durch die zuständigen Organe aus. Aufgrund dieser engen Verbindung von Art. 6 mit den unabänderbaren Art. 2 und 3 sind in der Lehre Meinungen zu finden, dass sogar Art. 6 der 1982er Verfassung konkludent auch zu den unabänderbaren Normen der Verfassung gehört,[410] obwohl dieser nicht in Art. 4 zu den unveränderbaren Artikeln gezählt ist.

Damit durchdringt das in Art. 3 festgelegte Einheitlichkeits- und Unteilbarkeitsprinzip des Staatgebiets und der Nation mit ihrem Staat als Leitverfassungsprinz die gesamte türkische Rechtsordnung. Die Wiederholungen dieser Prinzipien in verschiedenen Artikeln[411] der Verfassung erinnern alle Interpreten und Organe der Verfassung, die Zentralstaatlichkeit der Türkei als Leitprinzip des türkischen Verfassungssystems stets zu beachten. So werden die vertikale Häufung oder Verteilung der Staatsgewalt sowohl geografisch (auf territorialer Ebene) als auch demografisch (auf ethnischer Ebene) grundsätzlich abgelehnt. Denn der Art. 3 Abs. 1 der 1982er Verfassung bedeutet nicht nur die Unteilbarkeit und Übertragbarkeit der Souveränität, sondern auch, dass nur eine Rechtsordnung in der Türkei existieren darf.[412] Durch die besondere Betonung des Einheitlichkeits- und Unteilbarkeitsprinzips der Verfassungsordnung wird versucht, eine eindimensionale Zentralstaatlichkeit der türkischen Republik zu bewahren.

2.5 Ausübung der Souveränität und Gewaltenteilung

2.5.1 Allgemeinprinzipien der Gewaltenteilung

Das Gewaltenteilungsprinzip ist einer der fundamentalen Verfassungsgrundsätze der türkischen Rechtsordnung seit der 1961er Verfassung. Aufgrund des Missbrauchs der konzentrierten Macht durch die Regierung in den 1950er Jahren wurde das Gewaltenteilungsprinzip in der türkischen Rechtsordnung fest verankert.[413] Grundsätzliches Ziel der Teilung der Gewalt ist allgemein die Abwehr des Missbrauchs staatlicher Gewalt und die Verwirklichung der Rechtsstaatlichkeit[414]. Ziel des Gewaltenteilungsprinzips ist es, die Konzentration der Macht und

---

410 Tezic, Erdogan: S. 170.
411 Präambel, Art. 5 (Staatsziel), Art. 13 (Allgemeine Schranken), Art. 14 (Grundrechtsmissbrauch), Art. 26 (Freiheit der Äußerung und Verbreitung der Meinung), Art. 28 (Pressefreiheit), Art. 58 (Schutz der Jugend), Art. 68 (Bestimmungen über die Parteien), Art. 81 (Eid der Abgeordneten), Art. 103 (Eid des Präsidenten), Art. 130 (Hochschulanstalten).
412 Tanör, Bülent [2006]: S. 389.
413 Kocak, Mustafa: S. 220 ff.
414 Herzog, Roman: Art. 20, in: Maunz, Theodor/Dürig, Günter (Hrsg.): Grundgesetz Kommentar, Band III, München, S. 138.

der Kompetenzen in einer Hand oder in einem Organ zu verhindern. Die Ausführung der staatlichen Gewalt und die Erfüllung der staatlichen Aufgaben wird auf verschiedene verfassungsrechtlich festgelegte Organe verteilt.[415] Diese voneinander unabhängigen Organe kontrollieren und achten sich nach dem Check-and-Balance-System gegenseitig.[416]

Aufgrund der Aufgliederung und Verteilung der Staatsgewalt gibt es in der gewaltenteilenden Demokratie keinen Souverän mehr. Alle verfassungsrechtlichen Organe besitzen nur verliehene und begrenzte Zuständigkeiten. Keines der Staatsorgane besitzt ausschließliche souveräne Letztentscheidungskompetenzen, die nicht von anderen Staatsorganen unter Umständen unkorrigierbar sind.[417] So ist Kraft ihrer verfassungsgebenden Gewalt nur die Nation als *pouvoir constituant* souverän.[418]

Die von der Nation ausgehende Souveränität wird durch den Staat ausgeübt.[419] Aufgrund der Komplexität der staatlichen Aufgaben und des verfassungsrechtlichen Demokratiegebots des türkischen Staates werden die Herrschaftsausübung und der Gebrauch der Souveränität durch die in der Verfassung festgelegten Organe ausgeführt.[420]

Trotz des strengeren Zentralstaatlichkeitskonzepts beruht die 1982er Verfassung auf dem Gewaltenteilungsprinzip. Die Gewaltenteilung darf aber nach dem türkischen Verfassungsverständnis nicht als die Teilung oder Beschränkung der Souveränität angenommen werden.[421] Denn die türkische Verfassungsordnung geht von einem unteilbaren Souveränitätsbegriff und der Zentralstaatlichkeit des Staates aus.[422] Das Gewaltenteilungsprinzip in der türkischen Rechtsordnung basiert auf der Konstruktion der Trennung der Souveränität von deren Ausübung durch die verfassungsmäßigen Organe. Durch diese Trennung wird die Gewaltenteilung begründet, ohne die Unteilbarkeit der Souveränität infrage zu stellen,[423] obwohl durch die De-jure-Anerkennung der Gewaltenteilung der Unteilbarkeitsanspruch der Souveränität grundsätzlich relativiert worden ist.[424]

So werden in Art. 6 der 1982er Verfassung die Grundprinzipien der Anwendung der Staatsgewalt geregelt.[425]

---

415 Herzog, Roman: S. 139.
416 Di Fabio, Udo [2004]: S. 617.
417 Hillgruber, Christian [2004]: S. 955.
418 Ebenda.
419 Kutlu, Mustafa: Kuvvetler Ayriligi (Gewaltenteilung), 1. Aufl., Ankara, 2001, S. 118.
420 Kocak, Mustafa: S. 236, S. 240.
421 Kutlu, Mustafa: S. 120.
422 Rumpf, Christian: S. 128.
423 Tanör, Bülent/Yüzbasioglu, Necmi: S. 111.
424 Kocak, Mustafa: S. 223.
425 Siehe Teil 5, Kapitel 1.3.

Weitere Artikel[426] schreiben das Allgemeinprinzip der Zuständigkeiten der Organe und in verschiedenen Kapiteln[427] der Verfassung die ausführliche Regulierung der Organe fest.

2.5.2 Verteilung der Funktionen des Staates zwischen verfassungsrechtlichen Organen

Laut türkischer Verfassungsordnung werden die staatlichen Aufgaben durch die von der Verfassung bestimmten Organe erfüllt. Zur Erfüllung solcher Aufgaben werden die Organe mit den entsprechenden Kompetenzen ausgestattet. Aufgrund des unteilbaren Souveränitätsbegriffs und des strikten Zentralstaatlichkeitsverständnisses der türkischen Verfassung dürfen diese Kompetenzen nicht als Ausübung der Teilsouveränität angenommen werden. Solche Kompetenzen der Organe bilden also keine Teilsouveränität. Obwohl die Kompetenzen der Organe ihre Legitimation vom konstitutiven Willen der Nation bzw. von der Verfassung bekommen, sind die Organe nicht der Vertreter eines Teiles des konstitutiven Willens der Nation. Die Organe sind mit den Kompetenzen nur ausgestattet, um die Funktionen des Staates zu erfüllen. Obwohl das Bündel dieser Kompetenzen der Organe die Souveränität des türkischen Staates bildet, sind diese Kompetenzen nicht als ein Teil der staatlichen Souveränität anzunehmen. Aus diesem Grund wird in der türkischen Lehre sogar der Begriff „Funktionenteilung" anstatt „Gewaltenteilung" empfohlen und benutzt.[428] Natürlich verursacht die Gewaltenteilung gleichzeitig die Funktionenteilung im Staat. Aber das ist nicht alles: Gewaltenteilung bedeutet mehr als Funktionenteilung. Diese ist, wie oben erwähnt, einer der fundamentalen Verfassungsgrundsätze der türkischen Rechtsordnung. Art. 6, der das Gewaltenteilungsprinzip der türkischen Rechtsordnung bestimmt, unterstreicht wieder die Unteilbarkeit und Unbeschränktheit der Souveränität. Dadurch will der Verfassungsgeber das einheitliche und unteilbare Souveränitätskonzept der türkischen Rechtsordnung bewahren.

Durch die Betonung in Art. 6 Abs. 1 der 1982er Verfassung, der die Souveränität als uneingeschränkt und unbedingt der türkischen Nation zugehörig beschreibt, wird festgelegt, dass der Souveränitätsbesitz der Nation auf keine Weise belastet oder infrage gestellt werden darf. Die von der Verfassung bestimmten zuständigen Organe dürfen nur die Verfassungsvorschriften bestimmter Berei-

---

426 Art. 7 (Zuständigkeit der Gesetzgebung), Art. 8 (Zuständigkeit und Aufgaben der vollziehenden Gewalt), Art. 9 (Zuständigkeit der Rechtsprechung).

427 Dritter Teil der Verfassung, Die Hauptorgane der Republik, Erster Abschnitt, Art. 75-100 (Gesetzgebung), Zweiter Abschnitt, Art. 101-137 (Die vollziehende Gewalt und Verwaltung), Dritter Abschnitt, Art. 138-160 (Rechtsprechung).

428 Özbudun, Ergun [2002]: S. 171.

che und bestimmter Funktionen ausüben. Aufgrund der Unteilbarkeitsannahme der Souveränität und des uneingeschränkten unbedingten Anspruchs der Nation auf die Souveränität können die Kompetenzen der Organe nicht gegen den Willen der Nation (*pouvoir constituant*) neu verteilt werden. Dieses Gebot der *pouvoir constituant* spiegelt sich in Art. 7 Abs. 2[429], in dem die Unübertragbarkeit der Zuständigkeit der Gesetzgebung festgeschrieben ist, wider.

2.6 Zusammenfassung

Die Schwierigkeiten bei der Definition der Begriffe wie Souveränität, Hoheitsrechte und Kompetenzen haben ihre Ursache einerseits in den Begriffen selbst, aber andererseits im Staatsverständnis der Türkei. Aufgrund seines Gründungsmythos wird in der türkischen Verfassungsordnung auf die Unabhängigkeit des Staates übertrieben viel Wert gelegt. Trotz der sozialen, ökonomischen, wirtschaftlichen und juristischen Entwicklungen und der Unmöglichkeit der Existenz eines Staates ohne Kooperation mit anderen Staaten oder mit inter- oder supranationalen Organisationen wird in der Türkei immer noch versucht, die Verfassungsordnung nach dem veralteten Souveränitätsmuster zu bewahren. Durch die starre Teilung der inneren und äußeren Souveränität wird versucht, sich gegen den Souveränitätsverlust oder die Erodierung der Souveränität zu verteidigen, anstatt die Unhaltbarkeit einer reinen Unabhängigkeit eines Staates in der Welt zu akzeptieren und entsprechend zu reagieren. Durch eine solche starre Teilung der Souveränität wird die Wirkung der völkerrechtlichen Verträge auf die innere Souveränität relativiert und der reine Unabhängigkeitsmythos weiter gepflegt. Obwohl es nicht der Realität entspricht, werden alle inneren oder äußeren rechtlichen Ereignisse und ihre Wirkung auf die Türkei und ihre Bürger als das Ergebnis ihrer reinen Souveränitätsausübung des türkischen Staates dargestellt. Durch solche Darstellungen und die Abstrahierung der Begriffe werden immer noch Diskussionen vermieden, anstatt eine fruchtbare Konfrontation mit der Erodierung des alten Souveränitätsverständnisses zu suchen und die Übertragbarkeit der Souveränität zu ermöglichen.

Die Nichtexistenz des Begriffs „Hoheit" und die häufige Anwendung des Begriffs „Kompetenz" in der türkischen Verfassung gibt der Türkei die Möglichkeit, im völkerrechtlichen Bereich zu agieren und im internationalen Bereich seine Pflichten zu erfüllen, ohne das Souveränitätsverständnis und ohne die Hoheitsansprüche infrage zu stellen. Trotz solcher Möglichkeit muss auch festgestellt werden, dass die unpräzise Bedeutung und die häufige Anwendung

---

429 *„Die Zuständigkeit der Gesetzgebung steht im Namen der türkischen Nation der Türkischen Großen Nationalversammlung zu. Diese Zuständigkeit ist unübertragbar."*

des Begriffs „Kompetenz" eine realitäts- und zeitgemäße Analyse der juristischen Bedeutung, Wirkung und Entwicklung der Verfassungsordnung der Türkei verhindern. Durch diese begriffliche Unklarheit werden die Pflichten des türkischen Staates auf der völkerrechtlichen Ebene in der Praxis angenommen und entsprechend dem herrschenden Kooperationszwang auch erfüllt. Trotz der De-facto-Annahme und der Erfüllung solcher Pflichten wird auf der juristischen Ebene immer noch die volle Unabhängigkeit des türkischen Staates postuliert. Die Wirkung der völkerrechtlichen Rechtsakte auf die türkische Rechtsordnung wird durch den eigenen und beliebig rückholbaren Willen des türkischen Staates legitimiert, ohne über die Hoheitsrechte oder die Souveränität zu diskutieren. So werden die Fragen bezüglich Souveränität und Hoheitsrechte in der Epoche der Globalisierung auf die Frage bezüglich der Kompetenzen der Aufgabenerfüllung reduziert und wird scheinbar die Unteilbarkeit der vollen Souveränität und vollen Unabhängigkeit der Türkei gestützt. Trotz der abstrakten Anwendung des Begriffs „Kompetenz" stößt die türkische Rechtsordnung aufgrund der Konstruktion der Zentral- und Einheitsstaatlichkeit auf große Schwierigkeiten in der Frage der Souveränität und Hoheit. Denn die türkische Rechtsordnung kennt juristisch keine vertikale oder kooperative Machtkonstruktion neben der des türkischen Staates auf dem türkischen Territorium. Die in Art. 3 festgelegten Regelungen, *„ein in seinem Territorium und seiner Nation unteilbares Ganzes zu sein",* und deren strengere Auslegung durch das Verfassungsgericht erschweren die Annahme der Übertragbarkeit der Hoheitsrechte der Türkei auf inter- oder supranationale Organisationen, solange das alte Staatsverständnis bewahrt wird.

Teil 2
Völkerrecht und türkische Verfassung in Bezug auf die supranationalen Eigenschaften der EU

Im Teil 1 wurden die Beziehungen zwischen der Souveränität, der Hoheit und der Kompetenz und deren verfassungsrechtliche Bedeutung und Wichtigkeit in der Türkei dargestellt. Diese Begrifflichkeiten, wie oben erklärt, haben immer eng miteinander verbundene nationale und internationale Bezugspunkte. Deswegen ist die Frage der Übertragung von Hoheitsrechten auf die EU auf der einen Seite eine verfassungsrechtliche[430], aber auf der anderen Seite auch eine völkerrechtliche Frage, da die Verträge zur Gründung und Entwicklung der EU als völkerrechtliche Verträge verhandelt und abgeschlossen wurden.[431] Aufgrund der völkerrechtlichen Quelle der EU muss die Hoheitsfrage der Türkei auch in Bezug auf das Völkerrecht analysiert werden. Deshalb ist es hilfreich, eine Analyse des Völkerrechts in der türkischen Rechtsordnung durchzuführen und die Möglichkeiten der Übertragung von Hoheitsrechten gemäß der türkischen Verfassung zu erforschen.

Das dargelegte Verhältnis der Beziehungen zwischen Völkerrecht und innerer Rechtsordnung ist ein wichtiges Instrument, um die Probleme der Hoheitsübertragung im Falle der EU-Mitgliedschaft zu analysieren, da die Hoheitsübertragung an die EU neben den verfassungsrechtlichen Normen auch durch die Völkerrechtsnormen reguliert wird. Aus diesem Grund wird in diesem Teil 2 die Bedeutung des Völkerrechts und dessen Funktion in der türkischen Rechtsordnung dargestellt.

1 Stellung des allgemeinen Völkerrechts in der 1982er Verfassung

Die 1982er Verfassung hat den besonderen Status der Völkerrechtsnormen anerkannt und diese Anerkennung an verschiedenen Stellen der Verfassung wiederholt. Trotz der Wiederholung und Anerkennung des besonderen Status der Völkerrechtsnormen ist die verfassungsrechtliche Bedeutung und Kraft der Normen nicht klar.[432] Solche Unklarheiten der verfassungsrechtlichen Bedeutung der völ-

---

430 Pernice, Ingolf [2006c]: Das Verhältnis europäischer zu nationalen Gerichten im europäischen Verfassungsverbund, Berlin, 2006, S. 12.

431 Ebenda.

432 Gündüz, Aslan [2003]: Milletlerarasi Hukuk: Temel Belgeler Örnek Kararlar (Völkerrecht: Grundunterlagen und Fallbeispiele), Istanbul, 2003, S. 154.

kerrechtlichen Normen vergrößern die Schwierigkeiten bei der Kategorisierung der Wirkung der Völkerrechtsnormen.[433]

Trotz der nicht konkreten Erklärung der Rechtsquelle des Völkerrechts und deren Wirkung auf das innere Rechtssystem im türkischen Verfassungssystem kann aufgrund der Erwähnung einiger Völkerrechtsregeln in verschiedenen Artikeln geschlussfolgert werden, dass Gewohnheitsrecht und Völkerrechtsverträge als Grundnormen des Völkerrechts zu beachten sind.[434] Während das Gewohnheitsrecht und dessen Wirkung auf die innere Rechtsordnung von der Verfassung nicht konkret beschrieben worden sind, ist die Regulierung der Völkerrechtsverträge detailliert festgelegt.

Das Zustandekommen der Völkerrechtsverträge und deren Wirkung auf das innere System werden durch Art. 90 der 1982er Verfassung reguliert.

Aufgrund des Art. 90 sind die Völkerrechtsverträge ohne Zweifel eine der wichtigsten Rechtsquellen des türkischen Rechtssystems.[435] Der Effekt und die Schwierigkeiten, die sich aus Art. 90 ergeben, werden im Folgenden detailliert diskutiert. Anders als zu Völkerrechtsverträgen gibt es keinen allgemeinen Artikel über „*Völkergewohnheitsrecht*"[436] oder „*allgemeine Rechtsgrundsätze*"[437] des Völkerrechts, der deren Existenz und Wirkung in der türkischen Rechtsordnung bestimmt. Obwohl nirgendwo in der Verfassung die konkrete Verbindlichkeit des Völkergewohnheitsrechts geregelt ist,[438] kann durch die detaillierte Analyse einiger Artikel festgestellt werden, dass die Gewohnheitsrechtsnormen und die allgemeinen Rechtsgrundsätze des Völkerrechts als Rechtsquelle des Völkerrechts betrachtet werden müssen. Ob diese theoretische Betrachtung der allgemeinen Rechtsgrundsätze des Völkerrechts als Rechtsquelle des Völkerrechts und als Transformation in die türkische Rechtsordnung definiert werden können, ist umstritten.

> „*Custom plays a more considerable role in public international law than in other branches of law. However it is difficult to determine whether an international custom is or will actually be accepted as law or merely considered as part of the ,comitas gentium'. The question as to which customs are law in the sphere of public international law may be decided by decisions of international courts and by international treaties.*"[439]

---

433 Pazarci, Hüseyin [2001]: Uluslararasi Hukuk Dersleri (Völkerrechtstudien), Ankara, 2001, S. 30, 33.

434 Pazarci, Hüseyin [2001]: S. 30–33.

435 Oder, Emrah Bertil [2006]: Übertragung von Hoheitsrechten im Spannungsverhältnis zur nationalen Souveränität, in: Depenheuer, Otto/Dogan, Ilyas/Can, Osman (Hrsg.): Deutsch-Türkisches Forum für Staatsrechtslehre III, Berlin, 2006, S. 77.

436 Müller, Paul Jörg/Wildhaber, Luzius: Praxis des Völkerrechts, Bern, 2001, S. 13.

437 Müller, Paul Jörg/Wildhaber, Luzius: S. 39.

438 Gündüz, Aslan [2003]: S. 154.

439 Güriz, Adnan: Sources of Turkish Law, in: Ansay, Tugrul/Wallece, Don (Hrsg.): Introduction to Turkish Law, Netherlands, 1996, S. 5.

Trotz der Diskussionen über die direkte Anwendbarkeit solcher Regelungen im türkischen Rechtssystem wird in der türkischen Verfassung der besonderen Status des Völkerrechts erwähnt.

Bei der Zielbeschreibung der türkischen Republik wird das Völkerrecht am Anfang in der Präambel erwähnt: die „... *Republik Türkei als ehrenvolles und gleichberechtigtes Mitglied der Völkerfamilie der Welt ...* "[440] und durch den Hinweis der Präambel auf *„Frieden im Lande und Friede in der Welt"*[441]. Dessen besondere Wichtigkeit wird unterstrichen. Die Formulierung der Präambel positioniert den türkischen Staat als souveränes Subjekt der Völkergemeinschaft, das den besonderen Status der völkerrechtlichen Normen anerkennt.[442]

In weiteren Artikeln der 1982er Verfassung wird den völkerrechtlichen Normen besondere Beachtung geschenkt: Schutz der Grundrechte (Art. 15 und Art. 16), das Recht auf Muttersprache (Art. 42) oder die Ausrufung des Kriegsfalles und die Erlaubnis zum bewaffneten Kampfeinsatz (Art. 92).[443]

Gemäß oben genannter Artikel muss alles Handeln und müssen alle Regelungen der türkischen Republik in den in diesen Artikeln beschriebenen Bereichen in Einklang mit dem Völkerrecht stehen.

Die Rechtsakte der Türkei in diesen Bereichen dürfen nicht die sich aus dem Völkerrecht ergebenden Verpflichtungen verletzen. Die Wirkung dieser Normen und deren Anwendung im inneren Rechtssystem durch Gerichte werden im folgenden Kapitel 3 „Beziehungen zwischen Völkerrecht und türkischer innerer Rechtsordnung" und im folgenden Kapitel 4 „Rangfrage der Völkerrechtsregelungen im türkischen Recht" behandelt.

2 Zustandekommen der völkerrechtlichen Verträge

Die völkerrechtlichen Verträge sind das wichtigste Element des Völkerrechts in der türkischen Rechtsordnung. Bis 2003 hat die Türkei 6.915 Völkerrechtsverträge geschlossen.[444] Aufgrund ihrer Wichtigkeit als Rechtsnorm wird auf die demokratische Legitimation des Zustandekommens der völkerrechtlichen Verträge großer Wert gelegt und die Zustimmung des Parlaments zur Ratifikation als Grundsatz angenommen.[445]

---

440 Präambel 1982er Verfassung.
441 Präambel 1982er Verfassung.
442 Oder, Emrah Bertil [2006]: S. 75.
443 Pazarci, Hüseyin [2001]: S. 22 f.
444 Akyol, Taha: AB ve Globallesme Sürecinde Egemenlik, Egemenligin Cagdas Kayit ve Sartlari (Souveränität in der Phase der Globalisierung und der EU, Begrenzung und Voraussetzungen der Souveränität), in: Anayasa Yargisi, Band 20, Ankara, 2003, S. 100.
445 Oder, Emrah Bertil [2006]: S. 77.

Ein völkerrechtlicher Vertrag ist dann abgeschlossen, wenn in der Willenserklärung der Vertragspartner ihr Bindungswillen zum Ausdruck gebracht ist. Die Erkennbarkeit des Bindungswillens der Partner ist ausreichend, um von einem Abschluss eines völkerrechtlichen Vertrages auszugehen. In der internationalen Lehre werden die Meinungen vertreten, dass die Völkerrechtsverträge grundsätzlich schriftlich, mündlich und sogar, auch wenn dies ganz selten der Fall ist, konkludent zustande kommen können.[446] Nach der türkischen Rechtsordnung können nach Gewohnheitsrecht konkludente oder mündliche Vereinbarungen akzeptiert werden. Im Bereich der Völkerrechtsverträge muss aber unbedingt die verfassungsrechtliche Form des Zustandekommens der Verträge eingehalten werden. Denn nach dem Grundsatz der türkischen Verfassung darf das Verfahren den Grundsatz der demokratischen Legitimation des Zustandekommens der Völkerrechtsverträge nicht verletzen. Die demokratische Legitimation des Zustandekommens der Völkerrechtsverträge kann nur durch die Beteilung der Verfassungsorgane und durch deren verfassungsrechtliche Kontrolle gewährleistet werden.

Die Kompetenzfähigkeit zum Abschluss von Völkerrechtsverträgen und deren Bestimmungen wurde unmittelbar von der türkischen Verfassung in Art. 87, 90 und 104 normiert.

Laut dieser verfassungsrechtlichen Regelungen sind die Gesetzgebung (Legislative) und die Regierung mit Präsident und zuständigen Organen für die Klärung der Frage des Zustandekommens der völkerrechtlichen Verträge zuständig. Aufgrund des demokratischen Legitimationsgrundsatzes werden der Abschluss und die Kontrollfunktion der Verträge grundsätzlich nicht von den Gerichten, sondern durch das Parlament ausgeführt.

Außerdem wird durch das *„Gesetz über den Abschluss, Inkrafttreten und Verkündung der Völkerrechtsverträge und Kompetenzleitung an das Exekutivkomitee für den Abschluss einiger Völkerrechtsverträge"*[447] das Zustandekommen der völkerrechtlichen Verträge auf Gesetzesebene reguliert.

Gemäß Art. 90 der Verfassung werden die völkerrechtlichen Verträge nach ihrer Wirkung auf die Rechte der Personen, die Staatsfinanzen, die Dauer der Verträge oder den Inhalt der Verträge auf zwei verschiedene Weisen systematisiert.

Es gibt einerseits Verträge, die durch den Abschluss und die Verkündung ohne Zustimmung des Parlaments zustande kommen.

„Die Verträge, welche Wirtschafts-, Handels- und technische Beziehungen regeln und deren Geltungsdauer ein Jahr nicht überschreitet, brauchen kein Zustimmungsgesetz des Parlaments, wenn sie hinsichtlich der Staatsfinanzen keine Belastungen mit sich bringen und den Personenstand und Eigentumsrechte von Türken im Ausland nicht antasten."[448]

---

446 Doehring, Karl: Völkerrecht, Heidelberg, 2004, S. 148.
447 Gesetz Nr. 244, ABl. vom 11.6.1963, Nr. 11425.
448 Art. 90 Abs. 1 1982er Verfassung.

Solche Verträge treten durch Verkündung ohne Zustimmungsgesetz des Parlaments in Kraft. Laut Art. 90 Abs. 3 gilt: *„In diesem Fall werden diese Verträge innerhalb von zwei Monaten seit ihrer Verkündung der Großen Nationalversammlung der Türkei zur Kenntnisnahme vorgelegt."*

Die völkerrechtlichen Verträge, *„... welche auf einem völkerrechtlichen Vertrag beruhen, und die Wirtschafts-, Handels-, technischen und Verwaltungsverträge, welche aufgrund einer durch Gesetz erteilten Kompetenz abgeschlossen werden...",*[449] brauchen auch keine Zustimmung des Parlaments. Die Durchführungsverträge, welche auf einem völkerrechtlichen Vertrag beruhen, benötigen sogar keine Verkündung, solange sie die Rechte der Privatpersonen nicht einschränken und keine Änderung der türkischen Gesetze mit sich bringen.

Die bis jetzt erklärte Abschluss- und Verkündungskompetenz der Exekutive wird durch Art. 90 Abs. 4 allmählich beschränkt. Gemäß Art. 90 Abs. 4 müssen alle Verträge, die eine Änderung der türkischen Gesetze mit sich bringen, durch ein Zustimmungsgesetz ratifiziert werden.

Die zweite Gruppe sind die Verträge, zu der alle anderen Völkerrechtsverträge gehören, außer die oben beschriebenen Bereiche, die Abschluss und Ratifikation durch Zustimmungsgesetze durch das Parlament sowie Verkündung brauchen, um gültig zu werden.[450]

3 Beziehungen zwischen Völkerrecht und türkischer innerer Rechtsordnung

Bei der Analyse des Verhältnisses von Völkerrecht zu staatlicher Rechtsordnung wird immer noch die dualistische Theorie oder die monistische Theorie herangezogen, und das trotz der daraus entstehenden Schwierigkeiten, die diese weitgespannte Konstruktion im Bemühen um eine Konfliktlösung verlangt.[451] Obwohl die Unterschiede zwischen diesen Theorien durch die Entwicklung im Völkerrecht keine so wichtige Rolle mehr spielen,[452] müssen sie hier kurz dargestellt werden.

Die dualistische Theorie geht davon aus, dass die Völkerrechtsordnung auf einer Seite und die nationale innere Rechtsordnung auf der anderen Seite getrennt voneinander, aber nebeneinander bestehen.[453] Aufgrund dieser Konstellation brauchen die Völkerrechtsnormen einen innerstaatlichen Rechtsakt, um

---

449 Art. 90 Abs. 2 1982er Verfassung.
450 Özbudun, Ergun [2002]: S. 208-214; Gözler, Kemal [2000b]: S. 315.
451 Wassermann, Rudolf: S. 1645.
452 Doehring, Karl: S. 304.
453 Ebenda.

innerstaatliche Geltung zu bekommen und angewendet zu werden.[454] Falls es zu Kollisionen zwischen Völkerrechtsnormen und staatlichen Normen kommt, hat der Staat immer noch die Kompetenz, diese Kollisionen nach seiner Rechtsordnung zu lösen. Im Endeffekt hat das innerstaatliche Recht Vorrang gegenüber der Völkerrechtsordnung, wenn der Staat ihn in Anspruch nehmen will.[455]

Die monistischen Auffassungen gehen dagegen von einer einheitlichen Rechtsordnung aus. Nach dieser Konstellation bilden Völkerrecht und innerstaatliches Recht zusammen ein Gesamtrechtssystem.[456] Aufgrund dieses Gesamtrechtssystems brauchen völkerrechtliche Normen keinen Rechtsakt des inneren Systems, um Geltung in der inneren Rechtsordnung zu bekommen.[457] Die Normkollisionsfrage wird innerhalb der Monismuslehre auf zweierlei Art beantwortet. Überwiegend wird der Geltungsvorrang des Völkerrechts im Rahmen der Gesamtrechtsordnung akzeptiert. Nach deren Verständnis sind die innerstaatlichen Normativakte, die völkerrechtlichen Normen widersprechen, ohne Weiteres als rechtswidrig zu bezeichnen. Die strikteren Monismusvertreter gehen davon aus, dass sogar mit dem Völkerrecht kollidierende Gesetze automatisch nichtig sind.[458]

Eine andere Gruppe, die ebenfalls monistischer Auffassung ist, geht davon aus, dass die Geltung des Völkerrechts unter dem Vorbehalt des innerstaatlichen Rechts steht.[459]

Aber unabhängig von ihrem Streit über die Normkollisionsfrage sind die Vertreter der Monismuslehre einig, dass völkerrechtliche Vorschriften ohne Weiteres innerstaatlich anwendbar sind[460] und dass sie keine zusätzlichen Rechtsakte des Staates für ihre direkte Wirkung und direkte Anwendbarkeit brauchen.[461] Um die Anwendung oder Geltung der Eigenschaften des Völkerrechts zu analysieren, wird von Transformations- oder Adoptionslehre gesprochen. Nach der Transformationslehre sollen die Eigenschaften des Völkerrechts durch einen staatlichen Rechtsakt ins nationale Recht implementiert werden.[462] Dagegen dringen nach der Adoptionslehre die Völkerrechtsnormen ohne staatliche Vermittlungen in die innerstaatlichen Bereiche ein. Es ist kein staatlicher Umsetzungsakt erforderlich,[463] um die Geltung der völkerrechtlichen Normen zu realisieren.[464] Die dua-

---

454 Ebenda.
455 Kunig, Philip: Völkerrecht und staatliches Recht, in: Vitzthum, Wolfgang (Hrsg.): Völkerrecht, Berlin, 2007, S. 99.
456 Doehring, Karl: S. 302.
457 Kunig, Philip: S. 99.
458 Doehring, Karl: S. 303.
459 Ebenda.
460 Kunig, Philip: S. 99 f.
461 Doehring, Karl: S. 304
462 Dahm, Georg/Delbrück, Jost/Wolfrum, Rüdiger: Völkerrecht, Bd. I/1, Berlin, 1989, S. 105.
463 Wassermann, Rudolf: S. 1645.
464 Seidl-Hohenveldern, Ignatz: S. 242.

listische Theorie setzt die Transformation der Völkerrechtsregel in die Rechtsordnung voraus. Dagegen benötigt die monistische Theorie die Transformation nicht unbedingt, da durch das Zustandekommen des Völkerrechtsvertrages die Normen von der inneren Rechtsordnung adoptiert werden.[465] Unabhängig von diesen beiden Theorien macht die Vollzugslehre die Geltung völkerrechtlicher Normen, sowohl die gewohnheitsrechtlicher als auch die vertraglicher Art, von einem staatlichen Anwendungsbefehl abhängig.[466] Durch diesen Vollzugsbefehl wird das Völkerrecht in die innere Rechtsordnung weder transformiert noch adoptiert. Sehr wohl wird aber die Anwendung der Völkerrechtsnormen im innerstaatlichen Bereich angeordnet.

In der türkischen Verfassungs- und Völkerrechtslehre sind immer noch Anhänger beider Theorien zu finden.[467] Inzwischen aber wurde im Lichte der Entwicklungen des Völkerrechts deutlicher, dass die Bedeutung der theoretischen Divergenzen überschätzt worden ist.[468] Obwohl die Theorien alleine nicht mehr die entstehenden Probleme zu lösen imstande sind,[469] werden die Elemente dieser Theorien aber immer noch in verschiedenen Entscheidungen des Verfassungsgerichts sichtbar. In einigen Entscheidungen vertritt das Verfassungsgericht die Auffassung, dass die völkerrechtlichen Regeln und die Regeln der inneren Rechtsordnung nebeneinanderstehende autonome Rechtsbereiche sind. Aufgrund der unterschiedlichen Entscheidungen, je nach Situation des Verfassungsgerichts, ist es nicht möglich festzustellen, welche Position des türkischen Verfassungsgerichts übernommen wird. Auf der einen Seite will das Gericht die volle Abhängigkeit der türkischen Rechtsordnung bewahren und neigt deswegen zur dualistischen Theorie.[470] Dagegen muss das Gericht in anderen Kontexten die Entwicklungen in der Welt akzeptieren und tendiert zur monistischen Theorie.[471]

Als Ergebnis dieser unklaren Position des Verfassungsgerichts sind die Geltungs- und Anwendungsfragen der Völkerrechtsnormen nicht leicht zu beantworten.[472]

---

465 Ebenda.
466 Dahm, Georg/Delbrück, Jost/Wolfrum, Rüdiger: S. 106.
467 Tunc, Hasan: Milletlerarasi Sözlesmelerin Ic Hukuka Etkisi (Der Einfluss der völkerrechtlichen Verträge auf die innere Rechtsordnung), in: Anayasa Yargisi, Band 17, Ankara, 2000, S. 175.
468 Dahm, Georg/Delbrück, Jost/Wolfrum, Rüdiger: S. 100.
469 Doehring, Karl: S. 304.
470 Urteile des Verfassungsgerichts, E. 1979/38, K. 1980/11, in: AMKD, Volume 18, S. 97 f.
471 Urteile des Verfassungsgerichts, E. 1979/1, K. 1980/1, in: AMKD, Volume 18, S. 31 f.
472 Caglar, Bakir [1989]: Anayasa Yargisi ve Normatif Devreler Karsilastirmali Analizi (Rechtsvergleichende Analyse der Verfassungsgerichtsbarkeit und Normativphasen), in: Anayasa Yargisi, Band 6, Ankara, 1989, S. 119.

Gemäß Art. 90 Abs. 5 Satz 1 haben die verfahrensgemäß in Kraft gesetzten völkerrechtlichen Verträge Gesetzeskraft. Nach diesen Bestimmungen ist anzunehmen, dass der türkische Verfassungsgeber von der Vollzugslehre ausgegangen ist. Deswegen benötigen die Völkerrechtsnormen grundsätzlich keine Transformations- oder Adoptionsakte des türkischen Staates in die türkische Rechtsordnung, um gültig oder anwendbar zu werden. Trotz dieser ziemlich klaren Bestimmung der türkischen Verfassung ist in der Praxis und den Entscheidungen des Verfassungsgerichts keine einheitliche Position festzustellen.[473] Dies erschwert die Auslegung und die Einschätzung der Bedeutung des Art. 90 Abs. 5 Satz 1.[474]

Während in einigen Entscheidungen der türkischen Justiz die verfahrensgemäß in Kraft gesetzten Völkerrechtsverträge direkt angewendet werden,[475] vertritt sie dagegen in anderen Fällen die Meinung, dass die völkerrechtlichen Normen nicht direkt, sondern nur als Hilfsnorm zusammen mit den innerstaatlichen Rechtsnormen angewendet werden können.[476] Die Unklarheiten der Position des Völkerrechts basieren auf der Idee der Bewahrung der vollen Unabhängigkeit und Souveränität des türkischen Staates, die durch die Annahme der direkten Geltung und Anwendung der Völkerrechtsnormen gefährdet werden können. Aber auf der anderen Seite fühlt sich das Verfassungsgericht gezwungen, in der immer enger gewordenen Weltgemeinschaft die Völkerrechtsnormen anders auszulegen, sodass es in einigen Fällen verfahrensgemäß in Kraft gesetzte völkerrechtliche Verträge direkt anwendet.

4 Rangfrage der Völkerrechtsregelungen im türkischen Recht

Wie vorher erwähnt, ist der rechtliche Status des Gewohnheitsrechts und der allgemeinen Prinzipien des Völkerrechts nicht geklärt. Aber durch die Hinweise auf die besondere Erwähnung des Völkerrechts in der Präambel, Art. 15, Art. 16, Art. 42 und Art. 92, verpflichtet sich der türkische Staat, in festgelegten Bereichen völkerrechtskonform zu agieren und zu reagieren, da die Rechtsstaatlichkeit die Anwendung der in zivilisierten Ländern allgemein anerkannten Normen voraussetzt.[477] Das hat zur Folge, dass die gesamten Völkerrechtsquellen bzw. Völkerrechtsverträge, aber auch Gewohnheitsrecht und allgemeine Prinzipien des Völkerrechts für den türkischen Staat für den in diesen Bestimmungen fest-

473 Pazarci, Hüseyin [2001]: S. 30.
474 Hakyemez, Sevki Yusuf: S. 263.
475 Urteil des Oberverwaltungsgerichts, E. 1986/1723, K. 1991/933.
476 Urteil des Oberverwaltungsgericht, E. 1988/6, K. 1989/4.
477 Urteil des Verfassungsgerichts, E. 1985/31 K. 1986/11, ABl. vom 9.5.1986, Nr. 19102.

gelegten Bereich für verbindlich erklärt werden.[478] Aufgrund der verfassungsrechtlichen Bestimmungen wird behauptet, dass die Völkerrechtsregelungen in diesen Bereichen als höchste Norm in der Rechtsordnung angenommen werden müssen.[479] Nach der Regulierung der Verfassung muss akzeptiert werden, dass alle Rechtsakte, die mit diesen Bestimmungen der Verfassung kollidieren, verfassungswidrig sind. Aufgrund ihrer Verfassungswidrigkeit dürfen innere Bestimmungen, die mit solchen Prinzipien kollidieren, nicht mehr anwendbar sein. Da aber Art. 90 der 1982er Verfassung das Verhältnis zwischen den inneren und internationalen Rechtsnormen nicht geklärt hat, blieb diese Frage bis jetzt unbeantwortet.[480]

Außer solcher von der türkischen Verfassung von vornherein besonders festgelegten Bestimmung wird die Frage nach dem Rang des Völkerrechts grundsätzlich und unmittelbar in Art. 90 Abs. 5 beantwortet. Unverständlicherweise wurde Art. 65 Abs. 5[481] der 1961er Verfassung mit der Behauptung der Effektivität der Regulierung des Ranges der Völkerrechtsverträge in die 1982er Verfassung übertragen,[482] ohne die bis dahin diskutierten Probleme zu beantworten.[483]

Bis 2004 wurden die Bedeutung und Wirkung des Art. 90 Abs. 5 in kontroverser Weise heftig diskutiert. Bis dahin gab es in der Lehre gefestigte unterschiedliche Meinungen über den Rang der völkerrechtlichen Rechtsnormen in der türkischen Verfassungsordnung. Durch die Verfassungsänderung im Jahre 2004 wurde dem Art. 90 Abs. 5 ein neuer Satz hinzugefügt, um die Wirkung, Anwendbarkeit und den Rang der menschenrechtlichen Verträge klarzustellen. Trotz des guten Ziels der Verfassungsänderung, wie der Erhöhung der Effektivität der Menschrechtsverträge, macht diese Änderung die Beantwortung der Frage nach dem Rang der anderen Völkerrechtsverträge komplizierter als früher, statt die heftig diskutierte Problematik zu lösen oder besser zu regeln.

478 Pazarci, Hüseyin [2001]: S. 23.
479 Gözübüyük, Seref: Avrupa Insan Haklari Sözlesmesi ve Bireysel Basvuru Hakki, Insan Haklari Yilligi, Cilt 9 (Europäische Menschenrechtskonvention und Individualbeschwerde, in: Menschenrechte Annual, Band 9), Ankara, 1987, S. 3.
480 Tanör, Bülent / Yüzbasioglu, Necmi: S. 480.
481 „Ordnungsgemäß in Kraft gesetzte internationale Verträge haben Gesetzeskraft. Hinsichtlich dieser Verträge ist der Rechtsweg zum Verfassungsgerichtshof gemäß den Artikeln 149 und 151 nicht gegeben."
482 Oder, Emrah Bertil [2006]: S. 76.
483 Turhan, Mehmet [2003]: S. 201.

4.1 Art. 90 Abs. 5[484] der Verfassung bis 2004

Über den konkreten Einfluss der völkerrechtlichen Verträge auf die türkische Rechtsordnung herrscht in der Lehre Einstimmigkeit.[485] Aber über die Wirkungskraft und die Position der völkerrechtlichen Verträge wurde stark diskutiert. Satz 1 und Satz 2 des Art. 90 Abs. 5 geben die Argumentationsgrundlagen für die Diskutanten der Völkerrechtslehre.

Nach Art. 90 Abs. 5 Satz 1 der 1982er Verfassung haben die verfahrensgemäß in Kraft gesetzten völkerrechtlichen Verträge Gesetzeskraft. Wenn der zweite Satz desselben Artikels nicht existieren würde, könnte der Rang der Völkerrechtsverträge vollständig und endgültig bestimmt werden. Dann könnte der höhere Rang der Verfassung vor völkerrechtlichen Rechtsnormen angenommen werden, und zwar aufgrund der Betonung der Gesetzeskraft der Verträge. Aber laut Art. 90 Abs. 5 Satz 2 kann gegen die Völkerrechtsverträge das Verfassungsgericht mit der Behauptung der Verfassungswidrigkeit nicht angerufen werden. Dieser zweite Satz des Art. 90 Abs. 5 liefert die Gegenargumentation. Die juristischen Meinungen, die den ersten Satz des Art. 90 Abs. 5 als Fundament definieren, behaupten, dass die Verfassung die völkerrechtlichen Verträge wortwörtlich mit den Gesetzen gleichstellt.[486] Gegen solch eine konkrete Feststellung der Verfassung darf nicht durch Auslegung eine neue Bedeutung kreiert werden. Daraus folgt, dass durch die Auslegung von Satz 2 Art. 90 Abs. 5 in Verbindung mit Satz 1 die Gesetzeskraft der Völkerrechtsverträge nicht geändert oder auf das Niveau der Verfassungsnormen erhöht werden kann. Aufgrund der wortwörtlichen Feststellung der Verfassung in Satz 1 des Art. 90 Abs. 5 können die völkerrechtlichen Verträge nicht ranghöher als das Gesetz sein.[487] Mit Art. 90 Abs. 5 Satz 2 der Verfassung wird nur die Kontrollkompetenz des Verfassungsgerichts über die Völkerrechtsverträge beschränkt, da völkerrechtliche Verträge bilateral oder multilateral sind. Aus diesem Grund dürfte das Verfassungsgericht keine Kontrolle darüber ausüben, sonst müsste es auch den Willen der ausländischen

---

484 *„Die verfahrensgemäß in Kraft gesetzten völkerrechtlichen Verträge haben Gesetzeskraft. Gegen sie kann das Verfassungsgericht mit der Behauptung der Verfassungswidrigkeit nicht angerufen werden."*

485 Pazarci, Hüseyin [2001]: S. 25.

486 Urteil des Verfassungsgerichts, E. 1996/55 K. 1997/33, in: AMKD, Band 37, S. 79-105.

487 Meray, Seha: Devletler Hukukuna Giris, Cilt 1 (Einführung ins Völkerrecht, Band 1) Ankara, 1968, S. 131 f.; Akil, Abdülkadir: Uluslararasi Andlasmalarin ve Teamül Kurallarinin Türk Hukukunda Uygulanmasi ve Hiyerarsik Degeri (Die Anwendung und der hierarchische Rang der Völkerrechtsnormen und des Völkergewohnheitsrechts im türkischen Recht), Atatürk Üniversitesi Hukuk Fakültesi Dergisi, Erzurum, 2003, Band VII/1–2, S. 260; Özbudun, Ergun [2002]: S. 212.

Staaten prüfen.[488] Da nach dieser Fassung die völkerrechtlichen Verträge mit den Gesetzen gleichgestellt sind, können die Verträge mit den neuen Gesetzen kollidieren. Es wird behauptet, dass die Kollision zwischen den Völkerrechtsverträgen und den Gesetzen grundsätzlich mit den bekannten Regeln der inneren Rechtsordnung gelöst werden sollen. In solchen Fällen muss das Problem nach *lex posterior derogat priori* oder *lex specialis derogat lex generalis* gelöst werden.[489]

Die anderen Auffassungen, die Art. 90 Abs. 5 Satz 2 für ihre Auslegung zugrunde legen, sind der Meinung, dass die völkerrechtlichen Verträge einen höheren Rang als Gesetze haben.[490] Nach deren Meinung ist das Ziel des ersten Satzes des Art. 90 Abs. 5 nicht die Regulierung der Rangfrage, sondern die direkte Wirkung und Anwendbarkeit der Völkerrechtsverträge. Außerdem führe Art. 90 Abs. 5 Satz 1 der Verfassung dazu, dass die türkische Rechtsordnung keine Transformationsakte für die Gültigkeit der Völkerrechtsverträge benötigt. Das verfahrensmäßige Inkrafttreten der Völkerrechtsnormen solle von den Organen der türkischen Rechtsordnung beachtet werden. Durch diesen ersten Satz wollte der Verfassungsgeber den Gerichten Anweisungen geben, die Verträge unmittelbar anzuwenden.

Durch den zweiten Satz des Art. 90 Abs. 5 hat aber die Verfassung in konkludenter Weise die Vorrangigkeit der Verträge gegenüber der inneren Rechtsordnung bestimmt.[491] Denn der Verfassungsgeber lässt es von Anfang an nicht zu, die die Verfassungswidrigkeit der Völkerrechtsverträge durch das Verfassungsgericht zu kontrollieren.

Der Verfassungsgeber hat durch die Verhinderung der Kontrolle seitens des Verfassungsgerichts darauf abgezielt, die Verfassungswidrigkeit als nicht relevant für die Gültigkeit der Völkerrechtsverträge zu betrachten, und zwar aufgrund deren höchster Rangsposition in der türkischen Rechtsordnung. In Anbetracht dieser Meinung sollten Völkerrechtsverträge angewendet werden, ohne dabei zu beachten, ob sie verfassungskonform oder verfassungswidrig sind. Im

---

488 Güran, Sait: Egemenlik Ulusundur Üstünlük Anayasadadir (Souveränität gehört der Nation und Verfassung ist die Höchstnorm) in: Anayasa Yargisi, Band 17, Ankara, 2000, S. 47 f.

489 Urteil des Verfassungsgerichts, E. 1996/55 K. 1997/33, in: AMKD, Band 37, S. 79-105; Pazarci, Hüseyin [2001]: S. 32; Toluner, Sevin: Milletlerarasi Hukuk ile Ic Hukuk Arasindaki Iliskiler (Beziehungen zwischen Völkerrecht und innerem Recht), Istanbul, 1973, S. 595; Akil, Abdülkadir: S. 260.

490 Akipek, Ilhan: Devletler Hukuku, Birinci Kitap, (Völkerrecht, Erstes Buch), Ankara, 1965, S. 28; Eroglu, Hamza: Devletler Umumi Hukuku, (Völkerrecht), Ankara, 1984, S. 23; Kaboglu, Ibrahim [1994]: Anayasa Yargisi (Verfassungsgerichtsbarkeit), Ankara, 1994, S. 79; Yüzbasioglu, Necmi [1993]: S. 57 ff.; Memis, Emin: Kanun Hükmünde Anlasma ve Danistay Uygulamasi (Völkerrechtsvertrag und Praxis des Oberverwaltungsgerichts), Istanbul, 2004, S. 154.

491 Tezic, Erdogan: S. 10 f.; Gölcüklü, Feyyaz/Gözübüyük, Seref: S. 20.

Falle einer Kollision zwischen Gesetzen und Verträgen soll das Problem nach völkerrechtlichen Verträgen gelöst werden.[492]

Vor der Änderung des Art. 90 im Jahre 2004 gab es in der Lehre eine Strömung,[493] die die Völkerrechtsverträge in Bezug auf Menschenrechte besonders positioniert hatte. Sie haben vorgeschlagen, dass durch die Auslegung der Art. 15[494] und Art. 16[495] in Verbindung mit Art. 90 Abs. 5 die Völkerrechtsverträge mit Bezug auf Menschenrechte eine übergesetzliche Stellung einnehmen sollten. Nach deren Meinung hat der Verfassungsgeber durch diese Artikel der Verfassung im Einklang mit der Präambel beabsichtigt, die türkische Rechtsordnung in Bezug auf menschenrechtliche Normen gegenüber dem Völkerrecht zu öffnen. Somit genießen die menschenrechtlichen Normenbestände des Völkerrechts einen besonderen Status im nationalen Rechtssystem. Auch die Rechtswirklichkeit spiegelte diese verschiedenen Strömungen wider. Die unterschiedlichen Entscheidungen der Gerichtsbarkeit in Bezug auf den Effekt der völkerrechtlichen Verträge führten dazu, dass sich die unterschiedlichen Meinungen verstärkt herauskristallisierten, statt dass sich eine einheitliche Position durchsetzte. Das Ergebnis solcher Entscheidungen der Gerichtsbarkeit waren die Rechtsunklarheit und Rechtsunsicherheit in Bezug auf die völkerrechtlichen Rechtsnormen. Insbesondere die Schwierigkeiten bezüglich der Anwendung und Geltung der europäischen Menschenrechtskonvention (EMRK) sind hier zu erwähnen. Diese unklare Position zur EMRK führte dazu, dass in den meisten Fällen die Normen der EMRK von den türkischen Gerichten außer Acht gelassen und nicht angewendet

---

492 Tunc, Hasan: S. 178.

493 Akillioglu, Tekin: Avrupa Insan Haklari Sözlesmesi ve Ic Hukukumuz (Europäische Menschenrechtskonvention und unser inneres Recht), in: A. Ü. SBF Dergisi, Band 44/3-4, 1989, S. 155-173; Soysal, Mümtaz [1986]: Anayasaya Uygunluk Denetimi ve Uluslararasi Sözlesmeler, (Verfassungsnormkontrolle und Völkerrechtsverträge), in: Anayasa Yargisi, Band 2, Ankara, 1986, S. 16; Gözübüyük, Seref: S. 7.

494 *„In den Fällen des Krieges, der Mobilmachung, der Ausnahmezustandsverwaltung oder des Notstandes kann unter der Voraussetzung, dass die sich aus dem Völkerrecht ergebenden Verpflichtungen nicht verletzt werden, in dem der Lage entsprechend erforderlichen Maße der Gebrauch der Grundrechte und -freiheiten teilweise oder vollständig ausgesetzt oder können Maßnahmen getroffen werden, die den für jene in der Verfassung vorgesehenen Garantien entgegenstehen.*
Auch in den in Absatz 1 aufgeführten Situationen darf, abgesehen von den aus Folgen kriegsrechtsgemäßer Handlungen auftretenden Todesfällen, das Recht der Person auf Leben und die Einheit ihrer materiellen und ideellen Existenz nicht angetastet, niemand zur Offenbarung seiner Religion, seines Gewissens, seiner Meinung und seiner Ansichten gezwungen oder ihm aus diesen ein Schuldvorwurf gemacht werden, dürfen Straftaten und Strafen keine Rückwirkung entfalten, darf niemand bis zur Feststellung seiner Schuld durch Gerichtsurteil als schuldig gelten.“

495 *„Die Grundrechte und -freiheiten können für Ausländer in Einklang mit dem Völkerrecht durch Gesetz beschränkt werden.“*

wurden.[496] Die hohe Zahl der Verfahren vor dem Europäischen Gerichtshof für Menschenrechte (EGMR) zeigt den Widerstand der Organe der türkischen inneren Rechtsordnung bei der Anwendung der EMRK.[497] Dennoch ist in der Literatur über die direkte Anwendbarkeit der EMRK Einigkeit festzustellen, unabhängig davon, wie der Vertrag juristisch bewertet wird.[498] Aufgrund der Nichtanwendung der EMRK und der beachtenswerten Fortbildungsleistung der türkischen Rechtsanwaltskammern für die Anwälte geriet die Türkei rasch in die Position eines der meistangeklagten Länder vor dem EGMR.[499] Erst die wiederholte Feststellung des EGMR von Verstößen der Türkei gegen die EMRK-Normen zwang die Türkei, den Rang der völkerrechtlichen Normen neu zu regulieren.

4.2 Änderung des Art. 90 Abs. 5 im Jahre 2004

Aufgrund der Anpassungsmaßnahmen an die europäische Rechtsordnung wurden in der Türkei besonders ab 1995 viele gesetzliche Änderungen durchgeführt. Seit 2001 wurden mehrere Male große Gesetzesänderungspakete[500] realisiert und viele Artikel der Verfassung sowie wichtige komplette Gesetzbücher, wie das Strafgesetzbuch, die Strafprozessordnung, das Zivilgesetzbuch usw., geändert. Ob so viele Änderungen der gesetzlichen Texte auch zur erwünschten Änderung der Rechtspraxis führen können, wird hier nicht behandelt.

Eine von diesen vielen Änderungen war die Änderung des Art. 90.

Durch Gesetz vom 7.5.2004[501] wurden dem Art. 90 Abs. 5, ohne Satz 1 und Satz 2 zu ändern, folgende Sätze angefügt: *„Soweit Grundrechte und -freiheiten regelnde Vorschriften verfahrensmäßig in Kraft gesetzter völkerrechtlicher Verträge mit nationalen Bestimmungen mit gleichem Regelungsgehalt nicht übereinstimmen, finden die Bestimmungen der völkerrechtlichen Verträge vorrangig Anwendung."*

---

496 Özdek, Yasemin: Avrupa Insan Haklari Hukuku ve Türkiye (Europäische Rechtsordnung der Menschenrechte und die Türkei), Ankara, 2004, S. 349.

497 Cinar, Heval Özgür: Avrupa Insan Haklari Mahkemesi Kararlarinin Türk Hukukuna Etkisi (Die Auswirkung der Entscheidungen des EGMR auf türkisches Recht), Istanbul, 2005, S. 128-133; Arslan, Zühtü [2005c]: Avrupa Insan Haklari Sözlesmesi ve Türk Anayasa Yargisi; in: Anayasa Yargisi, Anayasa Yargisi, Band 42, Ankara, 2000, S. 288–289; Yazici, Serap [2009a]: S. 153–154; Sahbaz, Ibrahim: Avrupa Insan Haklari Sözlesmesinin Türk Yargi Sistemindeki Yeri (Stellung der Europäischen Konvention für Menschenrechte in der türkischen Gerichtsbarkeit), in: TBB Dergisi, Ankara, 2004, Heft 54, S. 197;

498 Cinar, Heval Özgür: S. 101-111.

499 Özdek, Yasemin: S. 100 ff.

500 Ausführlich dazu: Avrupa Birligi Uyum Yasa Paketleri (Gesetzänderungspakete für die Anpassung der EU), Türkisches Außenministerium, Sekretariat der EU-Angelegenheiten, Ankara, 2007.

501 ABl. vom 22.5.2004, Nr. 25469, Gesetz Nr. 5710.

Das Ziel dieser Änderung war es, die Anwendungsprobleme der EMRK und die dadurch entstehende Kollision zwischen EMRK und innerstaatlicher Rechtsordnung zu regulieren. Durch diesen angefügten Art. 90 Abs. 5 Satz 3 sollten Anwendbarkeit, Rangfrage und Kollisionsfrage der völkerrechtlichen Verträge in Bezug auf die Grundrechte und Grundfreiheiten vollständig gelöst werden.[502] Nach der neuen Bestimmung der Verfassung müssen solche Verträge auf jeden Fall direkt angewendet werden, ohne die Kollision mit den Normen der inneren Rechtsordnung zu betrachten. Solche völkerrechtlichen Verträge bestimmen den Mindeststandart für die türkische Rechtsordnung. Die Bestimmungen des Art. 90 Abs. 5 Satz 1 können nicht so ausgelegt werden, dass sie von der Verfassung oder anderen Gesetzen gewährleistete Rechte beschränken.[503]

Während diese Änderung einerseits die direkte Anwendung mancher Völkerrechtsverträge ermöglicht, machte sie aber andererseits die Bedeutung, die Bestimmung des Rangs und die Anwendung anderer Völkerrechtsverträge komplizierter. Wenn durch Art. 90 Abs. 5 Satz 3 der Verfassung die Vorrangigkeit der Völkerrechtsverträge in Bezug auf die Grundrechte und Grundfreiheiten im Falle der Kollision mit der inneren Rechtsordnung gewährleistet wird, muss aber eine Frage gestellt werden: Was ist mit den Normen der anderen Völkerrechtsverträge?

Müssen diese auch von der Gerichtsbarkeit direkt angewendet werden? Haben sie auch Vorrang im Falle der Kollision mit den Normen der inneren Rechtsordnung?

Aufgrund eines strikten Unabhängigkeits- und Souveränitätsverständnisses wurde vermieden, die Wirkung der völkerrechtlichen Normen konkret zu regeln. Das Verfassungsgericht siedelt grundsätzlich die Völkerrechtsverträge auf Gesetzesebene an und hält den Erlass eines vertragwidrigen nationalen Gesetzes für möglich.[504] Durch diese unklare Haltung des Verfassungsgerichts wird die Wirkung der Völkerrechtsnormen auf die innere Rechtsordnung relativiert. Diese Zurückhaltung des Gesetzgebers verursacht, dass die Diskussionen über die Verbindlichkeits- und Kollisionsfrage der Völkerrechtsverträge weitergeht.[505] Die Nichtkonkretisierung und Nichtlösung solcher Fragen führt dazu, dass die oben erwähnten Diskussionen und Positionen über die Wirkung und Bedeutung der völkerrechtlichen Normen fortgeführt wird. Die folgende Darstellung der völkerrechtlichen Wurzeln der EU/EG und deren besondere Eigenschaften zeigt den Änderungsbedarf der türkischen Verfassung in Bezug auf die EU-Mitgliedschaft.

---

502 <www.tbmm.gov.tr/tutanak/donem22/yil2/bas/b086m.htm>.
503 Arslan, Zühtü [2005b]: S. 371.
504 Oder, Emrah Bertil [2006]: S. 87 f.
505 Yüzbasioglu, Necmi [2005]: S. 348.

116

5 Überstaatliche juristische Eigenschaften der EU

5.1 Völkerrechtliche Wurzeln der EU

Die Darstellung der Strukturmerkmale des Völkerrechts im klassischen Sinne zeigt Unterschiede und besondere Eigenschaften der Rechtsordnung der Europäischen Union. Grundsätzlich sind die Staaten die Rechtssubjekte des klassischen Völkerrechts, das von Staaten für Staaten geschaffen wurde. Als Prinzip erzeugte das klassische Völkerrecht nur für Staaten, Rechte und Pflichten, nicht für Individuen. Die Leitgedanken des klassischen Völkerrechts waren geprägt von der Idee der staatlichen Souveränität und Gleichheit, die nur in Ausnahmefällen begrenzt werden dürfen.[506] Aufgrund dieser Leitgedanken darf es keine Einmischung in die inneren Angelegenheiten von anderen Staaten oder Institutionen geben. Die Geltung von Normen des Völkerrechts im innerstaatlichen Bereich der Mitgliedstaaten der völkerrechtlichen Organisationen benötigt eine aktive Teilnahme, z. B. durch Transformations- oder Adoptionsakte. Eine automatische Geltung und Anwendung von Normen des Völkerrechts findet grundsätzlich nicht statt. Die Rangverhältnisse von Normen des Völkerrechts gegenüber den Normen des nationalen Rechts hängen von den einseitigen Regelungen des nationalen Rechts ab.[507] Aufgrund des Prinzips der souveränen Gleichheit der Staaten basieren die völkerrechtlichen Entscheidungen und Beschlüsse der internationalen Organisationen grundsätzlich auf der Einstimmigkeit der Mitgliedstaaten. Schließlich kennt das Völkerrecht grundsätzlich keine obligatorische, sondern nur eine fakultative Gerichtsbarkeit.[508]

Die Gründung, die Änderungen und Erweiterungen der Europäischen Union kommen durch die Ratifizierung der völkerrechtlichen Verträge zustande.[509] Aber trotz ihres ratifizierten völkerrechtlichen Status kann darüber hinaus ihr Charakter als verfassungsrechtliche Gründungsakte der EU nicht außer Acht gelassen werden.[510] Obwohl die Gründungs- und Entwicklungsverträge der EU als völkerrechtliche Verträge abgeschlossen wurden, sprach man schon von Anfang

---

506 Sencer, Mithat: Degisen Egemenlik Sürecinde Mesruiyet Sorunu ve Anayasal Düzen (Legitimationsproblem in Änderungsphasen der Souveränität und die Verfassungsordnung), in: Anayasa Yargisi, Band 20, Ankara, 2003, S. 160.
507 Oder, Emrah Bertil [2006]: S. 75.
508 Schweitzer, Michael/Hummer, Waldemar/Obwexer, Walter: Europarecht. Das Recht der Europäischen Union, 1. Aufl., Wien, 2007, S. 41.
509 Grunwald, Jürgen: Die EG als Rechtsgemeinschaft, in: Röttinger, Moritz/Weyringer, Claudia (Hrsg.): Handbuch der Europäischen Integration, Wien, 1996, S. 45.
510 Pernice, Ingolf [2006c]: S. 12.

an von Verfassung[511], da die Verträge tatsächliche Funktionen von Verfassung[512] erfüllten.[513] Die Anwendung des Begriffs „Verfassung" bezüglich der Verträge der EU wird auch von einigen Staatsrechtlern kritisiert.[514]

Angesichts der Aushandlungen und Ratifizierungen der Verträge durch die Mitgliedstaaten werden die Mitgliedstaaten als einzige Legitimationsquelle der europäischen Gemeinschaft postuliert.[515] Aufgrund dessen wird der verfassungsrechtliche Charakter der EU-Verträge abgelehnt. Da aber die Bürgerinnen und Bürger die Legitimationsquelle der Handlungen der demokratischen Staaten sein sollen, handeln die Mitgliedstaaten für sie, wenn sie die Verträge der EU aushandeln und ratifizieren.[516]

Die Verträge haben die höchste Stellung in der Normenhierarchie inne und weisen bereits ganz wesentliche Funktionen und Inhalte einer Verfassung auf, auch wenn sie von den Handlungen der Mitgliedstaaten und nicht des europäischen Volkes stammen.[517] Die Mitgliedstaaten gestalteten die EU und ihre Rechtssysteme durch ihre Willenseinigung auf völkerrechtlicher Basis. Trotz dieser formell völkerrechtlichen Herkunft werden grundlegende Normen der EU aufgrund ihrer besonderen Eigenschaften wie Hoheitsbefugnisse und Rechtsdurchsetzungsmacht[518] als Verfassung bezeichnet.[519] *„Die europäischen Verträge konstituieren, legitimieren, organisieren und begrenzen öffentliche Gewalt im Verhältnis der Organe zueinander und auch unmittelbar gegenüber dem Einzelnen und erfüllen daher wesentliche Funktionen, die einer Verfassung zukommen."*[520] Deswegen

511 BVerfGE 22, S. 296; EuGH, Sammlung 1986, Les Verts, S. 1339; Ipsen, Hans Peter: Europäisches Gemeinschaftsrecht, Tübingen, 1972, S. 64; kritisch: Kirchhof, Paul [2003]: Die rechtliche Struktur der Europäischen Union als Staatenverbund, in: Bogdandy, Armin von: Europäisches Verfassungsrecht. Theoretische und dogmatische Grundzüge, Berlin, 2003, S. 896; Grimm, Dieter [2005], Europas Verfassung, in: Schuppert, F. Gunnar/Pernice, Ingolf/Haltern, Ulrich (Hrsg.): Europawissenschaft, 1. Aufl., Baden-Baden, 2005, S. 184 ff.

512 Grimm, Dieter [2005]: S. 185–186.

513 Pernice, Ingolf [2006c]: S. 14.

514 Grimm, Dieter [2005]: S. 184 ff. (Verfassung ohne Volk); Hofmann, Hasso: Von der Staatssoziologie zu einer Soziologie der Verfassung, in: Juristenzeitung, 1999, S. 1065 ff. (Verfassung ohne Pathos); Kirchhof, Paul [2004]: Die Identität der Verfassung, in: Kirchhof, Paul/Isensee, Josef (Hrsg.): Handbuch des Staatsrechts (HStR II), 2004, S. 276, 291, (Verfassung ohne Staat).

515 Grimm, Dieter [2005]: S. 179.

516 Pernice, Ingolf [2006c]: S. 14

517 Calliess, Christian: EUV Art. 1, in: Calliess, Christian/Ruffert, Matthias (Hrsg.): EUV/EGV Das Verfassungsrecht der Europäischen Union mit Europäischen Grundrechtcharta, 3. Aufl., München, 2007, S. 15.

518 BVerfGE 22, S. 293–299.

519 Bieber, Roland/Epiney, Astrid/Haag, Marcel: S. 84; EuGH, Sammlung 1986, Les Verts, S. 1339; EuGH, Sammlung 1991, Gutachten, S. 1.

520 Pernice, Ingolf [2007]: Theorie und Praxis des Europäischen Verfassungsverbundes, in: Calliess, Christian (Hrsg.): Verfassungswandel im europäischen Staaten- und Verfassungsverbund, Tübingen, 2007, S. 65 f.

werden die Verträge der EU als Verfassung und die Form des völkerrechtlichen Vertrages zwischen jeweils ihre Völker repräsentierenden staatlichen Organen als *„eine mögliche Form supranationaler Verfassungsgebung"* betrachtet.[521] Diese Verträge tragen damit die Eigenschaften eines europäischen *contrat social*, da die Bürger der Mitgliedstaaten nach den jeweiligen innerstaatlichen Integrationsklauseln[522] supranationale Hoheitsgewalt konstituieren.[523]

Das Scheitern des Verfassungsvertrages und das Inkrafttreten des Vertrags von Lissabon ändert so nicht den Verfassungscharakter des Primärrechts der EU.[524]

Bei der Willenseinigung haben die Mitgliedstaaten der EU Hoheitsrechte zugewiesen.[525] Die europäische Integration war von Anfang an mit der Übertragung von Hoheitsgewalt auf eine zwischenstaatliche Einrichtung verbunden.[526] So schufen die Mitgliedstaaten die Europäische Union und ihre Rechtsordnung. Durch die völkerrechtlichen Verträge wurde nicht nur eine selbstständige, mit Hoheitsrechten und Kompetenzen ausgestattete Institution errichtet, sondern darüber hinaus kann dieser Gründungsakt als der Verfassungsgebungsakt zur Errichtung der Europäischen Union mit ihren eigenen Hoheitsbefugnissen beschrieben werden.[527] Wie weit die Mitgliedstaaten die Befugnisse der entstandenen Gemeinschaften neu definieren konnten, wurde vor dem Lissabon-Vertrag unterschiedlich beantwortet. Nach einigen Auffassungen durften die Mitgliedstaaten durch Vertragsänderungen Kompetenzen der Gemeinschaften neu regulieren oder sogar ihre eigenen Hoheitsrechte zurückholen.[528] Nach einer anderen Auffassung durfte der Mitgliedstaat nicht mehr allein über die Kompetenzen der Gemeinschaften entscheiden. In diesem Fall braucht der Mitgliedstaat mindestens die Zustimmung der zuständigen Organe der Gemeinschaften. Grundsätzlich konnten die Mitgliedstaaten sich nicht mit einer einseitigen Erklärung von

---

521 Pernice, Ingolf [2006c]: S. 14.

522 Ausführlich dazu: Wendel, Mattias.

523 Pernice, Ingolf [2007]: S. 66.

524 Pernice, Ingolf [2008]: Der Vertrag von Lissabon – Ende des Verfassungsprozesses der EU, in: Europäische Zeitschrift für Wirtschaftsrecht (EuZW), Heft 3, 2008, S. 65.

525 Borchardt, Claus-Dieter: Die rechtlichen Grundlagen der Europäischen Gemeinschaft, in: Röttinger, Moritz/Weyringer, Claudia (Hrsg.): Handbuch der Europäischen Integration, Wien, 1996, S. 79.

526 Ausführliche Beiträge darüber in: <www.whi-berlin.de>.

527 Oppermann, Thomas: S. 182.

528 Huber, Peter: Recht der Europäischen Integration, München, 1996, S. 77: *„So wie Mitgliedstaaten die EU durch weitere Änderungen ihrer vertraglichen Grundlagen und durch die Übertragung zusätzlicher Hoheitsrechte immer enger gestalten können – wie dies im EUV bereits programmatischen Ausdruck gefunden hat (Präambel, Art. A Abs. 2 EUV) –, so können sie deren Existenz (theoretisch) auch durch einen gegenläufigen Akt beseitigen."*

den Gemeinschaftsverträgen lösen.[529] Allerdings entschied das deutsche Bundesverfassungsgericht in seinem Maastricht-Urteil gegen diese Auffassung. Demzufolge ist die EU ein Staatenverbund und die Mitgliedstaaten sind die Herren der Verträge und können aus diesem Grund diese Zugehörigkeit letztlich durch einen gegenläufigen Akt wieder aufheben.[530] Diese Entscheidung des Bundesverfassungsgerichts wurde in der Literatur kritisiert.[531] Nach dem Lissabon-Vertrag wurde diese Frage positiv rechtlich geklärt. Gemäß Art. 50 EUV kann jeder Mitgliedstaat im Einklang mit seinen verfassungsrechtlichen Vorschriften beschließen, aus der Union auszutreten. Die Regelung darf aber keineswegs als Ausschließung der möglichen föderalen Weiterentwicklung verstanden werden. Sie dient vielmehr als eine Nothilfe für den Fall, dass eine Suspendierung von Stimmrechten bei schweren Verfehlungen eines Mitgliedstaates nicht mehr ausreicht und der betroffene Mitgliedstaat aufgrund eines schwerwiegenden politischen Anlasses mit den anderen Staaten nicht im Verband bleiben will.[532] Die Entscheidungen der Gerichtshöfe der Mitgliedstaaten[533] über die Verfassungsmäßigkeit des Lissabon-Vertrages machen unterschiedliche Ansichten bezüglich der Eigenschaften, Wirkung und Entwicklung der Gründungsverträge der EU sichtbar.

Trotz seiner charakteristisch völkerrechtlichen Wurzeln unterscheidet sich das Unionsrecht in vielerlei Hinsicht vom Recht regelmäßiger zwischenstaatlicher oder internationaler Organisationen, speziell aufgrund der Besonderheiten seiner Handlungsbefugnisse.[534]

529 Herdegen, Matthias: Europarecht, München, 2002, S. 74; Borchardt, Claus-Dieter: S. 78.
530 BVerfGE 89, S. 190.
531 Fischer, Hans Georg: Europarecht, Grundlagen des Europäischen Gemeinschaftsrechts in Verbindung mit deutschem Staats- und Verwaltungsrecht, München, 2001, S. 118 ff.; Schwarze, Jürgen [1994]: Europapolitik unter deutschem Verfassungsvorbehalt. Anmerkungen zum Maastricht-Urteil des BVerfG vom 12.10.1993, in: NJ, 1994, S. 1 ff.; Frowein, Abraham Jochen: Maastricht-Urteil und die Grenzen der Verfassungsgerichtsbarkeit, in: ZaÖRV, Band 54, 1994, S. 6 ff.
532 Weber, Albrecht: Vom Verfassungsvertrag zum Vertrag von Lissabon, in: Europäische Zeitschrift für Wirtschaftsrecht (EuZW), Heft 1, 2008, S. 13.
533 Siehe Teil 3, ab Kapitel 2.3.
534 Müller-Graff, Peter-Christian: Europäische Verfassungsordnung – Notwendigkeit, Gestalt und Fortentwicklung, in: Europäische Verfassungsordnung, Hrsg: Scheuing H. Dieter, Baden-Baden , 2003, S. 19.

5.2 Unterscheidung der EG/EU von völkerrechtlichen Strukturmerkmalen

5.2.1 Eigene Organe mit eigenen Kompetenzen und völkerrechtliche Rechtspersönlichkeiten der EU

Vor dem Lissabon-Vertrag gab es in der Fachliteratur unterschiedliche Meinungen über die Rechtspersönlichkeit der EU. Um die Andersartigkeit der EU im Vergleich zu anderen völkerrechtlichen Gebilden besser zu verstehen, werden diese Meinungen im Folgenden kurz dargestellt.

Anders als die völkerrechtlichen Institutionen im klassischen Sinn hatten die Europäischen Gemeinschaften Rechtspersönlichkeiten und eigene Kompetenzen. Die EU übte ihre Tätigkeit durch die in Art. 5 EUV festgelegten Organe der EG aus. Umstritten war, ob die in ex-Art. 5 EUV festgelegten Organe der EG auch als die Organe der EU angenommen werden können.[535] Unabhängig davon aber, ob sie die Organe der EU waren oder nicht, waren diese Organe nach ex-Art. 5 Abs. 1 EGV, ex-Art. 7 Abs. 1 EGV und ex-Art. 5 EUV mit eigenen Kompetenzen ausgestattet. Über den Besitz der eigenen Kompetenzen der EG gab es keinen Zweifel, während über die Dimensionen und die Reichweite der Kompetenzen der EG vielfach verschiedene Meinungen vertreten werden.[536]

Aufgrund des Aufbaus der EU und EG wurde auch über den Besitz der völkerrechtlichen Rechtspersönlichkeiten der EU und EG diskutiert. Während ex-Art. 281 EG-Vertrag den Besitz der Rechtspersönlichkeit der Gemeinschaften klarstellte, existierte für die EU eine solche explizite Vorschrift weder bei ihrer Gründung noch in den nachfolgenden Vertragsänderungen.[537] Deswegen gab es unter anderem die Ansicht, die die EU als internationalen Zusammenschluss ohne Völkerrechtspersönlichkeit qualifiziert.[538]

Trotzdem wurden in der Lehre auch Meinungen vertreten, dass die EU eine Rechtspersönlichkeit besitzt. So stelle die EU eine einheitliche Rechtspersönlichkeit dar, die gemäß ex-Art. 24 und ex-Art. 38 EUV aufgrund des Gebots des ein-

535 Hilf, Meinhard/Pache, Eckhard [2007]: Art. 1 EUV (27 EL, April, 2007), S. 11; Klein, Eckard/ Haratsch, Andreas: Neuere Entwicklungen des Rechts der Europäischen Gemeinschaften, Teil 1, DÖV, 1993, S. 788; Ress, Georg: Die Europäische Union und die neue juristische Qualität der Beziehungen zu den Europäischen Gemeinschaften, in: Juristische Schlung (JuS), 1992, S. 986; Seidel, Martin: Zur Verfassung der Europäischen Gemeinschaft nach Maastrich, in: Europarecht (EuR), 27, 1992, S. 125.

536 Hilf, Meinhard/Pache, Eckhard [2005]: Art. 5 EUV (27 EL, Juni 2005), in: Nettesheim, Martin (Hrsg.): Das Recht der Europäischen Union, S. 25 f.; Oppermann, Thomas: S. 182.

537 Schweitzer, Michael/Hummer, Waldemar/Obwexer Walter: S. 17.

538 Rojahn, Ondolf: S. 130; Hilf, Meinhard/Pache, Eckhard [2007]: Art. 1 EUV (27 EL, April, 2007), S. 2; Schweitzer, Michael/Hummer, Waldemar/Obwexer, Walter: S. 18.

heitlichen institutionellen Rahmens des EU-Vertrags[539] oder der Kompetenz der EU völkerrechtliche Verträge abzuschließen berechtigt sein sollte.[540] Nach dem Vertrag von Lissabon wurde diese Frage offensichtlich beantwortet. Gemäß Art. 47 EUV besitzt die EU Rechtspersönlichkeit. Die Rechtspersönlichkeit der EU ist die Konsequenz aus der Verschmelzung von EU und EG.

5.2.2 Europäisches Unionsrecht als autonome Rechtsordnung

Im Unterschied zu gewöhnlichen internationalen Verträgen schaffen der EUV und der AEUV eine eigene Rechtsordnung, die bei ihrem Inkrafttreten in die Rechtsordnung der Mitgliedstaaten aufgenommen wird und die von ihren Gerichten anzuwenden ist.[541] Durch die Hoheitsübertragung der Mitgliedstaaten können die Organe der Europäischen Union eine eigenständige Rechtsetzung verwirklichen.[542] Die Rechtsordnung der EU bietet Rechtsschutz gegen ihre eigene Rechtsakte an und unterscheidet sich dadurch von allen anderen supranationalen Organisationen.[543] In einigen Entscheidungen des Gerichtshofes wurde die Befugnis der eigenständigen Rechtsetzung der Organe der europäischen Union und der autonomen Ordnung des Unionsrechts offensichtlich festgestellt.[544] Das Unionsrecht verhält sich auch in besonderer Weise gegenüber dem Recht der Mitgliedstaaten und dem Völkerrecht.[545]

Aufgrund seines Vorrangs gegenüber nationalem Recht entfaltet das Unionsrecht eine weit stärkere Wirkung als völkerrechtliche Regeln.[546] Trotz der unterschiedlichen Auffassungen der Reichweite des Vorranges des Unionsrechts ist es unbestritten, dass die Kollisionen zwischen nationalem Recht und Unionsrecht zugunsten des Unionsrechts gelöst werden.[547] Sonst wäre es nicht möglich, die einheitliche Geltung des Unionsrechts sicherzustellen. Der Vorrang des Unionsrechts bezieht sich auf alle Rechtsquellen, sogar auf verfassungs-

---

539 Calliess, Christian: S. 49; Bogdandy, Armin v./Nettesheim, Martin: Die Verschmelzung der Europäischen Gemeinschaften in der Europäischen Union, in: NJW, 1995, S. 2324.

540 Griller, Stefan: Die Unterscheidung von Unionsrecht und Gemeinschaftsrecht nach Amsterdam, in: EuR-Beiheft 1, 1999, S. 45 ff.

541 EuGH, Sammlung 1964, Costa/E. N. E. L., S. 1270.

542 Wassermann, Rudolf: S. 1618.

543 Mayer, C. Franz [2008]: Schutz vor der Grundrechte-Charta oder durch die Grundrechte-Charta? – Anmerkung zum europäischen Grundschutz nach dem Vertrag von Lissabon, in: Pernice, Ingolf (Hrsg.): Der Vertrag von Lissabon: Reform der EU ohne Verfassung?, Baden-Baden, 2008, S. 87.

544 EuGH, Sammlung 1964, Costa/E. N. E. L., S. 1269.

545 Oppermann, Thomas: S. 182; Bleckmann, Albert [1997]: Europarecht, Köln, 1997, S. 81.

546 Jarras, D. Hans: Grundfragen der innerstaatlichen Bedeutung des EG-Rechts, München, 1994, S. 1.

547 Huber, Peter: S. 121.

rechtliche Rechtsquellen.[548] Dieser Vorrang ist zeitlich nicht beschränkt. Das „*lex posterior*"-Prinzip gilt nicht im Verhältnis zwischen nationalem Recht und Unionsrecht. Dagegen geht das türkische Verfassungsgericht davon aus, dass in der türkischen Rechtsordnung in Bezug auf das Völkerrecht *lex posterior* und *lex spezialis* immer noch geltende Prinzipien sind.[549] Was grundsätzlich mit der Rechtsordnung der EU kollidieren würde, da alle Rechtsquellen des Unionsrechts Vorrang gegenüber nationalem Recht im Falle einer Kollision mit der Rechtsordnung der Mitgliedstaaten haben. Ob primäre oder sekundäre Rechtsquelle des Unionsrechts, das ändert nicht den Vorrang der Konstruktion.[550]

Trotz der Autonomie des Unionsrechts sind die Legitimationssubjekte und Adressaten der Rechtsnormen des Unionsrechts und der Mitgliedstaaten dieselben Unionsbürger.[551] Die Bürger der Mitgliedstaaten als Unionsbürger sind die Legitimationsquelle sowohl des europäischen[552] als auch des nationalen Rechtssystems. Deswegen bedeutet die Autonomie des Unionsrechts nicht, dass das Unionsrecht keine Berührungspunkte oder Einwirkung auf das nationale Recht hat, oder umgekehrt, dass beide Rechtssysteme unabhängig voneinander und nebeneinander weiter existieren. Sondern ganz im Gegenteil bilden nationale und europäische Verfassungsebene durch das ergänzende komplementäre und aufeinander bezogene Verhältnis eine materielle Einheit, obwohl sie formal voneinander zu unterscheiden sind und nebeneinander stehen.[553] Dadurch stehen beide Verfassungsebenen in permanenter Wechselwirkung nach dem Prinzip der Offenheit gegenüber der anderen. Somit produzieren das europäische und das nationale Rechtssystem für jeden Einzelfall eine rechtliche Lösung, da sie beide eine Teilordnung eines einheitlichen Systems darstellen.[554]

5.2.3 Unmittelbare Wirkung des Unionsrechts

Mit der Befugnis der EU zur Rechtsetzung bildet sich eine autonome Rechtsordnung heraus, die sich weiter ergänzen kann. Aufgrund autonomer Eigenschaften der Rechtsordnung bedürfen die Rechtsakte der EU aus sich heraus keiner Um-

---

548 EuGH, Sammlung 1970, Internationale Handelsgeschäfte, S. 1125 ff.
549 Urteil des Verfassungsgerichts, E. 1996/3, K. 1997/3, ABl. Nr. 24067 vom 22.6.2000.
550 EuGH, Sammlung 1978, Simmenthal, S. 629 ff.
551 Pernice, Ingolf [2007]: S. 67.
552 BVerfGE 123, S. 348.
553 Pernice, Ingolf [2007]: S. 68; dagegen kritisch: Jestaedt, Matthias: Der Europäische Verfassungsverbund, in: Calliess, Christian (Hrsg.): Verfassungswandel im europäischen Staaten- und Verfassungsverbund. Göttinger Gespräche zum deutschen und europäischen Verfassungsrecht vom 15. bis 17. Juni 2006, 1. Aufl., Tübingen, 2007, S. 111 ff.
554 Pernice, Ingolf [2001]: Europäisches und nationales Verfassungsrecht, in: Veröffentlichungen der Vereinigung der Deutschen Staatsrechtslehrer, Band 60, Berlin, 2001, S. 172.

setzung durch nationale Organe, um im inneren Bereich der Mitgliedstaaten zu gelten. Die Fähigkeit der direkten Wirkung der Normen der europäischen Union besteht ohne einen nationalen Hoheitsakt der Mitgliedstaaten wie Transformation oder Adoption, eines der wesentlichen Merkmale des Unionsrechts. Die Behörden und Gerichte der Mitgliedstaaten sind verpflichtet, solche Normen der Gemeinschaft anzuwenden. Neben diesem unmittelbaren Geltungsstatus haben die Bestimmungen des Unionsrechts auch unmittelbare Anwendbarkeitskraft.[555]

„Das europäische Recht ‚bricht' nicht das mitgliedstaatliche Recht, sondern das europäische Recht verdrängt in seinem Anwendungsbereich die widersprechende innerstaatliche Norm, die jedoch weiterhin grundsätzlich Geltung behält."[556] In diesem Verhältnis gibt es dann einen Anwendungsvorrang und keinen Geltungsvorrang.

Die Normen des Unionsrechts können unmittelbar Rechte und Pflichten für die einzelnen Bürger begründen und unter den entsprechenden Voraussetzungen von diesen verlangt und durchgesetzt werden.[557]

5.2.4 Vorrang des Unionsrechts und seine Grenzen

Während im Völkerrecht die Kollisionen zwischen den nationalen Rechtsnormen und völkerrechtlichen Rechtsnormen durch das nationale Verfassungsrecht reguliert werden, werden solche Fälle zwischen den Normen des Unionsrechts und des nationalen Rechts durch das Unionsrecht selbst bestimmt.[558] In einem solchen Kollisionsfalle bedarf es einer Kollisionsregelung. Die europäischen Verträge enthalten keine ausdrücklichen Regeln dieses Inhalts. Der EuGH hingegen entwickelt und betont von Anfang an in verschiedenen Urteilen den Vorrang des europäischen Unionsrechts. Diese Urteile werden immer mit der Funktionsfähigkeit der EU begründet und als Ansatzpunkt wurde vor allem Art. 189 Abs. 2 EWGV, in dem die unmittelbare Anwendung der Gemeinschaftsverordnung festgelegt ist, angenommen.[559] Der Vorrang des Unionsrechts wurde durch die Auslegung des Art. 249 (ex-Art. 189) EGV und durch die Rechtsprechung des EuGH gekräftigt.[560] Der Verfassungsvertrag hatte in Art. I-6 den Vorrang des Unionsrechts vor dem Recht der Mitgliedstaaten ausdrücklich verankert. Der Lissabon-Vertrag sieht eine solche ausdrückliche Formulierung des Unionsrechts vor dem Recht der Mitgliedstaaten nicht vor. Obwohl eine solche ausdrückliche Formulierung

555 Arnold, Rainer: Die Rolle der Mitgliedstaaten in der Europäischen Union, in: Scheuing, H. Dieter (Hrsg.): Europäische Verfassungsordnung, Baden-Baden, 2003, S. 91.
556 Pernice, Ingolf [2006c]: S. 24.
557 Schweitzer, Michael/Hummer, Waldemar/Obwexer, Walter: S. 45.
558 Schweitzer, Michael/Hummer, Waldemar/Obwexer, Walter: S. 48.
559 Wassermann, Rudolf: S. 1619.
560 EuGH, Sammlung 1964, Costa/E. N. E. L., S. 1269.

fehlt, wird die dem Vertrag angefügte Erklärung Nr. 27, die von den Vertragsparteien vereinbarte Auslegungsregel, die Vorrangregel für das Unionsrecht konkretisiert. Nach der Erklärung Nr. 27 bleibt der bisherige in der Rechtsprechung des EuGH anerkannte Anwendungsvorrang des Unionsrechts vor dem Recht der Mitgliedstaaten unberührt.

Diese Vorrangregelung des Unionsrechts beabsichtigt, auf der einen Seite die einheitliche Rechtsanwendung der Normen des Unionsrechts und auf der anderen Seite die Sicherung und Funktionsfähigkeit des Unionsrechts zu bewahren.

Nach den Entscheidungen des EuGH soll der Vorrang der unionsrechtlichen Normen nicht als Gültigkeitsvorrang, aber als Anwendungsvorrang angenommen werden.[561]

Nachdem der EuGH den Anwendungsvorrang als das Kollisionslösungsprinzip angenommen hat, gelten hier die Prinzipien *lex posterior* oder *lex specialis* nicht. Nach den Entscheidungen des EuGH spielen die materiellen und zeitlichen Besonderheiten der nationalen Normen keine Rolle im Kollisionsfall mit den Normen des Unionsrechts. In solchen Fälle sind die Richter verpflichtet, die Normen des Unionsrechts anzuwenden.[562]

Der Vorrang des Unionsrechts gilt nicht nur vor nationalstaatlichen Gesetzen oder Verordnungen, sondern ohne jeden Vorbehalt auch vor staatlichen Verfassungsnormen.[563] Insgesamt kann die unbegrenzte Reichweite des Vorrangs des Unionsrechts sowohl zeitlich als auch materiell gegenüber dem mitgliedstaatlichen Recht festgestellt werden.[564]

Der Anwendungsvorrang des Unionsrechts stellt nur eine Mindestgarantie dar, um die Einheitlichkeit der Rechtsanwendung sicherzustellen. Die Mitgliedstaaten sind danach verpflichtet, ihre unionsrechtswidrigen und verdrängten Rechtsnormen dem Unionsrecht anzupassen.[565] Die Vorrangregel der EU-Normen im Falle der Kollision darf aber nicht als Zeichen der Hierarchie zwischen europäischem Recht und nationalem Recht angenommen werden. Der Vorrang basiert auf der Anpassungspflicht der Mitgliedstaaten an die EU. Der Grundsatz der *gemeinschaftstreuen Handlung* der Mitgliedstaaten der EU ging vor dem Lissabon-Vertrag aus den Treueklauseln der Gründungsverträge (Art. 86 EGKSV, Art. 5 EWGV und Art. 192 EAGV) hervor. Nach dem Lissabon-Vertrag verordnet Art. 4 Abs. 3 EUV den Mitgliedstaaten und der EU gegenseitige Loyalität und Zusammenarbeit. Demzufolge werden Mitgliedstaaten verpflichtet, die EU bei

---

561 Pernice, Ingolf [2006c]: S. 10; EuGH, Sammlung 1978, Simmenthal, S. 629 ff.; EuGH, Sammlung 1993, Levy, S. 4304; EuGH, Sammlung 1998, Solred, S. 961.
562 EuGH, Sammlung 1978, Simmenthal, S. 629 ff.
563 EuGH, Sammlung 1970, Internationale Handelsgesellschaft, S. 1125 ff.
564 Schweitzer, Michael/Hummer, Waldemar/Obwexer, Walter: S. 45
565 EuGH, Sammlung 1996, Kommision-Griechenland, S. 3326.

der Erfüllung ihrer Aufgaben zu unterstützen und alle Maßnahmen zu unterlassen, die die Verwirklichung der Ziele der Union gefährden könnten. Gemäß diesen Regeln der Gründungsverträge sind die Mitgliedstaaten verpflichtet, ihre Rechtsordnung an die Konstruktion der europäischen Integration anzupassen.[566]

6 Zusammenfassung

Aufgrund ihres absolutistischen Souveränitätsverständnisses regelt die türkische Verfassungsordnung ihre Beziehungen mit den internationalen Organisationen nach den Prinzipien des traditionellen Völkerrechts. Das heißt, die Türkei schließt als souveräner, gleichberechtigter Staat nach dem Prinzip der Gegenseitigkeit völkerrechtliche Verträge ab. Gründet die Türkei durch solche völkerrechtlichen Verträge mit den anderen Staaten eine internationale Organisation oder beteiligt sie sich an solchen internationalen Organisationen, behält die Türkei immer das Recht und die Möglichkeit der Beendigung der Beziehungen durch ihre einseitige Willensäußerung. Die Wirkung der Rechtsakte auf dem Territorium der Türkei basiert praktisch auf der Selbstbeschränkung der Türkei, da die türkische Verfassung juristisch solche Beschränkungen nicht vorgesehen hat. Geht man davon aus, dass die Verfassung nicht ausdrücklich aber trotzdem solche Beschränkungen zulässt, sind diese im Lichte der Betonung der unverzichtbaren Wichtigkeit der Souveränität,[567] deren Unteilbarkeit[568] und konkreter Feststellung der Verfassung bezüglich der Ausübung der Kompetenzen durch die Organe der des türkischen Staates[569] und zuletzt der Entscheidungen des Verfassungsgerichts nicht zu bejahen. Wird die Schwierigkeit im Bezug auf die Wirkung der EMRK und die Anwendung der EMRK betrachtet,[570] ist das Kollisionspotenzial der türkischen Verfassungsordnung im Falle der EU-Mitgliedschaft nicht zu verneinen. Aufgrund des strikten Souveränitätsverständnisses der Türkei wurden die Wirkung der EMRK und die Entscheidungen des EGMR durch die Änderung der Verfassung ausdrücklich betont, da sonst die effektive Anwendung der Konvention und der Entscheidungen in der türkischen Verfassungsordnung nicht möglich war. Im Vergleich mit der EU weicht die EGMR nicht so stark von den traditionellen völkerrechtlichen internationalen Organisationen ab, während die EU durch ihre Eigenschaften eine *„sui generis"*-Entität darstellt.

---

566 Wassermann, Rudolf: S. 1622.
567 Präambel, Abs. 1, 3, 5, Art. 2, 5, 6.
568 Art. 3.
569 Art. 6, 7, 8, 9.
570 Siehe Teil 2, Kapitel 4.2 und Teil 3, Kapitel 1.1.

Die EU und ihre Mitgliedstaaten bilden ein untereinander vernetztes, komplementäres und intrakommunikatives System. Die Entscheidungsfindung der EU und der nationalen Ebene sind nicht mehr voneinander zu trennen. Die Bürger der Mitgliedstaaten konstituieren sowohl auf der nationalen Ebene die Hoheitsgewalt der Mitgliedstaaten als auch auf der europäischen Ebene die supranationale Hoheitsgewalt der EU.[571] Die Entscheidungen, die durch die Mitwirkung der nationalen Ebene zustande kommen, zeigen ihre Wirkung wiederum bei der Entscheidungsfindung der nationalen Ebene. So sind es die autonomen Ebenen, die in verflechtender Weise ihre Funktionen zusammen verwirklichen:

> *„Trotz der Autonomie der verschiedenen Rechtsquellen sind wegen der unmittelbaren Geltung des Gemeinschaftsrechts Legitimationssubjekt und Adressaten für jeden Mitgliedstaat dieselben Bürger. Europäische und nationale Verfassungen stellen Teilordnungen eines einheitlichen Systems dar, das für jeden Einzelfall letztlich eine rechtliche Lösung produziert.“*[572]

So verbinden sich die nationalen und europäischen Verfassungsebenen in ihrem Aufeinanderangewiesensein zu einem einheitlichen System, in dem beide Ebenen miteinander verflochten eine Einheit bilden.[573]

Ziel dieses Systems, nach der Theorie des Mehrebenensystems, ist die Erfüllung der Leistungserwartung der Bürger. Diese Theorie geht davon aus, dass eine effektive politische Steuerung nur erreicht wird, wenn die Grenzen des rein nationalstaatlichen Gedankens überwunden werden.[574] Das Mehrebenensystem der EU setzte auch die Änderung des traditionellen Souveränitätsverständnisses der Mitgliedstaaten voraus, was auch der Realität der gesellschaftlichen Entwicklungen nach dem Zweiten Weltkrieg entspricht.

Anders als internationale Organisationen haben die Rechtsakte der EU unmittelbare Wirkung auf dem Territorium der Mitgliedstaaten und erzeugen Rechte und Pflichten für die Unionbürger, die gleichzeitig Bürger der Mitgliedstaaten sind.

In Anbetracht solcher besonderer Eigenschaften der EU, deren Existenz und Funktionen nicht ausschließlich durch die traditionellen Völkerrechtsprinzipien analysiert werden können, zwingt diese die Türkei zu verfassungsrechtlichen Änderungen bezüglich der Übertragung von Hoheitsrechten für die Anpassung der türkischen Rechtsordnung im Falle der EU-Mitgliedschaft. Solche Änderungen der Verfassung bezüglich der Übertragung von Hoheitsrechten bedürfen zuerst der Änderungen der Verhältnisse der türkischen Rechtsordnung zu den Völker-

---

571 Pernice, Ingolf [2001]: Europäisches und nationales Verfassungsrecht, in: VVDStRL, Veröffentlichung der Vereinigung der Deutschen Staatsrechtslehrer, Band 60, 2001, S. 167.

572 Pernice, Ingolf [2001]: S. 172.

573 Pernice, Ingolf [2001]: S. 173.

574 Mickel, W. Wolfgang/Bergman, M. Jan: Handlexikon der Europäischen Union, 3. Aufl., Baden-Baden, 2005, S. 535.

rechtsnormen. Die verfassungsrechtliche Feststellung und Klärung der Wirkungskraft der Völkerrechtsnormen würde erstens die verfassungsrechtliche Basis für die praktische Selbstbeschränkung der Türkei ergeben, was auf der einen Seite die Kollision und Spannung zwischen der erlebten Verfassungswirklichkeit und der Verfassung aufheben würde. Somit würden auf der anderen Seite durch die Öffnung der Rechtsordnung gegenüber der Völkerrechtsordnung die nötigen verfassungsrechtlichen Möglichkeiten für die Übertragung von Hoheitsrechten auf die EU geöffnet und die nötige Prinzipien bei der EU-Mitgliedschaft wie Kooperationsbereitschaft, Akzeptanz die Durchwirkungsgriff, Anwendungsvorrang und Bereitschaft, in einem Mehrebenensystem zu existieren, für die türkische Verfassungsordnung ermöglicht.

Teil 3
Übertragung von Hoheitsrechten in der türkischen Rechtsordnung und in den Mitgliedstaaten der EU

1 Analyse der türkischen Verfassung bezüglich der Übertragung von Hoheitsrechten

In Teil 1 und 2 wurden das Hoheitsverständnis und das Völkerrechtsverständnis der Türkei dargestellt. Nach dieser Darstellung ist festzustellen, dass die rechtliche Positionierung der Türkei bezüglich der Übertragung von Hoheitsrechten noch nicht geklärt ist – obwohl die Türkei als assoziierter Partner und Vollmitgliedschaftskandidat der EU die Frage der Hoheit und die Völkerrecht-Verfassungsrecht-Beziehungen schon längst hätte klären müssen.

Nicht nur die unklare Haltung der türkischen Rechtsordnung und die fehlenden verfassungsrechtlichen Regulierungen, sondern auch das allgemeine Souveränitätsverständnis der Verfassungsorgane erschweren das Lösen der Hoheitsfrage in Bezug auf die internationalen Beziehungen. Neben der fehlenden rechtlichen Regulierung in Fragen der Übertragung von Hoheitsrechten auf die internationalen Organisationen werden die existierenden gesetzlichen Bestimmungen so ausgelegt, dass die volle Unabhängigkeit, volle Souveränität und unteilbare einheitliche Konstruktion des türkischen Staates nicht infrage gestellt wird, obwohl dieser Gedanke mit der juristischen Realität, die im türkischen Staat existiert, nicht zusammenpasst.

Die Feststellung der gemeinsamen Eigenschaften und der Haltung der türkischen Rechtsordnung in Bezug auf die Hoheitsfrage könnte das Finden einer Antwort zu der entsprechenden Problematik erleichtern.

1.1 Absolutes Übertragungsverbot der Kompetenzen der Verfassungsorgane

Das türkische Staatskonzept basiert auf der Einheitsstaatsidee, die auf keinen Fall die vertikale Verteilung der Staatsgewalt vorsieht.[575] Denn die vertikale Verteilung der Staatsgewalt käme aufgrund der Unteilbarkeit des Souveränitätsgedankens dem Verlust der Souveränität gleich, da die vertikale Verteilung der Staatsgewalt als Zeichen des Föderalsystems[576] mit dem Zentralstaatlichkeitsprinzip

---

575 Uygun, Oktay [2005]: S. 381 ff.
576 Özel, Mehmet: Yerel Yönetimleri Gelistirme Acisindan Devlet, Yerel Yönetim ve Küreselleseme Kavramlari Üzerine (Der Staat in Bezug auf die Förderung der Lokalverwaltung. Über die

der Türkei kollidieren würde. Aufgrund der totalen Ablehnung der vertikalen Verteilung der Staatsgewalt werden in der Verfassung nicht die Staatsgewalt oder die Hoheit, sondern die Kompetenzen der Staatsorgane geregelt. Obwohl diese Kompetenzen in vielen Fällen die hoheitlichen Handlungen der staatlichen Organe bezeichnen, wird durch die Anwendung des Begriffs „Kompetenz" die Infragestellung bezüglich der Hoheit des Staates vermieden. Trotz dieser Vermeidung kann durch die Bestimmung der Verfassung (Art. 6 Abs. 2) festgestellt werden, dass die Ausübung der erwähnten Kompetenzen als Ausübung der Souveränität verstanden wird.[577]

Durch die Wortwahl „Kompetenz" wird versucht, die Infragestellung des einheitlichen Staatskonzepts und der unteilbaren Souveränität des Staates zu relativieren. Neben der Relativierung der Hoheitsfrage wurde in der Verfassung festgelegt, dass ausschließlich von der Verfassung bestimmte Organe diese Kompetenzen ausüben dürfen.[578]

Außerdem wurde in der Verfassung das offensichtliche und absolute Verbot der Übertragbarkeit dieser Kompetenzen an irgendwelche andere Organe geregelt. Nach der Verfassung dürfen Kompetenzen an niemanden übertragen werden, da sogar in Art. 7[579] ganz offensichtlich das Übertragungsverbot der Gesetzgebung festgeschrieben ist. Während in Art. 7 die Nichtübertragbarkeit der Kompetenzen der Gesetzgebung wortwörtlich festgestellt wird, gibt es in der Lehre und Rechtsprechung Einigkeit über die Nichtübertragbarkeit der Kompetenzen der Gerichtsbarkeit und der Exekutive.[580]

Die Völkerrechtsverträge in Bezug auf Menschenrechte haben in diesen Diskussionen einen besonderen Status. Denn aus der Auslegung des Art. 15 und des Art. 16 in Verbindung mit Art. 90 Abs. 5 Satz 3 ergibt sich, dass der Verfassungsgeber in diesem Bereich die türkische Verfassung für die internationalen Normen geöffnet hat.[581] Aufgrund des Konflikts zwischen den wortwörtlichen Bestimmungen der Art. 15, Art. 16, Art. 90 Abs. 5 Satz 3 und Art. 6, Art. 7, Art. 8, Art. 9 darf hier die „offene Verfassung" oder „internationale Offenheit" des türkischen Staates als Auslegungsprinzip angewendet werden.[582] Dadurch können Art. 15, Art. 16, Art. 90 Abs. 5 Satz 3 so ausgelegt werden, dass der Verfassungsgeber

---

Begriffe der Lokalverwaltung und die Globalisierung), in: Türk Idare Dergisi, Volume 441, S. 199.

577 „Die türkische Nation gebraucht ihre Souveränität gemäß den von der Verfassung bestimmten Grundsätzen durch die zuständigen Organe."

578 Art. 6 Abs. 2 Satz 2.

579 „Zuständigkeit der Gesetzgebung steht im Namen der türkischen Nation der Türkischen Großen Nationalversammlung zu. Diese Zuständigkeit ist unübertragbar."

580 Dogan, Izzettin: S. 196.

581 Oder, Emrah Bertil [2006]: S. 82.

582 Caglar, Bakir [1989]: S. 119.

nur in Bezug auf die Menschenrechte die Übertragung auf die internationalen Organisation erlaubt hat.[583]

Trotz einer solchen Auslegung der Übertragungsmöglichkeiten auf die internationalen Organisationen in Bezug auf Menschenrechte unterstreicht das Verfassungsgericht, wie weit diese Auslegung nach der türkischen Rechtsordnung akzeptiert werden kann. Nach der Meinung des Verfassungsgerichts beschränken die Eigenschaften des türkischen Staates, die in der Präambel und die in den unabänderbaren Artikeln der Verfassung festgeschriebenen Prinzipien die Gültigkeit und Anwendbarkeit der völkerrechtlichen Verträge.[584]

Dadurch wurde die Möglichkeit der Auslegung der Verfassung mit dem Prinzip „offene Verfassung" gegenüber dem Völkerrecht sogar in Bezug auf Menschenrechte durch die Grundprinzipien der türkischen Staatlichkeit beschränkt.

Nach der Hinzufügung des Satzes 3[585] an den Art. 90 Abs. 5 wurde der Kollisionsfall zwischen den Völkerrechtsverträgen in Bezug auf Menschenrechte und innere Rechtsordnung neu definiert. Nach dieser neuen Bestimmung kollidieren die Normen der Völkerrechtsverträge mit den Normen der inneren Rechtsordnung, denn gemäß Art. 90 Abs. 5 Satz 3 ist die Norm des Völkerrechtsvertrages anzuwenden. Ob auch die Kollision zwischen unabänderbaren Vorschriften der 1982er Verfassung und den Normen der Völkerrechtsverträge zugunsten der Normen der Völkerrechtsverträge gelöst werden wird, ist ungewiss. Nach Meinung des Autors dieser Arbeit kann aufgrund der wortwörtlichen Bestimmung der Verfassung der Vorrang der Normen der Völkerrechtsverträge in Bezug auf Menschenrechte nicht umgangen werden.

Außer dieser neuen Regelung in Bezug auf Menschenrechte sieht die türkische Rechtsordnung mit Art. 92 im militärischen Bereich eine besondere Konstellation vor. Die Akzeptanz des Aufenthaltes von ausländischen Streitkräften in der Türkei zu erlauben oder die Entsendung der türkischen Streitkräfte ins Ausland gemäß Art. 92 wirkt auf die Hoheitsrechte der Türkei. Da die stationierten ausländischen Streitkräfte mit ihrer eigenen Befehlsstruktur auf dem türkischen Territorium die Ausübung einer anderen Hoheitsgewalt mit sich bringen, beweist dies, dass die türkische Rechtsordnung in diesem Fall die Übertragung von Hoheitsrechten auf bestimmte Institutionen konkludent akzeptiert.

Wiederum setzt die Entsendung der türkischen Streitkräfte ins Ausland unter der Befehlsstruktur einer ausländischen Kommandozentrale die Akzeptanz der

---

583 Gülmez, Mesut: Insan Haklari Uluslararasi Sözlesmesinin Ic Hukukuta Uygulanmasi (Die Anwendung der Menschenrechtsverträge im inneren Rechtssystem), Ankara, 2004, S. 81.

584 Urteil des Verfassungsgerichts, E. 1996/55, K. 1997/33, in: AMKD, Band 37, S. 79-105.

585 Art. 90 Abs. 5 Satz 3: „*Soweit Grundrechte und -freiheiten regelnde Vorschriften verfahrensmäßig in Kraft gesetzter völkerrechtlicher Verträge mit nationalen Bestimmungen mit gleichem Regelungsgehalt nicht übereinstimmen, finden die Bestimmungen der völkerrechtlichen Verträge vorrangig Anwendung.*"

Übertragung von Hoheitsrechten auf bestimmte Institutionen voraus. Trotz wiederholter Anwendung des Art. 92 der 1982er (Art. 66 der 1961er) Verfassung wurden diese Fälle von der türkischen Rechtsordnung nicht als Souveränitätsbeschränkung oder Übertragung von Hoheitsrechten betrachtet.[586]

Die zurückhaltende Position der Verfassungsorgane in der Frage der Souveränitätsbeschränkung oder der Hoheitsübertragung sogar in Bezug auf die menschenrechtlichen Völkerrechtsverträge ist ein Zeichen des geschlossenen Staatsverständnisses der türkischen Rechtsordnung. Aufgrund der offensichtlichen Regulierung der Kompetenzen und der Bindungswirkung sowie dem Primat der Verfassung gemäß Art. 11[587] ist es nicht nur schwer, sich in irgendeiner Weise die Hoheitsübertragung vorzustellen, sondern es ist auch fragwürdig, wie die völkerrechtlichen Verpflichtungen bis jetzt erfüllt worden sind.

Trotz der verhindernden Verfassungsvorschriften sind, neben einigen anderen Abkommen, besonders der rechtliche Status des NATO-Abkommens,[588] des Assoziationsabkommen mit der EWG[589] von 1963 und der EMRK[590] fragwürdig, da diese Abkommen offensichtlich mit bestimmten Instrumenten ausgerüstet sind, die die hoheitliche Tätigkeit im bestimmten Bereichen der Mitgliedsländer beschränken.

1.2 De-facto-Anerkennung der Beschränkung der Souveränität oder Übertragung von Hoheitsrechten durch völkerrechtliche Akte

Trotz der Verfassungsvorschriften, die offensichtlich die Übertragung von Hoheitsrechten auf die internationalen Organisationen verbieten, hat die Türkei seit ihrer Gründung ohne konkrete gesetzliche Bestimmungen de facto die Souveränitätsbeschränkung (oder die Hoheitsübertragungen auf bestimmte internationale Organisationen wie NATO oder EGMR) anerkannt.[591]

Es wird immer versucht, durch die Auslegung der türkischen Verfassung als „offene Verfassung" und aufgrund ihrer Erwähnung der Völkerrechtsregeln die Souveränitätsbeschränkung oder die Übertragungsmöglichkeiten der Hoheits-

---

586 Urteil des Verfassungsgerichts, E. 1963/311 K. 1965/12, ABl. Nr.12185 vom 24.12.1965.

587 *„Die Verfassungsvorschriften sind rechtliche Grundregeln, welche die Organe der Gesetzgebung, der vollziehenden Gewalt und der Rechtsprechung, die Verwaltungsbehörden und übrigen Organisationen und Personen binden."*

588 Düstur II, Tertip C. 33, (Gesetzessammlung, II, Band 33), S. 314 ff.

589 Düstur V, Tertip C. 4/1, (Gesetzessammlung, V, Band 4/1), S. 42-77.

590 Düstur III, Tertip C. 35, (Gesetzessammlung, III, Band 35), S. 1567-1582.

591 Sen, Murat: Egemenligin Kollektif Kullanimi: AB'nin Anayasal Yapisina Uyum Acisindan Anayasamiz (Kollektive Ausübung der Souveränität: Unsere Verfassung in Bezug auf die Anpassung an die verfassungsrechtliche Konstruktion der EU), in: Anayasa Yargisi, Band 22, Ankara, 2005, S. 217 f.

rechte verfassungsrechtlich zu begründen, obwohl die türkische Verfassung die Offenheit nicht ausdrücklich erwähnt.[592]

„Auch wenn die Präambel der Verfassung mit ihren zahlreichen Hinweisen stark nationalistisch ausgeprägt ist, führt diese defensive Haltung nicht zur Verabsolutierung der Souveränität. Aus Art. 90 der Verfassung ergibt sich, dass Souveränitätsbeschränkungen implizit, d. h. ohne Verwendung des Begriffs „Souveränität" enthalten sind. Deshalb ist die Hinnahme der Souveränitätsbeschränkungen immanente Eigenschaft der Verfassung."[593]

Durch eine solche Auslegung des Art. 90 der Verfassung wird versucht, die Übertragung von Hoheitsrechten durch die Völkerrechtsverträge zu legitimieren. Der Versuch, durch eine solche Auslegung die Spannung aus der Hoheitsfrage zu nehmen und den Status der abgeschlossenen Völkerrechtsverträge zu normalisieren, führt dazu, dass die Grundsätze des Verfassungssystems nur durch die Auslegungen infrage gestellt werden, obwohl die Verfassungsvorschriften ihre Grundsätze wörtlich und mehrfach an verschiedenen Stellen festgelegt haben.

Gegen die konkreten Vorschriften wie Art. 6, 7, 8, 9 der 1982er Verfassung, die die Kompetenzen der verfassungsrechtlichen Organe und die Unübertragbarkeit dieser Kompetenzen regeln, ist es juristisch unmöglich, die Übertragbarkeit von Hoheitsrechten nur durch die Auslegung zu ermöglichen. Denn solche Auslegungsmethoden sind nach der türkischen Verfassungstradition als willkürlich zu bezeichnen. Nach der Praxis des türkischen Verfassungsrechts müssen die Verfassungsvorschriften in der Reihenfolge nach „Wortbedeutung", „teleologisch" und „systematisch" analysiert werden.[594] Angesichts der Reihenfolge der Auslegungsmethode würde die Nichteinhaltung dieser Auslegungsmethode zu willkürlichen Entscheidungen der Ausleger führen. Solch eine willkürliche Entscheidungsfindung würde zur Beeinträchtigung der Rechtssicherheit führen.[595]

In Anbetracht des wortwörtlichen Verbots der Übertragung von Hoheitsrechten kann die Übertragung von Hoheitsrechten nicht nur durch solche Prinzipien wie „offene Verfassung" oder „offene Staatlichkeit" begründet werden. Denn trotz der wortwörtlichen Bestimmung der Verfassung darf die teleologische oder systematische Auslegung nicht bevorzugt werden. Eine solche Auslegung wäre möglich gewesen, wenn die Verfassung kein konkretes Verbot der Übertragung von Hoheitsrechten enthalten würde. Wenn die innerstaatliche Rechtsnorm mehrere Bedeutungen zulässt, kann durch solche Auslegungsmethoden als

---

592 Aliefendioglu, Yilmaz: Avrupa Insan Haklari Sözlesmesi ve Anayasal Acidan Adil Yargilanma Hakki (Europäische Konvention für Menschenrechte und faires Verfahren in verfassungsrechtlicher Perspektive), in: Anayasa Yargisi Band 10, Ankara, 1993, S. 360.

593 Oder, Emrah Bertil [2006]: S. 88 f.

594 Can, Osman: Auslegung der Verfassung in der Türkei, in: Depenheuer, Otto (Hrsg.): Deutsch-Türkisches Forum für Staatsrechtslehre III, Münster, 2004, S. 45.

595 Urteil des Verfassungsgerichts, E. 1990/32, K. 1990/25, ABl. Nr. 20711 vom 30.11.1990.

Konfliktvermeidungsregel die innere Rechtsnorm nach dem Prinzip der offenen Staatlichkeit interpretiert werden.[596] Die Begriffe „offene Staatlichkeit" oder „Offenheit der Verfassung" wurden in die türkische Verfassungslehre aus der deutschen Verfassungslehre importiert. Es soll aber nicht vergessen werden, dass „offene Staatlichkeit" oder „Offenheit der Verfassung" sogar in Deutschland Ergebnisse einer akademischen Kategorienbildung sind und nicht dem positiven Verfassungsrecht angehören.[597] Trotz der akademischen Kategorienbildung in Art. 23 und 24 des deutschen Grundgesetzes ermöglichen diese Kategorien eine Auslegungshilfe bei der Analyse der Übertragung von Hoheitsrechten. Aufgrund der fehlenden verfassungsrechtlichen Grundlagen für die Form der internationalen Arbeit und des konkreten Verbots der Übertragung der Hoheitsrechte ist es schwer, nur durch die Auslegungskombinationen das Prinzip der offenen Staatlichkeit über die Grundsätze des türkischen Verfassungssystems zu platzieren.

Es ist dann auch die Frage zu beantworten, wie es möglich war, trotz dieses wortwörtlichen Übertragbarkeitsverbots und der Auslegungssystematik der Verfassung immer völkerrechtliche Verträge abzuschließen, die die Übertragung von Hoheitsrechten der Türkei vorgesehen haben. Nach der oben ausgeführten Analyse der türkischen Rechtsordnung nimmt die Türkei in Kauf, dass die völkerrechtlichen Verträge, die die Übertragung von Hoheitsrechten vorsehen, nach der inneren Rechtsordnung nicht in Kraft treten können. Trotz des Nichtinkrafttretens versucht die türkische Rechtsordnung aber, durch das Völkerrechtsprinzip *„pacta sunt servanda"* die Normen der Völkerrechtsverträge einzuhalten. So vertritt die Türkei ihre Position nach außen, dass sie ihre völkerrechtlichen Pflichten immer erfüllen würde, und nach innen, dass sie ihre volle und unteilbare Souveränität und Einheitlichkeit bewahren würde. Diese Haltung der türkischen Rechtsordnung zur Frage der Übertragung von Hoheitsrechten durch die Völkerrechtsverträge führt dazu, dass die Rechtssicherheit und Rechtsstaatlichkeit der Türkei infrage gestellt werden kann. Denn die juristische Gültigkeits- und Anwendbarkeitsgarantie der Normen der Völkerrechtsverträge wird innerstaatlich nicht gewährleistet. Wenn die Normen der Völkerrechtsverträge innerstaatlich so schwebend und ohne rechtliche Garantien dastehen, ist es nicht leicht zu akzeptieren, dass ihre hoheitlichen Rechte durch solche Verträge auf irgendeine Organisation übertragen werden können. Die Entscheidung des Verfassungsgerichts von 1965[598] über die NATO-Mitgliedschaft der Türkei ist durch dieses Dilemma gekennzeichnet. Da in der Entscheidung des Gerichts die Verträge in Bezug auf die NATO als durchschnittliche reguläre Völkerrechtsverträ-

---

596 Rojahn, Ondolf: S. 179.
597 Tomuschat, Christian [2004]: Die Entscheidung für die internationale Offenheit, in: Kirchhof, Paul/Isensee, Josef (Hrsg.): Handbuch des Staatsrechts (HStR VII), 2004, S. 487.
598 Urteil des Verfassungsgerichts, E. 1963/311 K. 1965/12, ABl. Nr. 12185 vom 24.12.1965.

ge angenommen wurden und deshalb die Übertragung von Hoheitsrechten nicht behandelt wurde, kam das Gericht zu dem Ergebnis, dass die mit der NATO abgeschlossenen weiteren Verträge als Anwendungsverträge gemäß Art. 65 Abs. 3 nicht vom Parlament geprüft werden sollen und deshalb nicht im Amtsblatt zu veröffentlichen waren.[599] Infolge dieser Entscheidung wurden weitere Verträge mit der NATO durch die Exekutive verhandelt und traten ohne die Veröffentlichung im Amtsblatt in Kraft.[600] Dadurch wurden ohne gesetzliche Sicherheit und Kontrolle des Parlaments de facto die Hoheitsrechte der Türkei beschränkt, obwohl das Ziel eigentlich die gewünschte Nichtinfragestellung der Hoheitsrechte der Türkei war. Das führte nicht nur zur Beschränkung von Hoheitsrechten in der Türkei, sondern wirkt sich auch negativ auf die Rechtsstaatlichkeit der Türkei aus und verletzt die Rechtssicherheit der Bürger.

Diese spannende Konstruktion ist das Ergebnis aus dem Konflikt zwischen der idealistischen Haltung der Türkei in Bezug auf die Unabhängigkeit und Souveränität des Staates und der realistischen Haltung in Bezug auf die immer enger werdenden internationalen Beziehungen. Trotz des permanenten Appells in der Verfassung, Unabhängigkeit und unteilbare volle Souveränität des Staates zu bewahren, zwingen die internationalen Beziehungen die Türkei, realistischer zu handeln, um ihre Existenz zu sichern. Denn ökonomische, politische und soziale Probleme sind nicht mehr die Probleme eines einzelnen Staates und von dem einzelnen Staat allein lösbar.[601] Die in Art. 5 der 1982er Verfassung erwähnten Ziele des Staates[602] sind nicht mehr durch die Kraft eines einzelnen Staates erreichbar. Auch deshalb fühlt sich der türkische Staat gezwungen, mit den Subjekten im internationalen Bereich zu kooperieren, um sein Staatsziel zu verwirklichen.[603] Es ist aber nicht zu vergessen, dass der Anfang des Art. 5 noch einmal die Hauptziele des Staates bezeichnet: *„Die Grundziele und -aufgaben des Staates sind es, die Unabhängigkeit und Einheit der Türkischen Nation, die Unteilbarkeit des Landes, die Republik und die Demokratie zu schützen, ..."* Hier kann noch einmal das geschlossene Staatsverständnis als höchste juristische Priorität der

---

599 Celik, Edip [1977]: Milletlerarasi Hukuk, Cilt II/1 (Völkerrecht, Band II/1), Istanbul, 1977, S. 85

600 Ebenda.

601 Kocak, Mustafa: S. 273.

602 *„Die Grundziele und -aufgaben des Staates sind es, ... die Demokratie zu schützen, Wohlstand, Wohlergehen und Glück der Bürger und der Gemeinschaft zu gewährleisten, die politischen, wirtschaftlichen und sozialen Hindernisse zu beseitigen, welche die Grundrechte und -freiheiten der Person in einer mit den Prinzipien des sozialen Rechtsstaates und der Gerechtigkeit nicht vereinbaren Weise beschränken, sowie sich um die Schaffung der für die Entwicklung der materiellen und ideellen Existenz des Menschen notwendigen Bedingungen zu bemühen."*

603 Yilmaz, Abdullah: AB`ye Uyum Sürecinde Türk Kamu Yönetimin Dönüsümü Üzerine Notlar (Notizen über die Wandlung der türkischen öffentlichen Verwaltung bei der Anpassungsphase an die EU), in: D.P.Ü Sosyal Bilimler Enstitüsü Dergisi, 2007, S. 222.

Verfassungsordnung festgestellt werden. Trotz dieser stark nationalstaatlich geprägten Ansicht der Verfassung[604] lässt aber die Unlösbarkeit der ökonomischen, politischen und sozialen Probleme keinen Raum mehr, die volle Unabhängigkeit und volle Souveränität eines Staates zu behaupten. Aufgrund solcher Zwänge zu realistischer Haltung in den internationalen Beziehungen wird durch die Auslegungsstrategien die Übertragung von Hoheitsrechten de facto anerkannt. Da aber die Souveränität der Türkei nicht infrage gestellt werden soll, basiert die Ansicht der De-facto-Anerkennung der Hoheitsübertragung auf der Selbstverpflichtung des türkischen Staates. Diese Ansicht betont nicht die Verluste der Kompetenzen oder die Übertragung von Hoheitsrechten auf eine international oder supranationale Organisation, sondern die Selbstverpflichtung der Türkei, die Rechtsakte einer internationalen oder supranationalen Organisation zu beachten. Die Übertragung von Hoheitsrechten auf die zwischenstaatlichen Organisationen und die Integration in eine supranationale Organisation braucht mehr als die Selbstverpflichtung eines Staates. Die türkische Verfassungsordnung sieht weder die Übertragung von Hoheitsrechten auf die zwischenstaatlichen Organisationen noch die Integration in die supranationalen Organisationen vor. Trotz dieser ablehnenden Position gegenüber der Übertragung von Hoheitsrechten der Verfassung mussten die Kompetenzen und die direkte Wirkung der Rechtsakte mancher internationaler Organisationen de facto akzeptiert werden.[605] Solche De-facto-Akzeptanz der Kompetenzen und die direkte Wirkung der Rechtsakte werden manchmal als konkludente Anerkennung der offenen Staatlichkeit der türkischen Rechtsordnung bezeichnet.[606] Auf der einen Seite aber betonen die allgemeinen Vorschriften der Verfassung die Einheitlichkeit, die unteilbare Souveränität und Unabhängigkeit des türkischen Staates. Auf der anderen Seite zeigen die konkreten Vorschriften der Verfassung das Übertragbarkeitsverbot der Kompetenzen der Verfassungsorgane an irgendjemanden oder an irgendeine Institution. In Anbetracht dieses nationalstaatlich geprägten Grundsatzes der Verfassung ist es juristisch unmöglich, von der De-facto-Akzeptanz der Wirkung des Völkerrechts auf die türkische Rechtsordnung der offenen Staatlichkeit der Türkei zu schließen.

---

604 Oder, Emrah Bertil [2006]: S. 88.

605 Pazarci, Hüseyin [1989]: Avrupa Toplulugluguna Uyum Acisindan Türk Anayasal Düzeni, in: Avrupa Toplulugu Hukuku ve Türkiyenin Uyumu Semineri (Türkische Verfassungsordnung in der Perspektive der Anpassung an die EU; in: Seminar über EG-Recht und die Anpassung der Türkei), Istanbul, 1989, S. 137.

606 Caglar, Bakir [1991]: Anayasanin Hukuku ve Anayasanin Yargici Yenilenen Anayasa Kavrami Üzerine Düsünceler (Recht und Richter der Verfassung. Gedanken über die erneuerte Verfassung), in: Anayasa, Yargisi, Band 8, Ankara, 1991, S. 38.

1.3 Absolutes Rückholungsrecht der übertragenen Kompetenzen

Während in der türkischen Rechtsordnung die Übertragung von Hoheitsrechten grundsätzlich nicht gewährleistet werden kann, werden aber in der Rechtspraxis die Kompetenzen einiger internationaler Organisationen wie EU oder EGMR von den türkischen Verfassungsorganen berücksichtigt. Die Bestimmungen der Assoziationsabkommen mit der EG/EU von 1963 und die Bestimmungen der EMRK haben einen besonderen Status in der türkischen Rechtsordnung, obwohl die verfassungsrechtliche Bedeutung dieser Abkommen und der Konvention und deren Normen in der türkischen Rechtsordnung nicht geklärt ist.

Das türkische Rechtssystem versucht, die Kompetenzregelungen in auswärtigen Angelegenheiten durch den Abschluss klassischer zwischenstaatlicher Verträge zu regeln, da diese auf die Kooperation der Staaten als geschlossene souveräne Einheiten zielen.[607] Solange die Kompetenzen der internationalen Organisationen durch klassische zwischenstaatliche Verträge geregelt werden, sieht die Türkei keine Probleme, die Kompetenzen dieser Organisationen zu akzeptieren. Da das Nichteinhalten der innerstaatlichen Rechtsbestimmungen in Bezug auf die Gültigkeit der Völkerrechtsvertrage keine Wirkung hat,[608] nutzt die Türkei die Möglichkeiten, solche Kompetenzen der internationalen Organisation anzuerkennen, ohne dabei die innere Rechtsordnung infrage zu stellen. Da aber die Türkei die Kompetenzfrage immer im klassischen Sinne des Völkerrechts beantwortet, behält sie für die Kompetenzen das Rückholungsrecht. Dadurch wird die volle Souveränität der Türkei auch bei der konkludenten Anerkennung der Kompetenzen internationaler Organisation weiter begründet. Auch wenn die konkludenten Kompetenzen der internationalen Organisationen anerkannt werden, behält sich die türkische Rechtsordnung das absolute Rückholungsrecht vor. Durch die Beibehaltung des absoluten Rückholungsrechts entscheidet die türkische Rechtsordnung einseitig und freiwillig über die Wirkungskraft, die Wirkungsdauer und das Aufheben der Wirkung der Kompetenzen der internationalen Organisation.

Da es nicht möglich ist, die Völkerrechtsverträge durch das Verfassungsgericht zu überprüfen, ist es erschwert, die Spannung zwischen verfassungswidriger Rechtspraxis und Verfassung aufzuheben. Die unkonkreten Entscheidungen des Verfassungsgerichts erhöhen diese Schwierigkeiten weiter, da das Verfassungsgericht in seiner Entscheidungen statt der Frage der Möglichkeit der Souveränitätsbeschränkung oder der Übertragung von Hoheitsrechten nach der türkischen Rechtsordnung immer die Nebenfragen behandelt. Nach der Ände-

---

607 Mosler, Hermann: S. 607.
608 Doehring, Karl: S. 151.

rung des Art. 327 StPO[609] mit dem Ziel der Harmonisierung des Strafverfahrens mit der EMRK wurde gegen die Änderung der StPO das Verfassungsgericht angerufen. Mit der Klage wurde behauptet, dass durch die Gesetzesänderung die Kompetenzen der Gerichtsbarkeit des türkischen Staates auf eine internationale Organisation übertragen und dadurch die Souveränität der Türkei verletzt worden sei. Mit der Behauptung der Verfassungswidrigkeit verlangten die Kläger die Aufhebung bestimmter Teile der Änderungen der StPO. Das türkische Verfassungsgericht hat diese Klage als unbegründet erklärt und abgewiesen. Bei seinem Urteil hat das Gericht die Wahrung der richterlichen Unabhängigkeit der türkischen Richter betont und die neuen Regeln der StPO nicht als einen Eingriff in den Prozess der inneren Rechtsordnung gesehen.[610] So lehnt das Verfassungsgericht die Klage damit ab, dass dadurch keine Übertragung der Gerichtsbarkeit zustande käme, statt eine grundsätzliche Analyse der Verfassungsvorschriften über internationale Beziehungen, Souveränitätsfragen, Möglichkeiten der Übertragung von Hoheitsrechten und Kompetenzen vorzunehmen. Diese Haltung des Verfassungsgerichts widerspiegelt die Spannung zwischen Verfassung und Verfassungswirklichkeit des türkischen Rechtssystems. Durch diese Ablehnung der Klage akzeptiert das Verfassungsgericht auf einer Seite in konkludenter Weise die Wirkung der EMRK auf die innere Rechtsordnung und die Kompetenzen des EMRG, aber auf der anderen Seite versucht es, durch die Ablehnung der Übertragung der Gerichtsbarkeit die Infragestellung der einheitlichen Staatlichkeit und unteilbaren Souveränität des türkischen Staates zu vermeiden. Dadurch will das Gericht betonen, dass die Türkei die Möglichkeit hat, die Verhältnisse mit dem Völkerrecht immer nach ihrer inneren Rechtsordnung zu regulieren bzw. konkludent und de facto anerkannte Kompetenzen der internationalen Institutionen beliebig aufzuheben.

1.4 Beibehaltung des Letztentscheidungsmonopols

Aufgrund der De-facto-Anerkennung der Kompetenzen der supranationalen oder zwischenstaatlichen Organisationen hat der rechtliche Status der Rechtsakte die Organisationen immer in einem schwebenden Zustand gehalten. Die Wirkung der Rechtsakte dieser Organisationen auf die türkische Rechtsordnung basiert auf der Duldung der inneren Rechtsordnung. Dabei behalten die Organe der türkischen Rechtsordnung das Monopol, um letzte Entscheidungen zu treffen. Da die Verfassung die Beschränkung der Souveränität oder die Übertragung der Hoheitsrechte nicht zulässt, bleibt das Monopol der Durchführung oder Auslegung

---

609 Gesetz Nr. 4793, ABl. Nr. 25014 vom 4.2.2003.
610 Urteil des Verfassungsgerichts, E. 2002/146, K. 2002/201, AMKD 39/1, S. 323.

der Rechtsakte bei den türkischen Verfassungsorganen. Die Entscheidung des Verfassungsgerichts über die Erweiterung der Wiederaufnahmegründe des Verfahrens aufgrund der Feststellung des Verstoßes gegen die Normen der EMRK durch den EGMR ist ein gutes Beispiel für die Versuche, das letzte Entscheidungsmonopol zu behalten. Das Gericht entscheidet, dass die Erweiterung der Wiederaufnahmegründe bezüglich der EGMR-Entscheidungen verfassungskonform ist. Aber bei der Begründung betont das Gericht konkret, dass diese Erweiterung keinen Eingriff in den Prozess des innerstaatlichen Rechts bedeutet. Denn die Entscheidung, ob die Prozesse wieder aufgenommen werden sollen oder nicht, liegt immer noch bei den unabhängigen Richtern des türkischen Rechtssystems.[611] Aber die Beibehaltung des Letztentscheidungsmonopols nach der Entscheidung des Verfassungsgerichts bedeutet nicht, dass die türkischen Organe, trotz Beschränkung der eigenen Souveränität oder Übertragung von Hoheitsrechten, das Letztentscheidungsmonopol behalten. Ganz im Gegenteil lehnt das Verfassungsgericht konkret und grundsätzlich die Beschränkung der Souveränität oder die Übertragung der Gerichtsbarkeit ab. Es betont, dass die Berücksichtigung der Entscheidungen des EGMR auf keinen Fall als die Übertragung der Gerichtsbarkeitskompetenz dargestellt werden darf.[612] Diese Entscheidung des Verfassungsgerichts legt viele Eigenschaften des Spannungsverhältnisses der inneren Rechtsordnung zur Beschränkung der Souveränität oder Übertragung von Hoheitsrechten offen, unabhängig davon, ob die Ratifizierung der EMRK einer Übertragung der Hoheitsrechte oder einer Beschränkung der Souveränität bedarf.

In der türkischen Rechtslehre wird versucht, die Möglichkeit der Souveränitätsbeschränkung oder die Möglichkeit der Übertragung von Hoheitsrechten durch die Unterzeichnung der EMRK zu begründen und das EGMR als eine supranationale Institution darzustellen.[613] Trotz dieser zahlreichen Versuche lehnt das Verfassungsgericht in seiner Entscheidung grundsätzlich die Souveränitätsbeschränkung oder die Übertragung von Hoheitsrechten auf den EMGR ab. Zusätzlich betont das Gericht in seiner Entscheidung, dass die unabhängigen türkischen Richter entscheiden, ob das Verfahren wieder aufgenommen wird oder nicht, auch wenn Art. 327 StPO die Entscheidung des EGMR als Wiederaufnahmegrund des Verfahrens festgelegt hat. Dadurch behalten die Organe der türkischen Rechtsordnung ihre Letztentscheidungskompetenz weiter, unabhängig von der Entscheidung des EGMR. Trotz der Ablehnung der Beschränkung der Souveränität oder der Übertragbarkeit der Hoheitsrechte an den EGMR und die Beibehaltung der Letztentscheidungskompetenz in der Rechtspraxis werden die

---

611 Urteil des Verfassungsgerichts, E. 2002/146, K. 2002/201, AMKD, Band 39/1, S. 323.
612 Urteil des Verfassungsgerichts, E. 2002/146, K. 2002/201, AMKD, Band 39/1, S. 323.
613 Gülmez, Mesut: S. 81.

Entscheidungen des EGMR vollständig beachtet und durchgesetzt. So kollidieren die Verfassungsvorschriften und Gerichtsentscheidungen mit der praktizierten Verfassungswirklichkeit.

1.5 Zusammenfassung

Die türkische Rechtsordnung versucht bis heute, das Souveränitätsverständnis beizubehalten, das bei der Gründung der Republik vertreten worden war.[614] Trotz vielerlei Änderungen in den letzten 86 Jahren versucht das türkische Staatswesen immer noch, sich mit dem ganz eng ausgelegten Souveränitätsverständnis zu legitimieren. Trotz der permanenten Kollision dieses anachronistischen Souveränitätsverständnisses mit der täglichen Rechtspraxis[615] nimmt das türkische Staatswesen die Realität nicht wahr.[616] Stattdessen wird in dieser schwierigen Konfrontation entweder die Unmöglichkeit der Übertragung von Hoheitsrechten propagiert und die Rechtspraxis nicht beachtet oder aber die Rechtspraxis wird als Beweis für die Annahme der Übertragung von Hoheitsrechten dargestellt. Weder das eine noch das andere hilft dabei, die Frage nach der Übertragbarkeit von Hoheitsrechten im Fall der Mitgliedschaft in der EU zu beantworten.

Nach der Analyse ist festzustellen, dass die Türkei und ihre 1982er Verfassung in der Frage der Hoheitsübertragung eine ziemlich defensive Position beibehält. Gründe dafür sind: ihr Gründungsdogma wie volle Souveränität, Unteilbarkeit der Souveränität und einheitliche Staatlichkeit usw.

Trotz dieser defensiven Haltung der Verfassung verhält und verpflichtet sich die Türkei selbst im Bereich internationaler Beziehungen de facto so, als ob die Gründungsdogmen und die Verfassung kein Hindernis darstellen würden. Die Kollision zwischen den Vorschriften der Verfassung und der Rechtspraxis ist in dem Fall sehr schwerwiegend und grundsätzlich. Solange diese Kollision nicht behandelt wird, wird entweder das Ergebnis der Rechtspraxis oder das defensive Gebot der Verfassung als Antwort auf die Frage bevorzugt. Die Bevorzugung der Rechtspraxis würde die Rechtsstaatlichkeit der Türkei infrage stellen aufgrund der Nichteinhaltung der Verfassungsvorschriften und der nicht gewährleisteten Rechtssicherheit. Dagegen würde die Bevorzugung der Verfassungsvorschriften die Aktivitäten bezüglich der internationalen Beziehungen voll beschränken und so die Türkei von der internationalen Gemeinschaft isolieren.

Aus diesem Grund kann ohne eine Auseinandersetzung mit dem Gründungsmythos und dem daraus erzeugten Staatsverständnis die Hoheitsübertragungsfra-

---

614 Göztepe, Ece: S. 173.
615 Oran, Baskin: S. 62 f.
616 Tezic, Erdogan: S. 123.

ge nicht beantwortet werden. Wenn die Frage der Übertragung von Hoheitsrechten auf die zwischenstaatlichen Organisationen für die türkische Rechtsordnung solche Spannungen und Kollisionen produziert, wie können dann die Hoheitsrechte auf die EU übertragen werden, die durch ihre „sui generis"-Natur zusätzliche Besonderheiten hat.

Durch die Analyse der Souveränität und der Hoheitsübertragungsfrage bei der Mitgliedschaft in der EU im nächsten Kapitel werden die Möglichkeiten und Schwierigkeiten für die Türkei im Falle der Vollmitgliedschaft genauer erläutert.

2 Analyse der Übertragung von Hoheitsrechten auf die EU

2.1 Bedeutung der Übertragung von Hoheitsrechten

Die Idee der Übertragung der Hoheit ist ein Ergebnis aus der und eine Reaktion auf die europäische Geschichte der ersten Hälfte des vorigen Jahrhunderts. Diese Geschichte zeigt, dass nebeneinanderstehende und konkurrierende Staaten in Kriege verwickelt werden können, in denen alle Beteiligten Verlierer sind. Die Wiederholung solcher katastrophalen Ereignisse konnte bisher nur durch die internationale Zusammenarbeit verhindert werden. Aufgrund dieser Erfahrungen aus der Geschichte nach dem Zweiten Weltkrieg haben eine Reihe europäischer Staaten ihre Verfassungen für eine intensive internationale Zusammenarbeit geöffnet.[617] Die europäische Integration basierte von Anfang an auf der Idee der Übertragung von Hoheitsrechten auf zwischenstaatliche Einrichtungen.[618] Mit der Übertragung von Hoheitsrechten auf eine europäische zwischenstaatliche Einrichtung wollten die Mitgliedstaaten auf der einen Seite die Übel der geschlossenen Nationalstaaten, wie Kriege und zerstörerische Wettbewerbe, zwischen den europäischen Ländern überwinden.[619] Auf der anderen Seite wollten die Mitgliedstaaten trotz und wegen neuer technologischer Entwicklungen und der Änderung der Produktionsverhältnisse die vor ihnen stehenden staatlichen Aufgaben leichter erfüllen.

Die innerstaatlichen Regelungen der Übertragung von Hoheitsrechten auf die EU werden von den Mitgliedstaaten gemäß ihrer Rechtssysteme verwirklicht. Die Vielfältigkeit der Übertragungsmethoden der Mitgliedstaaten gemäß ihrer

---

617 Randelzhofer, Albrecht [1992]: S. 13.
618 Zuleeg, Manfred [2000]: Die Aufteilung der Hoheitsgewalt zwischen der Europäischen Union und ihren Mitgliedstaaten aus der Sicht der deutschen Verfassung, in: Walter Hallstein-Institut für Europäisches Verfassungsrecht (Hrsg.): Grundfragen der Europäischen Verfassungsentwicklung, Baden-Baden, 2000, S. 92.
619 Zuleeg, Manfred [2000]: S. 93.

Systeme ändert die Konsequenzen und die Wirkung des entstandenen europäischen Rechtssystems für Mitgliedstaaten jedoch nicht.[620]

Durch die Übertragung von Hoheitsrechten öffnet der Staat den innerstaatlichen Kompetenzbereich, indem der übertragenden Organisation Befugnisse eingeräumt werden, Hoheitsakte im Staat durchzusetzen. Es gibt verschiedene Übertragungsmöglichkeiten für die Hoheitsrechte, die der Entstehung der supranationalen Hoheitsgewalt dienen könnten.

2.2 Derivative oder konstituierende Übertragung von Hoheitsrechten

Am Anfang wurde versucht, die Bedeutung der Übertragung von Hoheitsrechten mit dem zivilrechtlichen Begriff der „endgültigen Abtretung"[621] von Hoheitsrechten im Sinne eines dinglichen Transfers zu begründen.[622] Solch zivilrechtlich vorgeprägtes dingliches Verständnis würden dazu führen, dass der Übertragungsvorgang nach dem sachenrechtlichen Prinzip *nemo plus iuris transferre potest quam ipse habet* ausgelegt werden müsste.[623] Nach diesem Verständnis würden die Hoheitsrechte „*nur mit den ihnen verfassungsrechtlich anhaftenden Beschränkungen*" übertragen werden können und müssen.[624] Als Konsequenz dieses Verständnisses würde die EU nur die auf sie übertragenen Kompetenzen besitzen, was der supranationalen Eigenschaft der EU widerspricht. Diese Interpretation von Übertragung als eine dingliche Konstruktion wird von überwiegenden Teilen der Lehre abgelehnt.[625] Da die Kompetenzen der EU von ihrer Natur her überhaupt nur auf supranationaler Ebene angewendet werden können, ist es nicht möglich, die Hoheitsgewalt der EU als Sammlung von den Mitgliedstaaten übertragenen Hoheitsrechten zu bezeichnen.[626] Die Mitgliedstaaten schaffen durch die Übertragung von Hoheitsrechten einen neuen Rechtsträger, der die Zuständigkeiten und Hoheitsrechte hat, „*die so bislang in keinem der beteiligten Staaten bestanden*",[627] und deswegen wird durch

---

620 Wendel, Mattias: S. 372 ff., 525 ff.
621 Flint, Thomas: S. 112 ff., 135.
622 Wendel Mattias: S. 167.
623 Ebenda.
624 Ebenda.
625 König, Doris: Die Übertragung von Hoheitsrechten im Rahmen des europäischen Integrationsprozesses – Anwendungsbereich und Schranken des Art. 23 des Grundgesetzes, Berlin, 2000, S. 59; Lorenz, Norbert: Die Übertragung von Hoheitsrechten auf die Europäischen Gemeinschaften – Verfassungsrechtliche Chancen und Grenzen einer europäischen Integration erläutert am Beispiel der Bundesrepublik Deutschland, Frankreichs und Italiens, Frankfurt, 1990, S. 83; Tomuschat, Christian [1985]: S. 20–21.
626 Wendel Mattias: S. 169.
627 Pernice, Ingolf [2006b]: S. 510

die Übertragung von Hoheitsrechten eine originär öffentliche Gewalt konstituiert.[628]

Bei der derivativen oder konstituierenden Übertragung von Hoheitsrechten ist nicht mehr von der Übertragung der Kompetenzen bestimmter Organe auf eine Institution die Rede. Da durch die Übertragung gemeinsamer Zuständigkeiten Hoheitsrechte bei einem neuen Rechtsträger geschaffen werden, die bislang nicht existierten, bedeutet das Übertragen nicht die Delegation, nicht ein *transferre*, sondern ein *conferre*.[629] Das gemeinsame Handeln der beteiligten Staaten bildet einen neuen Machthaber, seine einheitlichen Hoheitsbefugnisse sind keine Sammlung oder kein Mosaik der übertragenen Hoheitsrechte, sondern darüber hinausgehende neue, originäre Hoheitsbefugnisse. Manchmal greifen sogar die Befugnisse des durch die Hoheitsübertragung geschaffenen Gebildes weiter als die früher vorhandenen Kompetenzen der einzelnen Staaten.[630] Durch die Ausrüstung mit den originären Hoheitsbefugnissen durch Hoheitsübertragung der Mitgliedstaaten ist die EU als autonomer Hoheitsträger entstanden.[631]

Die zwischenstaatlichen oder supranationalen Einrichtungen können durch die Übertragung von Hoheitsrechten mit ausschließlichen, konkurrierenden oder parallelen Kompetenzen im Verhältnis zu den Mitgliedstaaten ausgestattet werden.[632]

Die Öffnung des Kompetenzbereichs des Staates durch die Übertragung von Hoheitsrechten bedeutet nicht den Verlust der Staatsgewalt auf den Gebieten, auf denen die übertragene Organisation Hoheitsakte durchsetzen kann. Auch nach der Übertragung von Hoheitsrechten besitzt der Staat immer noch die Kompetenzen auf den entsprechenden Gebieten. Aber er verzichtet darauf, diese Kompetenzen auszuüben.[633] Es gibt jedoch auch die Meinungen, die den Verlust der übertragenen Hoheitsrechte der Mitgliedstaaten vertreten, da die Mitgliedstaaten die übertragenen Hoheitsrechte nicht mehr besitzen würden[634] und von ihren Kompetenzen keinen Gebrauch mehr machen könnten.[635] Die Gegenüberstellung der Mitgliedstaaten und der EU führt zum Ergebnis, dass eine Partei etwas

628 Pernice [2006b]: S. 510; Tomuschat, Christian [1985]: S. 20–21; BVerfGE 123, S. 400: originär und abgeleitet; dagegen: Huber, Peter: S. 7: sieht es als geliehene Hoheitsgewalt; Suerbaum, Joachim: Die Kompetenzenverteilung beim Verwaltungsvollzug des Europäischen Gemeinschaftsrechts in Deutschland, Berlin, 1998, S. 46: sieht es als abgeleitet.

629 Tomuschat, Christian [1985]: S. 20; Pernice, Ingolf [2006b]: S. 510.

630 Tomuschat, Christian [1985]: S. 19.

631 Tomuschat, Christian [1985]: S. 21.

632 Rojahn, Ondolf: S. 188.

633 Randelzhofer, Albrecht [1992]: S. 46.

634 Ophüls, Carl Friedrich: Staatshoheit und Gemeinschaftshoheit. Wandlungen des Souveränitätsbegriffs, in: Ule, Karl Hermann (Hrsg.): Recht im Wandel, Köln, 1965, S. 561.

635 Wohlfahrt, Ernst: Anfänge einer europäischen Rechtsordnung und ihr Verhältnis zum deutschen Recht, in: Juristen Jahrbuch, Band 3, S. 262.

verlieren und eine andere etwas gewinnen soll. Die Annahme der EU als eine Rechtsgemeinschaft, in der und mit der die Mitgliedstaaten und die Bürger der Mitgliedstaaten ihre Ziele verwirklichen wollen, hebt eine solche Position der Gegenüberstellung der Mitgliedstaaten und der EU auf.

Durch die Übertragung von Hoheitsrechten erhält der Adressat (die supranationale Einrichtung – in diesem Fall die EU) die Rechtsmacht, unmittelbar wirkende und verpflichtende Rechtsakte zu erlassen, die zu ihrer innerstaatlichen Gültigkeit keine weiteren administrativen oder legislativen Umsetzungsakte bedürfen.[636] Die Übertragung von Hoheitsrechten ermöglicht eine Kooperation von gesteigerter Intensivierung zwischen den Völkerrechtssubjekten.[637] Die Übertragung von Hoheitsrechten kann sich auf einzelne Befugnisse oder komplexe Aufgabenbereiche beziehen.[638]

Mit der Übertragung von Hoheitsrechten verleihen die Mitgliedstaaten der EU Befugnisse, mit denen die EU über Organe eigener Kompetenzen verfügt und wirkungsvolle rechtliche Instrumente besitzt. Somit kann die EU die Mitgliedstaaten durch bindende Beschlüsse verpflichten. Da die Mitgliedstaaten ihre Hoheitsrechte auf die EU übertragen haben, können in manchen Fällen die EU-Beschlüsse gegebenenfalls mehrheitlich verabschiedet werden. Solche Beschlüsse sind auch für den Mitgliedstaat bindend, der gegen die Beschlüsse gestimmt hat.[639] Die Übertragung von Hoheitsrechten ermöglicht den direkten Zugriff supranationaler Einheiten auf die Bürger der Mitgliedstaaten. Aufgrund dieser Durchgriffswirkung in den Mitgliedstaaten ist dort geltendes Recht nicht mehr nur nationales Recht, sondern zugleich auch europäisches Recht.[640] Die Hoheitsrechte werden mit dem Ziel der gemeinsamen Ausübung der Befugnisse auf die supranationale Einheit übertragen. Die zwischenstaatlichen Einrichtungen können auf allen Gebieten, wie Legislative, Exekutive und Judikative, staatlicher Tätigkeit mit Hoheitsrechten ausgestattet werden.[641] Durch die Übertragung von Hoheitsrechten werden nicht nur die Befugnisse gemeinsam ausgeübt, sondern es wird auch eine direkte Wirkung des europäischen Rechts auf dem Staatsgebiet der Mitgliedstaaten zugelassen.[642] Denn die Übertragung von Hoheitsrechten ist

636 Hillgruber, Christian [2008a]: Art. 23, in: Schmidt Bleibtreu, Bruno/Hofmann, Hans/Hopfauf, Axel (Hrsg.): Kommentar zum Grundgesetz, München, 2008, S. 742.
637 Tomuschat, Christian [1985]: S. 15.
638 Rojahn, Ondolf: S. 187.
639 Rojahn, Ondolf: S. 152; Brahy, Sylvie: Europäische Union und Türkei: Nationale Verfassung und supranationale Ordnung im Spannungsverhältnis, Frankfurt am Main, 2009, S. 49.
640 Rojahn, Ondolf: S. 152; Wahl, Rainer: Europäisierung und Internationalisierung, Zum Verlust der schützenden Außenhaut der Souveränität, in: Schuppert, Volke Gunnar/Pernice, Ingolf/Haltern, Ulrich (Hrsg.): Europawissenschaft, Baden-Baden, 2005, S. 165.
641 Tomuschat, Christian [1985]: S. 26.
642 Wahl, Rainer: S. 165.

die Erteilung der Ermächtigung, besondere innerstaatliche Anwendungsbefehle zu verwirklichen. Durch diese Funktion der Hoheitsübertragung kann die Anwendbarkeit der Rechtsakte eines außerstaatlichen Gebildes, anders als völkerrechtliche Verträge, im nötigen Fall ohne Transformation oder Vollzugsbefehl gewährleistet werden.[643]

Diese formale Eigenständigkeit der EU darf nicht als ein Konzept der gegenüberstehenden Rechtssysteme angenommen werden, da stets und ausschließlich die nationalen Behörden und Gerichte für die Durchsetzung des europäischen Rechts zuständig sind. Die EU als Rechtsgemeinschaft beruht auf der Freiwilligkeit der Mitgliedstaaten und dadurch auch auf der selbstverpflichtenden Haltung der Mitgliedstaaten. Aufgrund dieses Freiwilligkeitsgebots gibt es in der EU keinerlei unmittelbare Zwangs- oder Vollstreckungsgewalt der europäischen Organe.[644] Aus diesem Grund darf der Vorrang des europäischen Rechts nicht als eine Betonung der Normenhierarchie zwischen europäischem und nationalem Recht dargestellt werden. Die Einhaltung des Vorrangs des europäischen Rechts ist nur die rechtliche Konsequenz der Hoheitsübertragung der Mitgliedstaaten auf die EU nach dem Freiwilligkeitsprinzip.

Durch die Übertragung von Hoheitsrechten auf die EU wird „eine materiellrechtliche Einheit des Rechts im europäischen-mitgliedstaatlichen Verbund"[645] geschaffen. Die Hoheitsübertragung kreiert ein komplementäres, verflechtendes und einheitliches Rechtssystem aus den Rechtssystemen der Mitgliedstaaten und der EU.[646] Beide Rechtssysteme stehen in permanenter Wechselwirkung und sind aufeinander bezogen. Die Fortentwicklungen des primären und sogar des sekundären Rechts der EU verändern unmittelbar das innere Rechtssystem der Mitgliedstaaten bis auf ihr Verfassungsrecht, während ihrerseits die verfassungsrechtlichen Entwicklungen der Mitgliedstaaten das Recht der EU grundsätzlich beeinflussen.[647] Die Übertragung von Hoheitsrechten hat deswegen nicht nur konstitutive Funktion für die Ausstattung der EU mit den Kompetenzen, sondern auch ändernde Funktion für das Rechtssystem der Mitgliedstaaten.[648] Die Übertragung von Hoheitsrechten verändert die verfassungsrechtliche Zuständigkeitsordnung und wirkt damit als materielle Verfassungsänderung.[649] Durch die Übertragung von Hoheitsrechten wird die innerstaatliche Rechtsordnung für die Anwendbarkeit des autonomen Rechts geöffnet. Damit verabschiedet man sich von dem ausschließlichen Herrschaftsanspruch und verzichtet auf alleinige Zuständigkeit im eigenen

---

643 Randelzhofer, Albrecht [1992]: S. 20.
644 Pernice, Ingolf [2006c]: S. 25.
645 Pernice, Ingolf [2006c]: S. 17.
646 Pernice, Ingolf [2007]: S. 61.
647 Pernice, Ingolf [2006c]: S. 19.
648 Dagegen Scholz, Rupert: S. 75.
649 Randelzhofer, Albrecht [1992]: S. 20.

Hoheitsbereich.[650] Aber die Übertragung von Hoheitsrechten bedeutet nicht den Verlust der Hoheitsrechte des Staates in dem übertragenen Bereich, sondern vielmehr einen Verzicht, in diesem Bereich selbstständig tätig zu werden.[651]

Die Bezeichnung der Übertragung von Hoheitsrechten als Verfassungsänderungsakt bringt die Begriffe wie Durchbrechung des Souveränitätsprinzips oder Verzicht auf den staatlichen Ausschließlichkeitsanspruch mit sich, wobei diese beiden Aspekte zum Teil identisch, zum Teil unterschiedlich angenommen werden. Die Veränderung der konstitutionellen Kompetenzordnung des Staates darf in diesem Zusammenhang nicht außer Acht gelassen werden.[652]

2.3 Rechtsvergleichende Betrachtung der verfassungsrechtlichen Regelungen der Mitgliedstaaten der EU in Bezug auf die Übertragung von Hoheitsrechten

Die Verfassungen der Staaten im klassischen Sinne sahen bis zum Ende des Zweiten Weltkriegs keine Übertragung von Hoheitsrechten auf zwischenstaatliche oder supranationale Organisationen vor. Das klassische Staatsverständnis vereinte die Souveränität, die Staatsgewalt und die Hoheitsrechte, diese waren eng miteinander verbunden und unverzichtbar für die Existenz der Staatlichkeit. Deswegen bedeutet die Übertragung von Hoheitsrechten auf die EU einen wesentlichen Eingriff in die Hoheitssphäre und die verfassungsrechtliche Konstruktion des übertragenden Staates. Eine rechtsvergleichende Sicht auf die verfassungsrechtlichen Regelungen der Mitgliedstaaten der EU in Bezug auf die Übertragung von Hoheitsrechten[653] zeigt die Schwierigkeiten und die Möglichkeiten bei der Lösungsfindung und wäre für die Türkei hilfreich. Rechtsvergleichend werden erstens einige Gründer oder frühe Mitgliedstaaten (vor der Osterweiterung) der EU mit unterschiedlichen Rechtstraditionen analysiert, da die unterschiedlichen Rechtstraditionen diverse Schwierigkeiten und Lösungsperspektiven darstellen können. Aufgrund deren besonderer Haltung in Bezug auf Souveränität und Unabhängigkeit[654] werden die Verfassungsregeln der neuen Mitglieder der EU nach der Osterweiterung als zweite Gruppe kurz analysiert. Diese besondere Haltung bezüglich der Souveränität und der Unabhängigkeit der neuen Mitgliedstaaten bietet eine andere Perspektive auf die Übertragung von Hoheitsrechten.

---

650 Hillgruber, Christian [2008a]: Art. 23, S. 742.
651 Tomuschat, Christian [1985]: S. 25.
652 Randelzhofer, Albrecht [1992]: S. 18.
653 Ausführlich dazu: Wendel, Mattias.
654 Albi, Anneli: „Europe" Articles in the Constitutions of Central and Eastern European Countries, Common Market Law Review, 42/2, 2005, S. 399.

2.3.1 Verfassungsrechtliche Regelungen einiger früher Mitgliedstaaten der EU in Bezug auf die Übertragung von Hoheitsrechten

Die Verfassungen der frühen Mitgliedstaaten der EU lassen sich in drei Gruppen unterteilen. Während die eine Gruppe der Verfassungen der Mitgliedstaaten[655] spezifische und konkrete Regelungen beinhält, die die Beziehungen mit der EU und deren Wirkungen auf die eigene Rechtsordnung ordnen, regulieren die Verfassungen anderer Staaten[656] die Mitgliedschaft der EU und deren Wirkung durch die allgemeinen Klauseln des Völkerrechts. Die Verfassungen der dritten Gruppe der Mitgliedstaaten[657] sehen keine konkrete verfassungsrechtliche Referenz in Bezug auf die EU-Mitgliedschaft und deren Wirkung auf die eigene Verfassungsordnung vor.

Nicht nur die allgemeinen Gesichtspunkte der EU-Mitgliedschaft, sondern auch die verfassungsrechtlichen Regelungen in Bezug auf die Übertragung von Hoheitsrechten der früheren Mitgliedstaaten der EU stellen kein einheitliches Modell oder System dar. Je nach historischer Entwicklung der Mitgliedstaaten wird die Übertragung von Hoheitsrechten auf die EU andersartig geregelt.

2.3.1.1 Frankreich und Italien

In Frankreich existierte keine Verfassungsnorm, die explizit die Übertragung von Hoheitsrechten regelte. Es gab sogar bis zur Errichtung der Europäischen Union durch den Vertrag von Maastricht im Jahr 1992 keine spezielle verfassungsrechtliche Grundlage, die die Umsetzung des europäischen Unionsrechts in das französische Recht ermöglichte. Unionsrecht wurde bis dahin verfassungsrechtlich als Bestandteil des Völkerrechts angesehen.[658]

Der Abs. 15 der Präambel der 1946er Verfassung Frankreichs ist ein integraler Bestandteil der Verfassung von 1958. Der Abs. 15 gestattet erforderliche Souveränitätsbeschränkungen durch die völkerrechtlichen Verträge zur Organisation und Verteidigung des Friedens. Solche wichtigen Verträge müssen durch das Gesetz genehmigt werden.[659] Die internationalen Verpflichtungen Frankreichs werden vor der Ratifizierung des Abkommens vom Verfassungsrat (*Conseil constitutionnel*) kontrolliert.[660] Stellt der Verfassungsrat Verfassungswidrigkeiten fest, ist die Ratifizierung nur nach der entsprechenden Verfassungsänderung möglich.[661] Das

---

655 Deutschland, Portugal, Frankreich, Griechenland, Österreich, Irland, Schweden.

656 Spanien, Finnland, Belgien und Italien.

657 Dänemark, Luxemburg, Niederlande.

658 Haguenau-Moizard, Catherine: Offene Staatlichkeit: Frankreich, in: Bogdandy, Armin v./Huber, M. Peter (Hrsg.): Handbuch Ius Publicum Europaeum, Heidelberg, 2008, S. 40.

659 Art. 53 der französichen Verfassung von 1958.

660 Art. 54 der französichen Verfassung von 1958.

661 Art. 54 der französichen Verfassung von 1958.

französische Rechtssystem erkennt den Vorrang der Völkerrechtsnormen gegenüber den nationalen Rechtsnormen an.[662]

Im Jahr 1992 wurde erstmals durch die erforderliche Verfassungsänderung für die Ratifizierung des Vertrages von Maastricht der besondere Charakter des europäischen Unionsrechts anerkannt. Art. 88-1 der französischen Verfassung lautet: *„Die Republik wirkt in den Europäischen Gemeinschaften und der Europäischen Union mit, die aus Staaten bestehen, die sich freiwillig vertraglich dazu entschlossen haben, einige ihrer Kompetenzen gemeinsam auszuüben."*[663]

Die Regulierung des französischen Rechtssystems favorisiert die Ansicht der Duldung der Kompetenzausübung der EU. Da das französische Verfassungssystem keine Unterscheidung zwischen Staatsgewalt und Souveränität kennt, begründet es seine Anerkennung der Ausübung der Kompetenzen der EU auf seinem Territorium mit seiner Selbstbegrenzung, was nicht mit der Supranationalitätseigenschaft der EU kompatibel ist.[664] Da bei der Gleichstellung der Staatsgewalt und der Souveränität im französischen System jede Übertragung von Hoheitsrechten im Ergebnis zum Verlust der staatlichen Souveränität führt, ist die Übertragung oder Delegation der Kompetenzen, aber nicht der Hoheitsrechte anzunehmen, was aber der Supranationalität und ihrem konkreten Erscheinungsbild der EU nicht gerecht wird. Die Ausübung der Kompetenzen durch die supranationale Institution wird von der französischen Rechtsordnung geduldet, da sie sich freiwillig limitiert. Das hat weiter zur Folge, dass die Ausübung supranationaler Hoheitsrechte im französischen Souveränitätsbereich nicht als supranational, sondern nur als mittelbare französische Ausübung gelten kann.[665] Da die Wirkung der supranationalen Rechtsakte auf freiwilliger Limitation der französischen Rechtsordnung basiert, braucht nach der herrschenden Überzeugung in Frankreich jede Erweiterung des supranationalen Hoheitsbereiches eine Verfassungsänderung.[666]

Italien hat ein ähnliches Konzept wie Frankreich. Hier existiert auch keine explizite Regulierung in Bezug auf die Übertragung von Hoheitsrechten. Die Grundlage für die Übertragung von Hoheitsrechten bietet Art. 11 der italienischen Verfassung.[667] In Italien werden auch Souveränität und Staatsgewalt gleichgestellt und synonym verwendet. Aber trotz der synonymen Verwendung haben

---

662 Art. 55 der französichen Verfassung von 1958.

663 Haguenau-Moizard, Catherine: S. 43.

664 Chapuis, Cedric: S. 121.

665 Ebenda.

666 Wendel, Mattias: S. 163.

667 *„Italien verwirft den Krieg als Mittel des Angriffs auf die Freiheit anderer Völker und als Mittel zur Lösung internationaler Streitfragen. Unter der Bedingung der Gleichstellung mit anderen Staaten stimmt es Souveränitätbeschränkungen zu, die für eine Ordnung notwendig sind, welche Frieden und Gerechtigkeit unter den Nationen gewährleistet. Es fördert und begünstigt internationale Organisationen, die diesem Zweck dienen."*

das italienische Verfassungsgericht und die italienische Lehre die unterschiedlichen Begriffsinhalte anerkannt und berücksichtigt. Da die begriffsinhaltliche Unterscheidung gemacht werden kann, wird nach dem italienischen Verfassungssystem die Übertragung von Hoheitsrechten auf die EU ohne die Berührung der staatlichen Souveränität anerkannt.[668]

2.3.1.2 Großbritannien

Aufgrund des Fehlens einer geschriebenen Verfassung ist es in Großbritannien nicht möglich, eine verfassungsrechtlich verankerte Regel in Bezug auf die Übertragung von Hoheitsrechten zu finden. Neben der völkerrechtlichen Komponente für den Beitritt zur EG erließ das britische Parlament ein Gesetz: *European Communities Act*. Durch dieses Gesetz wird die Anwendung der Primär- und Sekundärrechte der Gemeinschaft geregelt. Der essenzielle Verfassungsgrundsatz „*sovereignty of Parlament*"[669] macht ein harmonisches Verhältnis zwischen dem Unionsrecht und dem Nationalrecht unmöglich, da nach diesem Grundsatz kein Parlament seinen Nachfolger rechtswirksam binden darf und keine Institution in Großbritannien Parlamentsgesetze auf ihre Verfassungsmäßigkeit oder Übereinstimmung mit anderen Gesetzen überprüfen darf.[670] Infolgedessen ist es nicht möglich, das „*lex posterior derogat lex priori*"-Prinzip auch im Falle der EU-Mitgliedschaft unwirksam werden zu lassen. In letzter Konsequenz bedeutet „*sovereignty of Parlament*", dass sich Großbritannien nicht verpflichtet, die Ausübung der supranationalen Hoheitsrechte auf seinem Territorium zu garantieren. Obwohl verschiedene Theorien entwickelt worden sind, um diese Probleme zu lösen,[671] bleibt die Frage immer noch unbeantwortet, wie diese zwei Rechtsordnungen miteinander harmonisiert werden können. Der EuGH hat mit seiner Factorame-Entscheidung[672] den Vorrang des Unionsrechts vor der inneren Rechtsordnung Großbritanniens konkretisiert, unabhängig davon, wie die innere Rechtsordnung Großbritanniens die Wirkung des Unionsrechts beschreibt. Obwohl durch diese Entscheidung der Anwendungsvorrang auch für Großbritannien durchgesetzt worden war, darf theoretisch das Parlament immer das Gesetz *European Communities Act* und damit die Wirkung und den Vorrang des Unionsrechts aufheben.

---

668 Chapuis, Cedric: S. 123.
669 Young, Alison: Parlamentary Sovereignty and the Human Rights Act, Oxford 2009, S. 2.
670 Chapuis, Cedric: S. 150.
671 Siehe: Chapuis, Cedric: S. 143-157.
672 EuGH, Sammlung 1991, Factorame, S. 3905.

2.3.1.3 Deutschland

Deutschland hat sich geschichtlich niemals zu einer wirklichen Einheit entwickeln können, im Gegensatz zu Frankreich oder England. Aufgrund seiner Staatsformen wie Staatenverbindungen oder der heutige Bundesstaat gibt es in Deutschland reichhaltigere Literatur[673] über die Hoheitsrechte als in anderen Staaten.[674] Das Grundgesetz beinhaltet detaillierte Regelungen in Bezug auf die Übertragung von Hoheitsrechten. Bis zum Inkrafttreten des Art. 23[675] GG wurde das Verhältnis der BRD zur EU bezüglich der Übertragung von Hoheitsrechten durch Art. 24 GG geregelt. Art. 24 beruhte auf den spezifischen Erfahrungen des Zweiten Weltkrieges und konstituiert die offene Staatlichkeit der BRD sowie das Friedensgebot.[676] Aufgrund der Fortentwicklung der europäischen Integration und des Inkrafttretens des „Vertrages über die Europäischen Union" (der Unionsvertrag) bietet Art. 24 nicht mehr die entsprechende verfassungsrechtliche Basis für diese Fortentwicklung und den Integrationsgrad der EU. Um ein *grundsicheres Fundament*[677] für die Fortentwicklung der EU und für die Integration zu schaffen, wurde im Vorfeld der Ratifikation des Unionsvertrages in das GG Art. 23 eingefügt. In Art. 23 Abs. 1 GG verpflichtet sich die BRD zur Mitwirkung in der EU, zur Verwirklichung und Entwicklung eines vereinten Europas. Dieses Mitwirkungsgebot ist nicht nur ein Ziel oder eine Wunschäußerung, sondern hat einen verpflichtenden Charakter für alle Verfassungsorgane. Da dieses Mitwirkungsgebot seiner Formulierung nach vollständig justiziabel ist, sollen diese Pflichten von allen Verfassungsorganen erfüllt werden.[678] Art. 23 Abs. 1 HS 2 GG bestimmt spezifische materielle Bedingungen wie die „*demokratischen, rechtsstaatlichen, sozialen*" Grundsätze, denen die zu verwirklichende EU genügen muss. Zusätzlich wird die „*föderative*" Struktur der EU als unverzichtbar erklärt. Durch die Erwähnung des Subsidiaritätsprinzips im selben Artikel wird der Grundsatz für die Aufgabenverteilung zwischen den verschiedenen Handlungsebenen verfassungsrechtlich verankert. Letztendlich werden mit dem Verweis auf Art. 79 Abs. 3 die in Art. 1 und 20 GG festgelegten unveränderbaren Eigenschaften der deutschen Staatlichkeit gesichert. Unter diesen Bedingungen

---

673 Schaper, Tim: Verfassungsrechtliche Probleme bei der Übertragung von Hoheitsrechten zur Schaffung eines europäischen Strafrechts – Eine Untersuchung am Beispiel des Rahmenbeschlusses über den Europäischen Haftbefehl, Berlin, 2009; Lorenz, Norbert; Flint, Thomas; König, Doris; Mosler, Hermann; Tomuschat, Christian [1985].

674 Chapuis, Cedric: S. 130.

675 BGBl. 1992 I, S. 2086.

676 Pernice, Ingolf [2006b]: S. 503.

677 BT-Drs. 12/6000, S. 20.

678 Pernice, Ingolf [2006a]: Art. 23, in: Dreier Kommentar, Grundgesetz-Kommentar, Bd. 2, Tübingen, 2006, S. 455.

ist die BRD verpflichtet, bei der Entwicklung der EU mitzuwirken, und sie kann die Hoheitsrechte auf die EU übertragen. Das BVerfG legte mit seiner Maastricht-Entscheidung[679] Art. 23 GG eng und mit dem konventionellen Souveränitätsverständnis aus, was zu juristischen Diskussionen führte. Im Maastricht-Urteil bezeichnete das BVerfG die Europäische Union als einen europäischen Staatenverbund,[680] der von den Mitgliedstaaten getragen wird und deren nationale Identität er achtet. Ein Staatenverbund bildet eine Rechtsgemeinschaft von eigenständigen Staaten, die auf neuen Entwicklungen der Pluralität gewachsener Gemeinwesen und Staatsaufgaben basieren und der die Zusammenzugehörigkeit verschiedener Staatsvölker verwirklichen soll und kann.[681]

Die Aufgaben und Befugnisse der EU werden in voraussehbarer Weise normiert, damit das Einzelermächtigungsprinzip eingehalten werden kann. Aufgrund des Einzelermächtigungsprinzips hat die EU keine Kompetenz-Kompetenz-Fähigkeit. *„Die Mitgliedstaaten haben die EU gegründet, um einen Teil ihrer Aufgaben gemeinsam wahrzunehmen und insoweit ihre Souveränität gemeinsam auszuüben."*[682]

Deswegen können die Inanspruchnahme weiterer Aufgaben und die Befugnisse nur durch Vertragsänderung und -ergänzung verwirklicht werden.[683]

„Die Wahrnehmung von Hoheitsgewalt durch einen Staatenverbund wie die Europäische Union gründet sich auf den Ermächtigungen souverän bleibender Staaten, die im zwischenstaatlichen Bereich regelmäßig durch ihre Regierungen handeln und dadurch die Integration steuern. Sie ist daher intergouvernmental."[684] Nach dieser Entscheidung leitet sich die Hoheitsgewalt der EU von den Mitgliedstaaten ab und kann in deutschem Hoheitsbereich nur kraft des deutschen Rechtsanwendungsbefehls durch Zustimmungsgesetze verbindlich wirken. *„Deutschland wahrt damit die Qualität eines souveränen Staates aus eigenem Recht und den Status der souveränen Gleichheit mit anderen Staaten ..."* Das Gericht sah Mitgliedstaaten als „Herren der Verträge", da die Mitgliedstaaten durch einen gegenläufigen Akt ihre Gebundenheit an die EU wieder aufheben können.[685] Diese Entscheidung des BVerfG zeigt die Konturen des konventionellen Souveränitätsverständnisses, in dem die Übertragung von Hoheitsrechten im derivativen Sinn mit dem Verlust der Souveränität gleichgestellt wird. Da aber durch Art. 23 GG die Übertragung von Hoheitsrechten verfassungsrechtlich zugelassen ist, versuchte das BVerfG, durch die Betonung

679 BVerfGE 89, S. 155–213.
680 BVerfGE 89, S. 186.
681 Scholz, Rupert: S. 61 f.
682 BVerfGE 89, S. 188.
683 BVerfGE 89, S. 182.
684 BVerfGE 89, S. 186.
685 BVerfGE 89, S. 190.

der Souveränität des deutschen Staates den Verlust der deutschen Staatlichkeit zu retten. Mit seiner Solange-II-Entscheidung[686] beanspruchte das BVerfG die Prüfungskompetenz über die Rechtsakte der EU für bestimmte Grundrechtskonflikte.[687] Diese Anspruch wurde durch das Maastricht-Urteil erweitert, sodass das Gericht „Rechtsakte der europäischen Einrichtungen und Organe" überprüfen konnte, ob diese sich *„in den Grenzen der ihnen eingeräumten Hoheitsrechte halten oder aus ihnen ausbrechen".*[688] Es gab Kritik gegen diese Position des Gerichtes, dass die Möglichkeit des innerstaatlichen Rechtsschutzes gegen die Rechtsakte der EU die Einheitlichkeit und den Vorrang des Unionsrechts gefährden würde.[689]

Das BVerfG vertritt in seiner Lissabon-Entscheidung vom 30.6.2009 bezüglich des Vertrags von Lissabon immer noch dieselbe Position, dass *„ausbrechende Rechtsakte"* der EU vom BVerfG geprüft werden können, wenn Rechtsschutz auf der Unionebene nicht zu erlangen ist[690] und ob sie sich *„... in den Grenzen der ihnen im Wege der begrenzten Einzelermächtigung eingeräumten Hoheitsrechte"*[691] bewegen.

Da die ausgeübten Hoheitsrechte der EU als von den Mitgliedstaaten abgeleitet angenommen werden[692] statt originär, *„hält das BVerfG im* Lissabon-*Urteil konsequent an seiner Linie fest, dass der Vorrang des Unionsrechts nur kraft des nationalen Rechtsanwendungsbefehls seine Wirkung zu entfalten vermag, und setzt sich damit einmal mehr in Widerspruch zum EuGH, der den Vorrang bekanntlich aus der Autonomie des Unionsrechts ableitet."*[693]

---

686 BVerfGE 73, S. 339–388
687 Grimm, Dieter [2009]: Souveränität – Herkunft und Zukunft eines Schlüsselbegriffs, Berlin, 2009, S. 109.
688 BVerfGE 89, S. 188
689 Haratsch, Andreas: Die Kooperative Sicherung der Rechtsstaatlichkeit durch die mitgliedstaatlichen Gerichte und die Gemeinschaftsgerichte aus mitgliedstaatlicher Sicht, Europarecht, 2008, Beiheft 3, S. 81–109.
690 Ohler, Christoph: Herrschaft, Legitimation und Recht in der Europäischen Union – Anmerkung zum Lissabon-Urteil des BVerfG, in: Archiv des öffentlichen Rechts, Band 135, Heft 2, 2010, S. 164.
691 BVerfGE 123, S. 268.
692 BVerfGE 123, S. 400: *„Der europarechtliche Anwendungsvorrang bleibt auch bei Inkrafttreten des Vertrags von Lissabon ein völkervertraglich übertragenes, demnach abgeleitetes Institut, das erst mit dem Rechtsanwendungsbefehl durch das Zustimmungsgesetz in Deutschland Rechtswirkung entfaltet."*
693 Terhechte, Jörg Philipp [2010]: Europäischer Bundesstaat, supranationale Gemeinschaft oder Vertragsunion souveräner Staaten? – Zum Verhältnis von Staat und Union nach dem Lissabon-Urteil des BVerfG, Europarecht 2010, Beiheft 1, S. 141; EuGH, Sammlung 1964, Costa/E. N. E. L., S. 1253.

Mit seiner neuen Entscheidung nimmt das BVerfG die Judikatur von 1993 zum Maastricht-Vertrag auf und konkretisiert seine Ansicht weiter.[694]

„Das Grundgesetz ermächtigt mit Art. 23 GG zur Beteiligung und Entwicklung einer als Staatenbund konzipierten Europäischen Union. Der Begriff des Verbunds erfasst eine enge, auf Dauer angelegte Verbindung souverän bleibender Staaten, die auf vertraglicher Grundlage öffentliche Gewalt ausübt, deren Grundordnung jedoch allein der Verfügung der Mitgliedstaaten unterliegt und in der die Völker – das heißt die staatsangehörigen Bürger – der Mitgliedstaaten die Subjekte der demokratischen Legitimation bleiben."[695]

Durch diesen Ansatz hebt das BVerfG die Rolle der Mitgliedstaaten hervor und betont seine völkerrechtliche Ansicht bei der Analyse der Eigenschaften und Legitimationsquelle der europäischen Union. *„Die Betonung des kontraktuellen Moments (Vertrag) verkörpert eine bewusste Abkehr von der Idee eines Verfassungsverbundes mit wechselseitiger Abhängigkeit."[696]* Somit betont das BVerfG in seiner Gerichtsentscheidung noch einmal, dass die Mitgliedstaaten Herren der Verträge sind,[697] da die Ermächtigungen der EU, supranationale Zuständigkeiten auszuüben, von den Mitgliedstaaten stammen.[698]

Während auf der einen Seite die Öffnung der staatlichen Herrschaftsordnung für die europäische Integration betont wird,[699] wird auf der anderen Seite durch die enge Auslegung des begrenzten Einzelermächtigungsprinzips in Korrelation mit der Identität der Verfassung[700] und der Frage der Kompetenz-Kompetenz[701] die Offenheit der deutschen Rechtsordnung gegenüber der EU stark begrenzt. Die Lissabon-Entscheidung wird damit befürwortet, dass die EU sich inzwischen zu „... ein[em] supranationale[n] Leviathan"[702] entwickelt. *„Darum aber erhebt sich die Notwendigkeit, diesen stärker mit den Mitteln des Rechts zu leiten und die Grenzen des Wachstums rechtlich zu vermessen."[703]* Diese plastische Bezeichnung der Entscheidung ist treffend, da sich das BVerfG gegen die angebliche supranationale Leviathan-EU und die Souveränität der Mitgliedstaaten stellt. Obwohl das Gericht selbst in seiner Entscheidung betonen muss, dass „[d]er Staat weder Mythos noch Selbstzweck [ist], sondern die historisch gewachsene, glo-

---

694 Isensee, Josef [2010]: Integrationswille und Integrationsresistenz des Grundgesetzes. Das Bundesverfassungsgericht zum Vertrag von Lissabon, in: Zeitschrift für Rechtspolitik 2010, Heft 2, S. 33.
695 BVerfGE 123, S. 267.
696 Terhechte, Jörg Philipp [2010]: S. 139.
697 BVerfGE 123, S. 349.
698 BVerfGE 123, S. 400.
699 BVerfGE 123, S. 344–345.
700 BVerfGE 123, S. 350.
701 BVerfGE 123, S. 353.
702 Isensee, Josef [2010]: S. 34.
703 Isensee, Josef [2010]: S. 34.

bal anerkannte Organisationsform einer handlungsfähigen politischen Gemein-schaft".[704] Trotz der Entmystifizierungsversuche des Staatsbildes sind aber in den Grundlinien der Entscheidung Hauptmerkmale des westfälischen Souveränitäts-und Staatlichkeitsverständnisses zu finden, die den Staat als eigentlichen Akteur der demokratischen Organisation bezeichnen.

In seiner Entscheidung hat das BVerfG versucht, grundsätzliche Anforderungen an die Ausgestaltung der künftigen Mitwirkung Deutschlands in der EU aufzustellen und prinzipielle, strukturelle und materielle Grenzen für die mögliche Fortentwicklung der EU aus dem Grundgesetz herzuleiten. Dadurch beansprucht das BVerfG erneut eine eigene Kompetenz zur Überprüfung der Einhaltung der Grenzen der EU, ob nach vertraglich übertragenen Zuständigkeiten der EU gehandelt wird.[705] Das BVerfG bezeichnet die EU in seiner Lissabon-Entscheidung als *„Vertragsunion souveräner Staaten"*[706], die in den Institutionen der EU kooperieren, ohne dabei ihre Identität infrage zu stellen.[707]

Durch seine Entscheidung fordert das BVerfG die Integrationsverantwortung der deutschen Staatsorgane ein und zwingt zu einer Parlamentarisierung des deutschen Auftretens in Brüssel. Die Integrationsverantwortung hat das Ziel, das Spannungsverhältnis zwischen der Teilnahme eines souveränen Staates am überstaatlichen Integrationsprozess (dadurch die Akzeptanz der Entscheidung der Organe der überstaatlichen Organisationen) und der Sicherung der freien Selbstbestimmung der Mitglieder der überstaatlichen Organisationen aufzulösen.[708] Die entscheidende Bedeutung des Urteils besteht aber vielmehr in der Darstellung des Verständnisses, dass der Integrationsprozess nicht die Grundeigenschaften (Essentialia) der deutschen Staatlichkeit berühren darf.[709] Unter den Essentialia der deutschen Staatlichkeit bezeichnet das BVerfG nicht nur die Kernelemente der Staatlichkeit wie Kompetenz-Kompetenz oder Gewaltmonopol, sondern darüber hinaus die Verfügungsgewalt wie die Finanzhoheit oder eingriffsintensive Maßnahmen wie den Freiheitsentzug im strafrechtlichen Bereich. Die Kulturstaatlichkeit in den Bereichen Sprache, Familie, Ordnung der Meinungs- und Versammlungs- oder Religionsfreiheit wird vom BVerfG als integrationsfeste Verfassungsidentität zur grundlegenden politischen und verfassungsmäßigen

---

704 BVerfGE 123, S. 346.

705 Pache, Eckhard: Das Ende der europäischen Integration? Das Urteil des Bundesverfassungsgerichts zum Vertrag von Lissabon, zur Zukunft Europas und der Demokratie, EuGRZ, Heft 12-16, 2009, S. 285.

706 BVerfGE 123, S. 357.

707 Nettesheim, Martin [2010]: Die Integrationsverantwortung – Vorgaben des BVerfG und gesetzgeberische Umsetzung, in: NJW 2010, 4, S. 177.

708 Nettesheim, Martin [2010]: S. 177.

709 Nettesheim, Martin [2009a]: Ein Individualrecht auf Staatlichkeit? Die Lissabon-Entscheidung des BVerfG, in: NJW 2009, Heft 39, S. 2868.

Struktur der souveränen Mitgliedstaaten gezählt.[710] Da nach Ansicht des BVerfG die Änderung der Verfassungsidentität der deutschen Staatlichkeit nur der verfassungsgebenden Gewalt des Volkes, im Falle einer legalen Revolution, unterlägen, könne die Verfassungsidentität von dem verfassungsändernden Gesetzgeber nicht geändert werden. Aufgrund dessen seien sie dem politischen Prozess gänzlich entzogen.

In Anbetracht der Ausklammerung aus dem politischen Prozess darf die Verfassungsidentität der deutschen Staatlichkeit nicht nur durch den Lissabon-Vertrag, sondern auch durch zukünftige Vertragsänderungen nicht angegriffen werden.[711]

Da die Entscheidung des BVerfG die politischen Prozesse der verfassungsändernden Gewalt so weit beschränkt, wird kritisiert, dass durch diese Entscheidung nicht im Grundgesetz vorgesehene *„gouvernement des judges"* kreiert und das BVerfG ohne hinreichende verfassungsrechtlichen Gründe sich dem demokratisch kontrollierten politischen Prozess entgegenstellt.[712]

Obwohl die Union heute kein Staat ist und auch in absehbarer Zeit kein Staat in diesem Sinne werden wird,[713] basieren die Kerngehalte des Lissabon-Urteils auf dem Szenario eines europäischen Bundesstaats:[714] *„Löst man aber das Charakteristikum der Supranationalität von der Vorstellung eines europäischen Bundesstaats als Endziel der Integration ab, so eröffnet dies einen konstruktiveren Blickwinkel auf Kompetenzübertragungen, die dann nicht mehr als Verlust von Staatlichkeit empfunden werden müssen."*[715]

Obgleich betont das BVerfG, dass das Grundgesetz *„.... sich von einer selbstgenügsamen und selbstherrlichen Vorstellung souveräner Staatlichkeit"* löst und zurückkehrt zu *„einer Sicht auf die Einzelstaatsgewalt"*, die Souveränität als *„völkerrechtlich geordnete und gebundene Freiheit"* auffasst.[716] So wird das Urteil auf die Grundeigenschaften eines souveränen Staates wie Kompetenz-Kompetenz, Gewaltmonopol oder Letztentscheidungskompetenz gebaut, während das Verhältnis zwischen der EU und den Mitgliedstaaten mit völkerrechtlichen Ansichten dargestellt wird.

Da das Gericht in seinem Urteil die EU-Rechtsordnung nicht als originär, sondern als von den Mitgliedstaaten abgeleitete Rechtsordnung annimmt, begrenzt es die Übertragung von Hoheitsrechten, während es deren Übertragung analysiert.

---

710 BVerfGE 123, S. 358.
711 BVerfGE, 123, S. 358; Nettesheim, Martin [2009a]: S. 2868.
712 Nettesheim, Martin [2009a]: S. 2868.
713 Terhechte, Jörg Philipp [2009]: Dynamik, Souveränität und Integration – making up the rules as we go along? – Anmerkungen zum Lissabon-Urteil des BVerfG, EuZW 2009, S. 724.
714 Terhechte, Jörg Philipp [2010]: S. 141.
715 Terhechte, Jörg Philipp [2010]: S. 138.
716 BVerfGE, 123, S. 358.

„Das Grundgesetz ermächtigt den Gesetzgeber zwar zu einer weitreichenden Übertragung von Hoheitsrechten auf die Europäische Union. Die Ermächtigung steht aber unter der Bedingung, dass dabei die souveräne Verfassungsstaatlichkeit auf der Grundlage eines Integrationsprogramms nach dem Prinzip der begrenzten Einzelermächtigung und unter Achtung der verfassungsrechtlichen Identität als Mitgliedstaaten gewahrt bleibt und zugleich die Mitgliedstaaten ihre Fähigkeit zu selbstverantwortlicher politischer und sozialer Gestaltung der Lebensverhältnisse nicht verlieren."[717]*

„Der unübertragbaren und insoweit integrationsfesten Identität der Verfassung (Art. 79 Abs. 3 GG) entspricht die europarechtliche Pflicht, die verfassungsgebende Gewalt der Mitgliedstaaten als Herren der Verträge zu achten. Das Bundesverfassungsgericht hat im Rahmen seiner Zuständigkeit gegebenenfalls zu prüfen, ob diese Prinzipien gewahrt sind."[718]*

Durch die Unterstreichung der Verfassungsidentität und die Bezeichnung der Rechtsordnung der EU als von den Mitgliedstaaten abgeleitete Rechtsordnung verabsolutiert das BVerfG die Verfassungsstaatlichkeit der Mitgliedstaaten der EU.

Dadurch wirkt die Verabsolutierung der Staatlichkeit nicht wie in Art. 23 GG vorgesehen als Integrationshebel, sondern als Integrationsbremse, die der in der Präambel verankerten supranationalen Option des Grundgesetzes widerspricht. Da Art. 23 die supranationale Option des Grundgesetzes als Staatsziel konkretisiert und „... *damit eine verfassungsrechtlichen Verpflichtung zur Mitwirkung an der Entwicklung der Europäischen Union ...*" begründet,[719] sollte das BVerfG beim Lissabon-Urteil die Kooperationsverhältnisse besonders beachten. Nach dem Lissabon-Urteil des BVerfG wurde festgestellt: „... [d]*as oftmals reklamierte Kooperationsverhältnis zwischen EuGH und BVerfG besteht zwar auf dem Papier, wird aber nicht wirklich gelebt.*"[720]

2.3.2 Verfassungsrechtliche Regelungen einiger neuer Mitgliedstaaten der EU nach der Osterweiterung in Bezug auf die Übertragung von Hoheitsrechten

2.3.2.1 Allgemeiner Überblick der Verfassungsvorschriften einiger neuer EU-Mitgliedstaaten

Die neuen Mitgliedstaaten der EU nach der Osterweiterung haben ihre jeweilige neue Verfassungsordnung erst nach dem Zerfall des Warschauer Paktes gegründet. Aufgrund ihrer historischen Entwicklungen wurden die Souveränität und die Unabhängigkeit des Staates in diesen Ländern besonders hoch geschätzt. Das

---

717 BVerfGE, 123, S. 347.
718 BVerfGE, 123, S. 351.
719 Pernice, Ingolf [2006a]: S. 419.
720 Terhechte, Jörg Philipp [2010]: S. 142.

hoch geschätzte Souveränitätsverständnis konnte als gemeinsame Eigenschaft der Verfassungen der neuen Mitgliedstaaten bezeichnet werden.[721] Infolgedessen sahen die Verfassungen der neuen Mitgliedstaaten bis zum EU-Mitgliedschafts-verfahren die Übertragung von Hoheitsrechten auf die internationalen Organi-sationen nicht vor.[722] Das EU-Mitgliedschaftsverfahren führte zur Öffnung der Verfassungsordnung der neuen Mitgliedstaaten gegenüber dem Völkerrecht und ermöglichte durch die Änderungen der Verfassung die Übertragung von Hoheits-rechten dieser Länder auf die internationalen Organisationen bzw. auf die EU.

Ähnlich wie frühe Mitgliedstaaten kann auch bei den neuen Mitgliedstaaten kein einheitliches System in Bezug auf die Übertragung von Hoheitsrechten auf die EU festgestellt werden. Während einige Länder die Beziehungen mit der EU und die Öffnung ihrer nationalen Rechtsordnung gegenüber dem Völkerrecht de-tailliert regelten, ordnen die anderen Verfassungen dieses Verhältnis mittelstreng bis zurückhaltend.

Die slowakische, die tschechische und die slowenische Verfassung gehören zur ersten Gruppe, die die Beziehungen mit der EU und die Übertragung von Ho-heitsrechten konkret reguliert haben. Die slowakische Verfassung sieht die Über-tragung von Hoheitsrechten auf die EU vor. Gemäß Art. 7 Abs. 2 der Verfassung darf die Slowakei die Ausübung bestimmter Hoheitsrechte auf die EG und EU übertragen.[723] Anders als die slowakische Verfassung erwähnt die tschechische Verfassung bei der Übertragung von Hoheitsrechten nicht direkt die EU, sondern bezieht sich auf internationale Organisationen. Gemäß Art. 10a der tschechischen Verfassung dürfen bestimmte Hoheitsrechte der Tschechischen Republik auf die internationalen Organisationen oder Institutionen übertragen werden.[724] Beide Verfassungen anerkennen die Verbindlichkeit, die direkte Wirkung und den Sup-rematiestatus des Europarechts.[725] Ähnlich wie die tschechische Verfassung lässt Art. 3a[726] der slowenischen Verfassung die Übertragung von Hoheitsrechten auf internationale Organisationen zu. Die Bestimmungen der polnischen und unga-rischen Verfassungen haben eine mildere Lösung im Vergleich zu den gerade dargelegten Ländern gefunden. Da Polen gemäß Art. 90 seiner Verfassung und Ungarn gemäß Art. 2A die Übertragung von nötigen Hoheitsrechten auf inter-nationale Organisationen festgeschrieben hat, können hier Ähnlichkeiten mit den

---

721 Albi, Anneli: S. 403.
722 Albi, Anneli: S. 399.
723 Slowakische Verfassung Art. 7 Abs. 2: „*transfer the execution of a part of its rights to the European Communities and European Union.*"
724 Tschechische Verfassung Art. 10a: „*some powers of the Czech Republic may be transferred to an international organization or institution.*"
725 Albi, Anneli: S. 405.
726 Slowenische Verfassung Art. 3a: „*Slovenia may transfer the exercise of part of its sovereign rights to international organizations ...*"

Ländern der ersten Gruppe festgestellt werden. Die polnische Verfassung bietet keine spezifische, sondern eine allgemeine Antwort auf die Frage der Übertragung von Hoheitsrechten auf die EU. Gemäß Art. 90 Abs. 1[727] der polnischen Verfassung können bestimmte Hoheitsrechte auf internationale Organisationen übertragen werden.

Durch das Abschließen des völkerrechtlichen Vertrages verzichtet der polnische Staat auf die Ausschließlichkeit seiner Hoheitsgewalt in denjenigen Bereichen, die von dem abgeschlossenen völkerrechtlichen Vertrag festgelegt werden. Obwohl der Umfang der Übertragung sehr weit und flexibel gestaltet ist und die Legislative, die Exekutive wie auch die Judikative betrifft, wird aber durch die Betonung *„nur in bestimmten Angelegenheiten"* in Art. 90 Abs. 1 die Übertragung der ganzen Staatsgewalt auf eine internationale Organisation verboten.[728]

Gemäß Art. 91 Abs. 3[729] der polnischen Verfassung wurden die direkte Anwendbarkeit und der Vorrang der Rechtsakte der Organe solcher internationaler Organisationen bzw. der EU verankert. Die ungarische Verfassung beinhaltet spezifische Regelungen in Bezug auf die Übertragung von Hoheitsrechten auf die EU. Gemäß Art. 2A[730] der ungarischen Verfassung kann Ungarn im nötigen Level bestimmte verfassungsrechtliche Kompetenzen mit den Mitgliedstaaten der EU zusammen ausüben. Die Diskussionen über den Verlust der Souveränität in diesen zwei Ländern führten dazu, dass viele Fragen bezüglich des Konflikts der inneren Rechtsordnung mit der EU offengelassen wurden. Infolgedessen werden Lösungen sowohl der polnischen als auch der ungarischen Verfassungen im Vergleich mit Tschechien, Slowenien und der Slowakei als mittelmäßige Lösung angesehen, während sie im Vergleich zu den baltischen Ländern konkretere verfassungsrechtliche Regelungen beinhalten.[731]

2.3.2.2 Urteil des tschechischen Verfassungsgerichts

Während das deutsche Verfassungsgericht, ein Gericht des Gründungsmitgliedes der EU, mit dem Lissabon-Urteil die Verfassungsidentität Deutschlands unterstreicht sowie die Rechtsordnung der EU als von den Mitgliedstaaten abgeleitete

---

727 Polnische Verfassung Art. 90 Abs. 1: *„Aufgrund eines völkerrechtlichen Vertrages kann die Republik Polen einer internationalen Organisation oder einem internationalen Organ die Kompetenz von Organen der staatlichen Gewalt in bestimmten Angelegenheiten übertragen."*
728 Hofmann, Mahulena: S. 36.
729 Polnische Verfassung Art. 90 Abs. 3: *„Das von einer internationalen Organisation hervorgebrachte Recht wird unmittelbar angewandt und hat im Fall der Unvereinbarkeit mit dem Gesetz den Vorrang, wenn es sich so aus einem von der Republik Polen ratifizierten Vertrag, durch den eine internationale Organisation gebildet wird, ergibt."*
730 <www.verfassungen.eu/hu/index.htm>.
731 Albi, Anneli: S. 409.

Rechtsordnung bezeichnet und Souveränität und Demokratie als nicht voneinander trennbare Phänomen darstellt, entscheidet das tschechische Verfassungsgerichts im Sinne von offener Staatlichkeit. Obwohl das tschechische Verfassungsgericht mit seinem ersten Lissabon-Urteil[732] vom 26.11.2008 die Vereinbarkeit der Ratifikation des Vertrages von Lissabon verkündet hatte, wurde nach der Zustimmung durch das Abgeordnetenhaus und den Senat beim Verfassungsgericht erneut ein Antrag auf die verfassungsrechtliche Prüfung des Vertrages von Lissabon gestellt. Die Argumentationen der Kläger waren ähnlich wie die Argumentationen der Antragsteller vor dem BVerfG und stützten sich stark auf die Lissabon-Entscheidung des BVerfG.[733]

In seinem ersten Lissabon-Urteil bestätigte das Gericht „... *the basic recognition of primacy of European Union law as an autonomous body of law within the Czech legal order, with the notable exception of essentials of the democratic rule of law-based state and the foundations of sovereign statehood as an inviolable 'material core' of the Constitution".*[734]

In seinem zweiten Lissabon-Urteil[735] vom 03.12.2009 wies das tschechische Verfassungsgericht die Klage zurück. In seinem Urteil betont das Gericht ausdrücklich den Grundsatz richterlicher Selbstbeschränkung (judicial self-restraint) und lehnt die Forderungen nach abstrakter judikativer Feststellung der Grenzen der Integrationsentwicklung ab. Das tschechische Verfassungsgericht entscheidet anders als das BVerfG, dass eine solche judikative Festschreibung der sensiblen Kompetenzenbereiche oder eines enumerativen Katalogs änderungsfester Integrationsschranken[736] Politikmaterien sind und deswegen nicht vom Gericht festgeschrieben werden dürfen.

„However, the Constitutional Court does not consider it possible, in view of the position that it holds in the constitutional system of the Czech Republic, to create such a catalogue of non-transferrable powers and authoritatively determine ‚substantive limits to the transfer of powers', as the petitioners request. It points out that it already stated, in judgment Pl. ÚS 19/08, that ‚These limits should be left primarily to the legislature to specify, because this is a priori a political question, which provides the legislature wide discretion' (point 109). Responsibility for these political decisions cannot be transferred to the Constitutional Court; it can review them only at the point when they have actually been made on the political level."[737]

Nach seiner Entscheidung muss die Frage der Grenzen der nationalen Souveränität oder Kompetenzübertragung nach Brüssel zunächst vom Parlament be-

---

732 <www.concourt.cz/clanek/pl-19-08>.
733 Wendel, Mattias: S. 136.
734 Zemanek, Jiri: The Europäen self-perception of the Court, in: ECLN 2010, (i.E., Stand 05/2011) S. 40.
735 <www.concourt.cz/clanek/pl-29-09>.
736 Wendel, Mattias: S. 137.
737 Lissabon-Urteil II des tschechischen Verfassungsgerichts, Rn. 111.

antwortet werden. Im Nachhinein kann das Verfassungsgericht urteilen, ob die Verfassung korrekt ausgelegt wurde oder nicht.

Trotz der Betonung des Gerichts bezüglich der Souveränität der Mitgliedstaaten wird aber in der Entscheidung kein rigides, isolierendes und von sich ausgehendes Souveränitätverständnis dargestellt. Vielmehr lautet das Urteil: „... *sovereignty of the state in a modern democratic state is not an aim in itself, thus in isolation, but it is a means to fulfil the foundational values, on which the construction of the democratic state based on the rule of law stands.* "[738]

Das Verfassungsgericht weist bezüglich der Souveränität in der EU auf sein erstes Lissabon-Urteil hin:[739]

> „*The European Union has advanced by far the furthest in the concept of pooled sovereignty, and today is creating an entity sui generis, which is difficult to classify in classical political science categories. It is more a linguistic question whether to describe the integration process as a ‚loss‘ of part of sovereignty, or competences, or, somewhat more fittingly, as, e.g., ‚lending, ceding‘ of part of the competence of a sovereign. It may seem paradoxical that they key expression of state sovereignty is the ability to dispose of one's sovereignty (or part of it), or to temporarily or even permanently cede certain competences.* "[740]

Durch die Erwähnung der „*sui generis*"-Eigenschaft der EU, der Auslegung des Begriffs „Souveränität" im Sinne der offenen Staatlichkeit[741] und mit seiner „judicialen self-restraint"-Haltung im Bezug auf die Festschreibung der Grenzen der Integrationsentwicklung distanziert sich das tschechische Verfassungsgericht von der auf strikter souveräner Staatlichkeit und nationaler Verfassungsidentität basierten etatistischen Rhetorik.[742] In seiner Entscheidung bevorzugt das Gericht „integrated" Staatlichkeit gegenüber der souveränen Staatlichkeit im klassischen Sinne, da die effektive und dauerhafte Garantie der Freiheit der Selbstbestimmung nur kollektiv und multilateral bewahrt werden kann.[743] Somit stellt das tschechische Verfassungsgericht eine europafreundliche Position dar,[744] was die Entwicklung der EU nicht judicial von vornherein festschreibt, sondern offenlässt.

738 Lissabon-Urteil II des tschechischen Verfassungsgerichts, Rn. 147.
739 Lissabon-Urteil II des tschechischen Verfassungsgerichts, Rn. 147.
740 Lissabon-Urteil I des tschechischen Verfassungsgerichts, Rn. 104.
741 Zemanek, Jiri: S. 40.
742 Zemanek, Jiri: S. 40.
743 Lissabon-Urteil I des tschechischen Verfassungsgerichts, Rn. 104.
744 Zemanek, Jiri: S. 58.

2.4 Zusammenfassung

Es ist festzustellen, dass es auf die verfassungsrechtliche Frage, unter welchen Umständen ein Mitgliedstaat Hoheitsrechte auf die EU überträgt, auch bei den Mitgliedstaaten keine einheitliche Antwort gibt. Jeder Mitgliedstaat findet eine Lösung gemäß seiner historischen und verfassungsrechtlichen Entwicklung. Im Ergebnis der Übertragung von Hoheitsrechten zeigt sich aber eine einheitliche Wirkung auf die Mitgliedstaaten: Unabhängig von ihrer eigenen verfassungsrechtlichen Lösung wird eine autonome Rechtsordnung geschaffen, deren Rechtsakte für alle Mitgliedstaaten auf dieselbe Art und Weise verbindlich sind. Aufgrund dessen stellt der EuGH die Souveränitätsbeschränkungen einer Übertragung von Hoheitsrechten gleich.[745] Denn die Übertragung von Hoheitsrechten führt zu einer endgültigen und unwiderruflichen Beschränkung der Souveränität der Mitgliedstaaten.[746] Nach der Entscheidung des EuGH hat das Unionsrecht infolge der Übertragung von Hoheitsrechten der Mitgliedstaaten auf die EU den Vorrang nicht nur gegenüber den allgemeinen Gesetzen der Mitgliedstaaten, sondern darüber hinaus auch gegenüber deren Verfassungen,[747] da durch die Übertragung von Hoheitsrechten die gesamte Rechtsordnung der Mitgliedstaaten europäisiert wird. Die Entwicklungen des Unionsrechts brachten auf der einen Seite die Europäisierung der mitgliedstaatlichen Rechtsordnung bzw. Verfassungsordnung und auf der anderen Seite die Konstituierung eines Verfassungsverbundes mit sich.[748] Da die Verfassungsprinzipien der Union zum Teil aus der gemeinsamen Verfassungsüberlieferung der Mitgliedstaaten entstanden, bilden die Rechtsordnungen der EU und der Mitgliedstaaten verflochtene und komplementäre Rechtsordnungen, wo die Verfassungsordnungen der Union und der Mitgliedstaaten im kooperativen Verhältnis zusammen existieren. Trotz der Eigenständigkeit der europäischen Rechtsordnung bzw. Verfassungsordnung wurde diese nicht getrennt von der Rechtsordnung der Mitgliedstaaten konzipiert. Ganz im Gegenteil, die europäische Rechtsordnung bedarf für ihre volle Wirksamkeit der aktiven Mitwirkung der verfassungsrechtlichen Organe der Mitgliedstaaten,[749] weil die EU und die Mitgliedstaaten in einer gemeinsamen Rechtsordnung zusammen existieren. Dieses Zusammenexistieren findet nicht nebeneinander statt, sondern in einem Mehrebenensystem, in dem die gegenseitige Wirkung zwischen beiden Rechtsordnungen eine dynamische Rechts-

---

745 EuGH, Sammlung 1964, Costa/E. N. E. L, S. 1253, 1269.

746 EuGH, Sammlung 1978, Staatliche Finanzverwaltung/SpA. Simmenthal, S. 629, 644.

747 EuGH, Sammlung 1964, Costa/E. N. E. L., S. 1269; Bieber, Roland/Epiney, Astrid/Haag, Marcel: S. 101.

748 Pernice, Ingolf [2000]: Der Europäische Verfassungsverbund auf dem Wege der Konsolidierung, in: JöR, 2000, S. 205 ff.

749 Bieber, Roland/Epiney, Astrid/Haag, Marcel: S. 89.

entwicklung verursacht, ohne eine Hierarchie zwischen den beiden Rechtsordnungen zu bilden. Infolge dieser Struktur der EU können die Rechtsordnungen der Mitgliedstaaten, die bestimmte Hoheitsrechte auf die EU übertragen haben, nicht mehr nach dem konventionellen westfälischen Souveränitätsverständnis rechtlich analysiert werden. Der Grund dafür ist, dass die Mitgliedstaaten nicht mehr mit der Behauptung der Souveränität bei den unionsrechtswidrigen Gesetzen ihre Hoheitsrechte ausüben oder die Souveränitätsbeschränkungen einseitig wiedererlangen können,[750] solange sie Mitglied der EU bleiben. Deshalb ändert die im Art. 50 Abs.1 EUV nach dem Lissabon-Vertrag vorgesehene Austrittsmöglichkeit nicht die rechtliche Wirkung der europäischen Rechtsordnung auf die Rechtsordnung der Mitgliedstaaten.

---

750 Lorenz, Norbert: S. 306.

Teil 4
Bedarf eines neuen offenen Staatskonzepts zur Ermöglichung der Übertragung von Hoheitsrechten der Türkei auf die EU

Der Staat entwickelte sich als Macht und Friedenseinheit der ersten Stufe. Seine Aufgabe war es, mit einem Gewaltmonopol den Frieden auf seinem Territorium und zwischen den Bürgern zu gewährleisten. Als die zweite Entwicklungsstufe des Staates (Rechtsstaat) kann die Sicherheit des Einzelnen gegenüber staatlichen Eingriffen festgestellt werden. Die Gewährleistung der Menschenrechte und Bürgerrechte kann als Grundmerkmal dieser Phase festgestellt werden. Als dritte Stufe hat der Staat (sozialer Staat) die Aufgabe übernommen, gegen die Furcht der Menschen vor wirtschaftlichen und sozialen Problemen zu kämpfen. Als letzte Stufe schließlich hat der Staat die Erhaltung und den Schutz der natürlichen Lebensgrundlagen der Menschen als seine Aufgabe bezeichnet.[751] Aber aufgrund der Entwicklungen in der Welt ist ein isolierter Staat nicht mehr in der Lage, solche Aufgaben allein zu übernehmen. Die Entwicklung der Zusammenarbeit der Staaten in Europa nach dem Zweiten Weltkrieg führte zur Schaffung der EU, die durch ihre supranationale Eigenschaft aber die Wandlung des Staatskonzepts der Mitgliedstaaten verursachte. Die Anpassung der türkischen Verfassungsordnung an die EU benötigt deshalb zuerst die Änderung der staatsphilosophischen Haltung vor der technischen Änderung der Verfassung der Türkei.

Die Neudefinition des Staatszwecks und die Anerkennung der Individuen als Legitimationsquelle der Staatsgewalt würden die Beziehungen zwischen dem Staat und den Bürgern normalisieren. Somit kann die paternalistische Konstruktion des Staates aufgehoben werden. Infolgedessen können die Begriffe Rechtsstaatlichkeit, Demokratie und Menschenrechte nicht mehr als Wunschvorstellungen, sondern als Grundeigenschaften der türkischen Verfassungsordnung ausgelegt und angewendet werden, was auch für die Mitgliedschaft in der EU Voraussetzung ist.

Will die Türkei Mitglied werden, muss sie sich auch mit der Umwandlung ihres Staatskonzepts befassen, da die Grundprinzipien und Eigenschaften der EU solche Umwandlungen des geschlossenen Staatskonzepts benötigen. Die Analyse der rechtlichen Qualifizierung und der Grundeigenschaften der EU kristallisiert den Änderungsbedarf des türkischen Staatsverständnisses heraus.

---

751 Papier, Hans Jürgen: Verfassungskontinuität und Verfassungsreform im Zuge der Wiedervereinigung, in: Kontinuität und Diskontinuität in der deutschen Verfassungsgeschichte, Seminar zum 80. Geburtstag von Karl August Bettermann, Berlin, 1994, S. 90.

1 Rechtliche Qualifizierung der EU

Aus der Beurteilung und Feststellung der Eigenschaften der EU ergibt sich gleichzeitig die Frage, ob das türkische Rechtssystem mit dem Gesamtorganismus der Europäischen Union harmonisiert werden kann oder nicht. Die Diskussionen über die rechtliche Qualifizierung zeigen, dass die Qualifizierung der EU mit konventionellen Begriffen einige Schwierigkeiten birgt. Die Vielfalt der Benennungsversuche der EU beruhen darauf, dass diese völlig neue und *„sui generis"*-Eigenschaften beinhalten. Die EU wurde bis zum Inkrafttreten des Vertrages über die Europäische Union als zwischenstaatliche Organisation bezeichnet. Der Begriff „zwischenstaatliche Organisation" bezeichnet alle von Staaten durch völkerrechtliche Verträge geschaffenen Organisationen, die mit Organen ausgestattet und handlungsfähig sind.[752] Aufgrund des Integrationsgrades der EU war es aber nicht mehr möglich, die EU als traditionelle zwischenstaatliche Organisation zu qualifizieren.[753] Die internationalen Organisationen, die nach den zugrunde liegenden Verträgen ermächtigt worden sind, Rechtsakte mit innerstaatlicher Wirkung zu erlassen, werden „supranationale Organisationen" genannt.[754] Da die EU solche Befugnisse innehat, wird sie als „supranationale Organisation" bezeichnet. Die Bezeichnung als supranationale Organisation betont aber nur eine Eigenschaft der EU, deshalb kann diese Bezeichnung nicht als rechtliche Qualifizierung angenommen werden.

Da die EU, genauso wie alle internationalen Organisationen, nur von Völkerrechtssubjekten und durch die völkerrechtlichen Verträge gegründet werden konnte, lassen sich ihre internationalen Züge feststellen. Aber ihre Unterscheidung von den traditionellen internationalen Organisationen und ihr besonders hoher Integrationsgrad[755] führen dazu, dass vor allem die staatlichen Züge der EU diskutiert werden.[756] Danach wird die EU als „staatsähnliches Wesen"[757] oder als „auf dem Weg, die politische Bedeutung eines Staates"[758] zu erlangen, definiert. Demnach wird dann weiter über ein Staatsvolk, ein Staatsgebiet und die Staatsgewalt der EU diskutiert.[759]

---

752 Randelzhofer, Albrecht [1992]: S. 39 f.
753 Randelzhofer, Albrecht [1992]: S. 40.
754 Randelzhofer, Albrecht [1992]: S. 41.
755 Streinz, Rudolf [2005]: Europarecht, Heidelberg, 2005, S. 50.
756 Brahy, Sylvie: S. 44.
757 Korinek-Rumler, Elisabeth: Demokratie und EU, <http://epub.wu-wien.ac.at/dyn/virlib/diss/ eng/mediate/epub-wu-01_19f.pdf?ID=epub-wu-01_19f>, S. 95.
758 Schmitz, Thomas: Integration in der Supranationalen Union, Baden-Baden, 2001, S. 65.
759 Scholz, Rupert: S. 40; Busse, Christian: Die völkerrechtliche Einordnung der Europäischen Union, München, 1999, S. 104.

Trotz ihrer Rechtsetzungskraft und Durchwirkungskraft kann keine Staatsqualität der EU oder der Gemeinschaften festgestellt werden, da sie keine der drei klassischen Kriterien des Staatswesens erfüllt.[760] Die Qualifizierungsversuche als „paraföderale Verbände"[761], „bundesstaatsähnliche Gebilde"[762], „parastaatliche Hoheitsstrukturen"[763], „supranationale Föderation"[764] oder „Staatenverbund"[765] werden als organisatorisch einseitig, missverständlich oder konturenlos bezeichnet.[766] Demgegenüber ist die Klassifizierung der EG als „Zweckverband funktioneller Integration"[767] der erreichten Stufe der EU nicht mehr entsprechend. Die Bezeichnung der EU als „transnationales Gemeinwesen"[768] stellt sogar die staatsübergreifende Ordnung der EU als Wesen eigener Art dar. Aber aufgrund der Vielschichtigkeit der EU fehlen viele andere Eigenschaften der EU bei der Klassifizierung als „transnationales Gemeinwesen". Die Klassifizierung der EU als „föderal strukturierte zwischenstaatliche Einrichtung *sui generis*"[769] erwähnt vielleicht mehr oder weniger bestimmte Eigenschaften der EU, bleibt aber auch konturenlos und missverständlich. Die Klassifizierung der EU benötigt sowohl die Betonung der Neuartigkeit als auch der staatlichen und völkerrechtlichen Züge ihres Wesens. Deshalb benötigt die Definition der EU erst einmal die Anerkennung der Änderung alter Begrifflichkeiten und des Bedarfs der Akzeptanz eines offenen Entwicklungsprozesses.[770]

Auch wenn die EU durch völkerrechtliche Rechtsakte gegründet worden ist, wäre deren Klassifizierung ohne die Befreiung von gefestigten nationalstaatlichen Mustern immer eindimensional. Aufgrund der Entwicklung und der Intensivierung der europäischen Integration müssen sich die Erklärungs- und Klassifizierungsversuche von den alten nationalstaatlichen Mustern befreien. Das heißt nicht, dass gleich für das Ende der nationalen Staatlichkeit

---

760 Müller-Graff, Peter-Christian: S. 19.

761 Scheuner, Ulrich: Diskussionsbeitrag zum Thema Bewahrung und Veränderung demokratischer und rechtsstaatlicher Verfassungsstruktur in den internationalen Gemeinschaften, in: VVDStRL 23, 1966, S. 106 f.

762 Hallstein, Walter [1969]: Der unvollendete Bundesstaat, Düsseldorf und Wien, 1969, S. 41.

763 Seidel, Martin: S. 126.

764 Bogdandy, Armin v.: Die Europäische Union als supranationale Föderation, Integration, 1999, S. 95.

765 BVerfGE 89, S. 186; Kirchhof, Paul [2000]: Die Gewaltbalance zwischen staatlichen und europäischen Organen, in: Walter Hallstein-Institut für Europäisches Verfassungsrecht (Hrsg.): Grundfragen der europäischen Verfassungsentwicklung, Baden-Baden, 2000, S. 43.

766 Müller-Graff, Peter-Christian: S. 20.

767 Ipsen, H. Peter: Europäisches Gemeinschaftsrecht, Tübingen, 1972, S. 198.

768 Müller-Graff, Peter-Christian: S. 20.

769 Hilf, Meinhard/Pache, Eckhard [2007]: Art. 1 EUV (27 EL, April, 2007), S. 13.

770 Scholz, Rupert: Art. 23, S. 41.

plädiert werden muss.[771] Im Gegenteil, die Existenz der Mitgliedstaaten in einer komplementären Rechtsgemeinschaft[772] muss beachtet werden, um die EU möglichst realitätsnah zu klassifizieren. Rechtsgemeinschaft bedeutet, dass ein Gebilde, das eine Schöpfung des Rechts, eine Rechtsquelle und eine Rechtsordnung ist,[773] sich rechtsstaatlichen Grundsätzen verpflichtet und nach deren Konstruktion handelt. Unter den rechtsstaatlichen Grundsätzen sind die Achtung der Menschenrechte, der Vertrauensschutz, die Verhältnismäßigkeit, das Rückwirkungsverbot sowie das rechtsstaatliche Gedankengut zu verstehen.[774]

Gerade deshalb dürfen die Klassifizierungstheorien der EU, während sie auf der einen Seite die Wandlungen des Staatsverständnisses beachten, auf der anderen Seite aber keinesfalls die Effektivität der Nationalstaaten vernachlässigen. Sonst werden bei der Klassifizierung entweder die intergouvernementellen oder die supranationalen Konturen der EU geschwächt. Dabei ermöglicht der Begriff „Verfassungsverbund"[775], die EU zu klassifizieren, ohne die intergouvernementellen und supranationalen Eigenschaften der EU außer Acht zu lassen. Nach der Verfassungsverbundthese bilden europäisches und nationales Verfassungsrecht zwei Ebenen eines materiellrechtlich, funktional und institutionell zu einer Einheit verbundenen Systems.[776] Die Verfassungsverbundsthese sieht die primär intergouvernementellen und supranationalen Elemente der europäischen Union als zwei sich ergänzende Komponenten der europäischen Verfassungsebene.[777]

Da die Staaten in der Welt nicht mehr in der Lage sind, ihre Aufgaben und Zwecke alleine zu erfüllen, und besonders die Mitgliedstaaten der EU in einer übergreifenden Struktur der politischen Integration kooperieren müssen, ist die Legitimation ihrer Existenz nicht mehr mit den traditionellen Argumenten zu rechtfertigen. Nach der Theorie des Verfassungsverbundes soll der Verfassungsbegriff das traditionelle Staats- und Nationsverständnis hinter sich lassen, da die Politik über den nationalen Rahmen hinausgeht.[778]

771 Lemke, Christian: Governance in der Europäischen Union – Ersatz oder Ergänzung für tradierte Herrschaftsformen in Europa?, in: Aden, Hartmut (Hrsg.): Herrschaftstheorien und Herrschaftsphänomene, Wiesbaden, 2004, S. 159.

772 Hallstein, Walter [1974]: Die Europäische Gemeinschaft, Düsseldorf 1974, S. 33 ff.; Zuleeg, Manfred [1994]: Die Europäische Gemeinschaft als Rechtsgemeinschaft, in: NJW, Heft 9, 1994 S. 545.

773 Hallstein, Walter [1974]: S. 33.

774 Zuleeg, Manfred [1994]: S. 545; Wassermann, Rudolf: S. 1626.

775 Pernice, Ingolf [2001]: S. 163 f.

776 Pernice, Ingolf [2006c]: S. 12.

777 Pernice, Ingolf [2001]: S. 153.

778 Pernice, Ingolf [2001]: S. 155.

Aufgrund des Wandels der Herrschaft in Zeiten der Entgrenzungen[779] ermöglichen die klassischen Begriffe nicht, die EU zu klassifizieren ohne die Abkehr vom traditionellen Verständnis der Verfassung oder Staates. Eine zutreffende Klassifikation der EU ist dann nur durch die Überwindung der „etatistischen Verengung"[780] des nationalen und europäischen Verfassungs- und Staatsverständnisses möglich. Sonst werden die Begriffe der Epoche der geschlossenen nationalen Staaten in anachronistischer Weise für die Epoche der offenen Staatlichkeit der nationalen Staaten angewendet. Die Verfassungsverbundtheorie geht davon aus, dass der Verfassungsbegriff nicht mehr auf Staat und Nation zentriert ist, sondern auf die Selbstbestimmung des Einzelnen.[781] Die Lösung von den staats- oder nationszentrierten Begriffen betont die „postnationale" Eigenschaft des neuen Verfassungsverständnisses.[782]

Nach dem postnationalen Verfassungsverständnis wird die Legitimation der rechtlichen Grundordnung des Staates mit der Achtung der Individualität und des Anderssein, der gleichen Rechte und Freiheiten der anderen und als Element der Menschenwürde begründet. Die Anerkennung der Menschenwürde als Grundlage des Gesellschaftsvertrags der demokratischen Rechtsordnung führt dazu, dass die Rechtsordnung nicht mehr als statischer, sondern dynamischer öffentlicher Prozess, der unter tagtäglichem Plebiszit steht, betrachtet werden muss. Die Rechtsordnung basiert nicht mehr auf einseitiger Rechtserzeugung und Rechtsdurchsetzung, sondern rechtlich vermittelter Gegenseitigkeitsordnung.[783] Die Herrschaftsgewalt der EU wird durch die Bürger der Mitgliedstaaten legitimiert, da die völkerrechtlichen Gründungsakte der EU von den Organen der Mitgliedstaaten im Namen ihrer Bürger unterzeichnet wurden.[784] Darüber hinaus werden die Bürger der EU durch die Erwähnung der Bürger und deren Gleichheit in Art. 9 und die Unterstreichung in Art. 10 Abs. 1 der repräsentativen Demokratie unmittelbar als Legitimationssubjekt des entstehenden Systems in Bezug genommen. Neben der repräsentativen Demokratie werden in Art. 11 Elemente der partizipativen Demokratie festgelegt. Demzufolge werden auf der einen Seite die Organe der EU gegenüber den Bürgern verpflichtet, transparent zu handeln. Auf der anderen Seite wurde den Bürgern ermöglicht, mittels des Bürgerbegehrens an Gesetzgebungsverfahren teilzunehmen. Darüber hinaus

779 Wolf, Rainer: Herrschaft in Zeiten der Entgrenzung. Die Europäische Union als Herrschaftsverband, in: Aden, Hartmut (Hrsg.): Herrschaftstheorien und Herrschaftsphänomene, Wiesbaden, 2004, S. 177.

780 Schwarze, Jürgen [1999]: Auf dem Wege zu einer europäischen Verfassung – Wechselwirkung zwischen europäischem und nationalem Verfassungsrecht, DVBl. 1999 S. 1677, 1682.

781 Pernice, Ingolf [2001]: S. 160.

782 Pernice, Ingolf [2006c]: S. 17.

783 Pernice, Ingolf [2001]: S. 162.

784 Pernice, Ingolf [2006c]: S. 13.

darf die Stärkung des nationalen Parlaments und des europäischen Parlaments nicht nur als Ergebnis der Stärkung des Subsidiaritätsprinzips, sondern auch als Vermittler der demokratischen Legitimation betrachtet werden.[785] Dadurch wird das verflechtende und komplementäre Verhältnis zwischen europäischer und mitgliedstaatlicher Rechtsordnung verstärkt und durch die Beteiligung der Bürger an den politischen Prozessen die Legitimation der entstehenden Rechtsordnung erhöht. Infolgedessen kann die juristische Legitimationsbasis nicht mehr durch die nationalstaatlichen Begriffe definiert werden, da die Konstruktion der EU postnationale Eigenschaften innehat. Aufgrund des Scheiterns des Vertrags über eine Verfassung für Europa könnte behauptet werden, dass eine Verfassung für Europa nicht mehr existiert und aufgrund dessen von einem Verfassungsverbund nicht mehr ausgegangen werden könne. Wird aber der Reformvertrag genau analysiert, sind typische Elemente des Verfassungsrechts, wie die Normen über die Konstituierung, Organisation, Bedeutung und Begrenzung der Zuständigkeiten und außerdem die Selbstorganisation der europäischen Gesellschaft, festzustellen.[786] Infolgedessen, unabhängig davon, wie der Reformvertrag genannt wird, ändert sich die Verfassungseigenschaft der Verträge im materiellrechtlichen Sinne nicht.

Diese postnationale Haltung ändert auch die Begriffe von Souveränität und Staat. Auf der einen Seite wird die Urgewalt eines Mythos Volk[787] als Wurzel der Souveränität durch die Anerkennung der Selbstbestimmung der Einzelnen entzaubert. Auf der anderen Seite wird der Staat nicht mehr als Naturgebilde[788], sondern als Zweckverband bezeichnet.[789]

Damit ermöglicht die Theorie des Verfassungsverbundes eine zeitgemäße Bezeichnung der EU und befreit die Diskussionen von den statischen Begriffen der klassischen nationalen Staatlichkeit.

Es ist aber nicht mehr zu leugnen, dass die EU durch ihre *sui generis* supranationalen Züge das Verhältnis zwischen dem Völkerrecht und dem nationalen Recht grundsätzlich geändert hat.

„In this way European integration transformed the legal pluralism built on the coexistence of national and international law into interaction between various levels of constitutional arrangements. Initially it took the shape of interrelationship between unwritten EC constitution which encompassed some primary EC Law provisions from the founding treaties, seminal decision of ECJ and few created by the EC institutions, and written nation state constitutions of

---

785 Pernice, Ingolf [2008]: S. 65.
786 Ebenda.
787 Haverkate, Görg: Verfassungslehre, Verfassung als Gegenseitigkeitsordnung, München, 1992, S. 40.
788 Marcic, René: Recht, Staat, Verfassung. Eine Einführung in die Grundbegriffe und in die österreichische Lebensordnung, Band 1, Wien, 1970, S. 136.
789 Pernice, Ingolf [2001]: S. 160.

the EC member states. Since the 1960ies constitutional pluralism was enriched with EC law – a new legal system reaching beyond the legal dualism of international and municipal law.[790]

Man versucht, die neuen Charakterzüge der Staaten mit den Begriffen „offene Staatlichkeit"[791], „internationale Offenheit des Staates"[792], „kooperativer Verfassungsstaat"[793] zu benennen. Die Vielfalt der Bezeichnungen für die Charakterisierung der Wandlung des Staatstyps zeigt, dass diese Wandlung noch nicht abgeschlossen ist.

2 Grundprinzipien der Europäischen Union

Trotz der Gründung der EU mithilfe völkerrechtlicher Verträge durch Mitgliedstaaten reichen die reinen völkerrechtlichen Prinzipien, wie *pacta sunt servanda* oder Herren der Verträge, nicht mehr, um die juristische und politische Bedeutung und Wirkung der EU zu beschreiben.

Durch die Grundprinzipien der EU wird die Homogenität der Werte sowohl für die EU als auch für die Mitgliedstaaten geschaffen. Aufgrund dieses Homogenitätsanspruches der Werte dürfen die Mitgliedstaaten oder die EU selbst nicht mehr über die Grundzüge ihres juristischen und politischen Systems allein entscheiden oder sie feststellen. Die Grundprinzipien der EU haben nicht mehr nur für Mitgliedstaaten und die EU bestimmte Rechte und Pflichten erzeugt, sondern darüber hinaus auch für die Bürger der EU. Die Einheitlichkeit der Rechtssysteme der Mitgliedstaaten bezüglich der Grundprinzipien der EU wird durch die Maßnahmen des Beitrittsverfahrens von Anfang an beachtet. Durch Beitrittsvertrag und Beitrittsakte werden die Aufnahmebedingungen und die erforderlichen Maßnahmen des antragstellenden Staats für die Anpassung des gesamten EU-Rechts reguliert. Ab dem Beitritt sind alle ursprünglichen Verträge und Rechtsakte der Organe der EU für den neuen Mitgliedstaat im Rahmen der Beitrittsakte verbindlich und gültig. Das bedeutet, jeder Mitgliedstaat übernimmt die geschriebenen und ungeschriebenen juristischen Regeln der EU in ihrer Gesamtheit.[794]

Die Ziele der EU werden in Art. 3 Abs. 1 EUV benannt: Frieden und bestimmte Werte und Wohlergehen ihrer Völker. Gleich anschließend wird in Art. 3

---

790 Tanchev, Evgeni: The Lisbon Treaty within and without Constitutional Orthodoxy, in: Pernice, Ingolf/Tanchev, Evgeni (Hrsg.): Ceci n'est past une Constitution – Constitutionalisation without a Constitution, 7th International ECLN-Colloquium, Sofia, 17–19 April 2008, Baden-Baden, 2009, S. 37.

791 Hobe, Stephan: Der kooperationsoffene Verfassungsstaat. In: Der Staat, Band 37, 1998, S. 495.

792 Tomuschat, Christian [2004]: S. 487.

793 Häberle, Peter [1998]:Verfassungslehre als Kulturwissenschaft, Berlin, 1998, S. 175.

794 Schweitzer, Michael/Hummer, Waldemar/Obwexer, Walter: S. 31.

Abs. 2 EUV ein Raum der Freiheit, der Sicherheit und des Rechts für die Bürger ohne Binnengrenzen, in dem der freie Personenverkehr gewährleistet wird, als weiteres Ziel erwähnt. Neben diesen Zielen sind die Beachtung bestimmter Werte die Grundkonsistenz der EU als eine Rechtsgemeinschaft. Die in Art. 2 EUV verankerten Grundsätze und Werte der EU wie *„die Achtung der Menschenwürde, Freiheit, Demokratie, Gleichheit, Rechtsstaatlichkeit und die Wahrung der Menschenrechte einschließlich der Rechte der Personen, die Minderheiten angehören"*, sind allen Mitgliedstaaten in einer Gesellschaft gemeinsam. Diese Werte stellen, wie ex-Art. 6 EUV, sowohl für die Mitgliedstaaten als auch für die EU selbst eine gemeinsame Werteplattform dar.[795] Dadurch werden Pluralismus, Nichtdiskriminierung, Toleranz, Gerechtigkeit, Solidarität und die Gleichheit von Frauen und Männern als Grundeigenschaften der Mitgliedstaaten proklamiert. Gemäß Art. 6 EUV werden die Europäische Grundrechte-Charta und die Europäische Konvention zum Schutze der Menschenrechte und Grundfreiheiten als allgemeine Grundsätze und somit als Teil des Unionsrechts und als verbindlicher Maßstab der europäischen Politik erklärt. Demzufolge wird nicht nur die gemeinsame Wertebasis und Orientierung für die Institutionen der EU geschaffen, darüber hinaus wird ein unmittelbares Rechtsverhältnis zwischen Individuen und Institutionen der EU begründet, was dem Völkerrecht fremd ist.[796] Die Gewährleistung der Grundsätze der EU wird erstens durch Art. 49 Abs. 1 EUV realisiert, in dem die Beitrittsvoraussetzungen in die EU festgeschrieben sind. Zum anderen werden die schwerwiegenden und anhaltenden Verletzungen dieser Grundsätze gemäß Art. 7 EUV mit dem Sanktionsverfahren verhindert.

In den folgenden Teilen des Art. 3 werden die in Art. 3 Abs. 1 und 2 EUV erwähnten Ziele durch die Aufzählung einzelner Bereiche konkretisiert. Durch Art. 4 Abs. 3 EUV wird versucht, einen einheitlichen institutionellen Rahmen zu gestalten, um die Ziele der EU zu verwirklichen. Im einheitlichen institutionellen Rahmen verpflichtet gemäß Art. 7 AEUV das Kohärenzgebot die EU-Mitgliedstaaten und die EU selbst, die einzelnen Maßnahmen aufeinander abzustimmen und widersprüchliche Maßnahmen zu vermeiden. Durch das Kontinuitätsgebot wird das Kohärenzgebot durch eine zeitliche Komponente gestützt und werden die einzelnen Maßnahmen unabhängig von politischen und personellen Änderungen gemacht.

Gemäß Art. 3 Abs. 6 EUV verfolgt die EU ihre Ziele mit geeigneten Mitteln entsprechend den Zuständigkeiten, die ihr in den Verträgen übertragen worden sind. Die EU darf nur innerhalb der Grenzen der in Art. 5 EUV zugewiesenen Befugnisse und bestimmten Ziele tätig werden. Die Verwirklichung der Ziele der EU basiert auf „begrenzter Einzelermächtigung", „Subsidiarität" und „Ver-

795 Schweitzer, Michael/Hummer, Waldemar/Obwexer, Walter: S. 23.
796 Pernice, Ingolf [2008]: S. 65.

hältnismäßigkeit" (gemäß Art. 5). Nach dem Grundsatz der begrenzten Einzelermächtigung verbleiben alle der Union nicht in den Verträgen übertragenen Zuständigkeiten bei den Mitgliedstaaten. Gemäß ex-Art. 5 Abs. 2 EGV (vor dem Lissabon-Vertrag) mit dem Verweis auf ex-Art. 2 Abs. 2 EUV (vor dem Lissabon-Vertrag) galt das gemeinschaftsrechtliche Subsidiaritätsprinzip für die gesamte EU und erfasst alle ihre Elemente.[797] Nach dem Subsidiaritätsprinzip sollten die Ziele der EU grundsätzlich in der Zusammenarbeit der Mitgliedstaaten und der EU erreicht werden. Zusätzlich wurde das Subsidiaritätsprinzip als Beschränkung der willkürlichen Kompetenzausübung der EU bezeichnet.[798] Dabei sollte die Gemeinschaft gemäß ex-Art. 5 Abs. 1 nur innerhalb der Grenzen ihrer Kompetenzen tätig werden und außerhalb dieser Grenzen sollten die Ziele durch die Tätigkeit der Mitgliedstaaten erreicht werden.

Ex-Art. 5 Abs. 2 EGV sah aber noch eine Option vor, nach der die EG außerhalb ihrer ausschließlichen Kompetenz tätig werden konnte. Gemäß ex-Art. 5 Abs. 2 EGV konnte die EG auch tätig werden, wenn die Ziele durch die Maßnahmen auf der Ebene der Mitgliedstaaten nicht ausreichend umgesetzt werden konnten und aufgrund ihrer Eigenschaft besser auf Gemeinschaftsebene zu erreichen waren. Als Ergebnis der *sui generis* juristischen und politischen Konstruktion der EU wurde die Entstaatlichung durch die Mitgliedschaft immer als Frage gestellt. Zusätzlich ergab sich durch die komplizierte Kompetenzregelung des europäischen Gemeinschaftsrechts die Forderung, eine ausdrückliche Kompetenzkategorie festzulegen. Die neuen Regelungen nach dem Lissabon-Vertrag wurden in dem Bereich der Ausübung der Kompetenzen und des Subsidiaritätsprinzips konkretisiert.

Um den Mitgliedstaaten die Angst vor Entstaatlichung zu nehmen, wird in Art. 4 Abs. 1 EUV ausdrücklich erwähnt, dass alle der Union nicht in den Verträgen übertragenen Zuständigkeiten bei den Mitgliedstaaten bleiben. Auf der Grundlage des in Art. 5 Abs. 1 EUV erwähnten Einzelermächtigungsprinzips wurde die Kompetenzregel in der EU maßvoll erweitert bzw. sachlich neu geordnet.[799]

Art. 5 Abs. 1 lautet: „*Nach dem Grundsatz der begrenzten Einzelermächtigung wird die Union nur innerhalb der Grenzen der Zuständigkeiten tätig, die die Mitgliedstaaten ihr in den Verträgen zur Verwirklichung der darin niedergelegten Ziele übertragen haben. Alle der Union nicht in den Verträgen übertragenen Zuständigkeiten verbleiben bei den Mitgliedstaaten.*" Durch die enge Auslegung des Prinzips der „begrenzten Einzelermächtigung" kann resümiert werden, dass

---

797 Schweitzer, Michael/Hummer, Waldemar/Obwexer, Walter: S. 21.

798 Schweitzer, Michael/Hummer, Waldemar/Obwexer, Walter: S. 358.

799 Hatje, Armin/Kindt, Anne: Der Vertrag von Lissabon – Europa endlich in guter Verfassung, in: NJW 2008, 25, S. 1763.

die Mitgliedstaaten immer noch ihre volle Souveränität besitzen und „die Herren der Verträge" bleiben,[800] da die Union keine Kompetenz-Kompetenz hat. Die Eigenschaften der gesamten Rechtsordnung der EU dürfen nicht nur durch die Erwähnung der Einzelermächtigung beschrieben werden. Kompetenzausübung darf nicht als gegenseitiger Machtanspruch zwischen den Mitgliedstaaten und der EU verstanden werden. Die Ausübung der Kompetenzen der Mitgliedstaaten und die durch die Übertragung von Hoheitsrechten geschaffenen Kompetenzen der EU dienen einem gemeinsamen Ziel, das für die Erfüllung der Aufgaben der Mitgliedstaaten und der EU nötig ist. Aufgrund der besonderen Eigenschaften der EU dürfen die Mitgliedstaaten auch bei ihnen verbleibende Zuständigkeiten nicht nur nach ihren eigenen Wünschen ausüben.

Art. 4 EUV legt die Loyalitätspflicht der Mitgliedstaaten gegenüber der EU fest. Nach der Loyalitätspflicht gemäß Art. 4 Abs. 3 EUV ergreifen „*[d]ie Mitgliedstaaten ... alle geeigneten Maßnahmen allgemeiner oder besonderer Art zur Erfüllung der Verpflichtungen, die sich aus den Verträgen oder den Handlungen der Organe der Union ergeben"*. Die Konkretisierung der Kompetenzen und die gleichzeitige Unterstreichung der gegenseitigen Loyalität der Mitgliedstaaten und der EU zeichnet die komplementäre und verflechtende Struktur der EU aus. Aufgrund dessen kann das Verbleiben der nicht übertragenen Zuständigkeiten bei den Mitgliedstaaten nicht als der endgültige souveräne Status der Mitgliedstaaten, die alles entscheiden können, ausgelegt werden.

Die Arten und Bereiche der Kompetenzen werden grundsätzlich in Art. 2 bis 6 AEUV geregelt und entsprechen weitgehend der Systematik des AEUV. Danach sind die Kompetenzen in *ausschließliche Zuständigkeiten der Union* (Art. 3 AEUV), *geteilte Zuständigkeiten der Union und der Mitgliedstaaten* (Art. 4 AEUV), *Maßnahmen mit europäischer Zielsetzung* (Art. 6 AEUV) und *Vertragsabrundungskompetenzen* (Art. 352 AEUV) zu kategorisieren.[801]

Neben der Abgrenzung der Zuständigkeiten der Union mit der Betonung von Einzelermächtigung, Subsidiarität und Verhältnismäßigkeit gemäß Art. 5 Abs. 1 EUV und Art. 7 AEUV wird in Art. 4 Abs. 2 EUV die Achtung der nationalen Identität der Mitgliedstaaten – wie deren grundlegender politischer und verfassungsrechtlicher Struktur – festgelegt.

Während die EU zur Beachtung der nationalen Identität der Mitgliedstaaten verpflichtet, verpflichtet Art. 4 Abs. 3 EUV die Mitgliedstaaten und die EU zu gegenseitiger Loyalität und Zusammenarbeit. Damit werden Mitgliedstaaten verpflichtet, bei der Erfüllung ihrer Aufgaben die EU zu unterstützen und alle Maßnahmen zu unterlassen, die die Verwirklichung der Ziele der Union gefährden könnten.

---

800 Oppermann, Thomas: S. 140.

801 Hatje, Armin/Kindt, Anne: S. 1762.

Diese Neuartigkeit der europäischen Rechtsordnung verlangt von den Mitgliedstaaten die Öffnung von deren Rechtsordnung gegenüber der europäischen Rechtsordnung, was mit einem geschlossenen nationalstaatlichen Herrschaftsverständnis nicht möglich ist. Will die Türkei Mitglied der EU werden, muss die verfassungsrechtliche Basis der Türkei mit der rechtlichen Qualifizierung und den Grundprinzipien der EU harmonisiert werden, da diese von Art. 49 EUV als Voraussetzung für die Aufnahme vorgesehen ist. Wie dargestellt, ist in dem Fall der Mitgliedschaft der EU das geschlossene nationalstaatliche Herrschaftsverständnis in einem Mitgliedstaat nicht mehr haltbar, da die Mitgliedschaft kooperative Zusammenexistenz in einer Rechtsgemeinschaft voraussetzt.

3 Ende des geschlossenen nationalstaatlichen Herrschaftsverständnisses

Die Türkei kann bis zu den 1980er-Jahren sowohl ökonomisch als auch politisch grundsätzlich als ein geschlossener Staat bezeichnet werden. Aufgrund der großen territorialen Verluste des Osmanischen Reiches in seinen letzten 200 Jahren und dem daraus entstandenen Landverlust-Syndrom[802] hat die Türkei (als Nachfolgerstaat des Osmanischen Reiches) entschieden, ein geschlossenes System aufzubauen. Trotz der Mitgliedschaft in verschiedenen Organisationen und der De-facto-Öffnung der Staatlichkeit wurden die innere und äußere Souveränität und Unantastbarkeit des Entscheidungsmonopols des türkischen Staates de jure immer als höchstes Gebot des türkischen Verfassungssystems dargestellt. Diese Haltung des türkischen Staates wurde auch von den USA und Europa unterstützt, da während des Kaltes Krieges eine auf Nationalismus basierende und militärisch starke Türkei gegen die Sowjetunion als nützlich angesehen wurde.[803]

Anfang der 1980er-Jahre wurden die Grundsätze des ökonomischen Systems der Türkei geändert und das ökonomische System bzw. das Währungs- und Zollsystem dem internationalen Wettbewerb geöffnet.[804] Die protektionistische

---

802 Yilmaz, Hakan: Two Pillars of Nationalist Euroskepticism in Turkey: The Tanzimat and Sevres Syndromes; in: Karlsson, Ingmar/Strom Melin, Annika (Hrsg.): Turkey, Sweden and the European Union: Experiences and Expectations, Stockholm, 2006, S. 29-40; Sahin, Alpay: Sevr Sendromu nedir ve nasil azar (Was ist das Sevres-Syndrom und wie entzündet es sich?) 7.7. 2009, Zaman; Kramer, Heinz/Reinkowski, Maurus: S. 136.

803 Ifantis, Kostas: Turkey in transition – opportunities amidst peril, in: Verney, Susannah/Ifantis, Kostas (Hrsg.): Turkey's Road to European Union Membership: national identity and political change, London, 2009, S. 11.

804 Narbone, Luigi/Tocci, Nathalie: Running around in the circles? The cylical relationship between Turkey and the European Union, in: Verney, Susannah/Ifantis, Kostas (Hrsg.): Turkey's Road to European Union Membership: national identity and political change, London, 2009, S. 28.

Haltung des Staates gegenüber der nationalen Produktion wurde nicht mehr wie früher gewährleistet.[805] Die Realisierung der Liberalisierung des türkischen ökonomischen Systems war nur mithilfe der eisernen Hand des Militärputsches möglich,[806] da die arbeitende Bevölkerung von solchen Maßnahmen stark betroffen war. Während das ökonomische System stark liberalisiert wurde, wurde das politische System durch die neue Verfassung nach dem Putsch stark deliberalisiert.

Die souveränitätszentrierten Gedanken der Türkei basierten auf der hohen Fähigkeit des Staates, das Innen vom Außen rechtlich abzuschirmen. Nach geschlossenem Staatlichkeitsverständnis hat fremdes Recht ohne die Kontrolle des Staates keinen Zugang auf das türkische Territorium. Der Staat behält das Monopol, administrative Akte gegenüber den eigenen Staatsbürgern zu erlassen und durchzusetzen. Der Staat kontrolliert den Zugang der Fremden zu seinem Territorium. Und schließlich will der Staat allein die Kompetenz haben, über die inneren Angelegenheiten zu entscheiden. Als Ergebnis dieses souveränitätszentrierten Denkens will die Türkei alle fremden Einwirkungen auf ihre drei Gewalten entweder abwehren oder erst nach ihrer Kontrolle und mit ihrer eigenen Entscheidung wirken lassen. Nach Art. 5 der Verfassung übernimmt der Staat anspruchsvolle Aufgaben gegenüber den Staatsbürgern und versucht dadurch, die Legitimation seines Machtmonopols zu schaffen. Der Staat soll vor allem die Unabhängigkeit und Einheit der türkischen Nation, die Unteilbarkeit des Landes, die Republik und die Demokratie schützen. Danach soll er Wohlstand, Wohlergehen und Glück der Bürger und der Gemeinschaft gewährleisten, die politischen, wirtschaftlichen und sozialen Hindernisse beseitigen sowie sich um die Schaffung der für die Entwicklung der materiellen und ideellen Existenz des Menschen notwendigen Bedingungen bemühen.

Hier im Art. 5 werden die Grundeigenschaften eines Nationalstaates in seinem „goldenen Zeitalter" dargestellt, die von westlichen Staaten bis in die 1970er-Jahre als Grundeigenschaften des modernen Staates vertreten worden sind. Der moderne Nationalstaat hatte territorialstaatliche, verfassungsstaatliche, demokratische und interventionsstaatliche Grundeigenschaften. Er war ein Territorialstaat, da er die für Friedenssicherung und effektives Regieren notwendigen materiellen und institutionellen Ressourcen kontrollierte. Er war ein Verfassungsstaat, der sich auf die an den Zielen der Rechtsstaatlichkeit ausgerichtete Rechtsordnung stützte. Er war ein demokratischer Nationalstaat, dessen Legitimation auf der kollektiven Selbstbestimmung der Bürger beruhte. Und schlussendlich war er

---

805 Bedirhanoglu, Pinar: S. 102.

806 Tanör, Bülent/Yüzbasioglu, Necmi: S. 123; Özman, Aylin/Simten, Cosar Reconceptualizing Center Politics in Post-1980 Turkey, in: Keyman, E. Fuat (Hrsg.): Remaking Turkey: Globalization, Alternative Modernities and Democracy, Plymouth, 2007, S. 205.

ein Interventionsstaat, der sich mit verschiedenen Instrumenten bemühte, wirtschaftliches Wachstum und soziale Wohlfahrt des Landes zu fördern.[807]

Aber aufgrund der wirtschaftlichen Globalisierung, neuer technologischer Entwicklungen, der Migrationsbewegungen, der demografischen Änderungen und der Umweltprobleme mussten die Paradigmen des modernen Staates gewechselt werden, um die bevorstehenden Probleme zu lösen.[808] Solche neuen Herausforderungen führten zur Internationalisierung der Staatsfunktionen,[809] die gleichzeitig die Öffnung der Staatlichkeit bedeutete.

Die Änderung in der Welt in den 1990er-Jahren, wie das Ende des Sowjet-Blocks, die beschleunigte Globalisierung und technologische Entwicklungen usw., führten dazu, dass die Liberalisierung und die Öffnung der Ökonomie bei de jure geschlossener und gepanzerter Staatlichkeit für die Türkei auch nicht mehr vertretbar blieben und bleiben. Obwohl die Türkei in den letzten 15 Jahren zahlreiche Artikel der Verfassung geändert und Kompetenzen und Direktwirkungen der supranationalen Institutionen, wie der EGMR oder der Entscheidungen des EuGH in Bezug auf den Assoziationsvertrag, anerkannt hat, ist immer noch die Banalisierung solcher supranationalen Institutionen als Bestandteil des Völkerrechts festzustellen. Solche verfassungsrechtlichen Regulierungen ohne die konkrete verfassungsrechtliche Öffnung der türkischen Staatlichkeit für die internationalen oder supranationalen Normen führen nicht nur zu Funktionsstörungen der Institutionen, sondern auch zum Konflikt zwischen den grundsätzlichen Verfassungsnormen, wie Souveränitätsprinzip, Gewaltenteilung, Rechtsstaatlichkeit usw.

Besonders der Vollmitgliedschaftswunsch oder vielleicht der Vollmitgliedschaftszwang benötigt eine Auseinandersetzung und Erneuerung des geschlossenen Staatskonzepts der Türkei, weil sonst eine Vollmitgliedschaft in der supranationalen EU nicht möglich wird. Die Türkei kann für die EU-Anpassung von der Verfassung bis hin zur kleinsten Rechtsordnung sehr detaillierte Änderungen durchführen, was in der Realität auch stattfindet. Die Änderungen würden aber nur kosmetische Änderungen bleiben, solange das Basisphänomen „der geschlossenen Staatlichkeit der Türkei" bestehen bleibt. Ohne die Anerkennung des Änderungsbedarfs des Staatskonzepts würde das türkische Staatskonzept permanent mit dem supranationalen Konzept der EU kollidieren. Trotz der Kollision würden aber die gesetzlichen Änderungen verwirklicht. Um eine solche auf Dauer unhaltbare Spannung zu vermeiden und eine juristisch harmonische

---

807 Hurrelmann, Achim et al.: Die Zerfaserung des Nationalstaates: Ein analytischer Rahmen, in: Hurrelmann, Achim et al. (Hrsg.): Zerfasert der Nationalstaat? Die Internationalisierung politischer Verantwortung, Frankfurt, 2008, S. 25.

808 Hakyemez, Sevki Yusuf: S. 203.

809 Hurrelmann, Achim et al.: S. 29.

gesetzliche Lage zu schaffen, muss die Türkei grundsätzlich die supranationale Eigenschaft der EU anerkennen und ihre Anpassungsbereitschaft an das supranationale Konzept der EU deklarieren. Sonst werden die gesamten juristischen Änderungen und Anpassungsmaßnahmen der Türkei an die EU als einseitiger souveräner Akt des türkischen Staates angenommen.

Solche nötigen Paradigmenwechsel erzeugen in der Türkei die Angst vor der Entmachtung der türkischen Staatlichkeit und dem Verlust der Unabhängigkeit.[810] Die Übertragung der politischen Entscheidungsgewalt von der nationalen auf die supranationale Ebene ändert in der Tat den Charakter der politischen Herrschaft eines Staates, entmachtet den Staat aber keineswegs.[811]

4 Nötige Anerkennung der Diskrepanz zwischen Hoheitsrechten und Souveränität

Die Gleichsetzung der Kompetenzen und Hoheitsrechte mit der Souveränität erzeugt eines der größten Probleme des türkischen Staates für die rechtliche Deklarierung der offenen Staatlichkeit. Da der Souveränitätsbegriff historisch bedingt als unantastbar angenommen wird, wird die innere Wirkung der supranationalen Institutionen nach türkischem Recht immer mit der Rechtspraxis des türkischen Staates legitimiert. Aufgrund solcher Rechtspraxis und der Erwähnung des Völkerrechts als Rechtsquelle und des Vorrangprinzips der völkerrechtlichen Normen wird die offene Staatlichkeit der Türkei behauptet.[812] Die Begründung der offenen Staatlichkeit der Türkei nur durch die Rechtspraxis des türkischen Staates und das Vorrangprinzip der Völkerrechtsnormen führen zu dem Ergebnis, dass die Duldung des türkischen Staates gegenüber den internationalen oder den supranationalen Institutionen als Offenheit der türkischen Staatlichkeit dargestellt wird. Da die Vollmitgliedschaft der EU nicht mehr nur durch die Rechtspraxis und durch Völkerrechtsregelungen verwirklicht werden kann, müssen die Fragen, die mit der Offenheit des Staates und mit den Hoheitsrechten der supranationalen Institutionen zusammenhängen, geklärt werden. Es muss akzeptiert werden, dass ohne die Anerkennung der Hoheitsrechte der internationalen oder der supranationalen Institutionen offene Staatlichkeit ein einseitiger Akt des guten Willens der Türkei sein kann. Die Anerkennung der Hoheitsrechte der internationalen oder der supranationalen Institutionen setzt wiederum den Verzicht

810 Göztepe, Ece: S. 231.
811 Steffek, Jens: Legitimität jenseits des Nationalstaates: Vom exekutiven zum partizipativen Multilateralismus?, in: Hurrelmann, Achim et al. (Hrsg.): Zerfasert der Nationalstaat?, Frankfurt am Main, 2008, S. 179.
812 Caglar, Bakir [1989]: S. 119.

der Gleichsetzung der Kompetenzen und der Hoheitsrechte mit der Souveränität der Türkei voraus, damit die Anerkennung nicht als der Verlust der Souveränität der Türkei angenommen wird. Ein solches Verständnis von der offenen Staatlichkeit würde für die Türkei die Existenz in einem einheitlichen komplementären Rechtssystem und die Bereitschaft der „Zusammen-Ausübung" der Hoheitsrechte ermöglichen.

5 Existenz in einem einheitlichen komplementären Rechtssystem

Die konventionelle Form politischer Herrschaft des modernen Staates unterliegt in der europäischen Integration von Anfang an einem tiefgreifenden Wandlungsprozess. Die charakteristische Herrschaftsform in Europa besteht aus einem integrierten Prozess der Mitgliedstaaten und der EU, die in alle Politikfelder der Mitgliedstaaten eingreift.[813] An die Stelle des konventionellen Verhältnisses zwischen Innenpolitik und auswärtigen Beziehungen tritt eine neue politische Form: das „Regieren im Mehrebenensystem"[814], das die föderalen Konturen der EU kennzeichnet.

Die EU bildet ein föderales System, in dem Herrschaftsgewalt sowohl der europäischen als auch der nationalen Ebene auf den Bürger durchgreift, während die nationale und europäische Identität nebeneinander abgesichert sind.[815] Um diese föderativen Grundsätze der EU durchzusetzen, wird die Bereitschaft der Mitgliedstaaten benötigt, in einem einheitlichen komplementären Rechtssystem zu existieren. Diese Bereitschaft setzt voraus, dass die Türkei die Gründungsdogmen des türkischen Staates, Alleinherrscher auf seinem Territorium zu sein und die internationalen Beziehungen nur auf dem Gegenseitigkeitsprinzip zu führen, modifiziert. Da die EU-Mitgliedschaft die Ausschließlichkeit des eigenen Geltungsanspruchs der Mitgliedstaaten aufhebt, ist es nicht möglich, ohne die Anerkennung und Deklarierung die föderativen Grundsätze der EU zu erfüllen und eine funktionierende juristische Basis für die Mitgliedschaft nur durch die kosmetischen gesetzlichen Änderungen zu schaffen. Die Annahme, in einem einheitlichen komplementären Rechtssystem existieren zu können, verlangt, dass das türkische Rechtssystem ohne die hierarchische Konstruktion neben seinem Herrschaftsanspruch einen anderen Herrschaftsanspruch akzeptiert und diese Konstellation nicht durch die Begriffe wie „absolutes Rückholungsrecht der übertragenen Kompetenzen" oder „Beibehaltung des letzten Entscheidungsmonopols" relativiert. Die Relativierung des Herrschaftsanspruchs der EU würde

---

813 Lemke, Christian: S. 160.
814 Ebenda.
815 Pernice, Ingolf [2006a]: S. 441.

zur Aushöhlung der supranationalen Eigenschaften der EU führen. Die Annahme aber des Herrschaftsanspruchs und der Durchgriffswirkung einer anderen Institution auf dem Territorium der Türkei setzt wiederum voraus, dass die Legitimationsbasis des türkischen Rechtssystems nicht mehr das ganz abstrakt dargestellte Bild der „Nation" bleiben darf. Sondern der abstrakte „Nation"-Begriff muss durch den „Individuen"- und „Bürger"-Begriff konkretisiert werden, wodurch die Geltung und die Anwendung der Rechtsnormen der EU juristisch begründet werden. Das Nichtverändern der Legitimationsbasis des Herrschaftsanspruchs würde immer die Souveränitäts- und Existenzfrage der Staatlichkeit der Türkei aufwerfen. Nur durch die Konkretisierung des Begriffs „Nation" durch „Individuen" und „Bürger"[816] können die föderativen Grundsätze der EU anerkannt, der Herrschaftsanspruch, die Durchgriffswirkung der EU und die Existenz der Türkei in einem einheitlichen komplementären Rechtssystem entsprechend der supranationalen Eigenschaft der EU begründet werden.

6 „Zusammen-Ausübung" der Hoheitsrechte

Die Existenz in einem komplementären Rechtssystem setzt die Anerkennung der autonomen Rechtserzeugungs- und der Rechtsdurchsetzungskraft eines anderen Rechtsgebildes voraus. Da die Rechtserzeugung- und Rechtsdurchsetzungskraft der EU auf dem Niveau der Ausübung die Hoheitsrechte erreicht hat, muss die Türkei explizit die „Zusammen-Ausübung" der Hoheitsrechte anerkennen.[817] Die Vollmitgliedschaft der EU benötigt deswegen die Anerkennung der Verteilung der hoheitlichen Gewalten im komplexen Mehrebenensystem. Das Ausdehnungsprinzip der Kompetenzen[818] oder das begrenzte Delegationsprinzip[819] des türkischen Rechtssystems würde für die Vollmitgliedschaft nicht ausreichen, da diese Prinzipien nicht den vertikalen Herrschaftsanspruchs einer anderen Rechtsquelle außer der des türkischen Staates anerkennen. Aber die Akzeptanz des EU-Rechts als autonome Rechtsquelle setzt grundsätzlich erst einmal den vertikalen Herr-

---

816 Agaogullari, Ali Mehmet: Demokratik Mitoslar: Halk-Ulus Egemenligi ve Siyasal Temsil (Demokratische Mythen: Volks- und Nationssouveränität und politische Vertretung), in: Ankara Üniversitesi SBF Dergisi, Band XLVI/1-2, 1991, S. 29.

817 Sen, Murat: S. 219 f.

818 Tezic, Erdogan: S. 126.

819 Yüzbasioglu, Necmi [1996]: 1982 Anayasasi ve Anayasa Mahkemesi Kararlarina göre Türkiye'de Kanun Hükmünde Kararnameler Rejimi (Rechtlicher Status der Rechtsverordnung mit Gesetzeskraft in der Türkei nach der 1982er Verfassung und Urteile des Verfassungsgerichts) Istanbul, 1996, S. 202.
Gözler, Kemal [2000a]: Kanun Hükmünde Kararnamelerin Hukuki Rejimi (Rechtlicher Status der Rechtsverordnung mit Gesetzeskraft), Bursa, 2000, S. 28.

schaftsanspruch der EU neben den der Mitgliedstaaten und die Bereitschaft der Mitgliedstaaten, in einem einheitlichen komplementären Rechtssystem zu existieren, voraus. Die Natur der EU, die Erfüllung der Aufgaben und die Legitimation der dabei durchgesetzten Maßnahmen zwingen die Mitgliedstaaten zur „Zusammen-Ausübung" der Hoheitsrechte mit der EU.

Nach der Analyse der Aufgaben der EU und der Mitgliedstaaten und den entsprechenden Kompetenzen beider Institutionen für die Bewältigung dieser Aufgaben ist festzustellen, dass die Verwirklichung dieser Ziele nur durch die „Zusammen-Ausübung" der Hoheitsrechte möglich ist. Neben dieser praktischen Aufgabenerfüllung braucht die Legitimierung der durchgesetzten Maßnahmen die Akzeptanz der „Zusammen-Ausübung" der Hoheitsrechte, sonst werden die Legitimationsbasis der ausschließlichen Kompetenzen der EU und deren Direktwirkung auf die Bürger nicht mehr juristisch begründet. Als Ergebnis der Bereitschaft der europäischen Integration und der Öffnung der Staatlichkeit muss die Notwendigkeit der „Zusammen-Ausübung" der Hoheitsrechte akzeptiert werden. Nur dann ist es möglich, die bevorstehenden Fragen und Probleme zusammen zu bewältigen.

Die gesetzlichen Änderungen in der Türkei können ohne ein neues offenes Staats- und Staatlichkeitskonzept die bevorstehende starke Kollisionen zwischen der türkischen und der europäischen Rechtsordnung nicht verhindern.[820] Denn die neuen Gesetze werden auch wieder mit demselben alten Staatsverständnis ausgelegt. Die verfassungsrechtlichen Festlegung und die Anerkennung der offenen Staatlichkeit, die nötige Diskrepanz zwischen Hoheit und Souveränität, die Bereitschaft zur Existenz in einem einheitlichen komplementären Rechtssystem und die „Zusammen-Ausübung" der Hoheitsrechte würden am Anfang sicher sowohl heftige politische als auch juristische Diskussionen provozieren. Solche politischen und juristischen Diskussionen würden aber bei der Vollmitgliedschaft in der EU neben der Stabilität die demokratische Partizipation der Bevölkerung an ihrem Schicksal und die Rechtssicherheit für die Zukunft gewährleisten.

---

820 Arslan, Zühtü [2005b]: S. 372.

Teil 5
Bedarf der Änderungen der Verfassung der Türkei in der Zeit des Wandels des Hoheitsverständnisses

1 Mit europäischem Recht kollidierende Artikel der türkischen Verfassung in Bezug auf Übertragung von Hoheitsrechten

Seit Inkrafttreten der 1982er Verfassung dauert die Kritik gegenüber der Verfassung an, und wiederholt werden neue Verfassungsentwürfe zur Diskussion gestellt. In diesen Verfassungsentwürfen wird der Fokus meist auf die Erweiterung der Grundrechte und Freiheiten im Lande fokussiert. Ebenso wie in der juristischen Literatur, die sich mit den nötigen Änderungen der türkischen Verfassung im Falle der EU-Mitgliedschaft beschäftigt hat, wurden auch in diesen Verfassungsentwürfen versucht, die Frage der Übertragung von Hoheitsrechten durch die Hinzufügung eines Satzes hinsichtlich der Hoheitsübertragung in der Verfassung zu lösen.[821] Die juristische Literatur, die sich mit den nötigen Änderungen der türkischen Verfassung im Falle einer EU-Mitgliedschaft beschäftigt hat, geht meist davon aus, dass sich die Harmonisierung der türkischen Verfassung mit der EU-Struktur als rein technisches Problem darstellt. Dabei werden bei der Übertragung von Hoheitsrechten meistens die Ansichten vertreten, dass die Einfügung eines Integrationsartikels und die Änderungen der Art. 6, 7, 90 der Verfassung, die die Souveränität des türkischen Staates regeln, für die Übertragung von Hoheitsrechten genügen.[822] Solche Analysen

---

821 Göztepe, Ece: S. 215, 234.
822 Kocak, Mustafa: S. 286; Kanetti, Selim: S. 131; Yüzbasioglu, Necmi [2002]: Olusturulmakta Olan Avrupa Anayasasi Dogrultusunda 1982 T.C. Anayasasinda Yapilmasi Gereken Degisiklikler, Anayasa Reformlari ve Avrupa Anayasasi Icinde, (Der Änderungsbedarf in Bezug auf die vorzubereitende europäische Verfassung, in: Verfassungsreform und europäische Verfassung), Ankara, 2002, S. 139 f.; Oder, Bertil Emrah [2001]: Anayasa Hukuku – Türk Hukukunun Avrupa Birligine Uyumu Icinde, (Verfassungsrecht, in: Tekinalp, Ünal (Hrsg.): Anpassung des türkischen Rechts an die europäische Union), Istanbul, 2001, S. 27 ff.; Inceoglu, Sibel: S. 248; Yazici, Serap [2006]: Avrupa Birligi Süreci: Ulus Devletten Ulusüstü Devlete Geciste Egemenlik Yetkisinin Devri (EU-Verfahren: Die Übertragung von Hoheitsrechten bei der Übergangsphase von dem nationalen in den supranationalen Staat), Özgürlükler Düzeni Olarak Anayasa, Fazil Saglam'a 65 Yas Armagani Icinde, in: Can, Osman/Azrak, Ülkü (Hrsg.): Verfassung als Ordnung der Freiheiten, 65. Jubiläumsschrift für Fazil Saglam, Ankara, 2006, S. 468 ff.; Hazir, Hayati: Avrupa Toplulugu Ile Türk Hukuk Sisteminin Bütünlesmesinde Egemenligin Devri Sorunu (Die Frage der Übertragung von Souveränität bei der Komplementarität der europäischen und türkischen Rechtssysteme), in: 10 Jahre Jubiläumsschrift für Halil Cin, Konya, 1995, S. 19; Dagegen: Kural, Bilgütay: S. 99.

basieren oft auf der Forschung bezüglich der Verfassungen der anderen Mitgliedstaaten.

Werden die Verfassungsbestimmungen der anderen Mitgliedstaaten analysiert, sind in Bezug auf die Übertragung von Hoheitsrechten diverse Methoden festzustellen.

Obwohl die Wahl der gerade dargestellten Methode der anderen Mitgliedstaaten der EU machbar und richtig erscheint, dürfen aber die festgestellten juristischen Probleme anderer Mitgliedstaaten in den meisten Fällen und bei dem besonderen Staatsverständnis der Türkei nicht außer Acht gelassen werden.

So dürfen die abweichenden und besonderen Beziehungen zwischen der Türkei und der EU, die sich von denen der anderen Mitgliedstaaten unterscheiden, nicht vergessen werden. Während eine Gruppe der erforschten Mitgliedstaaten als Gründer der EU die gesamten juristischen Entwicklungen und Änderungen der EU mitvollzogen hat, wurden weder die staatlichen noch die kulturellen und juristischen Eigenschaften der anderen Mitgliedschaften, wie die der Türkei, infrage gestellt.[823] Bezüglich der Zeitdauer[824] der Verhandlungen und der Änderungen der Aufnahme-Kopenhagen-Kriterien für die Mitgliedschaft in der EU wird in einigen Publikationen die Ansicht vertreten, dass das Mitgliedschaftsverfahren der Türkei von der EU besonders behandelt wird. Nach deren Ansicht muss die EU für die Mitgliedschaft der Türkei besondere Voraussetzungen schaffen[825] und das Mitgliedschaftsverfahren der Türkei muss von der EU andersartig geführt werden[826] als bei den anderen Kandidaten, obwohl eine solche Andersartigkeit von der EU offiziell dementiert wird.[827] Trotz der expliziten und offiziellen Betonung der Gleichbehandlung der Türkei mit den anderen Kandidaten in der Entscheidungserklärung der EU[828] ist die besondere Behandlung der Türkei nicht zu leugnen.[829] Die von der Europäischen Kommission vorgelegte Empfehlung von 06.10.2004 für die Eröffnung der Beitrittsverhandlungen mit der Türkei verband diese Empfehlung mit einer Reihe von Überlegungen und Bedingungen für die

---

823 Kramer, Heinz/Reinkowski, Maurus: S. 164.

824 Kramer, Heinz/Reinkowski, Maurus: S. 154.

825 Kramer, Heinz/Reinkowski, Maurus: S. 170

826 Kramer, Heinz/Reinkowski, Maurus: S. 170; Joseph, S. Joseph: S. 7 f.

827 Kramer, Heinz/Reinkowski, Maurus: S. 166.

828 Rat der Europäischen Union, Brüssel, den 1. Februar 2005 (03.02), 16238/1/04, REV 1, Tagung des Europäischen Rates (Brüssel, 16./17. Dezember 2004), Schlussfolgerung des Vorsitzes, <www.consilium.europa.eu/ueDocs/cms_Data/docs/pressdata/de/ec/83221.pdf>.

829 Yurdusev, Nuri: Turkey's Engagement with Europe, in: Kerslake, Celias/Öktem, Kerem/Robins, Philip (Hrsg.): Turkey's Engagement with Modernity – Conflict and Change in the twentieth Century, London, 2010, S. 286 ff.; Vergleich der andersartigen Verhandlungsführung der Türkei mit den anderen EU-Kandidat-Ländern bei: Burgdorf, Wolfgang: Zur türkischen Geschichte innerhalb Europas – Anmerkungen über die Grundlagen eines EU-Beitritts der Türkei, in: Clemens, Gabriele (Hrgs.): Die Türkei und Europa, Hambug, 2007, S. 39–57.

Durchführung der Verhandlungen.[830] In Anbetracht der Tatsache, dass das Mitgliedschaftsverfahren der Türkei anders verläuft als bei anderen Mitgliedstaaten, muss dies auch beim Finden der entsprechenden Methoden für die Übertragung von Hoheitsrechten beachtet werden.

Meist wird in der Türkei die Meinung vertreten, dass die verfassungsrechtlichen Änderungen für die Übertragung von Hoheitsrechten nur kurz vor dem Beitritt in die EU durchgeführt werden sollen[831] und deswegen für die Diskussionen genug Zeit bleibt. Die Vertreter solcher Ansichten gehen davon aus, dass ohne die Sicherung des Vollmitgliedschaftsstatusses in der EU für das politische und juristische System der Türkei eine Aufnahme in die EU unannehmbar wäre, da die Türkei ohne Vollmitgliedschaft ihr geschlossenes System nicht berühren will. In diesen Ansichten stecken mehr politische Gründe und Argumente als juristische. Der Regulierungsbedarf der Übertragung und die Ausübung der Hoheitsrechte im türkischen Rechtssystem sind schon längst vorhanden und sind unverzüglich zu behandeln. Nicht nur wegen der EU-Mitgliedschaft, sondern auch wegen völkerrechtlicher Verpflichtungen aus verschiedenen Völkerrechtsverträgen wie Montreux und Lausanne und der Beziehungen zu den verschiedenen internationalen Institutionen wie EGMR, NATO, Zollunion müssen die Souveränitätsbeschränkung und die Übertragung von Hoheitsrechten unverzüglich und verfassungsrechtlich geregelt werden. Aufgrund der nicht regulierten juristischen Lage ist es legitim zu fragen, ob die völkerrechtlichen Verpflichtungen der Türkei nach dem türkischen Rechtssystem überhaupt begründbar sind und Gültigkeit haben.

Die besondere Betonung der Verfassung bezüglich der Souveränität der Türkei und darüber hinaus die geschichtliche und gesellschaftliche Empfindlichkeit der Türkei in Bezug auf ihre Unabhängigkeit setzen die Feststellung der mit dem europäischen Recht kollidierenden Regelungen der Verfassung voraus. Nur dann ist es möglich, eine entsprechende Methode für die Übertragung von Hoheitsrechten zu finden und miteinander grundsätzlich kollidierende Verfassungsregeln zu verhindern.

Bevor die nötigen Änderungen der türkischen Verfassung für die EU-Vollmitgliedschaft festzulegen sind, müssen die mit dem europäischen Recht kollidierenden Artikel der türkischen Verfassung festgestellt werden.

---

830 Kommission der Europäischen Gemeinschaften, Brüssel, den 6.10.2004: KOM(2004) 656 endgültig, Mitteilung der Kommission an den Rat und das Europäische Parlament: Empfehlung der Europäischen Kommission zu den Fortschritten der Türkei auf dem Weg zum Beitritt, http://eur-lex.europa.eu/LexUriServ/LexUriServ.do?uri=COM:2004:0656:FIN:DE:PDF.
831 Sen, Murat: S. 224.

1.1 Präambel

Hauptfunktionen von Präambeln sind Kommunikation, Integration und die Möglichkeit der Identifikation für den Bürger und damit die Legitimation des Verfassungsstaates.[832] Die Formulierung von hohen Idealen, Überzeugungen und dem Selbstverständnis der Verfassungsgeber sind charakteristisch für den Inhalt von Präambeln. Sie fügen einen Hauch von Pathos hinzu und erweisen sich in Teilen als „Glaubenssätze" (religion civile) eines politischen Gemeinwesens. Durch die Präambeln werden Willensbekundungen objektiviert oder subjektive Wünsche und Hoffnungen bzw. Überzeugungen und Willensbekundungen normativiert. Somit bieten die Präambeln die Identifikationsmöglichkeiten für den Bürger, die für die eigene Bindung und Verantwortung vor höheren Instanzen und Zusammenhängen in einem demokratischen Verfassungsstaat unverzichtbar sind.[833] Derartige inhaltliche Bekenntnisse sind dann nur eine Grundierung für die offene Gesellschaft und den Verfassungsstaat, sofern die Garantien wie Freiheit und Gleichheit, Toleranz und Offenheit bewahrt bleiben.[834] Die nationalverfassungsrechtlichen Präambeln sind nicht nur eine Essenz des Kontextes der Verfassung[835], sondern pflegen in großer Tradition konzentriert das an Inhalten festzulegen, was die nachfolgenden Verfassungsartikel im Einzelnen ausführen.[836]

Die Präambel der türkischen Verfassung zeigt ebenso wie die anderen Verfassungen die Leitmotive und die dahinterstehende Philosophie der Verfassung. Die Präambel ist nicht nur ein philosophischer Text, sondern auch nach Art. 176/I[837] der Verfassung ein verbindlicher Teil der 1982er Verfassung, der vom türkischen Verfassungsgericht konkret als Norm angewendet wird. Der Anfang der Präambel der 1982er Verfassung lautet:

> *„Diese Verfassung, die die ewige Existenz des türkischen Vaterlandes und der türkischen Nation sowie die unteilbare Einheit des Großen Türkischen Staates zum Ausdruck bringt, wird, um entsprechend der Auffassung vom Nationalismus, wie sie Atatürk, der Gründer der Republik Türkei, der unsterbliche Führer und einzigartige Held, verkündet hat;*
> *mit dem Ziel, die ewige Existenz, die Wohlfahrt, das materielle und geistige Glück der Republik Türkei als ehrenvolles und gleichberechtigtes Mitglied der Völkerfamilie der Welt entschlossen auf das Niveau moderner Zivilisation zu heben; in dem Gedanken, dem Glauben und der Entschlossenheit,*

---

832 Häberle, Peter [1998]: S. 920.
833 Häberle, Peter [2005]: Europäische Verfassungslehre, 3. Aufl., Baden-Baden, 2005, S. 274–275.
834 Häberle, Peter [1998]: S. 922.
835 Häberle, Peter [1998]: S. 923.
836 Häberle, Peter [2005]: S. 280.
837 Art. 176/I: *„Die Präambel, welche die Grundansichten und -prinzipien bestimmt, auf denen die Verfassung beruht, ist Bestandteil des Verfassungstextes."*

dass der absolute Vorrang des Volkswillens [Nationswillens], die Souveränität uneinge-
schränkt und unbedingt der Türkischen Nation zustehe und keine Person oder Institution,
welche diese im Namen des Volkes [der Nation] auszuüben zuständig ist, von der in die-
ser Verfassung bestimmten freiheitlichen Demokratie und der von ihren Erfordernissen be-
stimmten Rechtsordnung abweichen werde,

dass die Gewaltenteilung nicht eine Vorrang gewährende Reihenfolge der Staatsorgane
bedeutet, sie aus dem Gebrauch bestimmter Zuständigkeiten des Staates und damit in einer
begrenzten zivilisierten Arbeitsteilung und Zusammenarbeit besteht und ein Primat nur der
Verfassung und den Gesetzen zukommt,

dass keinerlei Aktivität gegenüber den türkischen nationalen Interessen, der türkischen
Existenz, dem Grundsatz der Unteilbarkeit von Staatsgebiet und Staatsvolk, den geschicht-
lichen und ideellen Werten des Türkentums und dem Nationalismus, den Prinzipien und Re-
formen sowie dem Zivilisationismus Atatürks geschützt wird und heilige religiöse Gefühle,
wie es das Prinzip des Laizismus erfordert, auf keine Weise mit den Angelegenheiten und der
Politik des Staates werden vermischt werden,

dass jeder türkische Staatsbürger gemäß den Erfordernissen der Gleichheit und der
sozialen Gerechtigkeit die Grundrechte und -freiheiten dieser Verfassung genieße und von
seiner Geburt an das Recht und die Möglichkeit habe, innerhalb der nationalen Kultur-, Zivi-
lisations- und Rechtsordnung ein würdiges Leben zu führen und seine materielle und ideelle
Existenz in diesem Sinne zu entfalten,

dass die türkischen Staatsbürger insgesamt in nationalem Stolz und nationalem Leid, in
nationaler Freude und nationalem Schicksal, in ihren Rechten und Pflichten gegenüber der
nationalen Existenz, in Segen und Mühsal sowie in jeglicher Manifestation des National-
lebens geeint seien, in den Gefühlen der entschiedenen Achtung der Rechte und der Freiheiten
des anderen und der gegenseitigen herzlichen Liebe und Brüderlichkeit sowie im Verlangen
und Glauben an ,Frieden im Lande – Frieden in der Welt' ein Leben voll Heil zu führen das
Recht haben, ... "

Die Betonung der einheitlichen Staatlichkeit sowie der Absolutheit, der Unantastbarkeit und des Vorrangs der Souveränität des türkischen Staates in
der Präambel stellt ein geschlossenes Staatsverständnis dar.[838] Besonders das
Unterstreichen der Souveränität als absoluter Vorrang des Nationswillens und
deren uneingeschränkte und unbedingte Zugehörigkeit zur türkischen Nation
zeigt, dass die 1982er Verfassung von einer absoluten Beibehaltung der Souveränität ausgeht. Die Souveränität darf nur im Namen der Nation von durch
die Verfassung bestimmten Institutionen ausgeübt werden. Da zwischen Souveränität, Kompetenzen und Staatsgewalt keine Unterschiede akzeptiert werden, wird das Gewaltenteilungsprinzip in der Präambel Abs. 4 als *„begrenz-*
te[n] zivilisierte[n] Arbeitsteilung und Zusammenarbeit" der Staatsorgane
beschrieben.

Die Betonung des Nationalismus in der Präambel Abs. 6 *(„dass keinerlei Ak-*
tivität gegenüber den türkischen nationalen Interessen, ... den geschichtlichen
und ideellen Werten des Türkentums und dem Nationalismus, ... geschützt wird")

---

838 Yildiz, Hüseyin [2010]: Der neue Verfassungsentwurf und die daraus resultierenden Einflüsse
auf die demokratische Entwicklung der Türkei, in: AÖR, Band 58, 2010, S. 357–358.

zeichnet nicht nur juristisch, sondern auch ganz plastisch das geschlossene Staatsverständnis mit dem abstrakten Nationsbild.[839]

Im Falle der EU-Mitgliedschaft wäre dieses Verständnis nicht die optimale juristische Basis für die Bereitschaft der Existenz der Türkei in einer vielfältigen Rechtsordnung mit der nötigen Kooperationsbereitschaft, da die in Paragraf 5 der Präambel festgelegten Prinzipien (wie die türkischen nationalen Interessen, die türkische Existenz, der Grundsatz der Unteilbarkeit von Staatsgebiet und Staatsvolk, die geschichtlichen und ideellen Werte des Türkentums und der Nationalismus, die Prinzipien usw.) gerade den Gegensatz zur Kooperationsbereitschaft darstellen. Aufgrund ihrer konkreten Betonung der geschlossenen Staatlichkeit mit der starken nationalistischen Positionierung würde die gesamte Präambel mit dem Rechtssystem der EU kollidieren.

1.2 Unveränderbare Artikel der Verfassung

Außer in der 1921er Verfassung ist die Unveränderbarkeit bestimmter Eigenschaften der türkischen Verfassungsordnung ein Teil der türkischen Verfassungsordnung. Sowohl die 1924er Verfassung als auch die 1961er Verfassung der Türkei sahen bestimmte Eigenschaften des Staates als unveränderbar an. Da aber das Verfassungsgericht erstmals durch die 1961er Verfassung gegründet worden war, wurde auch die Kontrolle der Verfassungsänderung durch das Verfassungsgericht erstmalig nach der 1961er Verfassung zur Anwendung gebracht. Bis 1971 existierte in der 1961er Verfassung keine ausdrückliche Vorschrift für die Kontrolle von Verfassungsänderungen. Trotzdem aber hat das Verfassungsgericht durch die Auslegung der Verfassung mehrmals solche Kontrollfunktionen weitreichend und ausführlich ausgeübt.[840] Durch die Änderung[841] des Art. 147 der 1961er Verfassung im Jahre 1971 wurde die Kontrollfunktion des Verfassungsgerichts bei der Verfassungsänderung ausdrücklich geregelt.[842] Danach sollte aber das Verfassungsgericht bei Änderungen der Verfassung über die Einhaltung der in der Verfassung festgelegten formellen Bedingungen wachen. Nach der Entscheidung des Verfassungsgerichts gehörte das in Art. 9[843]

---

839 Yazici, Serap [2009a]: S. 68–69.

840 E.1970/1, K. 1970/31, in: AMKD, Band 8, S. 322.

841 Gesetz Nr.1488, ABl. vom 22.9.1971 Nr. 13964.

842 Art. 147 der 1961er Verfassung: „Der Verfassungsgerichtshof wacht über die Verfassungsmäßigkeit der Gesetze und der Geschäftsordnungen der Türkischen Großen Nationalversammlung und bei Änderungen der Verfassung über die Einhaltung der in der Verfassung festgelegten formellen Bedingungen."

843 Art. 9 der 1961er Verfassung: „Die Vorschrift der Verfassung, welche die Republik als Staatsform festsetzt, kann weder abgeändert noch kann ein Abänderungsantrag eingebracht werden."

der 1961er Verfassung festgeschriebene Verbot der Einbringung eines Abän-
derungsantrags für die Änderung der republikanische Eigenschaft des Staates
auch zu den in Art. 147 vorgesehenen formellen Bedingungen der Verfassungsänderung. Im Ergebnis dieser Auslegung hat das Verfassungsgericht die Verfassungsänderungen mittelbar auch inhaltlich geprüft, um festzustellen, ob der
Inhalt der behandelten Verfassungsänderung in Art. 9 das vorgesehene Änderungsverbot betrifft.[844] Im Unterschied zu der 1961er Verfassung wurden durch
die 1982er Verfassung auf der einen Seite die unveränderbaren Eigenschaften
der türkischen Verfassungsordnung erweitert und wurde auf der anderen Seite die formelle Überprüfungskompetenz des Verfassungsgerichts begrenzt. Die
starre Konstruktion der 1982er Verfassung sieht für die Änderung der Verfassung nicht nur besondere Änderungsverfahren gemäß Art. 175 vor, sondern legt
auch gemäß Art. 4 in den ersten drei Artikeln[845] festgeschriebene Eigenschaften
des Staates unveränderbar fest.

Art. 4 lautet: *„Die Vorschrift des Artikels 1 der Verfassung über die Republik
als Staatsform sowie die Vorschriften über die Prinzipien der Republik in Artikel 2 und diejenigen des Artikels 3 sind unabänderlich, das Einbringen eines Änderungsvorschlages ist unzulässig."* Gemäß Art. 148 Abs. 1 und 2 ist das Verfassungsgericht zuständig, um die Verfassungsänderungen nur im Hinblick auf die
Form zu untersuchen und zu überprüfen. Da das Verfassungsgericht die Möglichkeit der formellen Überprüfung der Verfassungsänderung in den 1970er Jahren
weit ausgelegt hat, wurde der Rahmen der formellen Überprüfungskompetenz
des Verfassungsgerichts durch Art. 148 Abs. 2 der 1982er Verfassung festgelegt.
Art. 148 Abs. 2 lautet: *„Die Überprüfung der Gesetze hinsichtlich der Form ist
auf die Frage, ob die letzte Abstimmung mit der vorgesehenen Mehrheit erfolgte,
und bei den Verfassungsänderungen auf die Frage begrenzt, ob der Mehrheit für
Vorschlag und Abstimmung sowie der Bedingung, dass nicht im Eilverfahren verhandelt wird, entsprochen wurde."*

---

844 Urteile des türkischen Verfassungsgerichts, E.1973/19, K. 1975/87, in: AMKD, Band 13, S. 428;
     E.1975/167, K. 1976/19, in: AMKD, Band 14, S. 130.
845 Art. 1: *„Der Staat Türkei ist eine Republik."*
     Art. 2: *„Die Republik Türkei ist ein im Geiste des Friedens der Gemeinschaft, der nationalen
     Solidarität und der Gerechtigkeit die Menschenrechte achtender, dem Nationalismus Atatürks
     verbundener und auf den in der Präambel verkündeten Grundprinzipien beruhender demo-
     kratischer, laizistischer und sozialer Rechtsstaat."*
     Art. 3: *„Der Staat Türkei ist ein in seinem Staatsgebiet und Staatsvolk unteilbares Ganzes.
     Seine Sprache ist Türkisch.
     Seine Flagge, deren Form durch Gesetz bestimmt wird, ist die rote Flagge mit weißem Halb-
     mond und Stern.
     Seine Nationalhymne ist der ,Unabhängigkeitsmarsch'.
     Seine Hauptstadt ist Ankara."*

Einer Auffassung[846] nach hat der Verfassungsgeber durch die Begrenzung der Überprüfungskompetenz des Verfassungsgerichts das Ziel beachtet, die Sekundär-Verfassungsgeber frei zu lassen, um die nötigen Verfassungsänderungen durchführen zu können, solange er das in Art. 175 vorgesehene Verfassungsänderungsverfahren beachtet. Dadurch darf sogar der sekundäre Verfassungsgeber – abgesehen von den ersten drei Artikeln – die gesamte Verfassung ändern, was vom Verfassungsgericht nur laut Art. 148 daraufhin überprüft werden darf, ob das formelle Verfahren beachtet worden ist.

Einer anderen Auffassung[847] nach hat der Verfassungsgeber die Unveränderbarkeit der Verfassung festgeschrieben. Aufgrund des Änderungsverbots werden hinsichtlich der Unveränderbarkeit keine formellen oder materiellen Voraussetzungen für die Überprüfung des Verfassungsgerichts vorgesehen, da die Änderung rechtmäßig nach der Verfassung nicht möglich ist.

Deswegen trifft die formelle Überprüfungsregel der Verfassungsänderung in Art. 148 nur die Verfassungsänderungen, die in dem Änderungsverbot nicht inkludiert sind.

In diesem Zusammenhang darf das Verfassungsgericht, als Ergebnis des Änderungsverbots, die Änderungen im Sinne des Unabänderbarkeitsgebots der Verfassung im materiellen Sinne überprüfen, ob ein solcher Änderungsantrag überhaupt gestellt werden darf.

In Art. 148 Abs. 2 wird festgelegt, ob bei dem Verfahren der Verfassungsänderung die verfassungsrechtlichen Mehrheits- oder Abstimmungsregeln eingehalten worden sind. Wenn das Verfassungsgericht das Verfahren des Zustandekommens einer Verfassungsänderung überprüfen kann, kann es die Rechtsakte des Parlaments, die grundsätzlich durch Art. 4 verboten worden sind, überprüfen. Die formelle Überprüfung der Mehrheits- oder Abstimmungsregel beinhaltet auch die Existenz eines gültigen Verfassungsänderungsentwurfs. Aufgrund dessen führt die formelle Überprüfung der Verfassungsänderungen mittelbar zur materiellen Überprüfung, um die Rechtmäßigkeit des Verfahrens festzustellen.

Das Verfassungsgericht hat im Jahre 1987 die Überprüfung der Verfassungsänderungen abgelehnt mit der Begründung, dass es nicht die Kompetenzen hat, den materiellen Sinn der Verfassungsänderungen zu kontrollieren. Das Gericht hat sich durch diese Entscheidung im engeren Sinn des Art. 148 gebunden und seinen Kompetenzbereich auf nur im Art. 148 vorgesehene verfassungsrechtliche Mehrheits- oder Abstimmungsregeln der Verfassungsänderung begrenzt.[848]

---

846 Özbudun, Ergun [2002]: S. 132.
847 Yayla, Yildizhan: 1982 Anayasasi`na Göre Devletin Özü (Kern des Staates gemäß der 1982er Verfassung), in: Zeitschrift für Verwaltungsrecht und Verwaltungswissenschaft, Band 1 ff., 1982, S. 145; Yüzbasioglu, Necmi [1993]: S. 261.
848 Urteile des türkischen Verfassungsgerichts, E. 1987/9, K. 1987/15, in: AMKD, Band 23, S. 285; E. 2007/72, K.2007/68, in: ABl. vom 7.8.2007 Nr. 26606.

Durch diese Entscheidung hatte sich das Verfassungsgericht von der alten 1960er Tradition der Überprüfung der Verfassungsänderungen verabschiedet. Mit der neuen Entscheidung[849] des Verfassungsgerichts aus dem Jahre 2008 ist es aber wieder zur alten Tradition zurückgekehrt und hat begonnen, die Überprüfung der Verfassungsänderungen gemäß Art. 148 weit auszulegen. In der Entscheidung hat das Verfassungsgericht betont, dass der sekundäre Verfassungsgeber nur in dem von dem primären Verfassungsgeber zugelassenen Bereich die Verfassungsänderungskompetenz hat. Art. 4 der Verfassung verbietet die Verfassungsänderung für den sekundären Verfassungsgeber, im Widerspruch zu den in den ersten drei Artikeln der Verfassung festgeschriebenen Prinzipien eine Verfassungsänderung durchzuführen. Die Nichteinhaltung der in Art. 148 vorgesehenen Mehrheits- oder Abstimmungsregeln führt zur Ungültigkeit der Verfassungsänderung. Was laut Art. 4 nicht entworfen werden kann, kann aber auch durch die Einhaltung der in Art. 148 vorgesehenen Mehrheits- oder Abstimmungsregeln nicht geheilt werden, da die in Art. 148 vorgesehenen Mehrheits- oder Abstimmungsregeln einen gültigen Verfassungsänderungsentwurf voraussetzen. Aus diesem Grund beinhaltet die in Art. 148 festgeschriebene formelle Überprüfung der Verfassungsänderung auch die Existenz eines gültigen Entwurfes.

Was nicht entworfen werden darf, darf nicht durch die Mehrheit im Parlament durchgesetzt werden, da der sekundäre Verfassungsgeber in dem Fall nicht in dem von dem primären Verfassungsgeber bzw. von der Verfassung zugelassenen Bereich seine Kompetenzen ausüben kann. Nach der Entscheidung des Verfassungsgerichts stellen die durch Art. 4 geschützten Prinzipien die politische und verfassungsrechtliche Ordnung des türkischen Staates dar; sie können auch durch die Änderung anderer Artikel der Verfassung nicht ausgehöhlt werden.

Mit dieser Begründung sah das Verfassungsgericht das Gesetz, durch das Art. 10 und Art. 42 der Verfassung geändert werden sollten, für verfassungswidrig an und hob das Gesetz auf. Dabei lehnt es aber die Argumentation über die Nichtigkeit solcher Verfassungsänderungsakte ab, da das Verfahren des gesamten Rechtsakts nach der Verfassung in der vorgesehenen Form geführt worden war.

An dieser Stelle werden die abweichenden Meinungen der zwei Richter zum Urteil mit den Begründungen, wie die Kompetenzüberschreitung des Verfassungsgerichts, antidemokratische Wirkung der Entscheidung, eine statische Auslegung der Verfassung oder die unverhältnismäßige Gegenüberstellung des primären und des sekundären Verfassungsgebers, nicht behandelt.

Diese weite Auslegung der Bedeutung der formellen Überprüfung der Verfassungsänderung durch das Verfassungsgericht kann auch bei den nötigen Verfassungsänderungen zur Übertragung von Hoheitsrechten Probleme bereiten.

---

849 Urteil des türkischen Verfassungsgerichts, E. 2008/16, K. 2008/116, in: ABl. vom 22.10.2008 Nr. 27032.

Die enge Auslegung der in Art. 2 hingewiesenen und in der Präambel und Art. 3 Abs. 1 Satz 1 festgelegten einheitlichen Herrschaftskonstruktion und die uneingeschränkte Zugehörigkeit der Souveränität zur Nation würde die nötige Verfassungsänderung für die Übertragung von Hoheitsrechten verhindern, wenn das Verfassungsgericht die formelle Überprüfung der Verfassungsänderung nach seiner neuen Entscheidung durchführt.

Da aber besonders die Rechtsstaatlichkeit und die zeitgenössische Zivilisation als die Grundlage der Verfassungsordnung in Art. 2 und der Präambel erwähnt wird,[850] können die Verfassungsänderungen bezüglich der Übertragung von Hoheitsrechten ohne die Verhinderung durch die ersten drei Artikel der Verfassung verwirklicht werden. Denn in dem Fall müssen die Prinzipen „der einheitlichen Herrschaftskonstruktion" und „uneingeschränkten Zugehörigkeit der Souveränität zur Nation" nach der Grundlage der Verfassung, „die Rechtsstaatlichkeit" und „die zeitgenössische Zivilisation", ausgelegt und verstanden werden. Seit der Gründung der türkischen Republik wird der Begriff „zeitgenössische Zivilisation" als einer der Hauptpfeiler der verfassungsrechtlichen Rechtsordnung benannt. Mit dem Begriff wird versucht, das politische Ziel und die Bestrebung der Gesellschaft und des Staates zu bezeichnen. Demzufolge ist die Niveauanhebung der Republik auf das Niveau einer „modernen, zivilisierten Gesellschaft" das erklärte Ziel von Gesellschaft und Staat.[851]

Mit der „zeitgenössischen Zivilisation" werden der ökonomisch und technisch entwickelte Wohlstandsstaat und die kulturelle und politische Zugehörigkeit zu Europa[852] ausgedrückt.[853]

Eine entsprechende Verfassungsänderung in Bezug auf die Übertragung von Hoheitsrechten für die EU-Mitgliedschaft könnte in jeder Hinsicht mit der Rechtsstaatlichkeit des Art. 2 der Verfassung und mit dem Erreichen der zeitgenössischen Ziele der Primär-Verfassungsgeber übereinstimmen. Denn auf der einen Seite ist die Rechtsstaatlichkeit eines von den in Art. 6 EUV genannten Grundprinzipien der EU und auf der anderen Seite bezieht sich nicht nur die Entscheidung, sondern die in der Verfassung erwähnte „zeitgenössische Zivilisation" seit der Gründung der Republik auf die europäische Zivilisation.[854]

---

850 Tanör, Bülent/Yüzbasioglu, Necmi: S. 482.
851 Rumpf, Christian: S. 112.
852 Dogan, Naci: Anayasal Düzenleme Demokrasi ve Insan Haklari Uygulamalarinda Sistem Yozlasmasi (Verfassung, Demokratie und Deformierung des Systems bei der Ausübung der Menschenrechte), in: D.E.Ü. Sosyal Bilimler Enstitüsü Dergis, Band 7, Heft 3, Izmir, 2005, S. 3, 16.
853 Acar, Mustafa: Avrupa Birligi Üyeligine Tepkiler: Türkiyenin Daha Iyi Bir Alternatifi Var mi? (Reaktionen auf die EU-Mitgliedschaft: Hat die Türkei eine bessere Alternative?), in: Cumhuriyet Üniversitesi Iktisadi Idari Ilimler Akademisi Dergisi, Band 2, Vol. 2, Sivas, 2001, S. 77, 88.
854 Kramer, Heinz/Reinkowski, Maurus: S. 121, 127.

1.3 Grundregeln der 1982er Verfassung für die Ausübung der Hoheitsrechte

Art. 6[855] der 1982er Verfassung legt die Grundzüge der Souveränität, der Hoheit, der Staatlichkeit und deren Untrennbarkeit, der Einheit und Unteilbarkeit des nationalen Territoriums der türkischen Staates fest. Die Gewaltenteilung, die Anwendung der Staatsgewalt durch zuständige verfassungsrechtliche Organe und die Verteilung der Funktionen des Staates zwischen verfassungsrechtlichen Organen finden ihre Basis in der Regelung des Art. 6 der 1982er Verfassung.

Art. 6 stellt die juristische Konkretisierung der zentralen Staatlichkeit und des einheitlichen Souveränitätsverständnisses der Türkei dar. Dieser Artikel sieht weder die Begrenzung noch die gemeinsame Ausübung der Souveränität der Türkei vor. Da die Souveränität des Staates und die Ausübung der Kompetenzen der Verfassungsorgane des Staates in einem Satz zusammen geregelt sind, kann die Unterscheidung zwischen der Souveränität und den Hoheitsrechten nicht behandelt werden. Die Quasigleichstellung der beiden Begriffe bedeutet, dass die Übertragung von Hoheitsrechten auf die EU im Falle der Mitgliedschaft der Übertragung der Souveränität gleichkäme, was Art. 6 und Art. 2 der Verfassung grundsätzlich verbieten. Dadurch stellt Art. 6 die Offenheit der türkischen Verfassung gegenüber einer Integration in der EU[856] infrage und kollidiert mit dem Gedanken der Übertragung von Hoheitsrechten auf die EU, was aber wiederum für die Mitgliedschaft der Türkei in der EU eine Voraussetzung ist.

Gemäß Art. 6 Abs. 2 der 1982er Verfassung gebraucht die türkische Nation ihre Souveränität gemäß den von der Verfassung bestimmten Grundsätzen durch die in Art. 7, 8 und 9 festgelegten zuständigen Organe.

Da die Verfassung von einem starren Kompetenzverteilungssystem ausgeht, richten die Zuständigkeiten und die Kompetenzen sich ausschließlich nach der Verfassung und kein Staatsorgan ist befugt, sie neu zu verteilen.[857] Dieses starre Kompetenzverteilungssystem schließt die Delegation einiger Aufgaben nicht total aus, dafür aber müssen bestimmte Verfahrensformen und ergänzende Kriterien beachtet werden. So muss die Delegation der Aufgaben in der Ausnahme nur von der Verfassung selbst und nicht von den anderen Staatsorganen vorge-

---

855 Art. 6: „*Die Souveränität gehört uneingeschränkt und unbedingt dem Volk [der Nation].*
     Das Türkische Volk [Die Türkische Nation] gebraucht seine [ihre] Souveränität gemäß den von der Verfassung bestimmten Grundsätzen durch die zuständigen Organe.
     Der Gebrauch der Souveränität darf auf keine Weise irgendeiner Person, einer Gruppe oder einer Klasse überlassen werden. Niemand und kein Organ darf eine Kompetenz des Staates ausüben, die nicht aus der Verfassung hervorgeht."
856 Rumpf, Christian: S. 129.
857 Ebenda.

nommen werden.[858] Solche Delegationen der Aufgaben werden in der Verfassung nur für begrenzte Ausnahmefälle[859] und nur zwischen den Staatsorganen der Türkei vorgesehen. Delegation der Aufgaben in diesem Sinne bedeutet, die Tätigkeit einer Institution nur für die begrenzte Zeit und im begrenzten Bereich zu delegieren. Trotz der Delegation wird die Kompetenz nicht auf die delegierte Institution übertragen. Wird die begrenzte Zeit überschritten oder das Ziel ist erfüllt, erlischt die Delegation von selbst.

Eine solche Delegationsmöglichkeit für den Ausnahmefall bezieht sich nur auf innerstaatliche Institutionen der Türkei und ist deswegen für die Übertragung von Hoheitsrechten auf die zwischenstaatlichen Institutionen ungeeignet. Denn die 1982er Verfassung geht davon aus, dass die Ausübung der Staatsgewalt durch diese Organe die Ausübung der Souveränität bedeutet. Aufgrund einer solchen Gleichstellung der Staatsgewalt mit der Souveränität ist die Übertragung oder Ausdehnung dieser Kompetenzen der erwähnten Organe grundsätzlich ausgeschlossen. Die Übertragung oder Ausdehnung dieser Zuständigkeiten auf die EU würde nach der Verfassung die Übertragung der Souveränität bzw. den Verlust der Souveränität der Türkei bedeuten, und zwar aufgrund des unteilbaren und einheitlichen Souveränitätsgrundsatzes des türkischen Verfassungssystems.

1.4 Bereich der Legislative

Die Grundzüge der Legislative werden durch Art. 7 der 1982er Verfassung[860] geregelt.

Laut Art. 7 hat die Türkische Große Nationalversammlung (Parlament) die Zuständigkeit der Gesetzgebung mit der direkten demokratischen Legitimation inne und trifft damit die politischen, sozialen, wirtschaftlichen und juristischen Grundentscheidungen in der Türkei. Aufgrund dessen wird das Parlament als „erster" Vertreter der Nation – als Souverän – bezeichnet.[861] Da es als erster Vertreter der Nation der Souverän ist, ist seine Zuständigkeit unübertragbar, weder an irgendeine innerstaatliche noch internationale Institution. Als Ergebnis des Übertragungs- oder Ausdehnungsverbots von Zuständigkeiten wurde sogar die Unübertragbarkeit der Zuständigkeit der Gesetzgebung in Art. 7 Satz 2 konkret und ausdrücklich festgelegt.

---

858 Ebenda.
859 Beispiel: Art. 91 – Möglichkeit des Erlasses von Rechtsordnungen mit Gesetzeskraft durch den Ministerrat.
860 Art. 7: „*Die Zuständigkeit der Gesetzgebung steht im Namen der türkischen Nation der Türkischen Großen Nationalversammlung zu. Diese Zuständigkeit ist unübertragbar.*"
861 Rumpf, Christian: S. 130.

Der in Art. 91[862] geregelte Erlass der Rechtsverordnung mit Gesetzeskraft stellt hier die einzige Ausnahme für die Ausübung der Gesetzgebung durch das Parlament dar. Unter strikten und ausführlich festgelegten Voraussetzungen kann das Parlament die Exekutive für den Erlass der Rechtsverordnung mit Gesetzeskraft ermächtigen. Wird die Delegation an die Exekutive für den Erlass der Rechtsverordnung mit Gesetzeskraft analysiert, ist festzustellen, dass das Ziel der Delegation[863] oder der Übertragung[864] der Gesetzgebungskompetenz ist, die Verfahrensdauer der Gesetzgebung zu verkürzen und die Effektivität der Gesetzgebung zu erhöhen.[865] Trotz solcher Argumente wurde die Delegation der Zuständigkeit der Gesetzgebung und deren verbreitete Ausübung in der juristischen Literatur[866] und

---

862 Art. 91: „*Die Türkische Große Nationalversammlung kann den Ministerrat zum Erlass von Rechtsverordnungen mit Gesetzeskraft ermächtigen. Vorbehaltlich der Fälle der Ausnahmezustandsverwaltung und des Notstandes dürfen jedoch die im Zweiten Teil der Verfassung im ersten und zweiten Abschnitt aufgeführten Grundrechte, Rechte und Pflichten der Person sowie die im vierten Abschnitt aufgeführten politischen Rechte und Pflichten nicht durch Rechtsverordnungen mit Gesetzeskraft geregelt werden.*

Das Ermächtigungsgesetz bestimmt Ziel, Umfang, Prinzipien und Anwendungsdauer der Rechtsverordnung mit Gesetzeskraft und ob während dieser Frist mehr als eine Rechtsverordnung erlassen werden darf.

Der Rücktritt oder Sturz des Ministerrats oder das Ende der Legislaturperiode führen nicht zum Erlöschen der für eine bestimmte Dauer erteilten Ermächtigung. Anlässlich der Bestätigung der Rechtsverordnung mit Gesetzeskraft durch die Türkische Große Nationalversammlung vor Ablauf der Frist wird bestimmt, ob die Ermächtigung beendet ist oder bis zum Ablauf der Frist fortgilt.

Für die Fälle der Ausnahmezustandsverwaltung und des Notstandes sind die Vorschriften zum Erlass von Rechtsverordnungen mit Gesetzeskraft durch den unter dem Vorsitz des Präsidenten der Republik tagenden Ministerrat vorbehalten.

Die Rechtsverordnungen mit Gesetzeskraft treten am Tage ihrer Verkündung im Amtsblatt in Kraft. In der Rechtsverordnung kann jedoch ein späteres Datum als Zeitpunkt des Inkrafttretens bezeichnet werden.

Die Rechtsverordnungen werden am Tage ihrer Verkündung der Türkischen Großen Nationalversammlung vorgelegt.

Ermächtigungsgesetze und hierauf beruhende Rechtsverordnungen werden von den Ausschüssen und dem Plenum der Türkischen Großen Nationalversammlung mit Vorrang und im Eilverfahren verhandelt.

Die am Tage ihrer Verkündung nicht der Türkischen Großen Nationalversammlung vorgelegten Rechtsverordnungen treten zu diesem Zeitpunkt, die von der Großen Nationalversammlung der Türkei zurückgewiesenen Rechtsverordnungen am Tage der Verkündung dieses Beschlusses im Amtsblatt außer Kraft. Die geänderten Vorschriften einer mit Änderungen angenommenen Rechtsverordnung treten am Tage der Verkündung dieser Änderungen im Amtsblatt in Kraft.“

863 Yüzbasioglu, Necmi [1996]: S. 202.

864 Gözler, Kemal [2000a]: S. 28.

865 Tezic, Erdogan: S. 30.

866 Tezic, Erdogan: S. 34; dagegegen: Gözler, Kemal [2000a]: S. 14.

Praxis[867] kritisiert mit der Begründung, dass eine solche Regulierung dem Demokratiegebot, der Rechtsstaatlichkeit und dadurch auch dem gesamten Souveränitätsverständnis widerspricht. Deswegen legt Art. 7 der Verfassung ausdrücklich die Unübertragbarkeit der Zuständigkeiten des Parlaments fest und verbietet deren Übertragung auf irgendeine Weise an irgendeine Person, eine Gruppe oder eine Klasse. Da gemäß Art. 6 der Verfassung niemand und kein Organ eine Kompetenz des Staates ausüben darf, die nicht aus der Verfassung hervorgeht, ist festzustellen, dass Art. 7 in Verbindung mit Art. 6 mit dem Gedanken der Übertragung von Hoheitsrechten auf die EU kollidiert.

Die EU entwickelt – nicht im Allgemeinen, jedoch auf ganz zentralen, funktional ausgewählten Sachgebieten, – eine zunehmende Gesetzgebungshoheit.

Aufgrund der Rechtserzeugungskompetenz der EU, die die Mitgliedstaaten verbindet und verpflichtet und zum Teil unmittelbare Rechte und Pflichten für die Rechtspersonen in den Mitgliedstaaten begründet, müssen die Mitgliedstaaten die EU mit der Rechtserzeugungskompetenz ausrüsten.[868] Der nationale Gesetzgeber muss nach Art. 4 Abs. 3 EUV bei der Ausübung seiner legislativen Aktivitäten die Konsequenzen aus seiner Zugehörigkeit zur EU ziehen: Laut Art. 3 AEUV hat die EU in den Bereichen der Währungspolitik der Eurostaaten, der Zollunion und gemeinsamen Handelspolitik die ausschließliche Kompetenz, gesetzgeberisch alleine tätig zu werden. Art. 4 regelt, dass in den Bereichen des Binnenmarktes, der Sicherheit und des Rechts, der Landwirtschaft, des Verkehrs, der Umwelt und des Verbraucherschutzes usw. die EU und Mitgliedstaaten geteilte Kompetenzen haben und gesetzgeberisch zusammen tätig werden können. Aufgrund der im Art. 4 Abs. 3 EUV festgelegten Loyalitäts- und Unterstützungspflicht müssen die Mitgliedstaaten sogar in dem Bereich, wo sie ausschließlich gesetzgeberisch tätig werden dürfen, nicht die Verwirklichung der Ziele der Union gefährden. Grundsätzlich muss aber das nationale Gesetzgebungsverfahren so beschaffen sein, dass die Mitgliedstaaten rechtzeitig ihren Pflichten nachkommen können.[869]

Nach Art. 6 der türkischen Verfassung liegt die Kompetenz für die gesetzgeberische Tätigkeiten ausschließlich beim türkischen Parlament und verbietet die Übertragung dieser Kompetenz an andere Institutionen. Aufgrund dessen ist aber ohne die Übertragung von Hoheitsrechten der Türkei bezüglich der Legislative die EU-Mitgliedschaft nicht möglich.

---

867 Urteile des türkischen Verfassungsgerichts, E 1994/49, K. 1994/45 in: AMKD, Band 30/I, S. 261; E 1991/6, K 1991/20, in: AMKD, Band 27/I, S. 403, 404.

868 Steiger, Heinhard: S. 343.

869 Zuleeg, Manfred [2003]: Artikel 10 EG, in: Kommentar zum Vertrag über die Europäische Union und zur Gründung der Europäischen Gemeinschaft, (Hrsg: Groeben, Hans v. d./Schwarze Jürgen), 6. Aufl., Baden-Baden, 2003, S. 674.

1.5 Bereich der Exekutive und Verwaltung

Die Grundnorm der Kompetenzen der Exekutive und deren Ausübung ist Art. 8[870] der 1982er Verfassung. Auf den ersten Blick sind in Art. 8 keine Punkte festzustellen, die die Übertragungsmöglichkeiten der Hoheitsrechte verhindern würden. Es soll aber nicht außer Acht gelassen werden, dass der Verfassungsgeber von einem geschlossenen Rechtssystem ausgeht. In diesem Kontext ist die Betonung der Zuständigkeiten und Aufgaben bei der Exekutive, die „im Einklang mit der Verfassung und den Gesetzen" ausgeübt werden sollen, jedoch sieht die Verfassung die Tätigkeiten der Exekutive im europäischen Rechtssystem nicht vor.

Da die Verfassung grundsätzlich die Übertragung von Hoheitsrechten nicht duldet, können die Zusammenarbeit und daraus entstehende Pflichten der Exekutive in der EU dem Geist der Verfassung widersprechen.

Die Exekutive wird durch die Verfassung zweigliedrig organisiert. An der Spitze der Exekutive stehen der Präsident der Republik und der Ministerrat. Die dem Ministerrat unterstehende Verwaltung ist in Aufbau und Aufgaben eine Einheit und wird durch Gesetz geregelt. Gemäß Art. 123[871] beruhen die Organisation und die Aufgabenerfüllung der Verwaltung auf den Grundsätzen der zentralen Verwaltung und der Selbstverwaltung. Der in Art. 123 Abs. 2 festgelegte Zentralismusgrundsatz der Verfassung bestimmt die Struktur der Verwaltungsorganisation, an der jeweiligen Spitze der Fachbereiche stehen die Ministerien.[872] Gemäß Art. 8 muss bei allen Handlungen der Verwaltung das Gesetzmäßigkeitsprinzip der Verwaltung beachtet werden. In der Praxis des Verwaltungsapparats beruht das Gesetzmäßigkeitsprinzip auf den Rechtsnormen des inneren Systems. Trotz des besonderen Status der völkerrechtlichen Verträge gemäß Art. 90 der Verfassung werden die Normen der völkerrechtlichen Verträge nicht von der Verwaltung direkt angewendet, solange sie nicht in die türkische Rechtsordnung transformiert werden.[873]

Während türkische Exekutive und Verwaltung sich streng an die inneren Rechtsnormen halten, handelt es sich beim Anwendungsvorrang um eines der

---

870 Art. 8: „*Die Zuständigkeit und Aufgabe der vollziehenden Gewalt werden vom Präsidenten der Republik und vom Ministerrat im Einklang mit der Verfassung und den Gesetzen ausgeübt und erfüllt.*"

871 Art. 123: „*Die Verwaltung ist in Aufbau und Aufgaben eine Einheit und wird durch Gesetz geregelt. Aufbau und Aufgaben der Verwaltung beruhen auf den Grundsätzen der zentralen Verwaltung und der Selbstverwaltung. Ihre juristische Persönlichkeit des öffentlichen Rechts wird nur durch Gesetz oder aufgrund einer durch das Gesetz ausdrücklich zugewiesenen Kompetenz begründet.*"

872 Tezic, Erdogan: S. 366.

873 Pazarci, Hüseyin [2001]: S. 30.

Strukturprinzipien des Unionsrechts. Deswegen ist eine Verwaltungsorganisation, die europäische Angelegenheiten effizient behandeln kann, eine grundlegende funktionelle Anforderung für jeden EU-Mitgliedstaat.[874] Aufgrund der Wirkung des europäischen Gemeinschaftsrechts auf das Verwaltungsrecht wird von einer Europäisierung des Verwaltungsrechts[875] der Mitgliedstaaten gesprochen.[876] Nach Art. 288 AEUV werden, solange es nicht anders bestimmt ist, die Rechtsnormen und Entscheidungen der EU in aller Regel durch die Organe der Mitgliedstaaten durchgeführt, da die EU in den Mitgliedstaaten grundsätzlich nur Außenstellen der europäischen Verwaltung mit überwiegend Informationsaufgaben hat.[877]

„Gemeinschaftsrechtliche Normen werden entweder von den Gemeinschaftsorganen selbst (direkter Vollzug) oder durch die Behörden der Mitgliedstaaten vollzogen (indirekter Vollzug). Da die EG nicht über einen eigenen flächendeckenden Verwaltungsunterbau verfügt, ist der indirekte Vollzug von Gemeinschaftsrecht durch die mitgliedstaatlichen Behörden der Regelfall. Bei diesem indirekten Vollzug kommt regelmäßig das mitgliedstaatliche Verwaltungsverfahrensrecht zur Anwendung, allerdings in seiner Modifikation durch das vorrangige Gemeinschaftsrecht. Ungeachtet dieser gemeinschaftsrechtlichen Determinierung sind die Akte des mitgliedstaatlichen Vollzugs den Mitgliedstaaten."[878]

Der Vollzug des europäischen Rechts wird grundsätzlich durch die Mitgliedstaaten nach den Bestimmungen des nationalen Verwaltungsrechts der Mitgliedstaaten durchgeführt.[879] Im Falle der Kollision zwischen dem nationalen und europäischen Recht beim Vollzug des europäischen Rechts müssen die Konflikte zugunsten des Anwendungsvorrangs des europäischen Rechts gelöst werden,[880] weil Vorrang und unverbrüchliche Geltung des europäischen Rechts die Basis der Union als Rechtsgemeinschaft sind.[881]

Konkret folgt daraus, dass alle staatlichen Organe der Mitgliedstaaten der EU verpflichtet sind, europäisches Recht mit Vorrang vor möglicherweise entgegen-

---

874 Siedentopf, Heinrich/Speer, Benedikt: Europäischer Verwaltungsraum oder Europäische Verwaltungsgemeinschaft?, in: DÖV, Heft 18, 2002, S. 760.; Grabenwarter, Christoph: S. 136.

875 Ruffert, Matthias: Von der Europäisierung des Verwaltungsrechts zum Europäischen Verwaltungsverbund, in: DÖV, Heft 18, 2007, S. 761.

876 Erbguth, Wilfried: Allgemeines Verwaltungsrecht – mit Verwaltungsprozess- und Staatshaftungsrecht, 3. Aufl., Baden-Baden, 2009, S. 39.

877 Bull, Peter Hans/Mehde, Veith: Allgemeines Verwaltungsrecht mit Verwaltungslehre, 7. Aufl., Heidelberg, 2005, S. 58.

878 Haratsch, Andreas: Die kooperative Sicherung der Rechtsstaatlichkeit durch die mitgliedstaatlichen Gerichte und die Gemeinschaftsgerichte aus mitgliedstaatlicher Sicht, in: EuR Beiheft 3, 2008, S. 82.

879 Sydow, Gernot: Vollzug des europäischen Unionsrechts im Wege der Kooperation nationaler und europäischer Behörden, in: DÖV, Heft 2, 2006, S. 67.

880 Erbguth, Wilfried: S. 41.

881 Pernice [2006a]: S. 444–445.

stehendem nationalem Recht anzuwenden und das nationale Recht im konkreten Fall unangewendet zu lassen.[882] Aufgrund der besonderen Qualität des Unionsrechts gilt hier die *Lex-posterior*-Regel nicht und so behalten die entsprechenden Normen des Unionsrechts ihren Anwendungsvorrang auch gegenüber später erlassenem innerstaatlichem Recht.[883] Wird die besondere Konstruktion der EU bezüglich der Verwaltungsbehörden der Mitgliedstaaten betrachtet, wird der Bedarf der Verfassungsänderung der Türkei im Falle der EU-Mitgliedschaft offensichtlich.

Grundsätzlich sieht die türkische Verfassung kein ausdrückliches Hindernis für die Übertragung von Hoheitsrechten im Bereich der Exekutive vor. Trotzdem darf nicht außer Acht gelassen werden, dass die Durchführung der Gesetze ausschließlich der Exekutive bzw. der türkischen Regierung obliegt und gemäß Art. 6 ohne neue Regulierungen auf niemanden übertragen oder zusammen ausgeübt werden darf. Aufgrund dessen und im Zusammenhang mit der gesamten Haltung der Verfassung in Bezug auf die Souveränität würden Art. 8 und Art. 123 der Verfassung – im Falle der EU-Mitgliedschaft – mit dem europäischen Rechtssystem kollidieren.

1.6 Bereich der Judikative

Die Grundzüge der Ausübung der Rechtsprechungskompetenz werden durch Art. 9[884] der 1982er Verfassung reguliert. Als Ergebnis eines geschlossenen Rechtssystems ist die Ausübung der Rechtsprechungskompetenzen nur für die unabhängigen Gerichte der Türkei im Namen der türkischen Nation vorgesehen. Die Details der Ausübung der Rechtsprechungskompetenz werden im dritten Abschnitt der Verfassung festgelegt.[885] Insbesondere Art. 138[886] der Verfassung

---

882 Pernice [2006a]: S. 446.

883 EuGH, Sammlung 1978, Simmenthal II, S. 629.

884 Art. 9: *„Die Zuständigkeit der Rechtsprechung wird im Namen der türkischen Nation von unabhängigen Gerichten ausgeübt."*

885 Zwischen Art. 138 und Art. 160.

886 Art. 138: *„Die Richter sind in der Ausübung ihrer Ämter unabhängig; sie sprechen die Urteile gemäß ihrem Gewissen in Übereinstimmung mit der Verfassung, den Gesetzen und dem Recht. Kein Organ, keine Behörde oder Person darf den Gerichten und Richtern bei der Ausübung ihrer Gerichtsbarkeit Anordnungen oder Anweisungen erteilen, Runderlasse zusenden, Empfehlungen geben oder suggestive Winke zukommen lassen. Bezüglich eines schwebenden Verfahrens darf in der Gesetzgebenden Versammlung im Zusammenhang mit der Ausübung der Gerichtsbarkeit keine Anfrage gestellt, nicht verhandelt und keinerlei Erklärung abgegeben werden. Die Organe der Gesetzgebung und der vollziehenden Gewalt sowie die Verwaltung haben den Gerichtsentscheidungen Folge zu leisten: Diese Organe und die Verwaltung dürfen auf keine Weise die Gerichtsentscheidungen abändern und ihre Vollstreckung verzögern."*

regelt die Ausübungsregeln dieser Kompetenzen durch unabhängige Gerichte. Nach dem Unabhängigkeitsprinzip der Gerichte gemäß Art. 138 Abs. 1 sprechen die Richter die Urteile gemäß ihrem Gewissen in Übereinstimmung mit der Verfassung und den Gesetzen. Außer den in Art. 138 Abs. 1 der Verfassung aufgezählten Rechtsquellen existiert für die Richter keine verbindliche Rechtsquelle. Es ist nicht außer Acht zu lassen, dass die völkerrechtlichen Regeln und die völkerrechtlichen Verträge auch von den türkischen Gerichten zu beachten sind. Solche Anwendung wird dadurch legitimiert, dass die angewendeten Normen des Völkerrechts gleichzeitig Normen des türkischen Rechtssystems sind. Da die völkerrechtlichen Rechtsnormen in Art. 15, 16, 42, 90 und 92 der 1982er Verfassung erwähnt worden sind, sollten die Gerichte solche Normen des Völkerrechts als Teil des türkischen Rechtssystems akzeptieren und anwenden. Trotz der Erwähnung der Verfassung werden in der Praxis solche Normen durch Gerichte nur als Argumentationshilfe der innerstaatlichen Normen genutzt. Dadurch wird die direkte Anwendung solcher Normen verneint, ohne deren Gültigkeit für das türkische Rechtssystem infrage zu stellen.

Dabei behalten die türkischen Gerichte bei der Anwendung der Völkerrechtsnormen die Auslegungskompetenz der Normen bei und entscheiden nach ihren eigenen Auslegungskriterien. Während die türkische Judikative die unmittelbare Anwendung der Völkerrechtsnormen grundsätzlich nicht anerkennt, bildet die unmittelbare Anwendbarkeit ein zentrales Element der Wirkungskraft und des supranationalen Charakters der Rechtsordnung der Europäischen Union:

Aufgrund des supranationalen Charakters der EU begründen die Rechtsakte des europäischen Rechts unmittelbare Rechte und Pflichten für die Bürger und Anwendungsvorrang, die von allen Behörden der Mitgliedstaaten beachtet werden müssen. Das schließt insbesondere ihre Durchsetzbarkeit vor den nationalen Gerichten der Mitgliedstaaten ein.[887]

Besonders die gerichtliche Anwendung des Art. 90 der Verfassung, der die Regeln für die Anwendung der völkerrechtlichen Verträge durch die Gerichte festlegt, wird durch den Gedanken der Ausschließlichkeit der Hoheitsrechte der türkischen Gerichte gekennzeichnet.

Die Anwendung der EMRK durch die türkischen Gerichte stellt ein fabelhaftes Beispiel dafür dar, ob die völkerrechtlichen Normen anwendungsrelevant sind oder nicht. Obwohl die Türkei einer der ersten Staaten war, der die EMRK unterzeichnet hat, musste bis zur direkten Anwendung der EMRK fast ein halbes Jahrhundert vergehen. Die Türkei hat die EMRK 1954 ratifiziert.[888] Bei der Unterzeichnung hat die Türkei aber die individuelle Beschwerde vor dem EGMR bis 1987 nicht akzeptiert. Trotz der Akzeptanz der individuellen Beschwerde vor

---

887 Pernice, Ingolf [2006a]: S. 446.
888 Gesetz Nr. 6366, Düstur III, Tertip C. 35 (Gesetzessammlung, III, Band 17).

dem EGMR ab 1987 wurden die direkte Wirkung und die direkte Anwendbarkeit der EMRK von den türkischen Gerichten bis zur Änderung von Art. 90 der Verfassung grundsätzlich nicht anerkannt. Die Normen der EMRK wurden aber zur Auslegung der inneren Rechtsnormen und der türkischen Verfassung als Hilfsnormen angewendet.[889] Sowohl in der 1961er Verfassung geben Art. 65 Abs. 5[890] als auch in der 1982er Verfassung Art. 90 Abs. 5[891] den internationalen Verträgen Gesetzeskraft, die ordnungsgemäß in Kraft treten. Trotz der Anerkennung der Gesetzeskraft der völkerrechtlichen Verträge durch die Verfassung wurde die direkte Anwendung der Normen der EMRK von den Gerichten nicht anerkannt.

Die direkte Wirkung der EMRK auf das türkische innere Rechtssystem konnte durch die Einfügung eines Satzes[892] in Art. 90 Abs. 5 der Verfassung ermöglicht werden. Dadurch wird nicht nur der Anwendungsvorrang der EMRK festgelegt, sondern auch erstmalig die Anerkennung ihrer direkten Wirkung im türkischen Rechtssystem. Aufgrund solcher Erfahrung ist davon auszugehen, dass ohne die verfassungsrechtliche Konkretisierung der direkten Wirkung der EU-Normen und deren Verbindlichkeiten für die Judikative Art. 138 Abs. 1 mit dem Rechtssystem der EU kollidieren würde.

Neben den Rechtsquellen wird in Art. 138 Abs. 2 ausdrücklich betont, dass bei der Ausübung der Rechtsprechungskompetenz kein Organ, keine Behörde oder Person den Gerichten und Richtern Anordnungen oder Anweisungen erteilen, Runderlasse zusenden, Empfehlungen geben oder suggestive Winke zukommen lassen darf. Durch die Feststellung der verbindlichen Rechtsquellen und Nichtunterordnung der Gerichte gegenüber anderen Verfassungsorganen zielt der Verfassungsgeber auf die Unabhängigkeit der Judikative, um dadurch die Rechtsstaatlichkeit in der Türkei zu gewährleisten. Auf der anderen Seite zeigt aber diese Konstruktion der Judikative die Nichtbereitschaft der Öffnung der Rechtsprechung für Kooperationsverhältnisse mit der internationalen Gerichtsbarkeit.

---

889 Urteil des Verfassungsgerichts, E. 1997/62, K. 1998/52, in: AMKD, Band 36/1, S. 276; Rumpf, Christian: S. 175.

890 Art. 65 Abs. 5 1961er Verfassung: *„Ordnungsgemäß in Kraft gesetzte internationale Verträge haben Gesetzeskraft. Hinsichtlich dieser Verträge ist der Rechtsweg zum Verfassungsgerichtshof gemäß den Artikeln 149 und 151 nicht gegeben."*

891 Art. 90 Abs. 5 1982er Verfassung: *„Die verfahrensgemäß in Kraft gesetzten völkerrechtlichen Verträge haben Gesetzeskraft. Gegen sie kann das Verfassungsgericht mit der Behauptung der Verfassungswidrigkeit nicht angerufen werden."*

892 Art. 90 Abs. 5 1982er Verfassung: *„Soweit Grundrechte und -freiheiten regelnde Vorschriften verfahrensmäßig in Kraft gesetzter völkerrechtlicher Verträge mit nationalen Bestimmungen mit gleichem Regelungsgehalt nicht übereinstimmen, finden die Bestimmungen der völkerrechtlichen Verträge vorrangig Anwendung."*

Währenddessen stellen die Funktionen der Gerichte der Mitgliedstaaten in der EU ein anderes Bild dar: Art. 4 Abs. 3 EUV verpflichtet die mitgliedstaatlichen Gerichte zur Kooperation und loyalen Zusammenarbeit für die Erfüllung der Aufgaben, die sich aus den Verträgen ergeben. Obwohl die Ausgestaltung der gerichtlichen Organisation, der Zuständigkeiten und des gerichtlichen Verfahrens als Sache der innerstaatlichen Rechtsordnung eines jeden Mitgliedstaats akzeptiert wird, obliegt den Gerichten der Mitgliedstaaten die Wahrung des europäischen Rechts.[893] Die Gerichte der Mitgliedstaaten müssen die Anwendbarkeit und direkte Wirkung des europäischen Rechts stets beachten.

Der Vorrang des europäischen Rechts muss in jedem Fall dem entgegenstehenden nationalen Recht eingeräumt werden. Gemäß Art. 4 Abs. 3 EUV gilt der Grundsatz gemeinschaftsfreundlicher Auslegung mitgliedstaatlichen Rechts, dem zufolge alle Organe und besonders die mitgliedstaatlichen Gerichte bei Anwendung nationalen Rechts die Vorschriften des europäischen Rechts beachten und entsprechend auslegen sollen.[894]

Da die Unabhängigkeit der Gerichte der Türkei nicht nur gegenüber den anderen Verfassungsorganen der Türkei, sondern auch gegenüber den internationalen Organen vorgesehen worden ist, verhindert Art. 138 der 1982er Verfassung die Kooperationsmöglichkeiten der türkischen Gerichtsbarkeit mit den europäischen Institutionen im Falle der Mitgliedschaft der EU.

In Anbetracht der Tatsache, dass ohne die Kooperation der nationalen Gerichte der Mitgliedstaaten mit dem EuGH eine funktionierende EU nicht möglich ist, ist ohne die Übertragung bestimmter Hoheitsrechte der türkischen Rechtsprechung auf die EU eine Mitgliedschaft in der EU nicht vorstellbar. Art. 9 und Art. 138 legen die ausschließlichen Kompetenzen der türkischen Gerichte, als Rechtsprechungsorgane im türkischen Rechtssystem zu agieren, fest. Solche Festlegung basiert auf der Idee, dass das Aufgeben der ausschließlichen Kompetenzen der türkischen Gerichte der Bewahrung der inneren Souveränität gegen die Eingriffe von außen dient.[895]

Aufgrund dessen würden Art. 9 und Art. 138 der Verfassung ohne Anpassung an das EU-Rechtssystem mit dem Rechtssystem der EU im Falle der Mitgliedschaft kollidieren.

---

893 Streinz, Rudolf [2003]: Art. 10 EGV, in: EUV/EGV, Vertrag über die Europäische Union und Vertrag zur Gründung der Europäischen Gemeinschaft, (Hrsg: Streinz, Rudolf), C. H. Beck Verlag, München, 2003, S. 322

894 Zuleeg, Manfred [2003]: S. 674

895 Rumpf, Christian: S. 281.

1.7 Regelungen in Bezug auf Völkerrechtsverträge

Die Regelungen der Völkerrechtsverträge gemäß Art. 90 der Verfassung sind nicht geeignet, die nötige Basis für die Übertragung von Hoheitsrechten auf eine supranationale Institution zu bilden. Art. 90 ermöglicht dem türkischen Staat, internationale Beziehungen zu schaffen, sieht aber nicht die Möglichkeit vor, die Hoheitsrechte der Türkei auf eine supranationale Institution zu übertragen.

2 Änderung der Verfassung in Bezug auf die Übertragung von Hoheitsrechten auf die EU

Die Änderung der Verfassung in Bezug auf die Übertragung von Hoheitsrechten darf nicht als rein technisches Problem der Änderung einiger Verfassungsartikel betrachtet werden. Darüber hinaus wird in dem Fall das allgemeine Staatsverständnis und die Staatsphilosophie der Türkei geändert werden. Es wäre besser, die Frage der Übertragung von Hoheitsrechten durch eine neue Verfassung zu regulieren, die sich von der Idee der geschlossenen Staatlichkeit verabschiedet und deutlich die Offenheit gegenüber dem Völkerrecht anerkennt. Dadurch wäre es effektiver möglich, auf der Basis der Demokratie, der Rechtsstaatlichkeit und der Achtung der Menschenrechte, die auch die Prinzipien der EU gemäß Art. 6 EUV sind, die Beziehungen mit der EU zu formulieren. Es muss hier aber erwähnt werden, dass die bis jetzt entworfenen neuen Verfassungen[896] die Frage der Übertragung von Hoheitsrechten auf die EU als rein technische verfassungsrechtliche Probleme behandeln und dabei die besondere Struktur der EU nicht betrachten. Infolgedessen wird in diesen Verfassungsentwürfen versucht, die Beziehungen zwischen der Rechtsordnung der Türkei und der EU durch die Implementierung eines Satzes oder eines Integrationsartikels zu regulieren.[897]

---

896 Verfassungsentwurf TÜSIAD, in: TBMM Baskanligina Bazi Kuruluslarca Verilmis ve Ayrica TBMM`deki Siyasi Partilerin Anayasa Degisikligine Iliskin Hazirlik Calismalari ve Taslak Metinleri (Von den verschiedenen Institutionen und von den Parteien im Parlament an die Präsidentschaft des Parlaments gegebene Verfassungsänderungspläne und Verfassungsentwürfe), Parlamento Baskanligi (Präsidentschaft des Parlaments) Ankara, 1993, S. 5–140; Verfassungsentwurf TOBB, Türkiye Cumhuriyeti Anayasa Önerisi: Anayasa 2000 (Türkische Republik Verfassungsentwurf: Verfassung 2000), TOBB Veröffentlichung, Ankara, 2000; Verfassungsentwurf Türkiye Barolar Birligi, Anayasa Önerisi: Gelistirilmis Gerekceli Yeni Metin (Verfassungsentwurf vom Bund der türkischen Rechtsanwaltkammer: Entwickelte neue Text mit Begründung), TBB Veröffentlichung, Ankara, 2007; Verfassungsentwurf von den fünf Verfassungsrechtlern auf Wunsch der Regierungspartei, <http://bianet.org/bianet/bianet/101746-akpnin-anayasa-taslaginin-tam-metni>.

897 Ausführlich dazu: Yazici, Serap [2009a]: S. 161–167.

Da aber die Möglichkeiten einer komplett neuen Verfassung hinsichtlich der unabänderbaren Artikel der Verfassung andere juristische Fragen mit sich bringen, werden hier nur die Änderungsmöglichkeiten im Rahmen der existierenden Verfassung behandelt.

Aufgrund dessen müssen die Verfassungsartikel, die die Philosophie der Verfassung festlegen und bei der Auslegung der Verfassung die entscheidenden Normen sind, so weit geändert werden, dass die Änderungen anderer Verfassungsartikel bezüglich der Übertragung von Hoheitsrechten auf die EU nicht mit dem Grundverständnis der Verfassung kollidieren und eine reibungslose juristische Basis für die EU-Mitgliedschaft bieten. Außerdem wird dadurch das Spannungsverhältnis zwischen den Normen des Völkerrechts und der inneren Rechtsordnung reguliert und Rechtssicherheit für die Bürger geschaffen.

Die Präambel stellt ein geschlossenes Staatsverständnis dar und unterstreicht die absolutistische Souveränität und den absoluten Vorrang des Nationswillens. Die nach dieser Staatsphilosophie ausgelegten unveränderbaren ersten drei Artikel der Verfassung führen dazu, dass die gesamte Verfassung sowohl mit politischen und ökonomischen als auch mit juristischen und soziologischen Entwicklungen in der Welt kollidiert.

Die Darstellung von der Präambel bis zur Ausübung der drei Gewalten der Verfassung zeigt, dass das Souveränitätskonzept der 1982er Verfassung gemäß Art. 6 eine strikte Zuweisung der Kompetenzen an die verfassungsrechtlich festgelegten drei Organe enthält. Auf der Basis von Art. 6 werden mit Art. 7 (Legislative), Art. 8 (Exekutive) und Art. 9 (Judikative) drei Verfassungsorgane und die Grundsätze für ihre Kompetenzen festgelegt. Während in Art. 112 und 123 die Ausübung der Kompetenzen der Exekutive und der Verwaltung geregelt wird, wird in Art. 138 die Ausübung der Kompetenzen der Judikative geregelt. Die völkerrechtlichen Verträge und deren Wirkung werden in Art. 90 geregelt.

Gemäß Art. 6 der Verfassung dürfen die Kompetenzen nicht auf andere Organe übertragen oder von anderen Organen ausgeübt werden, solange die Verfassung ausdrücklich nicht etwas anderes vorsieht. Ohne die ausdrückliche Bestimmung der Verfassung können die Kompetenzen eines Verfassungsorgans auf ein anderes Organ nicht übertragen oder von keinem anderen Organ ausgeübt werden. Die 1982er Verfassung hat das Souveränitätskonzept übernommen, das seit Beginn der Republik gilt.[898] Dieses Souveränitätskonzept sieht die Ausübung der Hoheitsrechte auf dem Territorium der Türkei ausschließlich für die drei Verfassungsorgane vor und dadurch wird nach diesem Souveränitätskonzept die Souveränität der Nation abschließend geregelt.[899] Obwohl die Verfassung selbst eine Begrenzung des Staates durch völkerrechtliche Verträge vorsieht, versucht sie

898 Rumpf, Christian: S. 281.
899 Ebenda.

aber möglichst weitgehend, nicht in die innere Rechtsordnung einzugreifen. Besonders Art. 6 betont das abschließende Souveränitätskonzept mit seinen strikten Zuweisungen in Bezug auf die Kompetenzen der Verfassungsorgane.

Die Änderung dieses geschlossenen Staatskonzepts und die Öffnung der türkischen Verfassungsordnung sind Grundvoraussetzung dafür, die Übertragung von Hoheitsrechten auf die zwischenstaatlichen oder supranationalen Institutionen zu ermöglichen. Aufgrund dessen muss auf jeden Fall der oben erwähnte Artikel der Verfassung geändert werden.

Neben diesen Änderungen müssen aber auch zusätzliche Artikel geschaffen werden, in denen die Übertragung von Hoheitsrechten auf die zwischenstaatlichen Organisationen und insbesondere auf die EU geregelt werden könnten.

2.1 Möglichkeiten der neuen Auslegung der Verfassung

2.1.1 Änderungen der Präambel der Verfassung

Der primäre Verfassungsgeber hat die durch Art. 4 in den ersten drei Artikeln festgelegten Eigenschaften der Republik Türkei für ewig und unantastbar erklärt. Aufgrund dessen können diese Eigenschaften der Republik durch die sekundäre Verfassung nicht geändert werden, solange das juristische System als Ergebnis eines revolutionären Zustandes nicht aufgehoben wird. Was natürlich nach dem existierenden System bedeutet, dass solche Versuche strafrechtlich sanktioniert werden würden. Es existieren aber in der Verfassung keine Vorschriften, die die neue Auslegung der Eigenschaften der Republik verbieten. Gemäß Abs. 8 der Präambel soll die Verfassung neben der wortwörtlichen und inhaltlichen Bedeutung des Textes auch nach den in der Präambel festgelegten Prinzipien ausgelegt werden.[900] Die präambelkonforme Auslegung der gesamten Verfassung ist nach der Auffassung des Verfassungsgerichts ein absoluter Auftrag der Verfassung.[901]

Aufgrund dessen können die Änderungen der Präambel und des Art. 5 neue Möglichkeiten für die Auslegung der Offenheit des türkischen Staates schaffen. Werden die in Art. 1, 2 und 3 unantastbaren Eigenschaften der Republik, so wie gegenwärtig, strikt ausgelegt, ist die Übertragung von Hoheitsrechten auf die EU unmöglich, da die Verfassungsänderungen, die mit den unveränderbaren Artikeln der Verfassung kollidieren, als verfassungswidrig erklärt und aufgehoben werden könnten.[902] Ohne die Änderung der Präambel und des Art. 5 könnte sogar die Verfassungsänderung für die Schaffung von Integrationsartikeln vor

900 Urteil des türkischen Verfassungsgerichts, E.1984/14, K. 1985/7, in: AMKD, Band 21, S. 181.
901 Urteil des türkischen Verfassungsgerichts, E.1983/2, K. 1983/2, in: AMKD, Band 33, S. 363.
902 Yayla, Yildizhan: S. 145; Yüzbasioglu, Necmi [1993]: S. 261.

dem Verfassungsgericht scheitern, da die Präambel und Art. 5 die Staatsphilosophie und die Ziele des türkischen Staates beschreiben und deswegen bei der Auslegung der Verfassung die grundsätzliche Basis bieten. Obwohl das Verfassungsgericht laut Art. 148[903] die Verfassungsmäßigkeit der Verfassungsänderungen nur in Hinsicht auf die formellen Voraussetzungen des Gesetzgebungsverfahrens überprüfen darf, kann die Verfassungsänderung für die Schaffung von Integrationsartikeln in Verbindung mit Art. 4 auch mittelbar inhaltlich geprüft werden. Gemäß Art. 4 ist das Einbringen eines Änderungsvorschlages bezüglich der unabänderbaren Eigenschaften des türkischen Staates, die in den ersten drei Artikeln der Verfassung festgelegt worden sind, unzulässig. Die formelle Kontrolle des Verfassungsgerichts wird durch Art. 148 Abs. 2 auf das Folgende begrenzt: „... *ob die letzte Abstimmung mit der vorgesehenen Mehrheit erfolgte, und bei den Verfassungsänderungen auf die Frage begrenzt, ob der Mehrheit für Vorschlag und Abstimmung sowie der Bedingung, dass nicht im Eilverfahren verhandelt wird, entsprochen wurde.*" Obwohl es in Art. 148 Abs. 2 nicht konkret erwähnt wird, kann nach der neuen Entscheidung[904] des Verfassungsgerichts das Einbringen eines Änderungsvorschlages bezüglich der unabänderbaren Eigenschaften des türkischen Staates durch die Änderung eines anderen Artikels der

---

903 Art. 148: „*Das Verfassungsgericht überprüft die formelle und materielle Verfassungsmäßigkeit der Gesetze, der Rechtsverordnungen mit Gesetzeskraft und der Geschäftsordnung der Türkischen Großen Nationalversammlung. Die Verfassungsänderungen untersucht und überprüft es nur im Hinblick auf die Form. Mit der Behauptung der formellen und materiellen Verfassungswidrigkeit von in Fällen des Notstandes, der Ausnahmezustandsverwaltung und des Krieges erlassenen Rechtsverordnungen mit Gesetzeskraft kann vor dem Verfassungsgericht keine Klage erhoben werden.*
Die Überprüfung der Gesetze hinsichtlich der Form ist auf die Frage, ob die letzte Abstimmung mit der vorgesehenen Mehrheit erfolgte, und bei den Verfassungsänderungen auf die Frage begrenzt, ob der Mehrheit für Vorschlag und Abstimmung sowie der Bedingung, dass nicht im Eilverfahren verhandelt wird, entsprochen wurde. Die Überprüfung hinsichtlich der Form kann vom Präsidenten der Republik oder einem Fünftel der Mitglieder der Großen Nationalversammlung der Türkei verlangt werden. Eine Anfechtungsklage wegen Formfehlerhaftigkeit kann nach Ablauf von zehn Tagen nach dem Datum der Verkündung des Gesetzes nicht erhoben und auch nicht im Vorlagewege vorgebracht werden.
Das Verfassungsgericht führt die Verfahren gegen den Präsidenten der Republik, die Mitglieder des Ministerrats, die Präsidenten und Mitglieder des Verfassungsgerichts, des Kassationshofs, des Staatsrats, des Militärkassationshofs und des Hohen Militärverwaltungsgerichtshofs, die Generalstaatsanwälte, den stellvertretenden Generalstaatsanwalt der Republik, die Präsidenten und Mitglieder des Hohen Richter- und Staatsanwälterats und des Rechnungshofs wegen im Zusammenhang mit ihren Ämtern begangener Straftaten als Staatsgerichtshof durch. Die Aufgabe des Staatsanwalts vor dem Staatsgerichtshof nimmt der Generalstaatsanwalt der Republik oder der stellvertretende Generalstaatsanwalt der Republik wahr.
Die Entscheidungen des Staatsgerichtshofs sind unanfechtbar."
904 Urteil des türkischen Verfassungsgerichts, E. 2008/16, K. 2008/116, in: ABl. vom 22.10.2008 Nr. 27032.

Verfassung (anstatt der gemäß Art. 4 festgelegten ersten drei Artikel der V
sung) vom Verfassungsgericht kontrolliert werden.

So darf nach den Entscheidungen des Verfassungsgerichts der sekundäre Verfassungsgeber durch die Änderungen eines anderen Artikels der Verfassung die Änderungen der in den ersten drei Artikeln festgelegten unabänderbaren Grundeigenschaften der türkischen Staatlichkeit nicht verwirklichen.[905] Da in Art. 2 konkret das „in der Präambel verkündete(n) Prinzip" erwähnt worden ist, wäre es möglich, durch die Erwähnung, Erweiterung und Betonung der Offenheit der türkischen Verfassungsordnung gegenüber der internationalen Rechtsordnung die Kollision von vornherein zu verhindern. Durch die Änderung der Präambel kann die Auslegungsrichtung der in Art. 2 festgelegten Grundprinzipien verfassungsrechtlich kanalisiert und der strikte nationalstaatliche Auslegungszwang überwunden werden. Aus diesen Gründen ist die Erwähnung der Verbindlichkeiten der Völkerrechtsnormen in der Präambel nötig.

Da aber die Präambel eine Art Urquelle der Verfassungsgeber ist,[906] taucht hier die Frage auf, ob sie überhaupt geändert werden darf. Während eine Partialrevision der Präambel in dem Kompetenzbereich des verfassungsändernden Gesetzgebergebers akzeptiert wird, steht die Totalrevision der Präambel nur dem Verfassungsgeber zu.[907] Die bisherige Änderungspraxis der Präambel seit dem Inkrafttreten der türkischen Verfassung bestätigt diesen theoretischen Ansatz.

Das Anfügen der Verbindlichkeiten der Völkerrechtsnormen in drei verschiedenen Absätzen der Präambel würde die Auslegungsmöglichkeiten erweitern und dadurch die verfassungsrechtliche Akzeptanz der Übertragung von Hoheitsrechten ermöglichen. Dafür wäre erstens die in Abs. 3 festgelegte Formulierung:

„... von der in dieser Verfassung bestimmten freiheitlichen Demokratie ..."

zu ändern in:

*„... von der in dieser Verfassung **und in den Völkerrechtsnormen** bestimmten freiheitlichen Demokratie ..."*

Danach wäre die in Abs. 4 festgelegte Formulierung:

„... nur der Verfassung und den Gesetzen zukommt ..."

zu ändern in:

*„... nur der Verfassung, **den verbindlichen Völkerrechtsnormen und** den Gesetzen zukommt ..."*

---

905 Ebenda.
906 Häberle, Peter [1998]: S. 939.
907 Häberle, Peter [1998]: S. 940.

lie in Abs. 6 festgelegte Formulierung:

er nationalen Kultur-, Zivilisations- und Rechtsordnung ein wür-
führen ..."

„... ...) der nationalen Kultur-, Zivilisations- **und nationalen und inter-**
nationalen Rechtsordnung ein würdiges Leben zu führen ..."

Diese Änderungen würden der Anerkennung der Völkerrechtsnormen als elementarer Teil der türkischen Staatlichkeit dienen und dadurch neue Auslegungsmöglichkeiten für die Verfassungsnormen bieten.

2.1.2 Änderung des Art. 5 der Verfassung

Neben der Präambel kann die Änderung des Art. 5 der Auslegung in Richtung der
Anerkennung der offenen Staatlichkeit dienen, da Art. 5 das Ziel des türkischen
Staates festschreibt. Die Erwähnung der Offenheit der türkischen Rechtsordnung
gegenüber der internationalen Rechtsordnung und die Betonung des Ziels des türkischen Staates als Mitglied in der internationalen Rechtsgemeinschaft würde die
Auslegung der Verfassung in Bezug auf die nötigen Änderungen für die Übertragung von Hoheitsrechten erleichtern. Die Änderungen des Art. 5 zusammen mit
der geänderten Präambel würden auch in Zukunft die Existenz in der internationalen Rechtsgemeinschaft und die Kooperationsverhältnisse der Rechtsordnungen verfassungsrechtlich legitimieren und eine juristische Basis der kollisions-
verhindernden Maßnahmen bieten. Neben der Erwähnung der internationalen
Rechtsordnung kann die zeitgenössische Zivilisation erwähnt werden. Dadurch
würde eine Harmonisierung und Öffnung des Staates gegenüber der internationalen Rechtsgemeinschaft erfolgen und das in der Präambel Abs. 2 erwähnte Ziel
der primären Verfassungsgeber betont werden. Für das Erreichen dieses Ziels
kann ein Rahmen, der die Grundziele und -aufgaben des Staates festgelegt, geschaffen werden. Die Hinzufügung von:
„im Rahmen der Prinzipien der internationalen Gemeinschaft mit dem Ziel
zur Erreichung der zeitgenössische Zivilisation" nach dem Hauptsatz:
„Grundziele und -aufgaben des Staates sind es, ..." in Art. 5 würde die Be-
mühungen des Staates für die Übertragung von Hoheitsrechten und dadurch die
entsprechende Verfassungsänderung erleichtern.
Die permanente Betonung in der Verfassung, *„die Unabhängigkeit und Ein-*
heit der türkischen Nation, die Unteilbarkeit des Landes ... zu schützen", führt
zur Akzentuierung der traditionellen geschlossenen Staatlichkeit der Türkei. Da
aber durch dieses Verständnis die Übertragung von Hoheitsrechten grundsätzlich

kollidiert, sollen solche Begrifflichkeiten aus Art. 5 entfernt werden. Als A
ben und Ziel des Staates sollen dann deklariert werden, Wohlstand, Wohlergeh
und Glück der Bürger und Gemeinschaft in einer demokratischen rechtstaatli-
chen Republik zu gewährleisten. Wird diese Aufgabe verwirklicht, ist nicht mehr
um Einheit und Unabhängigkeit des türkischen Staats zu fürchten.
Nach dem Änderungsvorschlag würde Art. 5 der Verfassung wie folgt lauten:

> *„Die Grundziele und -aufgaben des Staates sind es,* **im Rahmen der Prinzipien der inter-**
> **nationalen Gemeinschaft mit dem Ziel zu Erreichung der zeitgenössische Zivilisation** *die*
> *Unabhängigkeit und Einheit des Türkischen Volkes [Nation], die Unteilbarkeit des Landes,*
> *die Republik und die Demokratie zu schützen, Wohlstand, Wohlergehen und Glück der Bür-*
> *ger und der Gemeinschaft zu gewährleisten, die politischen, wirtschaftlichen und sozialen*
> *Hindernisse zu beseitigen, welche die Grundrechte und -freiheiten der Person in einer mit*
> *den Prinzipien des sozialen Rechtsstaates und der Gerechtigkeit nicht vereinbaren Weise be-*
> *schränken, sowie sich um die Schaffung der für die Entwicklung der materiellen und ideellen*
> *Existenz des Menschen notwendigen Bedingungen zu bemühen. "*

Durch die Änderung der Präambel und Art. 5 wird eine Basis für das Ermöglichen der Änderung der Verfassung bezüglich der Übertragung von Hoheitsrechten geschaffen, da so die Öffnung der türkische Rechtsordnung nicht nur
verfassungsrechtlich legitimiert, sondern als Ziel und Aufgabe des Staates festgelegt wird.

2.1.3 Änderung des Art. 66 der Verfassung

Art. 66 ist einer der Grundpfeiler der türkischen Verfassungsordnung, da durch
diesen Artikel das abstrakte Nationsbild der Türkei kreiert wird.

Laut Art. 66 Abs. 1 ist *„Jeder, den mit dem Türkischen Staat das Band der*
Staatsangehörigkeit verbindet, [ist] Türke". Nicht nur der ethnische Begriff „der
Türke", sondern die Nichtbetonung der Rechte als Bürger in diesem Artikel bringen Probleme mit sich. Obwohl in den nachfolgenden Artikeln der Verfassung
die Rechten und Pflichten der Staatsangehörigen erläutert werden, werden zuerst
mit dem Art. 66 Abs. 1 die Staatsangehörigen als ein Element des ethnischen Gebildes dargestellt trotz der wiederholten Behauptung, dass „die Türken" in dem
Fall als ein kultureller Begriff verstanden werden soll. Infolgedessen wird die
individuelle Existenz der Staatsangehörigen auf den zweiten Rang verschoben.
Im Lichte der Betonung „eine Nation", „einziger Staat" und „ganzes Land" in
den Entscheidungen[908] des Verfassungsgerichts und in Zusammenhang mit der

---

908 Urteil des türkischen Verfassungsgerichts, E. 1993/4, K. 1995/1 (Parteiverbot), in: AMKD,
    Band 33/2, S. 629; Urteil des türkischen Verfassungsgerichts, E. 1993/1, K. 1993/2 (Parteiver-
    bot), in: AMKD, Band 30/2, S. 912; Urteil des türkischen Verfassungsgerichts, E. 1995/1, K.
    1996/1 (Parteiverbot), in: AMKD, Band 33/2, S. 716

derholung des Begriffs „türkische Nation" in der Verfassung ist
ι, nur durch die Anwendung des Begriffs „Staatsangehörigkeit"
l die Betonung der Individuen zu begründen. Das abstrakte Na-
erfassung ist die Konsequenz für das für die Ewigkeit gewünschte
Staatlichkeitsverständnis der Verfassung.

agung von Hoheitsrechten auf die EU im Falle der EU-Mitgliedschaft sett.. ber die Konkretisierung und Individualisierung der Legitimationsbasis der türkischen Verfassungsordnung voraus, da erstens die in Art. 2 EUV
festgelegten Grundprinzipien der EU und zweitens die Legitimation der Ausübung von Hoheitsrechten durch die EU-Organe die Konkretisierung und Individualisierung der Legitimationsbasis benötigen. Trotz ihrer völkerrechtlichen
Wurzeln sind die Staatsbürger der Mitgliedstaaten die Legitimationsbasis der
EU, da die Existenz und jede Rechtsakte der Mitgliedstaaten durch deren Staatsbürger legitimiert werden muss. Der politische und juristische Wille der Staatsbürger der Mitgliedstaaten ermöglicht die demokratische Ausübung von Hoheitsrechten auf mitgliedstaatlicher und europäischer Ebene in einem einheitlichen
System, ohne eine hierarchische Konstruktion zu benötigen. Somit legitimieren
dieselben Staatsbürger sowohl die Existenz der Mitgliedstaaten als auch die EU
und Ausübung von Hoheitsrechten auf beiden Ebenen.

Weil der Art. 66 der türkischen Verfassung eine solche Konkretisierung und
Individualisierung der Staatsangehörigkeit nicht arrangiert, ist das Ziel der juristischen Legitimierung der Übertragung von Hoheitsrechten auf die EU im Falle
der Mitgliedschaft nicht erreichbar.

Aufgrund dessen ist die Änderung des Art. 66 nötig, um eine reibungslose Harmonisierung der Verfassungsordnung der Türkei mit der europäischen Rechtsordnung zu realisieren und die Übertragung von Hoheitsrechten auf die EU zu
ermöglichen. Das Ersetzen des Begriffs „Nation" durch „Volk" würde die Diskussionen über die durch die Abstraktheit des Begriffs „Nation" entstehenden Probleme lösen. Im Falle einer kompletten neuen Verfassung wäre es möglich, durch
ein solches Ersetzen des Begriffs „Nation" durch „Volk" die Konkretisierung und
Betonung der Individuen als Staatsbürger zu schaffen und damit die Legitimationsbasis der Verfassungsordnung zu demystifizieren. So könnte die Öffnung der
türkischen Verfassungsordnung durch den Willen des Volkes ermöglicht werden.
Weil sich aber der unabänderbare Art. 3 der Verfassung auf diesen abstrakten
Nationsbegriff stützt, ist ein solches Ersetzen nach der existierenden Verfassungsordnung nicht ausführbar. Aufgrund dessen werden im Folgenden die Lösungs-
möglichkeiten nach der existierenden Verfassungsordnung dargestellt.

Durch die Aufhebung des ethnischen Begriffs „Türke" von Art. 66 Abs. 1 und
die Unterstreichung der Rechte der Staatsbürger können die Demystifizierung
des Begriffs „Nation" und die Konkretisierung der Individuen erreicht werden.

Weil Art. 66 für die Auslegung des Begriffs „Nation" in der Verfassung die Grundlage bietet, kann durch die Änderung Art. 66 die allgemeine Auslegung der Verfassung in Bezug auf die Nation geändert werden. Werden die Staatsbürger der Republik der Türkei nicht durch die Zugehörigkeit einer Gruppe, so wie Türke, sondern durch nur den juristischen Status begründet, beteiligt sich jeder einzelne Staatsbürger auf demokratischem Wege an der Legitimation von Hoheitsrechten. Diese Legitimationsbasis ermöglicht auch die Öffnung der türkischen Verfassungsordnung gegenüber der internationalen Rechtsordnung, da die Staatsbürger auch die Übertragung von Hoheitsrechten auf die internationalen oder supranationalen Organisationen legitimieren. Aufgrund dessen muss erstens der Begriff „Türke" aus Art. 66 Abs. 1 gestrichen werden. Danach soll in Art. 66 Abs. 1 folgender Satz hinzugefügt werden: *„genießt die von der Verfassung gewährleisteten Rechte"*.

Nach der Änderung würde Art. 66 Abs. 1 so lauten: *„Jeder, den mit dem Türkischen Staat das Band der Staatsangehörigkeit verbindet, **genießt die von der Verfassung gewährleisteten Rechte."***

Mit der Änderung Art. 66 kann der konstitutive Wille der Bevölkerung konkretisiert und somit die Umwandlung der Verfassung gemäß der neuen Entwicklung erleichtert werden, da die Legitimationsbasis von der abstrakten Ebene auf die gesellschaftliche Ebene transferiert wird. Denn dadurch bietet der Wille der Individuen als Mitglieder der Gesellschaft bei der Konstituierung und Änderung des Hoheitsverhältnisses des Staates die Grundlegitimation, und so wird die Ausübung von Hoheitsrechten auch von denselben Individuen grundsätzlich anerkannt. Damit wird nicht nur die Übertragung von Hoheitsrechten auf die EU legitimiert, sondern darüber hinaus wird die Ausübung von Hoheitsrechten in einer Mehrebenen-Rechtsordnung anerkannt.

2.2 Schaffung von Integrationsartikeln für zwischenstaatliche und supranationale Organisationen

„Integration bedeutet die Intensität der internationalen Zusammenschlüsse, die im Grundgesetz intendiert und erleichtert sind."[909] Die Intensität der internationalen Beziehungen erzwingt derzeitig auch juristische Regulierungen der internationalen Zusammenschlüsse. Auch wenn die EU durch ihre *„sui generis"*-Eigenschaften mehr als eine zwischenstaatliche Organisation ist, bieten die Diskussionen über die Integrationsartikel für die EU einen guten Anlass, um über die Integrationsartikel für supranationale und zwischenstaatliche Organisationen zu diskutieren.

---

909 Mosler, Hermann: S. 608.

Zwischenstaatliche Organisationen sind von Staaten durch Vertrag begründete internationale Organisationen, die ihre eigenen Organe besitzen und durch ihre Organe im Rahmen der vertraglich festgelegten Kompetenzen handeln können.[910] Die Gründungsverträge der zwischenstaatlichen Organisationen rüsten sie mit Kompetenzen aus, die durch ihre Organe ausgeübt werden. Die Kompetenzen der Organe, unabhängig von den Mitgliedstaaten tätig zu werden, bilden eine eigene Rechtsordnung der zwischenstaatlichen Organisationen aus.[911] Die internationalen Organisationen, die nach den zugrunde liegenden Verträgen ermächtigt worden sind, Rechtsakte mit innerstaatlicher Wirkung zu erlassen, werden als „supranationale Organisation" bezeichnet.[912]

Obwohl die Türkei seit ihrer Gründung Mitglied von zwischenstaatlichen Organisationen geworden ist und entsprechende Hoheitsrechte an diese Organisationen übertragen hat,[913] wurden diese Beziehungen niemals verfassungsrechtlich konkret und entsprechend geregelt. Trotz der Feststellung der Verbindlichkeiten des Völkerrechts in verschiedenen Artikeln der Verfassung und der daraus resultierenden Relativierung der Souveränität wird diese Relativierung immer auf die äußere Souveränität bezogen. Nach dieser Ansicht bleibt die Souveränität der Türkei weiter unantastbar, da die klassischen Grundprinzipien des Völkerrechts, wie Gleichheit der Staaten und Gegenseitigkeit[914], als Schutzmaßnahmen zur Bewahrung der Souveränität der Türkei gesehen werden. Diese Artikel, mit Ausnahme von Art. 90, beinhalten in Bezug auf Verbindlichkeiten des Völkerrechts durch ihre abstrakten Formulierungen nur die Selbstbeschränkungsfunktion des türkischen Staates. Aufgrund dessen werden solche völkerrechtlichen Normen vom Verfassungsgericht nur als Hilfsnormen angewendet.[915]

Da die totale Ablehnung der Rechtsakte und die Wirkung der zwischenstaatlichen und supranationalen Organisationen auf das innere Rechtssystem auf Dauer unhaltbar sind für die Existenz eines Staates in der Völkergemeinschaft, musste die theoretische Position in Bezug auf die Unantastbarkeit der Souveränität der Türkei und die Unübertragbarkeit von deren Hoheitsrechten in der Praxis immer relativiert werden.

Obwohl die Türkei in der Vergangenheit durch die völkerrechtlichen Verträge an die internationalen Organisationen die nötigen Hoheitsrechte übertragen hat, schuf sie bis jetzt nicht die entsprechende innerstaatliche und verfassungsrechtliche Basis für die Übertragung von Hoheitsrechten auf solche zwischenstaat-

---

910 Mosler, Hermann: S. 619.
911 Ebenda.
912 Randelzhofer, Albrecht [1992]: S. 41.
913 Zum Beispiel: Lausanne-Vertrag, siehe Teil 1, Kapitel 1.3.2.2.3.
914 Hakyemez, Sevki Yusuf: S. 93, 215.
915 Tanör, Bülent/Yüzbasioglu, Necmi: S. 469.

lichen und supranationalen Organisationen. Aufgrund der De-facto-Übertragung von Hoheitsrechten ohne verfassungsrechtliche Basis wurden die Pflichten der Türkei gegenüber den zwischenstaatlichen Organisationen immer mit dem völkerrechtlichen *„pacta sunt servanda"*-Prinzip legitimiert. Ziel der Vermeidung der verfassungsrechtlichen Anerkennung von Hoheitsrechten der zwischenstaatlichen Organisationen war es, die Souveränität des türkischen Staates nicht zu gefährden. Diese Haltung und Auslegung der Verfassung basieren auf einem realitätsfernen Souveränitätsbild, das zur permanenten Kollision der Verfassungsrealität mit der Verfassung selbst führt. Diese Kollision gefährdet auf der einen Seite die Rechtsstaatlichkeit der Türkei, da die Rechte und Pflichten der Bürger und sogar des Staates nicht festgestellt werden können, während auf der anderen Seite die Geltung und Anwendungskraft der Rechtsakte der zwischenstaatlichen oder supranationalen Rechtsordnung immer vom Willen der türkischen Rechtsordnung abhängig sind. Um das Spannungsverhältnis zwischen Verfassungsrealität und Verfassung aufzuheben und die Rechtssicherheit für die Bürger und eine harmonische Rechtslage in Bezug auf das Völkerrecht zu schaffen und die völkerrechtlichen Pflichten rechtsgemäß zu erfüllen, müssen Souveränitätsverzicht bzw. Beschränkung der Souveränität der Türkei oder Übertragung von Hoheitsrechten an die zwischenstaatlichen Institutionen oder supranationalen Organisationen verfassungsrechtlich reguliert werden. Die völkerrechtsfreundliche und vielseitige Formulierung des Art. 24 des deutschen Grundgesetzes, dessen modifizierte Version auch für die Türkei anwendbar wäre, bietet ein Beispiel.

Obwohl außer in Deutschland eine eigenständige Vorschrift über die Teilnahme an Systemen kollektiver Sicherheit in anderen Verfassungen der Mitgliedstaaten nicht leicht zu finden ist,[916] ist es eine gute Methode, um klare und sichere Rechtsverhältnisse zu schaffen. Dadurch würde nicht nur das Verhältnis der Türkei mit den zwischenstaatlichen Organisationen wie Nato, UNO usw. auf eine stabile verfassungsrechtliche Basis gestellt, darüber hinaus würde die Offenheit der türkischen Verfassungsordnung gegenüber dem Völkerrecht die Kooperationsbereitschaft der Türkei im internationalen Rechtssystem betonen. Die Betonung der verfassungsrechtlichen Offenheit und Kooperationsbereitschaft der türkischen Rechtsordnung gegenüber dem Völkerrecht würde auch die Übertragung von Hoheitsrechten auf die EU konkretisieren.

2.2.1 Erweiterung des Art. 6 der 1982er Verfassung

Durch die Erweiterung des Art. 6 der 1982er Verfassung müssen erstmals die Öffnung des Rechtssystems der Türkei gegenüber internationalem Recht und die

---

916 Pernice, Ingolf [2006b]: S. 507.

Übertragung von Hoheitsrechten auf die zwischenstaatlichen und supranationalen Organisation und damit die internationale Integration des türkischen Staates verfassungsrechtlich ermöglicht werden. Da die anderen Artikel der Verfassung auch auf der Basis des Art. 6 konstruiert wurden, muss in Art. 6 die Verbindlichkeit der Völkerrechtsnormen verankert werden. Somit werden erstens die Normalisierung des Verhältnisses zwischen dem Völkerrecht und der inneren Rechtsordnung und zweitens eine verfassungsrechtliche Basis für die Übertragung von Hoheitsrechten festgelegt.

Die Verankerung der Verbindlichkeit der Völkerrechtsnormen würde die strikte Betonung der Ausübung der Hoheitsrechte nur durch die Organe der türkischen Rechtsordnung relativieren. Die Relativierung der Ausübung der Hoheitsrechte ausschließlich durch die in der Verfassung Art. 7, 8 und 9 erwähnten Organe würde der Öffnung der türkischen Rechtsordnung für die Ausübung der Hoheitsrechte durch die Organe der zwischenstaatlichen und supranationalen Organisationen dienen. Nur eine Änderung oder Erweiterung des Geltungsbereiches von Art. 6 würde die Übertragung von Hoheitsrechten aber nicht ermöglichen.[917] Die Erweiterung des Geltungsbereiches von Art. 6 sollte die Grundlage für die Übertragung von Hoheitsrechten auf zwischenstaatliche und internationale Organisationen bilden, damit die Konkretisierung der Übertragung der Hoheitsrechte mithilfe der anderen Artikel der Verfassung im Verhältnis zu Art. 6 keinen Widerspruch darstellt. Auf der Basis des erweiterten Art. 6 könnten die nötigen Änderungen der Verfassung bezüglich der Hoheitsrechte verwirklicht werden.

Dem Art. 6 der Verfassung könnte als Abs. 3 hinzugefügt werden:

„Allgemein anerkannte Grundsätze und Normen des Völkerrechtes sind ein untrennbarer Bestandteil des türkischen Rechtssystems. Aufgrund eines völkerrechtlichen Vertrages kann in die Beschränkung der Hoheitsrechte eingewilligt und können die Hoheitsrechte auf zwischenstaatliche Organisationen oder supranationale Organisationen übertragen werden."

2.2.2 Änderungen des Art. 90

2.2.2.1 Normalisierung des Verhältnisses zwischen den Völkerrechtsnormen und dem inneren Rechtssystem

Die unklaren Formulierungen in Art. 90 bezüglich des Verhältnisses zwischen Völkerrecht und innerem Rechtssystem erschweren nicht nur die Akzeptanz der Übertragung von Hoheitsrechten auf die zwischenstaatlichen und supranationalen Organisationen, sondern auch die Beantwortung der Geltungs- und Anwendungsfrage im Zusammenhang mit völkerrechtlichen Normen im türkischen Rechtssystem.

---

917 Kural, Bilgütay: S. 111 ff.; Dagegen: Yazici, Serap [2009b]: S. 283.

Um diese Probleme zu lösen, soll durch die Änderung des Art. 90 der Status der Völkerrechtsnormen in der Normenhierarchie und deren juristische Wirkung im türkischen Rechtssystem neu reguliert werden. Die Änderung soll auch der Normalisierung des verfassungsrechtlichen Spannungsverhältnisses dienen, damit auch die Vorstellung der Übertragung von Hoheitsrechten der Türkei auf zwischenstaatliche oder internationale Organisation nicht als Fremdkörper in der Verfassung steht. Die Normalisierung des Spannungsverhältnisses bedeutet, dass das türkische Rechtssystem die Völkerrechtsnormen nicht als Ergebnis eines ausländischen oder fremden Rechtsaktes, sondern als Ergebnis seines eigenen Rechtsaktes annimmt. Durch die Normalisierung sollen die Geltung und Anwendung der Völkerrechtsnormen, die durch das Zustimmungsgesetz des Parlaments und durch die Verkündung im Amtsblatt zustande gekommen sind, im türkischen Rechtssystem nicht mehr infrage gestellt werden, solange die völkerrechtlichen Verträge oder das Zustimmungsgesetz nicht etwas anderes vorsehen. Die Änderung von Art. 90 (ohne die Normalisierung des allgemeinen Geltungs- und Anwendungsstatus der Völkerrechtsnormen) würde dazu führen, dass zwischen den Völkerrechtsnormen auch eine Normenhierarchie entsteht. Während einige Völkerrechtsnormen direkt angewendet werden sollen, sollen andere Völkerrechtsnormen zusätzliche Rechtsakte des türkischen Staates benötigen, obwohl die Verfassung die zusätzlichen Rechtsakte nicht vorsieht. Aufgrund solch fehlender Normalisierung des Spannungsverhältnisses zwischen den Völkerrechtsnormen und dem türkischen Rechtssystem entstand nach der Änderung von Art. 90 eine Normenhierarchie in den Völkerrechtsnormen, obwohl dieses Ergebnis vom Gesetzgeber nicht gewollt war.

Durch die Änderung von Art. 90 im Jahr 2004 (anfügen von Abs. 5) wurden die Probleme im Zusammenhang mit den Normen des Völkerrechts besonders verstärkt. Diese Änderung erhöhte auf der einen Seite die Wirkung und die Verbindlichkeit der Grundrechte und -freiheiten regelnden Vorschriften der verfahrensmäßig in Kraft gesetzten völkerrechtlichen Verträge, während sie aber auf der anderen Seite als analoges Ergebnis die anderen Normen des Völkerrechts grundsätzlich relativierten. Diese Relativierung der Normen des Völkerrechts steht aber zum Gedanken der Übertragung von Hoheitsrechten im Widerspruch, weil dadurch auch Verbindlichkeit und Wirkung eines Völkerrechtsvertrages, in dem die Übertragung von Hoheitsrechten der Türkei reguliert wird, sowie die Rechtsakte der durch solche Völkerrechtsverträge zustande kommenden Organisationen relativiert werden. Aus diesem Grund benötigt die Übertragung von Hoheitsrechten die Konkretisierung des Status der Völkerrechtsnormen. Erstens muss Art. 90 Abs. 5 Satz 2 aufgehoben werden, damit der Unterschied bezüglich der Geltung und Anwendung zwischen den die Grundrechte und -freiheiten regelnden Völkerrechtsnormen und den anderen Normen des Völkerrechts nicht mehr existiert.

Durch den unten vorgeschlagenen gekürzten Text, der dem Art. 90 Abs. 5 Satz 2 angefügt werden sollte, können Geltung und Wirkung der Völkerrechtsverträge konkretisiert und die Rechtssicherheit für die Individuen auf der einen Seite sowie die völkerrechtliche Haftung des türkischen Staates auf der anderen Seite festgelegt werden. Art. 90 Abs. 5 Satz 2 sollte lauten:

> *„Auf Vorschriften, die verfahrensmäßig mit dem Zustimmungsgesetz in Kraft gesetzter völkerrechtlicher Verträge mit nationalen Bestimmungen mit gleichem Regelungsgehalt nicht übereinstimmen, finden die Bestimmungen der völkerrechtlichen Verträge vorrangig Anwendung."*

2.2.2.2 Konkretisierung des Verfahrens des Zustandekommens der Völkerrechtsverträge

Das Verfahren des Zustandekommens der Völkerrechtsverträge wird in Art. 90 festgelegt. Grundsätzlich ist gemäß Art. 90 die Gültigkeit eines Völkerrechtsvertrages abhängig von der Ratifizierung des Parlaments gemäß Zustimmungsgesetz. Um dem Bedürfnis nach schneller Entwicklung der zwischenstaatlichen Beziehungen und nach reibungsloser Anpassung an diese Entwicklungen Rechnung zu tragen, hat die türkische Verfassung der Exekutive unter bestimmten Voraussetzungen die Kompetenz gegeben, völkerrechtliche Verträge ohne Zustimmungsgesetz abzuschließen und zu verkünden.

Art. 90 Abs. 1 regelt die Ratifizierung der und das Zustimmungsverfahren zu völkerrechtlichen Verträgen. Da die Verfassung keine besondere oder qualifizierte Mehrheit für die Zustimmungsgesetze vorsieht, brauchen die Zustimmungsgesetze gemäß Art. 96 Abs. 1 eine festgelegte einfache Mehrheit. Aufgrund der besonderen Eigenschaften der Völkerrechtsverträge, die die Übertragung von Hoheitsrechten auf zwischenstaatliche oder supranationale Organisationen regeln, müssen aber auch die Zustimmungsgesetze im Parlament besonders behandelt werden. Da die Bevölkerung als Träger der Souveränität die Quelle der Hoheitsrechte ist, muss sich eine qualifizierte Mehrheit ihrer Repräsentanten an der Entscheidungsfindung beteiligen. Durch eine qualifizierte Mehrheit bei Zustimmungsgesetzen für solche Völkerrechtsverträge können erstens die Diskussionen über den Willen und die Risiken der Zustimmung solcher Gesetze intensiviert werden. Solch intensive Diskussionen im Parlament erhöhen aber auch die Beteiligung der Bevölkerung an den Diskussionen bzw. dem Zustandekommen des Zustimmungsgesetzes. Die Partizipation der Bevölkerung an den Diskussionen und die Intensivierung der Arbeit des Parlaments erschwert und verlängert eventuell das Verfahren des Zustandekommens der Völkerrechtsverträge, erleichtert es aber danach, durch solche Völkerrechtsverträge erzeugte Probleme zu verarbeiten und zu ertragen. In dem Verfahren muss zweitens aber auch unter bestimmten Voraussetzungen die Entscheidungsfindung der Bevölkerung durch Volksabstimmung ermöglicht werden, wodurch die Legitimation der Völkerrechtsverträge erhöht wird.

Hier können zwei Versionen des Verfahrens vorgestellt werden.

Erstens kann das Zustandekommen der Völkerrechtsverträge, mit denen Hoheitsrechte übertragen werden, genauso geregelt werden wie für die allgemeinen Völkerrechtsverträge. In dieser Version kann durch Hinzufügen eines Textes als Satz 2 in Art. 90 Abs. 1 die qualifizierte Mehrheit und die Volksabstimmung festgelegt werden. Der anzufügende Text in Art. 90 Abs. 1 Satz 2 lautet:

„Das Zustimmungsgesetz zu einem völkerrechtlichen Vertrag im Sinne des Art. 6 Abs. 3 wird vom Parlament mit einer Mehrheit von zwei Drittel der Stimmen aller Abgeordneten des Parlaments angenommen. Verlangt mindestens die Hälfte der Parlamentsmitglieder eine Volksabstimmung, müssen alle Zustimmungsgesetze durch Volksabstimmung entschieden werden."

So ließe sich das Verfahren für Völkerrechtsverträge allgemein regeln. Vorteilhaft ist an dieser Version, dass erstens die Beteiligung der Bevölkerung und die Intensivierung der Diskussionen im Parlament und dadurch die Überzeugungs- und Verbindlichkeitskraft der Völkerrechtsnormen erhöht werden würde. Und zweitens würde die Annahme dieser Version ermöglichen, ohne weitere Änderungen von Art. 90 das Verfahren bezüglich der Hoheitsrechte übertragener Völkerrechte zu regeln. Es könnte aber argumentiert werden, dass die Pauschalisierung der Völkerrechtsverträge und die Öffnung der Volksabstimmungsmöglichkeiten für alle Arten der Völkerrechtsverträge das Abschlussverfahren der anderen Völkerrechtsverträge erschweren würde. Aufgrund der Verbindlichkeit der Völkerrechtsverträge und des Transparentsgebots sollte nach Meinung des Verfassers diese Verlängerung des Abschlussverfahrens in Kauf genommen werden. Da aber diese Unterscheidung nicht das Hauptproblem bezüglich der Übertragung von Hoheitsrechten darstellt, könnte zwischen Völkerrechtsverträgen, mit denen Hoheitsrechte übertragen werden, und den anderen Verträgen unterschieden werden.

In dieser zweiten Version könnten durch Ergänzung des Art. 90 Abs. 2 die qualifizierte Mehrheit und Volksabstimmung geregelt werden:

„Das Zustimmungsgesetz zu einem völkerrechtlichen Vertrag im Sinne des Art. 6 Abs. 3 wird vom Parlament mit einer Mehrheit von zwei Drittel der Stimmen aller Abgeordneten des Parlaments angenommen. Verlangt es mindestens die Hälfte der Parlamentsmitglieder, müssen <u>solche</u> Gesetze durch Volksabstimmung entschieden werden."

Obwohl der hier vorgeschlagene Text fast mit dem als Art. 90 Abs. 1 Satz 2 vorgeschlagenen Text übereinstimmt, ändern das Attribut „alle" im ersten Fall und „solche" im zweiten Fall und die Hinzufügung in Art. 90 Abs. 2 die Bedeutung des vorgeschlagenen Textes und dessen Bezug auf die allgemeinen völkerrechtlichen Verträge.

Im Falle der Hinzufügung in Art. 90 Abs. 2 muss aber auch Art. 90 Abs. 4[918] geändert werden. Da die Regeln von Art. 90 Abs. 4 auf alle völkerrechtlichen Verträge zutreffen, muss hier der völkerrechtliche Vertrag, mit dem die Hoheitsrechte auf die zwischenstaatliche oder supranationale Organisation übertragen werden, von den allgemeinen Völkerrechtsverträgen ausgeklammert werden. Durch die Hinzufügung des Nebensatzes *„es sei denn, dass Art. 90 Abs. 2 anzuwenden ist"* am Ende von Art. 90 Abs. 4 könnte ein besonderes Verfahren die Völkerrechtsverträge, mit denen Hoheitsrechte übertragen werden, von den allgemeinen Völkerrechtsverträgen trennen. Nach der Änderung des Art. 90 Abs. 4 würde Art. 90 Abs. 4 lauten:

„Auf den Abschluss von Verträgen aller Art, die eine Änderung der türkischen Gesetze mit sich bringen, findet der erste Absatz Anwendung, es sei denn, dass Art. 90 Abs. 2 anzuwenden ist."

Die Änderungen von Art. 6 würden die Bereitschaft der türkischen Rechtsordnung für die Existenz in einer Vielfalt der internationalen Rechtsgemeinschaft betonen und als verfassungsrechtliche Basis für die Übertragung von Hoheitsrechten durch die Völkerrechtsverträge dienen. Die Änderungen von Art. 90 würden die Normenhierarchie zwischen den Völkerrechtsnormen aufheben und die Verbindlichkeit aller völkerrechtlichen Normen festlegen. Damit würden die unnötigen Dualismus-Monismus-Diskussionen und der dadurch zustande kommende Transformationszwang für die Anwendung der Völkerrechtsnormen aufgehoben. So könnte das Verhältnis zwischen den Völkerrechtsnormen und der inneren Rechtsordnung entspannt und die Rechte und Pflichten der Bürger gegenüber der Rechtsordnung sowie die Haftung des türkischen Staates gegenüber den Bürgern und der internationalen Gemeinschaft transparenter werden. Solche Transparenz ermöglicht auf der einen Seite Rechtssicherheit für die Bürger, da die verbindlichen Regeln von Anfang an klar definiert sind. Auf der anderen Seite zwingen Transparenz und klarere Verbindlichkeitsregeln den Staat, vor dem Abschluss der Volkerrechtsverträge über Konsequenzen nachzudenken. Die durch die Änderung geschaffene Normalisierung des Spannungsverhältnisses zwischen den Völkerrechtsnormen und der inneren Rechtsordnung würde auch dem *„pacta sunt servanda"*-Prinzip dienen, was für die internationalen Beziehungen *conditio sine qua non* ist.

Neben der Öffnung der Verfassung zur Übertragung von Hoheitsrechten müssen auch die Adressaten der übertragenen Hoheitsrechte verfassungsrechtlich festgestellt werden.

Da die Verfassung der Türkei bis jetzt solche Optionen nicht vorgesehen oder akzeptiert hat, müssen der Verfassung in Bezug auf die Übertragung von Hoheitsrechten neue Artikel hinzugefügt werden.

---

918 Art. 90 Abs. 4: *„Auf den Abschluss von Verträgen aller Art, die eine Änderung der türkischen Gesetze mit sich bringen, findet der erste Absatz Anwendung."*

2.2.3 Hinzufügung eines Art. 90a für die Übertragung von Hoheitsrechten auf zwischenstaatliche und supranationale Organisationen

Die Hinzufügung eines Art. 90a soll die Übertragung von Hoheitsrechten auf zwischenstaatliche und eine supranationale Organisationen konkretisieren. Durch Art. 90a soll die existierende Spannung zwischen Verfassungswirklichkeit und Verfassungsselbst in Bezug auf völkerrechtliche Pflichten der Türkei aufgehoben werden. Eine solche Normalisierung des Verhältnisses zwischen Völkerrecht und Verfassung der Türkei konkretisiert auch die Anerkennung der Übertragungsmöglichkeit der Hoheitsrechte. Die Konkretisierung dient auf der einen Seite dazu, Rahmen und Reichweite der Übertragung von Hoheitsrechten festzustellen. Auf der anderen Seite soll sie die innerstaatliche Wirkung der Rechtsakte solcher Organisationen regulieren. Die neue Regelung soll die Geltung und die Anwendung dieser Rechtsakte so weit konkretisieren, dass im Falle der Kollision zwischen deren Normen und innerstaatlichen Normen eine Lösung vorgesehen ist und dadurch die Rechtssicherheit für die Bürger und die völkerrechtliche Verantwortung des türkischen Staates verfassungsrechtlich festgelegt ist. Da die EU „*sui generis*"-Eigenschaften hat, braucht die türkische Verfassung außer Art. 90a einen weiteren Artikel, der ausschließlich die Übertragung von Hoheitsrechten auf die EU reguliert.

Durch die Hinzufügung des Art. 90a Abs. 1 können der Rahmen und das Ziel der Übertragung von Hoheitsrechten festgelegt werden:

> *„Die Türkei setzt sich für ein verstärktes gemeinsames Vorgehen der Staaten zugunsten der Demokratie und des Friedens, des wirtschaftlichen Fortschritts und der Gerechtigkeit zwischen den Menschen ein. Für eine friedliche Ordnung in der Welt kann die Türkei aufgrund eines völkerrechtlichen Vertrages gemäß Art. 90 Abs. 1 Satz 2 oder Art. 90 Abs. 2*[919] *in die Beschränkungen ihrer Hoheitsrechte einwilligen und die Hoheitsrechte auf die zwischenstaatliche Organisation übertragen."*

Die ausdrückliche Festlegung der Anwendung durch die türkischen Behörden bezüglich der Rechtsakte der zuständigen Organe der zwischenstaatlichen Organisation, auf die die Hoheitsrechte übertragen werden, würde zukünftig eine unnötige Diskussion über die Formen der Verbindlichkeit solcher Normen verhindern. Dadurch würde, neben der ausdrücklichen verfassungsrechtlichen Basis für die Anwendung solcher Rechtsakte, zusätzlich Rechtssicherheit für Bürger und Behörden geschaffen. Obwohl die oben vorgeschlagene Änderung von Art. 90 Abs. 5 die Kollisionsregel zwischen den Völkerrechtsnormen und anderen inneren Normen festlegt, könnte sie trotzdem so ausgelegt werden, dass die Verbindlichkeit sich nur auf Völkerrechtsverträge bezieht, aber nicht auf die Rechtsakte der Organe der zwischenstaatlichen Organisation. Denn Art. 90 Abs. 5 anerkennt nicht die supranationalen Eigenschaften der zwischenstaatlichen Organisationen. Um solche Auslegungsmöglichkeiten auszuschließen, ist es angemessen, im

---

919 Je nachdem, welcher der dargestellten Änderungsvorschläge des Art. 90 angenommen wird.

Art. 90a die Verbindlichkeit der Rechtsakte der Organe der zwischenstaatlichen Organisation ausdrücklich festzuschreiben. Durch die Hinzufügung in Art. 90a Abs. 2 (unten vorgeschlagener Text) kann die Verbindlichkeit der Ausübung der übertragenen Hoheitsrechte von den Organen der zwischenstaatlichen Organisation für die türkische Rechtsordnung und ihre Behörden festgelegt werden:

„Die rechtmäßigen Rechtsakte der zuständigen Organe zwischenstaatlicher Organisation sind für alle Behörden verbindlich und anzuwenden."

2.3 Schaffung eines Integrationsartikels für die EU

2.3.1 Rechtsvergleichende Aspekte

2.3.1.1 Anwendung der unterschiedlichen Terminologien

Aufgrund der *„sui generis"*-Eigenschaften der EU existieren in den Verfassungen der Mitgliedstaaten neben den allgemeinen Integrationsartikeln auch spezielle EU-Integrationsartikel.

Mit einem kurzen Blick ist festzustellen, dass die Integrationsartikel der Mitgliedstaaten der EU weder ihrer Form nach noch bezüglich ihrer angewendeten Terminologien eine einheitliche Struktur haben. Während Großbritannien – mangels einer geschriebenen Verfassung – keine Vorschriften darüber hat, besitzt das deutsche Grundgesetz mit Art. 23 eine detaillierte Integrationsklausel, die das Ziel, die Bedingungen und das Verfahren der Integration regelt. Grundsätzlich beinhalten die Verfassungen anderer Mitgliedstaaten, insbesondere die Verfassungen der mittel- und osteuropäischen Mitgliedstaaten, in Bezug auf die Integration kurze und allgemeine Vorschriften.[920]

Die Anwendung der unterschiedlichen Terminologien ist im schnellen Vergleich nicht zu übersehen. In den Verfassungen der Mitgliedstaaten reicht die Anwendung der unterschiedlichen Terminologien zum Gegenstand *„Souveränitätsbeschränkungen"*[921] von *„Übertragung der Ausübung von Teilen souveräner Rechte"*[922] über *„gemeinschaftliche Ausübung der Befugnisse"*[923] bis zu *„Übertragung von Befugnissen und Kompetenzen"*[924].[925]

---

920 Pernice, Ingolf [2006b]: S. 423.
921 Italienische Verfassung Art. 11; französische Verfassung von 1946, Abs. 13 der Präambel; griechische Verfassung Art. 28/III.
922 Slowenische Verfassung Art. 3a.
923 Portugiesische Verfassung Art. 7/VII.
924 Niederländische Verfassung Art. 92; dänische Verfassung Art. 20/I; polnische Verfassung Art. 90/I.
925 Ausführlich dazu: Pernice, Ingolf [2006b]: S. 423.

2.3.1.2 Verfassungsrechtliche Bedingungen und vorgesehene Verfahren

Nur wenige Verfassungen der EU-Mitgliedstaaten sehen konkrete Bedingungen für die Übertragung von Hoheitsrechten oder Kompetenzen vor. Die Verfassungen zeigen eine Vielfalt von Bedingungen. Auf der einen Seite sehen einige Verfassungen für die Übertragung von Hoheitsrechten konkrete Bedingungen vor wie:

„Wahrung der Menschenrechte"[926]*,*

„ein wichtiges nationales Interesse und Nichtberührung der Menschenrechte und der Grundlagen demokratischer Staatsordnung"[927]*,*

„Achtung der Menschenrechte und Grundfreiheiten, der Demokratie und der Prinzipien des demokratischen Rechtsstaates"[928]*,*

„Beachtung der fundamentalen Prinzipien des demokratischen Staates und Subsidiaritätsprinzips"[929] oder *„Interessen und der Unabhängigkeit des Staates"*[930]*.*

Auf der anderen Seite sehen andere Verfassungen abstrakte Bedingungen wie die Freiwilligkeit[931], die Gleichstellung der Mitgliedstaaten[932] oder die Gegenseitigkeit[933] vor.

Deutschland beschränkt die Übertragung von Hoheitsrechten durch Art. 23/1 Grundgesetz und stellt dadurch die demokratischen, rechtsstaatlichen, sozialen und föderativen Grundsätze sowie den Schutz der Grundrechte als konkrete Bedingungen fest. Dabei wird auch der Grundsatz des Subsidiaritätsprinzips betont. Solche konkreten Bedingungen sollen als Struktursicherungsklausel dienen und die Existenz der Staatlichkeit gegen eine Auslöschung gewähren.

Es darf aber nicht außer Acht gelassen werden, dass die Übertragung von Hoheitsrechten eine Änderung der verfassungsrechtlich festgelegten Zuständigkeitsordnung und damit auch materiell eine Verfassungsänderung ist.[934] Die die Union konstituierenden und fortentwickelnden Akte mit ihrer Rück- und Änderungswirkung ändern materiell auch die Verfassung der Mitgliedstaaten.[935] Solche Verfassungsänderungswirkung wurde sogar in Österreich als Gesamtände-

---

926 Schwedische Verfassung Kapitel 10 § 5.
927 Griechische Verfassung Art. 28/III.
928 Slowenische Verfassung Art. 3a.
929 Portugiesische Verfassung Art. 7/VI.
930 Litauische Verfassung Art. 168.
931 Französische Verfassung Art. 88-1.
932 Italienische Verfassung Art. 11/II.
933 Französische Verfassung Art. 88-3; portugiesische Verfassung Art. 7/6
934 BVerfGE 58, S. 36.
935 Pernice, Ingolf [2006b]: S. 431.

rung der Bundesverfassung angesehen und behandelt.[936] Aufgrund einer solchen verfassungsrechtlichen Wirkung bestimmter Rechtsakte der EU setzen manche Integrationsklauseln der Mitgliedschaft in der EU besondere Verfahrensanforderungen voraus.

Während einige Mitgliedstaaten[937] die Übertragung von Hoheitsrechten nur durch Gesetz ermöglicht haben, benötigen manche Mitgliedstaaten[938] eine verfassungsändernde Mehrheit und manche Mitgliedstaaten[939] eine besondere Mehrheit für die Übertragung von Hoheitsrechten. Es gibt Mitgliedstaaten[940] der EU, deren Verfassung in bestimmten Integrationsschritten eine Verfassungsänderung für erforderlich hält. In den Verfassungen mancher Mitgliedstaaten[941] der EU werden für die Integrationsakte auch Referendumsmöglichkeiten vorgesehen. Parallel zu der Verfassungsänderung gewährleistet das Referendum die Legitimation der Integration durch die Beteiligung der Bürger am Verfahren der Übertragung von Hoheitsrechten auf die EU. Bei der Erweiterung der EU im Jahr 2004 wurden in den ost- und mitteleuropäischen Mitgliedstaaten parallel zu den Verfassungsänderungen Referenden abgehalten, um die Legitimation der Mitgliedschaft in der EU zu stärken.[942]

Nach den Verfassungen mancher Mitgliedstaaten[943] haben beim Verfahren der Übertragung von Hoheitsrechten die Verfassungsgerichte eine besondere Kontrollfunktion der Verfassungsmäßigkeit des Verfahrens der Übertragung von Hoheitsrechten.

Trotz der Vielfalt der Versionen ist eines nicht zu leugnen: Die Entscheidung für die EU-Mitgliedschaft verlangt auf jeden Fall die Übertragung von Hoheitsrechten auf die EU.

Da die türkische Verfassung keinen Integrationsartikel beinhaltet – weder für zwischenstaatliche noch für supranationale Institutionen –, würde nur die Abschaffung oder die Harmonisierung der türkischen Verfassungsartikel, die mit dem EU-Rechtssystem kollidieren, die Übertragung von Hoheitsrechten ermöglichen. Ein bloßes Hinzufügen eines allgemeinen Artikels über die Übertragung

---

936 Ebenda.
937 Deutschland Art. 23; Niederlande Art. 91; England
938 Luxemburgische Verfassung Art. 114; slowenische Verfassung Art. 3a; griechische Verfassung Art. 28/II-III; polnische Verfassung Art. 90/II; lettische Verfassung Art. 68 Abs. 2.
939 Dänische Verfassung Art. 20.
940 Irische Verfassung Art. 15/IV-2; französische Verfassung Art. 54; spanische Verfassung Art. 95/I.
941 Spanische Verfassung Art. 92; griechische Verfassung Art. 44/II; luxemburgische Verfassung Art. 51 Abs. 6; polnische Verfassung Art. 90/III; lettische Verfassung Art. 68; slowenische Verfassung Art. 3a.
942 Pernice, Ingolf [2006b]: S. 427.
943 Bieber, Roland/Epiney, Astrid/Haag, Marcel: S. 72

von Hoheitsrechten auf die zwischenstaatlichen als auch supranationalen Institutionen wäre für die EU-Mitgliedschaft nicht in jeder Hinsicht geeignet aufgrund der besonderen Eigenschaft der EU. Besonders die außergewöhnliche und protektionistische Haltung der Türkei in Bezug auf die Souveränität und die Hoheitsrechte der Türkei setzt voraus, dass die Türkei durch die Änderung ihrer Verfassung ihre Bereitschaft zur Existenz in einer komplementären Rechtsordnung erklärt. Die Harmonisierung der türkischen Verfassung und das Hinzufügen eines Integrationsartikels würde die verfassungsrechtliche Basis für die Mitgliedschaft in der EU schaffen. Dadurch wird auf einer Seite die Rechtsstaatlichkeit der Türkei und auf der anderen Seite ein stabiles Rechtsverhältnis zur EU geschaffen. Sonst würde die Türkei ohne die dafür nötige verfassungsrechtliche Basis de facto ihre Hoheitsrechte auf die EU übertragen und so die Rechtssicherheit und die Rechtsstaatlichkeit in der Türkei und damit die unabänderbaren Grundprinzipien[944] der Republik verletzen.

Obwohl seit der Gründung der türkischen Republik Verletzungen der Rechtsstaatlichkeit und Rechtssicherheit im Bereich des Völkerrechts festzustellen sind, ist eine solche verfassungsrechtliche Spannung bei der Mitgliedschaft in der EU, aufgrund der *„sui generis"*-Eigenschaft der EU, nicht haltbar. Deshalb muss in die türkische Verfassung ein Artikel aufgenommen werden, der die Übertragung von Hoheitsrechten auf die EU und dadurch die Integration der Türkei in die EU ermöglicht.

2.3.2 Lösungsvorschlag

Der Integrationsartikel soll gleichzeitig verschiedene Aspekte beinhalten. Er soll auf der einen Seite der Konstituierung eines autonomen Hoheitsträgers und der Durchgriffswirkung der Rechtsakte solcher Hoheitsträger auf dem türkischen Territorium dienen. Der Integrationsartikel soll darüber hinaus die Konstituierung und die Durchgriffswirkung der EU legitimieren. Dadurch werden die Wandlung der türkischen Staatlichkeit vom klassischen geschlossenen Nationalstaat zur Staatlichkeit in der postnationalen Konstellation betont und die offene Staatlichkeit des Staates festgestellt. Erfahrungen mit den internationalen Abkommen und besonders mit der EMRK zeigen, dass sich Behörden und Gerichte des türkischen Staates bei der direkten Anwendung der Normen der internationalen Abkommen stark zurückhaltend benehmen.[945] Aufgrund solcher Zurückhaltung musste 2004 Art. 90 der Verfassung geändert werden, um die direkte

---

944 Art. 2 1982er Verfassung.
945 Ünal, Seref: Avrupa Insan Haklari Mahkemesi Kararlarinin Türk Ic Hukukuna Etkileri (Die Wirkung der Entscheidung des EGMR auf die türkische innere Rechtsordnung), in: Anayasa Yargisi, Band 17, Ankara, 2000, S. 83.

Anwendung der EMRK durch Gerichte zu ermöglichen.[946] Um die reibungslosen Kooperationsverhältnisse zu organisieren, sollen die verfassungsrechtlichen Beziehungen zwischen dem türkischen Rechtssystem und dem europäischen Rechtssystems durch den Integrationsartikel konkretisiert werden. Eine solche verfassungsrechtliche Regulierung, die Konstituierungsakt und Durchgriffswirkung der EU konkret festlegt, gewährleistet neben den reibungslosen Kooperationsverhältnissen auch die Rechtssicherheit für die Bürger und stärkt die Rechtsstaatlichkeitseigenschaft des türkischen Staates.

Auf der anderen Seite soll der Integrationsartikel die staatliche Existenz der türkischen Republik und deren unabänderbaren Eigenschaften schützen, da nach dem Verweis in Art. 4 der 1982er Verfassung auf Art. 1, 2 und 3 die Eigenschaften der Republik unantastbar bleiben sollen. Durch die der Präambel und Art. 5 angefügten Absätze können aber die Staatsziele und Aufgaben und dadurch das Auslegungsergebnis der unveränderbaren Eigenschaften geändert werden. Die Änderungen der Präambel und des Art. 5 würden einerseits die Eigenschaften der Republik unangetastet lassen, während sie andererseits neue Auslegungen ermöglichen.

Andernfalls kann die Verfassungsänderung, die die Übertragung von Hoheitsrechten auf die EU regulieren soll, mit der Begründung der Verfassungswidrigkeit vom Verfassungsgericht aufgehoben werden. Da Art. 4 das Einbringen eines Änderungsvorschlages, in dem die Vorschrift Art. 1 der Verfassung bezüglich der Republik als Staatsform sowie der Vorschriften über die Prinzipien der Republik in Art. 2 und Art. 3 als unzulässig erklärt, müssen auf jeden Fall die Eigenschaften der türkischen Staatlichkeit im vorzuschlagenden Text gesichert werden.

Letztendlich soll der Integrationsartikel das Verfahren der Übertragung von Hoheitsrechten auf die EU regulieren. Aufgrund des hochgeschätzten Souveränitätsverständnisses der Türkei ist die Festlegung der qualifizierten Mehrheit für das Verfahren der Übertragung von Hoheitsrechten besonders geeignet. Wegen des verfassungsändernden Charakters der die Union konstituierenden und fortentwickelnden Akte kann nach dem Beispiel einiger anderer Mitgliedstaaten beim Verfahren alternativ über eine verfassungsändernde Mehrheit nachgedacht werden. Aufgrund des komplizierten Verfahrens des Art. 175[947]

---

946 ABl. vom 22.5.2004 Nr. 25469, Gesetz Nr. 5170.

947 Art. 175 1982er Verfassung: „*Die Änderung der Verfassung kann von mindestens einem Drittel der Gesamtzahl der Mitglieder der Türkischen Großen Nationalversammlung schriftlich vorgeschlagen werden. Die Vorschläge zur Änderung der Verfassung werden im Plenum zweimal verhandelt. Die Annahme des Vorschlages ist mit einer Mehrheit von drei Fünftel der Gesamtzahl der Mitglieder der Nationalversammlung in geheimer Abstimmung möglich.*
Die Verhandlung und Annahme der Vorschläge zur Änderung der Verfassung unterliegen, abgesehen von den Bestimmungen dieses Artikels, den Vorschriften über die Verhandlung und Annahme von Gesetzen.

ist der Art. 175 aber nicht geeignet, mit der Übertragung von Hoheitsrechten in Verbindung gebracht zu werden, da dieser Artikel dazu dient, die starren Eigenschaften der Verfassung zu hüten. Aufgrund dessen soll der Integrationsartikel eine einheitliche, aber besondere Mehrheit mit simplerem Verfahren festlegen.

Der Integrationsartikel soll neben der besonderen Mehrheit zusätzlich die Möglichkeit der Volksabstimmung vorsehen, um in bestimmten Fällen die Legitimierung der Übertragung von Hoheitsrechten zu erhöhen und die verfassungsrechtliche Basis für ein komplementäres Rechtsverhältnis zwischen den Rechtssystemen der Türkei und der EU zu kreieren. Aufgrund der Ausübung der Hoheitsrechte durch die EU müssen die Informationen und dadurch die Beteiligung des türkischen Nationalparlaments an dem Verfahren des Zustandekommens der Rechtsnormen der EU in der Verfassung verankert werden.

Der folgende Textvorschlag könnte als EU-Integrationsartikel der Verfassung als Art. 90b hinzugefügt werden:

„Die Türkei darf ausgehend von den wichtigsten Grundsätzen der Verfassung der Republik Türkei der Europäischen Union angehören. Infolge des Beitritts der Türkei zur Europäischen Union wird die Verfassung der Republik Türkei den Rechten und Pflichten aus dem Beitrittsvertrag angepasst. Die Verpflichtungen aus dieser Mitgliedschaft dürfen die Menschenrechte achtenden, demokratischen, laizistischen, sozialen und rechtsstaatlichen Grundlagen der Verfassung nicht gefährden. Keine Bestimmung dieser Verfassung

---

Der Präsident der Republik kann die Gesetze über Verfassungsänderungen zur erneuten Verhandlung an die Türkische Große Nationalversammlung zurücksenden. Nimmt die Nationalversammlung das zurückgesandte Gesetz mit einer Mehrheit von zwei Drittel der Gesamtzahl ihrer Mitglieder unverändert an, kann der Präsident der Republik dieses Gesetz einer Volksabstimmung unterbreiten.

Wird das mit den Stimmen von drei Fünftel oder weniger als zwei Drittel der Gesamtzahl ihrer Mitglieder von der Nationalversammlung angenommene Gesetz über die Verfassungsänderung vom Präsidenten der Republik nicht an die Nationalversammlung zurückgegeben, wird es, um dann einer Volksabstimmung unterbreitet zu werden, im Amtsblatt veröffentlicht.

Das unmittelbar oder nach Zurückgabe durch den Präsidenten der Republik mit einer Mehrheit von zwei Drittel der Gesamtzahl der Mitglieder der Nationalversammlung angenommene Gesetz über die Verfassungsänderung oder solche seiner Vorschriften, bei denen es für notwendig angesehen wird, können vonseiten des Präsidenten der Republik einer Volksabstimmung unterbreitet werden.

Das Gesetz über die Verfassungsänderung oder die betreffenden Artikel, die nicht einer Volksabstimmung unterbreitet werden, werden im Amtsblatt verkündet.

Damit die einer Volksabstimmung unterbreiteten Gesetze über Verfassungsänderungen in Kraft treten können, bedarf es mehr als der Hälfte der bei der Volksabstimmung abgegebenen gültigen Stimmen.

Die Türkische Große Nationalversammlung entscheidet bei der Annahme von Gesetzen über Verfassungsänderungen auch darüber, über welche der geänderten Verfassungsvorschriften im Falle der Unterbreitung zur Volksabstimmung im Zusammenhang und über welche von ihnen einzeln abgestimmt werden soll."

macht staatliche Gesetze, Handlungen oder Maßnahmen ungültig, die in Erfüllung der
Mitgliedschaftspflichten der Europäischen Union notwendig sind.
  Die Türkei kann, aufgrund eines völkerrechtlichen Vertrages, die Ausübung der Teile
ihrer gesetzgebenden, vollziehenden und rechtsprechenden hoheitlichen Rechte auf die
EU übertragen.
  Die von den zuständigen Organen der Europäischen Union erlassenen Rechtsnormen
haben Vorrang einem Gesetz gegenüber, falls das Gesetz mit den Rechtsnormen unver-
einbar ist, und sie haben innerstaatlich unmittelbare Rechtswirkung, sofern dies in den
entsprechenden Gründungsverträgen niedergelegt ist.
  In den Verfahren der Verabschiedung von Rechtsakten und Entscheidungen in der
Europäischen Union informiert die Regierung laufend die Nationalversammlung über die
Vorschläge solcher Akte und Entscheidungen sowie über ihre Tätigkeit. Die Nationalver-
sammlung kann darüber Standpunkte darlegen, die Regierung berücksichtigt diese bei
ihrer Tätigkeit."

2.4 Änderungsvorschläge verschiedener Verfassungsartikel für die Harmonisierung der türkischen Verfassung mit der EU

Die Erweiterung von Art. 6 und die verfassungsrechtliche Anerkennung der
Möglichkeit der Übertragung von Hoheitsrechten würde grundsätzlich eine
Kollision der Verfassungsregelungen zur Exekutive und Judikative mit dem EU-
Recht verhindern. Die derzeitige Fassung des Art. 6 ist schließlich der Grund für
die Kollision.

Wären die Auslegung und Praxis der Verfassungsordnung völkerrechtsfreund-
lich, könnte die Erweiterung des Art. 6 für die Übertragung von Hoheitsrechten auf die EU als hinreichend beschrieben werden. Da sich aber die Rechtsordnung der Türkei zur Verbindlichkeit der Völkerrechtsnormen skeptisch verhält
und die EU aufgrund ihres *„sui generis"*-Status umfassende und gravierende
Wirkung auf die Rechtsordnung der Mitgliedstaaten und auf die in ihnen lebenden Menschen hat, müssen neben Art. 6 weitere Vorschriften der Verfassung
geändert werden. Durch die Änderung werden der juristische Konfliktzustand
zwischen innerer und internationaler Rechtsordnung aufgehoben und die Beziehungen zwischen diesen zwei Kategorien der Rechtsnormen normalisiert, was
für die Rechtssicherheit der Bürger und für die Rechtsstaatlichkeit in der Türkei
wichtig ist. Darüber hinaus soll durch die Änderungen auf der einen Seite die
Verfassungsordnung der Türkei gegenüber dem Völkerrecht bzw. dem europäischen Recht geöffnet und dadurch Durchsetzbarkeit und Durchgriffswirkung der
Rechtsakte der Organe der Europäischen Union ermöglicht werden. Während auf
der anderen Seite die Staatsorgane der Türkei mit den Kompetenzen für die Beteiligung an der Arbeit in der Europäischen Union ausgestattet werden.

2.4.1 Bereich der Legislative

Laut Art. 7 ist das Parlament als Vertreter der Nation das einzige Organ, das auf türkischem Territorium die Zuständigkeit für die Gesetzgebung hat und ausüben darf. Der Verfassungsgeber meint mit der Gesetzgebung die Zuständigkeit, mit der das Parlament allgemeine und verbindliche Gesetze für die Bürger kreieren kann.[948] Der Erlass von Rechtsakten einer supranationalen Einrichtung greift unmittelbar in die Rechts- und Verfassungsordnung der Mitgliedstaaten ein. Aufgrund dieses konkreten Durchgriffseffektes bedarf es einer ausdrücklichen verfassungsrechtlichen Norm, die neben der Übertragung von Hoheitsrechten auch gleichzeitig die Funktion einer Konfliktregel übernimmt.[949] Da die EU im Falle einer Mitgliedschaft für die Bürger allgemeine und verbindliche Rechtsakte erlassen kann, kollidiert die Festlegung in Art. 7 Satz 2 mit dem Gedanken der Übertragung von Hoheitsrechten auf die EU. Ohne Änderungen des Art. 7 Abs. 2 können abstrakte allgemeine und sowohl für die Bürger als auch für die Mitgliedstaaten verbindliche EU-Rechtsakte, die gegenüber den innerstaatlichen Rechtsnormen Vorrang haben können, nicht begründet oder legitimiert werden, da sich auf der einen Seite die in Art. 7 Abs. 2 festgelegte ausschließliche Gesetzgebungskompetenz des Parlaments und auf der anderen Seite die Kompetenzen der EU-Organe gegenüberstehen. Ohne Aufhebung dieser Ausschließlichkeit der Gesetzgebungskompetenz des Parlaments ist eine Konfliktlösung nicht möglich. Die Aufhebung der ausschließlichen Kompetenzen des Parlaments würde neben der Konfliktlösung auch der Betonung der offenen Staatlichkeit der türkischen Rechtsordnung dienen. Dadurch werden die Kompetenzen des Parlaments mit den geänderten Artikeln der Verfassung, die die Übertragung von Hoheitsrechten ermöglichen sollen, harmonisiert.

Aufgrund solcher Kollision und des Harmonisierungsbedarfs muss Art. 7 Satz 2 der Verfassung aufgehoben werden. Da die Verbindlichkeit der Rechtsakte der EU für die Bürger und die Behörden der Türkei im vorgeschlagenen Art. 90b geregelt würde, würde Art. 7 keiner weiteren Änderungen bedürfen.

2.4.2 Bereich der Exekutive und Verwaltung

Die Anwendung und Einhaltung der Verbindlichkeit der Völkerrechtsnormen in einem Staat können durch die Tätigkeit der Exekutive und besonders durch die Verwaltung überprüft werden, da die Bürger jeden Tag mit der Verwaltung in Berührung kommen und dabei die Verwaltung mithilfe ihrer Rechtsakte direkte Wirkung auf die Bürger erzeugen kann. Werden die Völkerrechtsnormen von der Verwaltung nicht eingehalten, spüren die Bürger im Staat grundsätzlich

---

948 Giritli, Ismet/Sarmasik, Jale: Anayasa Hukuku (Verfassungsrecht), Istanbul, 2001, S. 82.
949 Tomuschat, Christian [1985]: S. 22.

nichts von der Verbindlichkeit der Völkerrechtsnormen, was mit der Grundeigenschaft der EU als supranationale Organisation und mit der Durchgriffswirkung der Rechtsakte kollidieren würde. Aufgrund der geschlossenen Verfassungsordnung verhalten sich sowohl Exekutive als auch Verwaltungsapparat in der Türkei ziemlich skeptisch gegenüber der direkten Anwendung von Völkerrechtsnormen. Trotz der Regelung in Art. 90 (Verbindlichkeit der Völkerrechtsnormen) wurde die Verbindlichkeit der Völkerrechtsnormen von der Exekutive und Verwaltung nicht adäquat angenommen, sodass Art. 90 sogar geändert werden musste, um zumindest im Bereich der Menschenrechte die Verbindlichkeit der Völkerrechtsnormen umzusetzen. Wird die Verbindlichkeit der Völkerrechtsnormen für die Exekutive und Verwaltung nicht konkretisiert, würde die Ausübung solcher Normen in den Ermessensspielraum der Exekutive und Verwaltung gelegt und die Bürger müssten, um deren Anwendung zu erzwingen, immer die Gerichte anrufen. Das würde mit dem Sinn der Übertragung von Hoheitsrechten und der Durchsetzbarkeit der hoheitlichen Rechtsakte der EU kollidieren.

Durch die Änderung von Art. 8 und Art. 112 könnte die Verbindlichkeit der Völkerrechtsnormen festgelegt und dadurch die Ausübung der Kompetenzen der Exekutive mit den übertragenen Hoheitsrechten harmonisiert werden. Gemäß Art. 8 wird die Zuständigkeit und Aufgabe der vollziehenden Gewalt im Einklang mit der Verfassung und den Gesetzen ausgeübt und erfüllt.

Durch die Hinzufügung des Begriffs *„mit verbindlichen Völkerrechtsnormen"* in Art. 8 neben der im Artikel erwähnten Verfassung und den Gesetzen als Rechtsquelle würde die verfassungsrechtliche Kollision zwischen der inneren und internationalen Rechtsordnung verhindert und für die Exekutive die Wirkung der Übertragung von Hoheitsrechten auf die EU konkretisiert. Nach der Änderung würde Art. 8 so lauten:

*„Die Zuständigkeit und Aufgabe der vollziehenden Gewalt werden vom Präsidenten der Republik und vom Ministerrat im Einklang mit der Verfassung, **mit verbindlichen Völkerrechtsnormen** und den Gesetzen ausgeübt und erfüllt."*

Neben dieser allgemeinen Festlegung der Verbindlichkeit der Rechtsnormen können durch die Änderung des Art. 112[950] die Aufgaben und politischen Verant-

---

950 Art. 112: *„Der Ministerpräsident gewährleistet als Vorsitzender des Ministerrats die Zusammenarbeit zwischen den Ministerien und beaufsichtigt die Durchführung der allgemeinen Politik der Regierung. Der Ministerrat ist für die Durchführung dieser Politik gemeinschaftlich verantwortlich.*
Jeder Minister ist dem Ministerpräsidenten gegenüber und außerdem auch für die Angelegenheiten innerhalb seiner Zuständigkeit und die Handlungen und Akte der ihm Untergeordneten verantwortlich.
Der Ministerpräsident ist verpflichtet, die Aufsicht über die Erfüllung der Aufgaben der Minister gemäß der Verfassung und den Gesetzen zu führen und korrigierende Maßnahmen zu treffen.

wortlichkeiten der Exekutive so erweitert werden, dass der Ministerpräsident und die Minister zur angemessenen Durchsetzung der Rechtsakte der supranationalen Organisationen bzw. der EU durch die Verwaltung verpflichtet werden. Durch die Änderung des Art. 112 Abs. 3 wird die Exekutive mit den Kompetenzen ausgestattet, sich im Falle der EU-Mitgliedschaft an der Arbeit in der EU zu beteiligen. Die Ergänzung in Art. 112 Abs. 3 *„den verbindlichen Völkerrechtsnormen"* würde die Verbindlichkeit der Völkerrechtsnormen und die Verpflichtung der Exekutive konkretisieren. Nach der Änderung würde Art. 112 Abs. 3 so lauten:

> *„Der Ministerpräsident ist verpflichtet, die Aufsicht über die Erfüllung der Aufgaben der Minister gemäß der Verfassung, **den verbindlichen Völkerrechtsnormen** und den Gesetzen zu führen und korrigierende Maßnahmen zu treffen."*

Dadurch würde neben der Konkretisierung der Verbindlichkeit der Völkerrechtsnormen auch eine Grundlage für die Kompetenz der Exekutive im Falle der EU-Mitgliedschaft geschaffen.

Die Erwähnung der Verbindlichkeit der Völkerrechtsnormen für den Verwaltungsapparat ist für die Übertragung von Hoheitsrechten auf die EU wichtig, da durch diese Regulierung die direkte Wirkung der Rechtsakte der EU-Organe auf die Bürger in der Türkei realisierbar ist.

Obwohl in der Verfassung der Mitgliedstaaten wenige Vorschriften für die Durchsetzung des europäischen Rechts bezüglich der Verwaltung zu finden sind,[951] wäre eine solche Konkretisierung für die türkische Verwaltung nützlich, da sich so die nicht nützliche juristische Diskussion, ob in der Verwaltung die europäischen Rechtsnormen direkt anzuwenden sind, erübrigt. Darüber hinaus könnte sich ohne die Regulierung der Verbindlichkeit für die Verwaltungsorgane auf der einen Seite die Durchsetzbarkeit der Rechtsakte der EU-Organe durch die Nichteinhaltung seitens der Verwaltungsorgane relativieren. Auf der anderen Seite würde die Zahl der Rechtsstreitigkeiten zwischen Bürgern und Verwaltungsorganen steigen.

In Art. 123[952] werden die Grundsätze der Verwaltung festgelegt. Der Hinweis auf die Verbindlichkeit der Völkerrechtsnormen in Art. 123 würde nicht nur der

---

Die Mitglieder des Ministerrats, welche nicht Abgeordnete sind, leisten vor der Nationalversammlung den Eid nach Artikel 81, es gelten für sie für die Dauer ihrer Ministereigenschaft die Voraussetzungen und Bedingungen, welchen die Abgeordneten unterworfen sind, sie genießen Immunität und Indemnität. Sie erhalten wie die Mitglieder der Türkischen Großen Nationalversammlung Diäten und Spesen."

951 Hölscheidt, Sven: Probleme bei der Durchsetzung des Unionsrechts in den Mitgliedstaaten, in: DÖV, Heft 9, 2009, S. 344.

952 Art. 123: *„Die Verwaltung ist in Aufbau und Aufgaben eine Einheit und wird durch Gesetz geregelt.*
Aufbau und Aufgaben der Verwaltung beruhen auf den Grundsätzen der zentralen Verwaltung und der Selbstverwaltung.
Ihre juristische Persönlichkeit des öffentlichen Rechts wird nur durch Gesetz oder aufgrund einer durch das Gesetz ausdrücklich zugewiesenen Kompetenz begründet."

Harmonisierung der Verfassung mit dem Gedanken der Übertragung von Hoheitsrechten und dem Ermöglichen der Durchsetzbarkeit der Rechtsakte der EU dienen, sondern darüber hinaus auch den juristischen Konflikt zwischen Bürgern und Verwaltung verhindern. Durch die vorgeschlagene Änderung des Art. 123 Abs. 4 könnten die Verwaltungsorgane zur Einhaltung der verbindlichen Rechtsakte und zur Beachtung der europäischen Rechtsnormen verpflichtet werden. Die Ergänzung im Text des Art. 123 Abs. 4 lautet:

„Aufgaben der Verwaltung sind gemäß der Verfassung, der verbindlichen Völkerrechtsnormen und den Gesetzen zu erfüllen."

Nach den Änderungen von Art. 8, Art. 112 Abs. 3 und Art. 123 Abs. 4 werden die Exekutive und die Verwaltungsorgane der Türkei verpflichtet, auf der einen Seite bei der Ausübung ihrer Kompetenzen die EU-Normen als Rechtsquelle zu akzeptieren, auf der anderen Seite werden sie mit den Kompetenzen ausgestattet, die die Beteiligung an der Arbeit in supranationalen Organisationen ermöglichen.

2.4.3 Bereich der Judikative

Die Akzeptanz der Völkerrechtsnormen als direkt anwendbar und durchsetzbar beinhaltet nicht nur deren rechtmäßige Anwendung und Einhaltung seitens der Verwaltung, sondern darüber hinaus beinhaltet sie auch deren direkte Anwendung bei der Lösung von Rechtsstreitigkeiten durch Gerichte eines Staates. Werden die Völkerrechtsnormen bzw. die Rechtsnormen des europäischen Rechts als verbindlich für die Rechtsordnung der Türkei erklärt, was für die Mitgliedschaft in der EU Voraussetzung ist, müssen solche Rechtsnormen von den Gerichten in der Türkei als verbindliche Rechtsquelle angewendet werden. Die Praxis der Gerichte in der Türkei beweist allerdings das zurückhaltende Verhalten gegenüber solchen Rechtsnormen wie die der EMRK. Aufgrund der Vorschriften in Art. 9 und 138 wollen die Gerichte in der Türkei das Letztentscheidungsmonopol behalten, da das Letztentscheidungsmonopol als das Zeichen der Unabhängigkeit angenommen wird. Obwohl die Änderungen in Art. 90 und das Hinzufügen des Art. 90a und 90b theoretisch die verfassungsrechtlichen Fragen in Bezug auf die Übertragung von Hoheitsrechten lösen könnten, ist, in Anbetracht der bisherigen Praxis der Gerichte in der Türkei, die Konkretisierung der Verbindlichkeit der völkerrechtlichen Normen für die Gerichte in der Türkei gesetzlich festzulegen. Außer einer solchen Normalisierung des Verhältnisses zwischen Völkerrecht und innerer Rechtsordnung muss in diesem Kontext die besondere Konstruktion der Gerichtsbarkeit der Rechtsordnung der Europäischen Union betrachtet werden. Werden die entsprechenden Änderungen bezüglich der Wirkung der EU-Mitgliedschaft auf die Kompetenzen der Gerichte in der Türkei nicht durchgeführt, könnte sogar, im Falle der EU-Mitgliedschaft der Türkei, das europäische Vorabentscheidungsverfahren infrage gestellt werden. Nach diesem Verfahren darf gemäß Art. 138 Abs. 2 kein Organ, keine Behörde oder Person den Gerichten Anordnungen oder Anweisungen erteilen, Runderlasse zusenden, Empfehlungen geben oder suggestive Winke zukommen lassen. Aus diesem Grund sind Art. 9 und Art. 138 Abs. 2 zu ändern, um reibungsfreie Kooperationsverhältnisse zwischen europäischer und innerer Rechtsordnung zu schaffen und die entsprechende Übertragung von Hoheitsrechten auf die EU zu ermöglichen. Darüber hinaus wird durch die Änderungen in Art. 9 und Art. 138 Abs. 2 die Wirkung der Entscheidungen des EGMR bei den Entscheidungen der türkischen Gerichte neben Art. 90, in dem die Anwendbarkeit der EMRK geregelt wird, verfassungsrechtlich festgestellt. Auch das in der StPO geregelte Wiederaufnahmeverfahren vor den türkischen Gerichten (aufgrund der Entscheidung des EGMR) würde eine verfassungsrechtliche Basis bekommen. Dadurch würde betont, dass die Offenheit der Rechtsprechung mit Unabhängigkeit der Rechtsprechung nicht kolliert, und das Spannungsverhältnis zwischen der Anwendung der verbindlichen Völkerrechtsnormen und inneren Normen durch Gerichte würde normalisiert.

Die Hinzufügung der Worte *„den verbindlichen Völkerrechtsnormen"* in Art. 9 würde die strikte nationalstaatliche Auslegung der Unabhängigkeit der Gerichte relativieren und die Akzeptanz der komplementären und kooperativen „Zusammen-Existenz" in einer einheitlichen Rechtsordnung unterstreichen, da Art. 9 grundsätzlich die Zuständigkeit der türkischen Gerichte regelt.

Nach der Änderung lautet Art. 9:

> *„Die Zuständigkeit der Rechtsprechung wird im Namen der türkischen Nation gemäß der Verfassung, **den verbindlichen Völkerrechtsnormen** und den Gesetzen von unabhängigen Gerichten ausgeübt."*

Mit der Hinzufügung von *„den verbindlichen Völkerrechtsnormen"* in Art. 138 Abs. 1 wird neben der allgemeinen Betonung der Verbindlichkeit der Völkerrechtsnormen für die Rechtsordnung die konkrete Verbindlichkeit für das Justizwesen betont. Nach der Änderung lautet Art. 138 Abs. 1:

> *„Die Richter sind in der Ausübung ihrer Ämter unabhängig; sie sprechen die Urteile gemäß ihrem Gewissen in Übereinstimmung mit der Verfassung, **den verbindlichen Völkerrechtsnormen**, den Gesetzen und dem Recht."*

Mit der Hinzufügung von *„Außer den prozessrechtlichen Prinzipien der verbindlichen Normen des nationalen und internationalen Rechts dürfen ..."* in Art. 138 Abs. 2 als Anfang des Satzes wird erstens im Falle der EU-Mitgliedschaft der Türkei eine verfassungsrechtliche Basis für die Kooperation zwischen den Gerichten der Europäischen Union und der Türkei geschaffen. Zweitens wird dadurch das in der StPO Art. 327 vorgesehene Wiederaufnahmeverfahren bezüglich der Entscheidungen des EGMR verfassungsrechtlich begründet und konkretisiert.

Nach der Änderung lautet Art. 138 Abs. 2:

„Außer den prozessrechtlichen Prinzipien der verbindlichen Normen des nationalen und internationalen Rechts dürfen kein Organ, keine Behörde oder Person den Gerichten und Richtern bei der Ausübung ihrer Gerichtsbarkeit Anordnungen oder Anweisungen erteilen, Runderlasse zusenden, Empfehlungen geben oder suggestive Winke zukommen lassen.“

Durch die Erwähnung der Verbindlichkeit der Völkerrechtsnormen in Art. 9, in dem die Zuständigkeit der Rechtsprechung geregelt wird, wird die Wirkung der Völkerrechtsnormen auf die Zuständigkeit der Gerichte verfassungsrechtlich geregelt. Durch die Änderung des Art. 9 wird die Ausübung der Hoheitsrechte im Bereich der Justiz nicht mehr ausschließlich den türkischen Gerichten, sondern in den von der Verfassung vorgesehenen Fällen auch zusammen mit den internationalen Gerichten ermöglicht.

Die Änderungen in Art. 138 Abs. 1 und 2 führen dazu, dass die bisherige gleichgestellte Bedeutung der Unabhängigkeit der Gerichte, einerseits die Unabhängigkeit gegenüber anderen Verfassungsorganen, andererseits die alleinige Zuständigkeit der Gerichte des unabhängigen türkischen Staates, voneinander getrennt wird. Eine solche Trennung und der Hinweis auf die Verbindlichkeit der Völkerrechtsnormen durch die Änderung des Art. 9 und 138 im Zusammenhang mit der Übertragung von Hoheitsrechten durch die vorgeschlagenen Novellierungen der Art. 90, 90a und 90b für die Rechtsprechung wird konkretisiert und die zukünftigen Diskussionen über die Unabhängigkeit des Gerichtswesens und des Europarechts werden von Anfang an geregelt. Dadurch wird die Bereitschaft des Justizwesens der Türkei für die kooperative Existenz in einer Rechtsgemeinschaft wie der EU verfassungsrechtlich betont und die Ausübung der übertragenen Hoheitsrechte im Bereich der Justiz verfassungsrechtlich ermöglicht und garantiert. Somit wird die verfassungsrechtliche Basis für die durch die Mitgliedschaft vorgesehene Übertragung von Hoheitsrechten in Bezug auf die Judikative geschaffen.

Conclusion

Vor 200 Jahren entschieden die osmanischen Intellektuellen, die „modernisti-schen" und „humanistischen" Wege Europas als Leitfaden für Gesellschaft und Staatswesen anzunehmen,[953] um die Existenz des Staates zu sichern.[954] Da die geschichtliche Entwicklung und folglich auch die Gesellschaftsstruktur des Os-manischen Reichs anders als in Europa verlief, wurden die Diskussionen um das Staatswesen immer von dem Spannungsverhältnis zwischen den gewünschten theoretischen Vorstellungen und der real existierenden Praxis der Staatlichkeit begleitet. Trotz der Änderung der Staatsform nach der Gründung der Republik im Jahr 1923 dauert dieses Spannungsverhältnis aufgrund der historischen Kon-tinuität des Osmanischen Reiches bis heute fort. Obwohl die neue Benennung der Souveränitätsträger nach der Gründung der Republik Türkei vieles bezüglich des Staatswesens änderte, wird die Auslegung der neuen Begriffe aber immer noch von der traditionellen Denkweise beeinflusst. Besonders die Souveränität und Unab-hängigkeit der Republik Türkei werden weiter im Hinblick auf die Sicherung der Existenz des Staates analysiert, was bei der Frage der Übertragung von Hoheits-rechten auf die EU im Falle der EU-Mitgliedschaft Schwierigkeiten verursacht.

Vor der Gründung der Republik war der Sultan persönlicher Souveränitäts-träger und die Verkörperung der Souveränität. Infolgedessen war der Wille des Sultans die verfassungsgebende Gewalt. Als das Osmanische Reich aufgelöst und die türkische Republik gegründet wurde, haben Militär und zivile Staatsdiener die Möglichkeit bekommen, ihre westlichen Staatsvorstellungen zu verwirkli-chen und die verfassungsgebende Gewalt des Staates und die Legitimation der neuen Verfassung der Republik nach ihren Vorstellungen zu definieren. Nach dem französischen Muster wurde die Republik der Türkei als Nationalstaat und die Nation als verfassungsgebende Gewalt dieses Staates definiert.[955] Die absolu-te Souveränität des Sultans wurde damit auf die Nation übertragen.

Wegen des Begriffs „Nation" mit seinem abstrakten und historisch zur neuen Republik unpassenden Konzept[956] mussten Militär und zivile Staatsdiener strenge

---

953 Heper, Metin [1993]: S. 37.

954 Turan, Ilter: Politicians, Populist Democracy, in: Heper, Metin/Kramer, Heinz/Öncü, Ayse (Hrsg.): Turkey and West Changing Political and Cultural Identities, London, 1993, S. 118; Akad, Mehmet/Dinckol,Vural Bihterin: S. 213; Arslan, Zühtü [2005a]: S. 117, 123.

955 Dragos, C. Mateescu: S. 230; Yildiz, Hüseyin [2007]: S. 172.

956 Tezic, Erdogan: S. 100.

„social engineering"-Maßnahmen durchführen.[957] Nach deren Meinung war die türkische Nation zwar uneingeschränkt souverän, aber sie sollte zunächst kreiert und dann kontrolliert werden, bis sie entsprechend kultiviert ist, bevor sie ihre Souveränität vollständig ausüben darf. Andernfalls bestünde die Möglichkeit der Gefährdung von Existenz und Ewigkeit des Staates. Die Nation als verfassungsgebende Gewalt zu akzeptieren, gleichzeitig aber als Gefahr für Existenz und Ewigkeit des Staates zu sehen, verursachte eine große Spannung im Konzept der Souveränität der Nation in der Türkei und bildete dessen Schwäche. Aufgrund dieser Spannung hat die Bevölkerung der Türkei die Verfassung nicht verinnerlicht und fühlt sich nicht als der Souverän und Inhaber der verfassungsgebenden Gewalt. Damit bleibt die Nation, die die volle und uneingeschränkte Souveränität ausüben soll, ein abstrakter Begriff. Diese Abstraktion des Begriffs der Nation gewährleistet den Staatsgründern die Möglichkeit, ein unantastbares, unkritisierbares und geradezu heiliges Staatsverständnis aufzubauen. Dieses unantastbare Staatsverständnis der Republik, das auf dem Verständnis der Souveränität der Nation basiert, ist in drei Verfassungen der türkischen Republik festzustellen.

Auch die Rechtswissenschaften in der Türkei werden seit jeher von der historischen und gesellschaftlichen Andersartigkeit der Souveränität und des Staatsverständnisses der Türkei im Verhältnis zu Europa beeinflusst. Die Verfassungsrechtler und das Verfassungsgericht haben die Souveränität der türkischen Nation meistens ohne Kritik und gesellschaftliche Analyse als obersten Wert der Verfassung angenommen.

Die Souveränitätsdoktrin der Türkei hat im 20. Jahrhundert, in dem die Nationalstaatsidee eine führende Rolle spielte, trotz ihrer Schwierigkeiten bis jetzt funktioniert. Aber die ökonomischen, sozialen und technologischen Entwicklungen veränderten die Rolle und die Funktion der Nationalstaaten. Diese Neuerungen und besonders die neue Stufe der Beziehungen mit der EU sind für das Verfassungs-, Souveränitäts-, Hoheits- und Staatsverständnis der Türkei eine große Herausforderung. Da die Mitgliedschaft in der EU die Übertragung von Hoheitsrechten auf die EU voraussetzt, muss die Türkei sich mit ihrem Staatsverständnis konfrontieren und nötige Umwandlungen dieses Staatsverständnisses verwirklichen.

Die strikte Auslegung der Unabhängigkeit und der Souveränität der Türkei führt zu Grundschwierigkeiten bei der Übertragung von Hoheitsrechten auf die EU.

Die Konstruktion der türkischen Verfassung und ihre Auslegung durch das Verfassungsgericht spiegelt ein geschlossenes, nationalstaatliches Herrschaftsverhältnis wider. Die uneingeschränkte und unbedingte Zugehörigkeit der Souveränität zur Nation wurde bisher als Schutzschild gegen jegliche Argumentation über die Frage der inneren und der äußeren Souveränität angewandt.

---

957 Szyliowicz, S. Joseph: Political Participation and Modernization in Turkey, in: The Western Political Quarterly, Vol. 19, No. 2, 1966, S. 271.

Unteilbarkeit der Republik und Unteilbarkeit der nationalen Souveränität werden als Voraussetzung des einheitlichen türkischen Staates angenommen. Aus diesem Grund werden Übertragbarkeits- oder Teilbarkeitsfragen der Souveränität strikt abgelehnt. Der Souveränitätsgedanke in der Türkei basiert auf der Idee, dass alle Staatsgewalt und hoheitliche Kompetenz des Staates unteilbare und grundsätzliche Elemente der Souveränität sind. Die Hoheitsrechte und deren Ausführung und Ausübung sind die Verkörperung der Souveränität im Gesellschaftsleben.

Aufgrund des autoritätstendierenden Verständnisses und des partizipationsskeptischen Verständnisses der 1982er Verfassung wäre es besser, die existierenden Problemen durch eine neue Verfassung regeln. Da die ersten drei Artikel der Verfassung eine komplett neue Verfassung grundsätzlich ausschließen, untersucht diese Arbeit die Möglichkeiten der Übertragung von Hoheitsrechten auf die EU gemäß der existierenden Verfassungsordnung der Türkei.

Die Gleichstellung der Souveränität mit der Hoheit führt dazu, dass die Frage der Übertragung von Hoheitsrechten meistens als Frage der Souveränität und Staatlichkeit der Türkei verstanden wird. Deswegen werden die Kompetenzen der drei Verfassungsorgane als Elemente der staatlichen Souveränität eingestuft und Kompetenzübertragungen strikt abgelehnt.

Trotzdem musste die Übertragung von Hoheitsrechten durch völkerrechtliche Akte de facto anerkannt werden, da die Türkei durch ihre internationalen Beziehungen dazu gezwungen wird. Statt verfassungsrechtliche Anpassungen an die neuen Entwicklungen in der Welt vorzunehmen, werden die völkerrechtlichen Akte immer als Einzelermächtigungen definiert und deren Geltung im inneren Rechtssystem durch nationalen Anwendungsbefehl legitimiert. Durch die Beibehaltung des Letztentscheidungsmonopols und durch das absolute Rückholungsrecht der übertragenen Kompetenzen wird versucht, die nationale Souveränität unantastbar zu halten. Infolge dieses Verständnisses der absoluten Souveränität der Nation wird die Öffnung der Verfassungsordnung gegenüber den Völkerrechtsnormen erschwert.

Trotz der ökonomischen und gesellschaftlichen Entwicklungen der Türkei seit der Gründung der Republik können sowohl bei den Entscheidungen des Verfassungsgerichts als auch in der juristischen Fachliteratur immer noch die Reflexe zur Sicherung der Existenz des Staats als Grundnorm der türkischen Verfassungsordnung festgestellt werden. Diese Haltung verschärft das Spannungsverhältnis zwischen de jure der Verfassungsordnung der Türkei mit den realen Handlungen der Türkei im internationalen Bereich.

Nicht nur die Vollmitgliedschaft der EU, sondern auch die Normalisierung des Spannungsverhältnisses zwischen den Normen der inneren Rechtsordnung und der Völkerrechtsnormen bedingt die Verabschiedung von dem unrealistischen Verständnis der geschlossenen Staatlichkeit der Türkei mit voller Unabhängigkeit und Souveränität. Darüber hinaus muss für eine Vollmitgliedschaft der Türkei in der EU, aufgrund ihrer *„sui generis"*-Konstruktion, die Bereitschaft zur Existenz in einem einheitlichen Rechtssystem in der türkischen Verfassung gewährleistet werden. Dafür ist es nötig, sich von dem mystifizierenden Staatsverständnis, der Gleichsetzung von Souveränität und Staatlichkeit und dem bisherigen geschlossenen nationalstaatlichen Souveränitätsverständnis zu verabschieden. Dieser Abschied hätte unterschiedliche positive Auswirkungen: Die Demystifikation der Souveränität durch die Änderung der Auslegung des Begriffs „Nation" führt in der Folge zur Konkretisierung der Träger der Souveränität. Dadurch legitimieren die Staatsangehörigen der Türkei als Individuen und nicht als abstraktes Wesen „Nation" die Existenz und die Ausübung der Souveränität. Infolgedessen wird die Anpassung des Verfassungsstaates ermöglicht, ohne von dem abstrakten Ewigkeitsgebot der Verfassung verhindert zu werden. Aufgrund der Beteiligung der Individuen an der Umwandlung der Verfassungsordnung der Türkei wird die Legitimation der Verfassungsordnung nicht nur geschichtlich begründet, sondern immer aktuell gehalten, was auch Demokratie und Rechtsstaatlichkeit in der Türkei garantiert. Darüber hinaus wird die Akzeptanz der Konkretisierung des Begriffs „Nation" auch die Übertragung von Hoheitsrechten auf die EU ermöglichen, da die EU auch von denselben Individuen legitimiert wird.

Auf der von den Bürgern legitimierten Basis könnten die verfassungsrechtlichen Änderungen für die Öffnung der türkischen Verfassungsordnung gegenüber dem Völkerrecht realisiert werden, falls die in Art. 2 der Verfassung erwähnten Grundprinzipien der türkischen Staatlichkeit (wie *Geist des Friedens der Gemeinschaft, die nationale Solidarität, die Gerechtigkeit, die Achtung der Menschenrechte, die Demokratie, Laizismus und Rechtsstaatlichkeit*) nach dem Muster der offenen Staatlichkeit ausgelegt werden.

Durch die Änderung der Präambel und allgemeiner Vorschriften der Verfassung in Bezug auf die Souveränität kann die Betonung der geschlossenen Staatlichkeit in der Verfassung aufgehoben werden. Infolge dieser Änderungen kann mit einen Artikel die Übertragung von Hoheitsrechten auf die zwischenstaatlichen Organisationen im Allgemeinen geregelt werden. Da die EU speziellere Eigenschaften als die anderen zwischenstaatlichen Organisationen hat, kann mit der Hinzufügung eines eigenen Artikels in der Verfassung die Übertragung von Hoheitsrechten auf die EU geregelt werden. Dadurch wird nicht nur die Möglichkeit der Übertragung von Hoheitsrechten geregelt, sondern das historische dauerhafte Spannungsverhältnis zwischen der inneren Verfassungsordnung der Türkei und dem Völkerrecht normalisiert. Außerdem muss mit der Änderung verschiedener Artikel der Verfassung das Verhältnis zwischen den Verfassungsorganen der Türkei und der EU konkretisiert werden. Dadurch werden zukünftige Kompetenzstreitigkeiten und deren Lösung von Anfang an verfassungsrechtlich reguliert und wird das Spannungsverhältnis zwischen der Organe der EU und der Türkei verhindert. Mit der Konkretisierung der Verbindlichkeit der Rechtsakte der EU für alle verfassungsrechtlichen Organe der Türkei wird nicht nur die Übertragung von Hoheitsrechten auf die EU und die Harmonisierung der türkischen Rechtsordnung mit der europäischen Verfassungsordnung ermöglicht, sondern darüber hinaus werden Rechtssicherheit und Rechtsstaatlichkeit für die Bürger gewährleistet.

Aufgrund eines Frankreich ähnelnden zentralistischen Staatsverständnisses wird von manchen Autoren die Vorkontrolle der Verträge, die die Übertragung von Hoheitsrechten vorsehen, durch das Verfassungsgericht empfohlen.[958] Obwohl dieser Vorschlag auf den ersten Blick sehr plausibel erscheint, zeigt die in Frankreich gemachte Erfahrung, dass die Vorkontrolle durch den Verfassungsrat das Verhältnis zwischen der inneren Verfassungsordnung und der europäischen Verfassungsordnung nicht normalisiert, sondern schwebend lässt. Stellt der Verfassungsrat Verfassungswidrigkeiten fest, ist die Ratifizierung nur nach der entsprechenden Verfassungsänderung möglich.

Die Prüfung solcher Verträge durch das Verfassungsgericht in der Türkei würde bei der Verfassungsänderung die Konfrontationen und Diskussionen in Bezug auf die Übertragung von Hoheitsrechte zwar vermindern und die Verfassungsänderung erleichtern, sie könnte aber das Verhältnis zwischen der Verfassungsordnung der Türkei und der EU nicht klären und damit die zukünftige Frage in Bezug auf die EU nicht lösen.

Stattdessen sollten durch die Hinzufügung der Option eines Volksentscheids in die Verfassung solche Verträge vom Parlament und von der Bevölkerung geprüft und legitimiert werden. Somit werden solche Verträge nicht nur juristisch, sondern auch politisch von der in der Türkei lebenden Bevölkerung anerkannt.

Aufgrund der besonderen Eigenschaften und supranationalen Konstruktion der EU als Rechtsgemeinschaft müssen die Verfassungsänderungen der Türkei in Bezug auf die Übertragung von Hoheitsrechten als eine Herausforderung angenommen werden und nicht nur als rein technische Änderung der Verfassung. Nur so wird die nötige Umwandlung der Verfassungsordnung und des Staatsverständnisses der Türkei entsprechend den postnationalen Zeiten ermöglicht.

---

958 Göztepe, Ece: S. 235.

Quellenverzeichnis

1 Literatur

Abadan, Yavuz: Die türkische Verfassung von 1961, in: Jahrbuch des öffentlichen Rechts, (JöR), Band 13, 1964, S. 326–408

Acar, Mustafa: Avrupa Birligi Üyeligine Tepkiler: Türkiyenin Daha Iyi Bir Alternatifi Var mi? (Reaktionen auf die EU-Mitgliedschaft: Hat die Türkei eine bessere Alternative?), in: Cumhuriyet Üniversitesi Iktisadi Idari Ilimler Akademesi Dergisi, Band 2, Vol. 2, Sivas, 2001, S. 75–91

Adam, Armin: Souveränität und Sittlichkeit, in: Der Staat, Band 33, 1994, S. 395–408

Agaogullari, Ali Mehmet: Demokratik Mitoslar: Halk – Ulus Egemenligi ve Siyasal Temsil (Demokratische Mythen: Volks- und Nationssouveränität und politische Vertretung), in: Ankara Üniversitesi SBF Dergisi, Band XLVI/1–2, 1991, S. 195–228

Akad, Mehmet/*Dinckol,* Vural Bihterin: Genel Kamu Hukuku (Öffentliches Recht), 2. Aufl., Der Verlag, Istanbul, 2002

Akad, Mehmet: Genel Kamu Hukuku (Allgemeines Öffentliches Recht) 2. Aufl., Filiz Verlag, Istanbul, 1997

Akil, Abdülkadir: Uluslararasi Andlasmalarin ve Teamül Kurallarinin Türk Hukukunda Uygulanmasi ve Hiyerarsik Degeri (Die Anwendung und der hierarchische Rang der Völkerrechtsnormen und des Völkergewohnheitsrechts im türkischen Recht), Atatürk Üniversitesi Hukuk Fakültesi Dergisi, Erzurum, 2003, Band VII/1–2, S. 239–261

Akillioglu, Tekin: Avrupa Insan Haklari Sözlesmesi ve Ic Hukukumuz (Europäische Menschenrechtskonvention und unser inneres Recht), in: Ankara Üniversitesi SBF Dergisi, Band 44/3–4, 1989, S. 155–173

Akipek, Ilhan: Devletler Hukuku, Birinci Kitap (Völkerrecht, Erstes Buch), 2. Aufl., Basnur Verlag, Ankara, 1965

Akkoyunlu, Karabekir: Military Reform and Democratisation: Turkish and Indonesian Experiences at the Turn of the Millennium, 1. Aufl., Routledge, London, 2007

Aksin, Sina: Turkey From Empire to Revolutionary Republic: The Emergence Of The Turkish Nation From 1789 To The Present, 1. Aufl., New York University Press, New York, 2007

Akyol, Taha: AB ve Globallesme Sürecinde Egemenlik, Egemenligin Cagdas Kayit ve Sartlari (Souveränität in der Phase der Globalisierung und der EU, Begrenzung und Voraussetzungen der Souveränität) in: Anayasa Yargisi, Band 20, Ankara, 2003, S. 95–103

Akyürek, Metin: Das Assoziationsabkommen EWG – Türkei, 1. Aufl., Springer Verlag, Wien, 2005

Albi, Anneli: „Europe" Articles in the Constitutions of Central and Eastern European Countries, Common Market Law Review, 42/2, 2005, S. 399–423

Aliefendioglu, Yilmaz: Avrupa Insan Haklari Sözlesmesi ve Anayasal Acidan Adil Yargilanma Hakki (Europäische Konvention für Menschenrechte und faires Verfahren in verfassungsrechtlicher Perspektive), in: Anayasa Yargisi Band 10, Ankara, 1993, S. 359–372

Arnold, Rainer: Die Rolle der Mitgliedstaaten in der Europäischen Union, in: Scheuing, H. Dieter (Hrsg.): Europäische Verfassungsordnung, Baden-Baden, 1. Aufl., Nomos Verlag, Baden-Baden, 2003, S. 85–101

Arsava, Füsun: Gelecegin AB Üyesi Olarak Türkiye Egemenlik Haklarinin Devri Sorunu (Die Problematik der Übertragung von Hoheitsrechten der Türkei als zukünftiges Mitglied der EU), <www.ites-europa.org/Fusun_Arsava.pdf>.

Arslan, Zühtü [2005a]: Anayasa Teorisi (Verfassungstheorie), 1. Aufl., Seckin Verlag, Ankara, 2005

Arslan, Zühtü [2005b]: Iki Anayasa Tarzi Demokrasi: Avrupa Anayasasi ve Türk Anayasasi Üzerine Notlar (Demokratie in zwei Verfassungen: Notizen über europäische und türkische Verfassung, in: Anayasa Yargisi, Band 22, Ankara, 2005, S. 363–372

Arslan, Zühtü [2005c]: Avrupa Insan Haklari Sözlesmesi ve Türk Anayasa Yargisi; in: Anayasa Yargisi, Anayasa Yargisi, Band 42, Ankara, 2000, S. 274–294

Avrupa Birligi Uyum Yasa Paketleri (Gesetzänderungenpakete für die Anpassung der EU), Türkisches Außenministerium, Sekretariat der EU-Angelegenheiten, Ankara, 2007

Badura, Peter: Staatsrecht, 3. Aufl., Beck Verlag, München 2003

Balta, Nilüfer: Ulus Devlet Modelinin Türkiye`deki Yansimalari (Die Reflektion des Nationalstaatlichkeitsmodell in der Türkei), K.Ü.H.F., Jubiläumsschrift für Vecdi Aral, Kocaeli, 2001, S. 37–68

Barbato, Mariano: Souveränität im neuen Europa. Der Souveränitätsbegriff im Mehrebenensystem der Europäischen Union, 1. Aufl., Dr. Kovac Verlag, Hamburg, 2003

Bedirhanoglu, Pinar: Rekonstruierung des türkischen Staates im Kontext der neoliberalen Globalisierung, in: Ilker, Atac/Kücük, Bülent/Sener, Ulas (Hrsg.): Perspektiven auf die Türkei – Ökonomische und gesellschaftliche (Dis)Kontinuitäten im Kontext der Europäisierung, 1. Aufl., Verlag Westfälisches Dampfboot, Münster, 2008, S. 103–126

Benz, Arthur: Der Moderne Staat, 1. Aufl., Oldenbourg Verlag, München, 2001

Bericht der gemeinsamen Verfassungskommission, Bundesdrucksache, 12/6000, 20

Berkes, Niyazi: Türkiyede Cagdaslasma (Modernisierung in der Türkei), 7. Aufl., YKY Verlag, Istanbul, 2004

Bieber, Roland/*Epiney,* Astrid/*Haag,* Marcel: Die Europäische Union, 8. Aufl., Nomos Verlag, Baden-Baden, 2009

Bilgin, Fevzi Mehmet: Constitution, Legitimacy and Democracy in Turkey, in: Arjomand, Amir Said (Hrsg.): Constitutional Politics in the Middle East, 1. Aufl., Hart Publishing, Oxford, 2008, S. 123–147

Bleckmann, Albert [1985]: Zur Entwicklung des modernen Souveränitätsdenkens, in: Aus Politik und Zeitgeschichte, Nr. 43, 1985, S. 3–13

Bleckmann, Albert [1995]: Allgemeine Staats- und Völkerrechtslehre: Vom Kompetenz- zum Kooperationsvölkerrecht, 1. Aufl., Carl Heymanns Verlag, München, 1995

Bleckmann, Albert [1997]: Europarecht: das Recht der Europäischen Union und der Europäischen Gemeinschaften, 6. Aufl., Köln, 1997

Bodin, Jean: Sechs Bücher über den Staat, 1. Aufl., Beck Verlag, München, 1981

Bogdandy, Armin von/*Nettesheim,* Martin: Die Verschmelzung der Europäischen Gemeinschaften in der Europäischen Union, in: Neue juristische Wochenschrift, (NJW), Heft 36, 1995, S. 2324–2328

Bogdandy, Armin von: Die Europäische Union als supranationale Föderation, in: Integration, 22, 1999, S. 95–112

Borchardt, Claus-Dieter: Die rechtlichen Grundlagen der Europäischen Gemeinschaft, in: Röttinger, Moritz/Weyringer, Claudia (Hrsg.): Handbuch der Europäischen Integration, 2. Aufl., Manzsche Verlagbuchhandlung, Wien, 1996, S. 72–113

Bozkurt, Enver: Türkiye'nin Uluslararasi Hukuk Mevzuati (Völkerrechtsvorschriften der Türkei), 3. Aufl., Nobel Verlag, Ankara, 2003

Brahy, Sylvie: Europäische Union und Türkei: Nationale Verfassung und supranationale Ordnung im Spannungsverhältnis, 1. Aufl., Peter Lang Verlag, Frankfurt/Main, 2009

Braun-Otto, Byrde von: Konstitutionalisierung des Völkerrechts und Internationalisierung des Verfassungsrechts, in: Der Staat, Band 42, 2003, S. 61–75

Bull, Peter Hans/*Mehde,* Veith: Allgemeines Verwaltungsrecht mit Verwaltungslehre, 7. Aufl., C.F. Müller Verlag, Heidelberg, 2005

Bulut, Nihat: Feodaliteden Küresellesmeye Ekonomik Iktidar Siyasal Iktidar Iliskisi (Von der Feudalität bis zur Globalisierung: ökonomische und politische Machtbeziehungen), 1. Aufl., Seckin Verlag, Ankara, 2003

Burgdorf, Wolfgang: Zur türkischen Geschichte innerhalb Europas – Anmerkungen über die Grundlagen eines EU-Beitritts der Türkei, in: Clemens, Gabriele (Hrgs.): Die Türkei und Europa, Lit Verlag, Hambug, 2007, S. 39–57

Busch, Klaus: Politikwissenschaftliche Integrationstheorie in Interaktion. Der synoptische Ansatz II, in: Loth, Wilfried/Wessels, Wolfgang (Hrsg.): Theorien europäischer Integration, 1. Aufl., Leske + Budrich Verlag, Opladen, 2001, S. 247–292

Busse, Christian: Die völkerrechtliche Einordnung der Europäischen Union, 1. Aufl., Carl Heymanns Verlag, München, 1999

Cagatay, Neset: Islam Tarihi (Geschichte des Islams), 1. Aufl., Türk Tarih Kurumu Verlag, Ankara, 1993

Caglar, Bakir [1989]: Anayasa Yargisi ve Normatif Devreler Karsilastirmali Analizi (Rechtsvergleichende Analyse der Verfassungsgerichtsbarkeit und Normativphasen), in: Anayasa Yargisi, Band 6, Ankara, 1989, S. 113–158

Caglar, Bakir [1991]: Anayasanin Hukuku ve Anayasanin Yargici Yenilenen Anayasa Kavrami Üzerine Düsünceler (Recht und Richter der Verfassung, Gedanken über die erneuerte Verfassung), in: Anayasa Yargisi, Band 8, Ankara, 1991, S. 13–62

Calliess, Christian: EUV Art. 1, in: Calliess, Christian/Ruffert, Matthias (Hrsg.): EUV/EGV Das Verfassungsrecht der Europäischen Union mit Europäischer Grundrechtecharta, 3. Aufl., Beck Verlag, München, 2007

Can, Osman: <http://www.nasname.com/tr/6177.html>

Can, Osman: Auslegung der Verfassung in der Türkei, in: Depenheuer, Otto (Hrsg.): Deutsch-Türkisches Forum für Staatsrechtslehre III, 1. Aufl., Lit Verlag, Münster, 2004, S. 39–73

Cecen, Anil: Atatürk ve Cumhuriyet (Atatürk und die Republik), 1. Aufl., Imge Verlag, Ankara, 1995

Celik, Edip [1977]: Milletlerarasi Hukuk, Cilt II/1 (Völkerrecht, Band II/1), 1. Aufl., Fakülteler Verlag, Istanbul, 1977

Celik, Edip [1980]: Milletlerarasi Hukuk, Cilt I (Völkerrecht, Band I), 4. Aufl., Fakülteler Verlag, Istanbul, 1980

Chapuis, Cedric: Die Übertragung von Hoheitsrechten auf supranationale Organisationen, 1. Aufl., Helbing & Lichtenhahn, Frankfurt/Main, 1993

Charter of the United Nations, vom 26.07.1945, Text in: United Nations Conference on International Organisation (U.N.C.I.O)

Cicek, Cemil: <http://www.cumhuriyet.com.tr/?hn=117834>

Ciddi, Sinan: Kemalism in Turkish Politics, 1. Aufl., Routledge, London, 2009

Cinar, Heval Özgür: Avrupa Insan Haklari Mahkemesi Kararlarinin Türk Hukukuna Etkisi (Die Auswirkung der Entscheidungen des EGMR auf türkisches Recht), 1. Aufl., IHD Veröffentlichung, Istanbul, 2005

Dahm, Georg/*Delbrück*, Jost/*Wolfrum*, Rüdiger: Völkerrecht, Band I/1, 2. Aufl. de Gruyter Verlag, Berlin, 1989

Di Fabio, Udo [1998]: Das Recht offener Staaten. Grundlinien eines Staates- und Rechtstheorie, 1. Aufl., Mohr Siebeck Verlag, Tübingen, 1998

Di Fabio, Udo [2004]: Gewaltenteilung, in: Kirchhof, Paul/Isensee, Josef (Hrsg.): Handbuch des Staatsrechts, Band II, 3. Aufl., C.F. Müller Verlag, Heidelberg, 2004, S. 613–659

Divitcioglu, Sencer: Asya Tipi Üretim Tarzi (Asiatische Produktionsverhältnisse), 1. Aufl., Sermet Verlag, Kirklareli, 1981

Doehring, Karl: Völkerrecht, 2. Aufl., C.F. Müller Verlag, Heidelberg, 2004

Dogan, Izzettin: Türk Anayasa Düzeninin Avrupa Topluluklari Hukuk Düzeniyle Bütünlesmesi Sorunu (Die Integrationsfrage der türkischen Rechtsordnung mit der Rechtsordnung der europäischen Gemeinschaften), 1. Aufl., IÜHF Verlag, Istanbul, 1979

Dogan, Naci: Anayasal Düzenleme Demokrasi ve Insan Haklari Uygulamalarinda Sistem Yozlasmasi (Verfassung, Demokratie und Deformierung des Systems bei der Ausübung der Menschenrechte), in: D.E.Ü. Sosyal Bilimler Enstitüsü Dergis, Band 7, Heft 3, Izmir, 2005, S.1–29

Doganalp-Votzi, Heidemarie/*Römer*, Claudia: Herrschaft und Staat: Politische Terminologie des Osmanischen Reiches der Tanzimatzeit, 1. Aufl., ÖAW Verlag, Wien, 2008

Dragos, C. Mateescu: Kemalism in the Era of Totalitarianism: A Conceptual Analysis, in: Turkish Studies, Vol. 7/2, 2006, S. 225–241

Duran, Lütfü: Türkiye Avrupa Hukukuna Uyum Saglayabilir mi? (Kann die Türkei sich an das europäische Recht anpassen?), in: Tarhanli, Turgut (Hrgs.): Degisen Dünyada Insan, Hukuk ve Devlet (Der Mensch, das Recht und der Staat in einer veränderten Welt), Festschrift für Edip F. Celik, Engin Verlag, Istanbul, 1995, S. 130–138

Emiroglu, Gülmisal: Atatürkün Milli Hakimeyet Anlayisinin Temel Vasiflari (Grundelemente des nationalen Souveränitätsverständnisses von Atatürk), Gazi Universitesi Kirsehir Egitim Fakültesi Dergisi, Band 5/1, 2004, S. 113–121

Encyclopedia of Public International Law, Volume 4, Amsterdam, 2000

Erbguth, Wilfried: Allgemeines Verwaltungsrecht – mit Verwaltungsprozess- und Staatshaftungsrecht, 3. Aufl., Nomos, Baden-Baden, 2009

Erdem, Fazil Hüsnü: 1982 Anayasasi`nin Toplum Tasavvuru (Gesellschaftsvorstellung der 1982er Verfassung), in: Heinrich-Böll-Stiftung Istanbul (Hrgs.): Yeni Bir Anayasada Insan Haklarina Yeni Bir Bakis (Eine neue Perspektive für die Menschenrechte in einer neuen Verfassung), 1. Aufl., Istanbul, 2007

Erdogan, Mustafa: Anayasa ve Özgürlük (Verfassung und Freiheit), 1. Aufl., Yetkin Verlag, Ankara, 2002

Eroglu, Hamza: Devletler Umumi Hukuku (Völkerrecht), 2. Aufl., Turhan Verlag, Ankara, 1984

Erogul, Cem: Degisen Egemenlik anlayisinin hak ve özgürlüklerin korunmasina ve anayasa yargisina etkileri (Die Wirkung des geänderten Souveränitätsverständnisses auf die Verfassungsgerichtsbarkeit und der Schutz der Freiheiten), in: Anayasa Yargisi, Band 20, Ankara, 2003, S. 196–213

Faucompret, Eric/*Konings* Jozef: Turkish Accession to the EU, 1. Aufl., Routledge, London, 2008

Feroz, Ahmad: Great Britain's Relation with the Young Turks, 1908–1914, in: Middle Eastern Studies, 2, 1966, S. 302–329

Fischer, Hans Georg: Europarecht. Grundlagen des Europäischen Gemeinschaftsrechts in Verbindung mit deutschem Staats- und Verwaltungsrecht, 3. Aufl., Beck Verlag, München, 2001

Fleiner-Gerster, Thomas: Allgemeine Staatslehre, 1. Aufl., Springer Verlag, Berlin, 1980

Flint, Thomas: Die Übertragung von Hoheitsrechten. Zur Auslegung der Art. 23 Abs. 1 Satz 2 und Art. 24 Abs. 1 GG, 1. Aufl., Duncker & Humblot, Berlin, 1998

Fowler, M. Ross/*Bunck,* J. Marie: Law, Power and The Sovereign State – The Evolution and Application of the Concept of Sovereignty, 1. Aufl., Pennsylvania State University Press, Pennsylvania, 1995

Frowein, Abraham Jochen: Maastricht-Urteil und die Grenzen der Verfassungsgerichtsbarkeit, in: ZaÖRV, Band 54, 1994, S. 1–17

Gellner, Ernest: Pflug, Schwert und Buch, 1. Aufl., DTV, München, 1993

Gerth, Heinrich Hans/*Mills,* C. Wrigth: From Max Weber: Essay in Sociology, 1. Aufl., Oxford University Press, Oxford, 1958

Giesendorf, Sabrina: Politische Konditionalität der EU – eine erfolgreiche Demokratieförderungsstrategie: Eine Analyse am Beispiel der Türkei, 1. Aufl., Nomos Verlag, Baden-Baden, 2009

Giritli, Ismet/*Sarmasik,* Jale: Anayasa Hukuku (Verfassungsrecht), 2. Aufl., Beta Verlag, Istanbul, 2001

Gölcüklü, Feyyaz/*Gözübüyük,* Seref: Avrupa Insan Haklari Sözlesmesi ve Uygulamasi (Europäisches Menschenrechtsabkommen und dessen Anwendung), 2. Aufl., Turhan Verlag, Ankara, 1996

Göle, Nilüfer: Engineers, Technocratic Democracy, in: Heper, Metin/Kramer, Heinz/Öncü, Ayse (Hrsg.): Turkey and West Changing Political and Cultural Identities, 1. Aufl., I.B. Tauris Publishing, London 1993, S. 198–218

Gören, Zafer: Anayasa Hukuna Giris (Einführung ins Verfassungsrecht), 2. Aufl., Dokuz Eylül Üniversitesi Verlag, Izmir, 1999

Görres-Gesellschaft (Hrsg.): Staatslexikon, 3. Band, 7. Aufl., Herder Verlag, Frei-
berg, 1987

Gözler, Kemal [2000a]: Kanun Hükmünde Kararnamelerin Hukuki Rejimi
(Rechtlicher Status der Rechtsverordnung mit Gesetzeskraft), 1. Aufl., Ekin
Verlag, Bursa, 2000

Gözler, Kemal [2000b]: Türk Anayasa Hukuku Dersleri (Türkisches Verfassungsrecht), 1. Aufl., Ekin Verlag, Bursa, 2000

Göztepe, Ece: Avrupa Birliginin Siyasal Bütünlesmesi ve Egemenlik Yetkilerinin
Paylasilmasi Sorunu (Das politische Zusammenwachsen der EU und die Frage
der Verteilung von Hoheitsrechten), 1. Aufl., Seckin Verlag, Ankara, 2008

Gözübüyük, Seref: Avrupa Insan Haklari Sözlesmesi ve Bireysel Basvuru Hak-
ki, Insan Haklari Yilligi, Cilt 9 (Europäische Menschenrechtskonvention und
Individualbeschwerde, in: Menschenrechte-Annual, Band 9), 1. Aufl., Todaie
Veröffentlichung, Ankara, 1987, S. 3–40

Grabenwarter, Christoph: Staatliches Unionsverfassungsrecht, in: Bogdandy,
Armin von/Bast, Jürgen (Hrsg.): Europäisches Verfassungsrecht – Theore-
tische und dogmatische Grundsätze, 2. Aufl., Springer Verlag, Berlin, 2009,
S. 123–176

Griller, Stefan: Die Unterscheidung von Unionsrecht und Gemeinschaftsrecht
nach Amsterdam, in: Europsrecht-Beiheft 1, 1999, S. 45–72

Grimm, Dieter [2005]: Europas Verfassung, in: Schuppert, F. Gunnar/Pernice
Ingolf/Haltern, Ulrich (Hrsg.): Europawissenschaft, 1. Aufl., Nomos Verlag,
Baden-Baden, 2005, S. 177–201

Grimm, Dieter [2007]: Souveränität – zur aktuellen Leistungsfähigkeit eines
rechtlich-politischen Grundbegriffs, in: Souveränität, Recht, Moral, (Hrsg.):
Stein, Tina/Buchstein, Hubertus/Offe, Claus, Campus Verlag, Frankfurt/
Main, 2007, S. 304–310

Grimm, Dieter [2009]: Souveränität- Herkunft und Zukunft eines Schlüsselbegriffs, University Press, Berlin, 2009

Grunwald, Jürgen: Die EG als Rechtsgemeinschaft, in: Röttinger, Moritz/Wey-
ringer Claudia (Hrsg.): Handbuch der Europäischen Integration, 2. Aufl.,
Manzsche Verlagsbuchhandlung, -Wien, 1996, S. 43–71

Grzeszick, Bernd: Art. 20/IV, in: Maunz, Theodor/Dürig, Günter (Hrsg.): Grundgesetz Kommentar Band III, Beck Verlag, München

Gülalp, Haldun: Using Islam As Political Ideology, in: Cultural Dynamics, Volume 14/1, 2002, S. 21–39

Gülmez, Mesut: Insan Haklari Uluslararasi Sözlesmesinin Ic Hukukuta Uygulanmasi (Die Anwendung der Menschenrechtsverträge im inneren Rechtssystem), 1. Aufl., TBB-Veröffentlichung, Ankara, 2004

Gündüz, Aslan [1986]: Milletlerarasi Hukuk: Temel Belgeler Örnek Kararlar (Völkerrecht: Grundunterlagen und Fallbeispiele), 1. Aufl., Beta Verlag, Istanbul, 1986

Gündüz, Aslan [2003]: Milletlerarasi Hukuk: Temel Belgeler Örnek Kararlar (Völkerrecht: Grundunterlagen und Fallbeispiele), 5. Aufl., Beta Verlag, Istanbul, 2003

Güran, Sait: Egemenlik Ulusundur Üstünlük Anayasadadir (Souveränität gehört der Nation und Verfassung ist die Höchstnorm) in: Anayasa Yargisi, Band 17, Ankara, 2000, S. 43–61

Güriz, Adnan: Sources of Turkish Law, in: Ansay, Tugrul/Wallece, Don (Hrsg.): Introduction to Turkish Law, 1. Aufl., Kluwer Law International, Netherlands, 1996, S. 1–19

Häberle, Peter (Hrsg.) [1998]: Verfassungslehre als Kulturwissenschaft, 2. Aufl., Duncker & Humblot, Berlin, 1998

Häberle, Peter [2005]: Europäische Verfassungslehre, 3. Aufl., Nomos Verlag, Baden-Baden, 2005

Haguenau-Moizard, Catherine: Offene Staatlichkeit: Frankreich, in: Bogdandy, Armin von/Huber, M. Peter (Hrsg.): Handbuch Ius Publicum Europaeum, 1. Aufl., C.F. Müller Verlag, Heidelberg, 2008, S. 37–71

Hakyemez, Sevki Yusuf: Mutlak Monarsilerden Günümüze Egemenlik Kavrami (Souveränität als Begriff von den absoluten Monarchien bis heute), 1. Aufl., Seckin Verlag, Ankara, 2004

Hallstein, Walter [1969]: Der unvollendete Bundesstaat, 1. Aufl., Econ Verlag, Düsseldorf und Wien, 1969

Hallstein, Walter [1974]: Die Europäische Gemeinschaft, Econ Verlag, Düsseldorf und Wien, 1974

Haratsch, Andreas/*Koenig*, Christian/*Pechstein*, Matthias: Europarecht, 6. Aufl., Mohr Siebeck Verlag, Tübingen, 2009,

Haratsch, Andreas: Die kooperative Sicherung der Rechtsstaatlichkeit durch die mitgliedstaatlichen Gerichte und die Gemeinschaftsgerichte aus mitgliedstaatlicher Sicht, Europarecht, 2008, Beiheft 3, S. 81–109.

Hatje, Armin/*Kindt*, Anne: Der Vertrag von Lissabon – Europa endlich in guter Verfassung, in: Neue juristische Wochenschrift, (NJW), Heft 25, 2008, S. 1761–1768

Haverkate, Görg: Verfassungslehre, Verfassung als Gegenseitigkeitsordnung, 1. Aufl., Beck Verlag, München, 1992

Hazir, Hayati: Avrupa Toplulugu Ile Türk Hukuk Sisteminin Bütünlesmesinde Egemenligin Devri Sorunu (Die Frage der Übertragung von Souveränität bei der Komplementarität der europäischen und türkischen Rechtssysteme), in: 10 Jahre Jubiläumsschrift für Halil Cin, Konya, 1995, S. 9–22

Heintzen, Markus: Das staatliche Gewaltmonopol als Strukturelement des Völkerrechts, in: Der Staat, Band 26, 1986, S. 17–33

Hellmann, Vanessa: Der Vertrag von Lissabon, 1. Aufl., Springer Verlag, Berlin/ Heidelberg, 2009

Hengsbach, Wilhelm Achim: Die Vertragstheorie als Staatslegitimation. Eine kritische Untersuchung ihrer Grundlagen unter besonderer Berücksichtigung von Vertragsgerechtigkeit und Konsens, 1. Aufl., Lit Verlag, Münster, 1998

Heper, Metin [1980]: Center and Periphery in the Ottoman Empire: With Special Reference to the Nineteenth Century, in: International Political Science Review, 1/1, 1980, S. 81–104

Heper, Metin [1985]: The State Tradition in Turkey, 1. Aufl., Eothan Press, London, 1985

Heper, Metin [1993]: Bureaucrats: Persistent Elitists, in: Heper, Metin/Kramer, Heinz/Öncü, Ayse (Hrsg.): Turkey and West Changing Political and Cultural Identities, 1. Aufl., I.B. Tauris Publishing, London, 1993, S. 35–68

Herdegen, Matthias: Europarecht, 4. Aufl., Beck Verlag, München, 2002

Herzog, Roman: Art. 20, in: Maunz, Theodor/Düring, Günter (Hrsg.): Grundgesetz Kommentar Band III, Beck Verlag, München

Hilf, Meinhard/*Pache,* Eckhard [2005]: Art. 5 EUV, (27 EL, Juni, 2005), in: Nettesheim, Martin (Hrsg.): Das Recht der Europäischen Union, Band I, Beck Verlag, München, 2005

Hilf, Meinhard/*Pache,* Eckhard [2007]: Art. 1 EUV, (27 EL, April, 2007), in: Nettesheim, Martin (Hrsg.): Das Recht der Europäischen Union, Band I, Beck Verlag, München, 2007

Hillgruber, Christian [2004]: Der Nationalstaat in der überstaatlichen Verflechtung, in: Kirchhof, Paul/Isensee, Josef (Hrsg.): Handbuch des Staatsrechts, Band I, 3. Aufl., C.F. Müller Verlag, Heidelberg, 2004, S. 929–992

Hillgruber, Christian [2008a]: Art. 23, in: Schmidt Bleibtreu, Bruno/Hofmann, Hans/Hopfauf, Axel (Hrsg.): GG Kommentar zum Grundgesetz, 11. Aufl., Carl Heymanns Verlag, München, 2008, S. 733–754

Hillgruber, Christian [2008b]: Art. 24, in: Schmidt Bleibtreu, Bruno/Hofmann, Hans/ Hopfauf, Axel (Hrsg.): GG. Kommentar zum Grundgesetz, 11. Aufl., Carl Heymanns Verlag, München, 2008, S. 755–770

Hobbes, Thomas: Leviathan, Philosophische Bibliothek, Hamburg, 1996

Hobe, Stephan: Der kooperationsoffene Verfassungsstaat, in: Der Staat, Band, 37, 1998, S. 521–546

Hochleitner, Erich/*Scheich,* Manfred: Die Aufnahmefähigkeit der Europäischen Union: Politische und institutionelle Grenzen, in: Grenzenlose Europa, Die Türkei und die Aushöhlung der Politischen Union, 1. Aufl., Lit Verlag, Wien, 2007

Hofmann, Hasso: Von der Staatssoziologie zu einer Soziologie der Verfassung, in: Juristisenzeitung, 1999, S. 1065–1074

Hofmann, Mahulena: Von der Transformation zur Kooperationsoffenheit? Die Öffnung der Rechtsordnungen ausgewählter Staaten Mittel- und Osteuropas für das Völker- und Europarecht, 1. Aufl., Springer Verlag, Heidelberg, 2009

Hölscheidt, Sven: Probleme bei der Durchsetzung des Unionsrechts in den Mitgliedstaaten, in: DÖV, Heft 9, 2009, S. 341–348

Howard, A. Douglas: History of Turkey, 1. Aufl., Greenwood Press, Westport, 2001

Huber, Peter: Recht der Europäischen Integration, Verlag Franz Vahlen, München, 1996

Hurrelmann, Achim/*Leibfried,* Stephan/*Martens,* Kerstin/*Meyer,* Peter: Die Zerfaserung des Nationalstaates: Ein analytischer Rahmen, in: *Hurrelmann,* Achim et al. (Hrsg.): Zerfasert der Nationalstaat? Die Internationalisierung politischer Verantwortung, 1. Aufl., Campus Verlag, Frankfurt/Main, 2008, S. 21–55

Ifantis, Kostas: Turkey in transition – opportunities amidst peril, in: Verney, Susannah/Ifantis, Kostas (Hrsg.): Turkey's Road to European Union Membership: national identity and political change, 1. Aufl., Routledge, 2009, London

Ilgen, Abdülkadir: Osmanli Toprak Mülkiyeti Anlayisinin Tesekkülü ve Bunun Sosyal Tabakalasma Üzerindeki Etkisi (Eigentumsverhältnisse von Grund und Boden im Osmanischen Reich und ihr Einfluss auf das Zustandekommen der gesellschaftlichen Schichten), in: Türk Dünyasi Arastirmalari Dergisi, Band 128, 2000, S. 37–54

Inalcik, Halil: Osmanli Imparatorlugu: Toplum ve Ekonomi (Osmanisches Reich: Gesellschaft und Ökonomie), 1.Aufl., Eren Verlag, Istanbul, 1993

Inceoglu, Sibel: Türkiye: AB'nin Yetkileri Karsisinda Nasil Bir Egemenlik Anlayisi (Türkei: die Souveränitätsansicht in Bezug auf Kompetenzen der EU) in: Anayasa Yargisi, Band 22, Ankara, 2005, S. 231–251

Ipsen, H. Peter: Europäisches Gemeinschaftsrecht, 1. Aufl., Mohr Siebeck Verlag, Tübingen, 1972

Isensee, Josef [2004]: Die bundesstaatliche Kompetenz, in: Kirchhof, Paul/Isensee, Josef (Hrsg.): Handbuch des Staatsrechts, Band VI, 3. Aufl., C.F. Müller Verlag, Heidelberg, 2004, S. 455–515

Isensee, Josef [2010]: Integrationswille und Integrationsresistenz des Grundgesetzes. Das Bundesverfassungsgericht zum Vertrag von Lissabon, in: Zeitschrift für Rechtspolitik 2010, Heft 2, S. 33–40

Islamoglu, Huri Cihan: Osmanli Imparatorlugunda Köy ve Köylü (Dorf und Dorfgemeinde im Osmanischen Reich), 1. Aufl., Iletisim Verlag, Istanbul, 1991

Izgi, Ömer/*Gören*, Zafer: Türkiye Cumhuriyeti Anayasasinin Yorumu (Kommentar der Verfassung der türkischen Republik), 1. Aufl., TBMM Verlag, Ankara, 2002

Jarras, D. Hans: Grundfragen der innerstaatlichen Bedeutung des EG-Rechts, 1. Aufl., Carl Heymanns Verlag, München, 1994

Jäschke, Gotthard: Auf dem Wege zur Türkischen Republik: Ein Beitrag zur Verfassungsgeschichte der Türkei, in: Die Welt des Islams, Vol. 5, Issue 3–4, 1958, S. 206–218

Jestaedt, Matthias: Der Europäische Verfassungsverbund, in: Calliess, Christian (Hrsg.): Verfassungswandel im europäischen Staaten- und Verfassungsverbund. Göttinger Gespräche zum deutschen und europäischen Verfassungsrecht vom 15. bis 17. Juni 2006, 1. Aufl., Mohr Siebeck Verlag, Tübingen, 2007, S. 93–128

Joseph, S. Joseph: Introduction: Turkey at the Threshold of the European Union, in: Joseph, S. Joseph (Hrsg.): Turkey and European Union, 1. Aufl., Palgrave Macmillan, New York, 2006, S. 1–16

Kaboglu, Ibrahim [1994]: Anayasa Yargisi (Verfassungsgerichtsbarkeit), 1. Aufl. Imge Verlag, Ankara, 1994

Kaboglu, Ibrahim [1998]: Özgürlükler Hukuku, Insan Haklarinin Hukuki Yapisi (Das Freiheitsrecht, die rechtliche Grundstruktur der Menschenrechte), 4. Aufl., Afa Verlag, Istanbul, 1998

Kaboglu, Ibrahim [2002]: 2001 Anayasa Degisiklikleri: Ulusal-Üstü etkiden Ulusal Tepkiye (Verfassungsänderung 2001: Vom supranationalen Agieren bis nationalen Reagieren) in: Anayasa Yargisi, Ankara, 2002, Band 19, S. 105–118

Kaboglu, Ibrahim [2006]: Anayasa Hukuku Dersleri (Verfassungsrechtslehre), 3. Aufl., Legal Verlag, Istanbul, 2006

Kahraman, B. Hasan: From Culture of Politics to Politics of Culture: reflections on Turkish modernity, in: Keyman, E. Fuat (Hrsg.): Remaking Turkey: Globalization, Alternative Modernities and Democracy, 1. Aufl., Lexington Books, Plymouth, 2007, S. 47–75

Kalaycioglu, Ersin: Religiosity and protest behaviour: the case of Turkey in comperative perspective, in: Verney, Susannah/Ifantis, Kostas (Hrsg.): Turkey's Road to European Union Membership: national identity and political change, 1. Aufl., Routledge, London, 2009, S. 61–79

Kanetti, Selim: Avrupa Toplulugunun Üstünlügü Karsisinda Türkiye Cumhuriyeti Anayasasi (Türkische Verfassung in Bezug auf den Vorrang der EG-Rechtsordnung), in: Anayasa Yargisi, Ankara, 1990, Band 7, S. 129–140

Karaosmanoglu, L. Ali: Officers: Westernization and Democracy, in: Heper, Metin/Kramer, Heinz/Öncü, Ayse (Hrsg.): Turkey and West Changing Political and Cultural Identities, 1. Aufl., I.B. Tauris Publishing, London, 1993, S. 20–35

Karpat, Kemal: Studies on Turkish Politics and Society, Band I, 1. Aufl., Brill Verlag, Boston, 2004

Kaufmann, Marcel: Verfassunggebung im europäischen Staatenverbund, in: Der Staat, Band 39, 2000, S. 521–546

Kedourie, Elie: The Middle East 1900–1945. The Shifting Balance of World Forces 1898–1945, in: The New Cambridge Modern History, Volume XII, Cambridge University Press, Cambridge, 1968, S. 269–296

Keyman, E. Fuat: Introduction: Modernity and Democracy in Turkey, in: Keyman, E. Fuat (Hrsg.): Remaking Turkey: Globalization, Alternative Modernities and Democracy, 1. Aufl., Lexington Books Plymouth, 2007, S. 15–28

Kirchhof, Paul [2000]: Die Gewaltbalance zwischen staatlichen und europäischen Organen, in: Walter Hallstein-Institut für Europäisches Verfassungsrecht (Hrsg.): Grundfragen der europäischen Verfassungsentwicklung, 1. Aufl., Nomos Verlag, Baden-Baden, 2000, S. 37–59

Kirchhof, Paul [2003]: Die rechtliche Struktur der Europäischen Union als Staatenverbund, in: Bogdandy, Armin von: Europäisches Verfassungsrecht. Theoretische und dogmatische Grundzüge, Springer Verlag, Berlin, 2003, S. 893–930

Kirchhof, Paul [2004]: Die Identität der Verfassung, in: Kirchhof, Paul/Isensee, Josef (Hrgs.): Handbuch des Staatsrechts, Band II, 3. Aufl., C.F. Müller Verlag, Heidelberg, 2004, S. 261–316

Klein, Eckard/*Haratsch* Andreas: Neuere Entwicklungen des Rechts der Europäischen Gemeinschaften, Teil 1, in: DÖV, 1993, S. 785–798

Kocak, Mustafa: Devlet ve Egemenlik (Staat und Souveränität), 1. Aufl., Seckin Verlag, Istanbul, 2006

Köker, Levent: <http://yenisafak.com.tr/Roportaj/?i=172484>

Kongar, Emre: Imparatorluktan Günümüze Türkiyenin Toplumsal Yapisi (Die gesellschaftliche Konstruktion der Türkei von dem Reich bis heute), 10. Aufl., Remzi Verlag, Istanbul, 1997

König, Doris: Die Übertragung von Hoheitsrechten im Rahmen des europäischen Integrationsprozess – Anwendungsbereich und Schranken des Art. 23 des Grundgesetzes, Duncker & Humblot, Berlin, 2000

Korinek-Rumler, Elisabeth: Demokratie und EU, <http://epub.wu-wien.ac.at/dyn/virlib/diss/eng/mediate/epub-wu-01_19f.pdf?ID=epub-wu-01_19f>

Kösters, Wim/*Beckmann,* Rainer/*Hebler,* Martin: Elemente der ökonomischen Integrationstheorie, in: Loth, Wilfried/Wessel, Wolfgang (Hrsg.): Theorien europäischen Integration, Opladen, 2001, S. 35–86

Kotsovilis, Spyridon: Between Fedora and Fez: Modern Turkey's Troubel Road to Democratic Consolidation and Pluralizing Role of Erdogan's Pro-Islam Government, in: Joseph, S. Joseph (Hrsg.): Turkey and European Union, 1. Aufl., Palgrave Macmillan, New York, 2006, S. 42–70

Kramer, Heinz/*Reinkowski,* Maurus: Die Türkei und Europa. Eine wechselhafte Beziehungsgeschichte, 1. Aufl., Kohlhammer Verlag, Stuttgart, 2008

Kunig, Philip: Völkerrecht und staatliches Recht, in: Vitzthum, Wolfgang (Hrsg.): Völkerrrecht, 4. Aufl., de Gruyter Verlag, Berlin, 2007, S. 81–157

Kural, Bilgütay: Avrupa Birligine Girme Halinde Egemenligin Devrine Iliskin Anayasal Bir Degerlendirme (Eine verfassungsrechtliche Analyse bezüglich der Übertragung der Hoheitsrechte im Falle der EU-Mitgliedschaft), Hukuk ve Adalet Dergisi, Volume 3, Istanbul 2004, S. 98–116

Kutlu, Mustafa: Kuvvetler Ayriligi (Gewaltenteilung), 1. Aufl., Seckin Verlag, Ankara, 2001

Kuzu, Burhan: 1982 Anayasasinin Temel Nitelikleri, ve Getirdigi Yenilikler (Die Grundeigenschaften der 1982er Verfassung und die Neuigkeiten), 1. Aufl., Filiz Verlag, Istanbul, 1990

Lemke, Christian: Governance in der Europäischen Union – Ersatz oder Ergänzung für tradierte Herrschaftsformen in Europa?, in: Aden, Hartmut (Hrsg.): Herrschaftstheorien und Herrschaftsphänomene, 1. Aufl., VS Verlag für Sozialwissenschaften, Wiesbaden, 2004, S. 159–175

Lepoivre, Helene: Staatlichkeit und Souveränität in der Europäischen Union am Beispiel Frankreichs, 1. Aufl., Peter Lang Verlag, Frankfurt/Main, 2003

Lexikon der Geschichte, 1. Aufl., Voltmedia Verlag, Paderborn, 2005,

Lipgens, Walter: 45 Jahre Ringen um die Europäische Verfassung, 1. Aufl., Europa Union Verlag, Bonn, 1986

Locke, John: Zwei Abhandlungen über die Regierung, 4. Aufl., Suhrkamp Verlag, Frankfurt/Main, 1989

Lorenz, Norbert: Die Übertragung von Hoheitsrechten auf die Europäischen Gemeinschaften – Verfassungsrechtliche Chancen und Grenzen einer europäischen Integration erläutert am Beispiel der Bundesrepublik Deutschland, Frankreichs und Italiens, 1. Aufl., Peter Lang Verlag, Frankfurt/Main, 1990

Marcic, René: Recht, Staat, Verfassung. Eine Einführung in die Grundbegriffe und in die österreichische Lebensordnung, Band 1, 1. Aufl., Österreichischer Bundesverlag für Unterricht, Wissenschaft und. Kunst, Wien, 1970

Mardin, Serif [1975]: Center-Periphry Relations: A Key to Turkish Politics, in: Akarli, Engin/Ben-Dor, Gabriel (Hrsg.): Political Participation in Turkey: Historical Background and Present Problems, 1. Aufl., Bosporus University Press, Istanbul, 1975, S. 7–20

Mardin, Serif [1994]: Türk Modernlesmesi (Türkische Modernisierung), 3. Aufl., Iletisim Verlag, Istanbul, 1994

Marx, Karl/*Engels,* Friedrich [1958]: Über Religion, Dietz Verlag, Berlin, 1958

Mayer, C. Franz [2001]: Die drei Dimensionen der europäischen Kompetenzdebatten, in: ZaöRV, Band 61, 2001, S. 577–640

Mayer, C. Franz [2008]: Schutz vor der Grundrechte-Charta oder durch die Grundrechte-Charta? – Anmerkung zum europäischen Grundschutz nach dem Vertrag von Lissabon, in: Pernice, Ingolf (Hrsg.): Der Vertrag von Lissabon: Reform der EU ohne Verfassung?, 1. Aufl., Nomos Verlag, Baden-Baden, 2008, S. 87–98

Memis, Emin: Kanun Hükmünde Anlasma ve Danistay Uygulamasi (Völkerrechtsvertrag und Praxis des Oberverwaltungsgerichts), 1. Aufl., Alfa Verlag Istanbul, 2004

Meray, Seha: Devletler Hukukuna Giris, Cilt 1 (Einführung ins Völkerrecht, Band 1) 1. Aufl., Veröffentlichung Ankara Universität, Ankara, 1968

Mickel, W. Wolfgang/*Bergmann,* M. Jan: Handlexikon der Europäischen Union, 3. Aufl., Nomos Verlag, Baden-Baden, 2005

Mosler, Hermann: Übertragung von Hoheitsgewalt, in: Kirchhof, Paul/Isensee, Josef (Hrsg.): Handbuch des Staatsrechts, Band VII, 3. Aufl., C.F. Müller Verlag, Heidelberg, 2004, S. 599–647

Müller, Paul Jörg/*Wildhaber,* Luzius: Praxis des Völkerrechts, 3. Aufl., Stämpfli Verlag, Bern, 2001

Müller-Graff, Peter-Christian: Europäische Verfassungsordnung – Notwendigkeit, Gestalt und Fortentwicklung, in: Scheuing, H. Dieter (Hrsg.): Europäische Verfassungsordnung, 1. Aufl., Nomos Verlag, Baden-Baden, 2003, S. 11–37

Mumcu, Ahmet: Türkiye`de Anayasa Reformlari – Tarihte Geriye Bakis, Türkiyede Anayasa Reformu – Prensipler ve Sonuclar Icinde (Verfassungsreformen in der Türkei – Rückblick in der Geschichte, in: Verfassungsreformen in der Türkei – Prinzipien und Ergebnisse), 1. Aufl., Veröffentlichung der Konrad-Adenauer-Stiftung, Ankara, 2001, S. 49–61

Narbone, Luigi/*Tocci,* Nathalie: Running around in the circles? The cylical relationship between Turkey and the European Union, in: Verney, Susannah/Ifantis, Kostas (Hrsg.): Turkey's Road to European Union Membership: national identity and political change, 1. Aufl., Routledge, London, 2009, S. 21–33

Nettesheim, Martin [2009a]: Ein Individualrecht auf Staatlichkeit? Die Lissabon-Entscheidung des BVerfG, in: Neue juristische Wochenschrift, (NJW), Heft 39, 2009, S. 2867–2869

Nettesheim, Martin [2009b]: Kompetenzen, in: Bogdandy, Armin von/Bast, Jürgen (Hrsg.): Europäisches Verfassungsrecht – Theoretische und dogmatische Grundzüge, 2. Aufl., Springer, Heidelberg, 2009, S. 389–440

Nettesheim, Martin [2010]: Die Integrationsverantwortung – Vorgaben des BVerfG und gesetzgeberische Umsetzung, in: Neue juristische Wochenschrift, (NJW), Heft 4, 2010, S. 177–183

Neyer, Jürgen: Postnationale politische Herrschaft, 1. Aufl., Nomos Verlag, Baden-Baden, 2004

Nordatlantikvertrag, in: United Nations Treaty Series (U.N.T.S.), Volume 34, S. 243–255

Oder, Emrah Bertil [2001]: Anayasa Hukuku – Türk Hukukunun Avrupa Birligine Uyumu Icinde, (Verfassungsrecht, in: Tekinalp, Ünal (Hrsg.): Anpassung des türkischen Rechts an die europäische Union), 1. Aufl., Veröffentlichung des Rektorats der Istanbul Universität, Istanbul, 2001, S. 9–38

Oder, Emrah Bertil [2006]: Übertragung von Hoheitsrechten im Spannungsverhältnis zur nationalen Souveränität – Verfassungsrechtliche Vorgaben und verfassungspolitischer Änderungsbedarf, in: Depenheuer, Otto/Dogan, Ilyas/Can, Osman (Hrsg.): Deutsch-Türkisches Forum für Staatsrechtslehre III, 1. Aufl., Lit Verlag, Berlin, 2006, S. 75–101

Ohler, Christoph; Herrschaft, Legitimation und Recht in der Europäischen Union – Anmerkung zum Lissabon-Urteil des BVerfG, in: Archiv des öffentlichen Rechts, Band 135, Heft 2, 2010, S. 154–183

Okandan, Recai/*Umumi,* Amme: Hukuku (Allgemeines Öffentliches Recht), 1. Aufl., Fakültät Veröffentlichung, Istanbul, 1968

Ophüls, Carl Friedrich: Staatshoheit und Gemeinschaftshoheit. Wandlungen des Souveränitätsbegriffs, in: Ule, Carl Hermann (Hrsg.): Rechts im Wandel, 1. Aufl., Carl Heymanns Verlag, Köln, 1965 S. 519–590

Oppermann, Thomas: Europarecht, 3. Aufl., Beck Verlag, München, 2005

Oran, Baskin: Ulusal Egemenlik Kavraminin Dönüsümü, Azinliklar ve Türkiye (Wandlungen der nationalen Souveränität, die Minderheiten und die Türkei), Anayasa Yargisi, Band 20, Ankara, 2004, S. 61–93

Özarslan, Bumin Bahadir: Transferring the Authority of Sovereignty Turkey's Membership into European Union, Journal of Turkish World Studies, Band 6/1, Izmir, 2006, S. 169–180

Özbudun, Ergun/*Genckaya,* F. Ömer: Democratization and the Politics of Constitution-Making in Turkey, Central European University Press, Budapest, 2009

Özbudun, Ergun [1990]: Türkiyede Siyasal Kültür ve Demokrasi, Türkiyede Demokrasi ve Siyasal Kültürün Gelismesi Icinde (Politische Kultur und Demokratie, in: Erkan, Hüsnu (Hrsg.): Die Entwicklung der Demokratie und politischer Kultur in der Türkei), 1. Aufl., Türk Demokrasi Vakfi ve DEÜ Atatürk Ilkeleri ve Inkilap Tarihi Enstitüsü Veröffentlichung, Izmir, 1990

Özbudun, Ergun [2002]: Türk Anayasa Hukuku (Türkisches Verfassungsrecht), 7. Aufl., Yetkin Verlag, Ankara, 2002

Özbudun, Ergun [2006]: Political Origins of the Turkish Constitutional Court and the Problem of Democratic Legitimacy, in: European Public Law, Volume 12, 2006, Issue 2, S. 213–223

Özbudun, Ergun [2007]: Türk Anayasa Mahkemesinin Yargisal Aktivizmi ve Siyasal Elitlerin Tepkisi (Politischer Aktivismus des türkischen Verfassungsgerichts und Reaktionen der politischen Eliten), in: Ankara Üniversitesi SBF Dergisi, Band 62/3, S. 257–268

Özdek, Yasemin: Avrupa Insan Haklari Hukuku ve Türkiye (Europäische Rechtsordnung der Menschenrechte und die Türkei), 1. Aufl., Todaie Verlag, Ankara, 2004

Özel, Mehmet: Yerel Yönetimleri Gelistirme Acisindan Devlet, Yerel Yönetim ve Küresellesme Kavramlari Üzerine (Der Staat in Bezug auf die Förderung der Lokalverwaltung, Über die Begriffe der Lokalverwaltung und die Globalisierung), in: Türk Idare Dergisi, Volume 441, S. 191–215

Özer, Atilla: Ülkemizde Egemenlik ve Yargi Erkinin Avrupa Insan Haklari Mahkemesi Kararlari Karsisindaki Durumu (Souveränität in unserem Land und Stand der gerichtlichen Hoheitsgewalt gegenüber den Entscheidungen des EGMR), in: Anayasa Yargisi, Band 20, Ankara, 2003, S. 187–194

Özman, Aylin/*Simten*, Cosar: Reconceptualizing Center Politics in Post-1980 Turkey, in: Keyman, E. Fuat (Hrsg.): Remaking Turkey: Globalization, Alternative Modernities, and Democracy, 1. Aufl., Lexington Books, Plymouth, 2007, S. 201–227

Pache, Eckhard: Das Ende der europäischen Integration? Das Urteil des Bundesverfassungsgerichts zum Vertrag von Lissabon, zur Zukunft Europas und der Demokratie, Europäische Grundrechte-Zeitschrift, Heft 12–16, 2009, S. 285–299

Papier, Hans Jürgen: Verfassungskontinuität und Verfassungsreform im Zuge der Wiederverinigung, in: Kontinuität und Diskontinuität in der deutschen Verfassungsgeschichte, Seminar zum 80. Geburtstag von Karl August Bettermann, 1. Aufl., Duncker & Humblot, Berlin, 1994, S. 85–101

Parla, Taha: The Social und Political Thought of Ziya Gökalp, 1. Aufl., Brill Verlag, Leiden, 1985

Pazarci, Hüseyin [1989]: Avrupa Topluluguna Uyum Acisindan Türk Anayasal Düzeni, in: Avrupa Toplulugu Hukuku ve Türkiyenin Uyumu Sineri (Türkische Verfassungsordnung in der Perspektive der Anpassung an die EU, in: Seminar über EG-Recht und die Anpassung der Türkei), 1. Aufl., Türk Ekonomi Bankasi AS-İTÜ Türk Dis Iliskileri Veröffentlichung, Istanbul, 1989, S. 127–142

Pazarci, Hüseyin [2001]: Uluslararasi Hukuk Dersleri, (Völkerrechtstudien), 9. Aufl. Turhan Verlag, Ankara, 2001

Pazarci, Hüseyin [2004]: Uluslararasi Hukuk (Völkerrecht), 2. Aufl., Turhan Verlag, Ankara, 2004

Pernice, Ingolf [2000]: Der Europäische Verfassungsverbund auf dem Wege der Konsolidierung. Verfassungsrechtliche Ausgangslage und Vorschläge für die institutionelle Reform der Europäischen Union vor der Osterweiterung, in: 48. Jahrbuch des Öffentlichen Rechts, 2000, S. 205–232

Pernice, Ingolf [2001]: Europäisches und nationales Verfassungsrecht, in: Veröffentlichungen der Vereinigung der Deutschen Staatsrechtslehrer, Band 60, de Gruyter Verlag, Berlin, 2001 , S. 148–193

Pernice, Ingolf [2006a]: Art. 23, in: Dreier Kommentar, Grundgesetz-Kommentar, Band 2, 2. Aufl., Mohr Siebeck Verlag, Tübingen, 2006, S. 415–500

Pernice, Ingolf [2006b]: Art. 24, in: Dreier Kommentar, Grundgesetz-Kommentar, Band 2, 2. Aufl., Mohr Siebeck Verlag, Tübingen, 2006, S. 501–531

Pernice, Ingolf [2006c]: Das Verhältnis europäischer zu nationalen Gerichten im europäischen Verfassungsverbund, 1. Aufl., de Gruyter Verlag, Berlin, 2006

Pernice, Ingolf [2007]: Theorie und Praxis des Europäischen Verfassungsverbundes, in: Calliess, Christian (Hrsg.): Verfassungswandel im europäischen Staaten- und Verfassungsverbund. Göttinger Gespräche zum deutschen und europäischen Verfassungsrecht vom 15. bis 17. Juni 2006, 1. Aufl., Mohr Siebeck Verlag, Tübingen, 2007, S. 61–92

Pernice, Ingolf [2008]: Der Vertrag von Lissabon – Ende des Verfassungsprozesses der EU, in: Europäische Zeitschrift für Wirtschaftsrecht (EuZW), Heft 3, 2008, S. 65

Preuß, K. Ulrich: Souveränität – Zwischenbemerkung zu einem Schlüsselbegriff des Politischen, in: Stein, Tina/Buchstein, Hubertus/Offe, Claus (Hrsg.): Souveränität, Recht, Moral, Campus Verlag, Frankfurt/Main, 2007, S. 313–337.

Quaritsch, Helmut: Souveränität. Entstehung und Entwicklung des Begriffs in Frankreich und Deutschland vom 13. Jh. bis 1806, 1. Aufl., Dunker & Humblot, Berlin, 1986

Randelzhofer, Albrecht [1992]: Art. 24/I, in: Maunz, Theodor/Dürig, Günter (Hrsg.): Grundgesetz Kommentar Band III, Beck Verlag, München, 1992

Randelzhofer, Albrecht [2004]: Staatsgewalt und Souveränität, in: Kirchhof, Paul/Isensee, Josef (Hrsg.): Handbuch des Staatsrechts, Band II, 3. Aufl., C.F. Müller Verlag, Heidelberg, 2004, S. 143–163

Ress, Georg: Die Europäische Union und die neue juristische Qualität der Beziehungen zu den Europäischen Gemeinschaften, in: Juristische Schulung, (JuS), 32, 1992, S. 985–991

Rojahn, Ondolf: Art. 23, 24, 25 in: Münch, Ingo/Kunig, Philip (Hrsg.): Grundgesetz-Kommentar, 5. Aufl., Beck Verlag, München, 2001, S. 121–273

Rosamond, Ben: Theories of European Integration, 1. Aufl., Macmillan and St. Martin's Press, New York, 2000

Ruffert, Matthias: Von der Europäisierung des Verwaltungsrechts zum Europäischen Verwaltungsverbund, in: DÖV, Heft 18, 2007, S. 761–770

Rumpf, Christian: Das türkische Verfassungssystem, 1. Aufl., Harrassowitz Verlag, Wiesbaden, 1996

Sabuncu, Yavuz: Der Gedanke der nationalen Souveränität, in: Depenheuer, Otto/Dogan, Ilyas/Can, Osman (Hrsg.): Deutsch-Türkisches Forum für Staatsrechtslehre III, 1. Aufl., Lit Verlag, Berlin, 2006, S. 101–115.

Sahbaz, Ibrahim: Avrupa Insan Haklari Sözlesmesinin Türk Yargi Sistemindeki Yeri (Stellung der Europäischen Konvention für Menschenrechte in der türkischen Gerichtsbarkeit), in: TBB Dergisi, Ankara, 2004, Heft 54, S. 178–216

Sahin, Alpay: Sevr Sendromu nedir ve nasil azar (Was ist das Sevres-Syndrom und wie entzündet es sich?) 07.07. 2009, Zaman (Zeitungsartikel)

Satana, S. Nil: Transformation of the Turkish Military and the Path to Democracy, in: Armed Forces & Society, Volume 34/3, 2008, S. 357–388

Schaper, Tim: Verfassungsrechtliche Probleme bei der Übertragung von Hoheitsrechten zur Schaffung eines europäischen Strafrechts – Eine Untersuchung am Beispiel des Rahmenbeschlusses über den Europäischen Haftbefehl, Duncker & Humblot, Berlin, 2009

Scheuner, Ulrich: Diskussionsbeitrag zum Thema Bewahrung und Veränderung demokratischer und rechtsstaatlicher Verfassungsstruktur in den internationalen Gemeinschaften, in: VVDStRL 23, 1966, S. 106–146

Schliesky, Utz: Souveränität und Legitimität von Herrschaftsgewalt, 1. Aufl., Mohr Siebeck Verlag, Tübingen, 2004

Schmitz, Thomas: Integration in der Supranationalen Union, 1. Aufl., Nomos Verlag, Baden-Baden, 2001,

Schneider, Hans-Peter: Die verfassunggebende Gewalt, in: Kirchhof, Paul/Isensee, Josef (Hrsg.): Handbuch des Staatsrechts, Band VII, 3. Aufl., C.F. Müller Verlag, Heidelberg, 2004, S. 3–33

Scholz, Rupert: Art. 23, in: Maunz, Theodor/Dürig, Günter (Hrsg.): Grundgesetz Kommentar Band III, Beck Verlag, München, 1999, S. 1–206

Schuppert, F. Gunnar: Souveränität – überholter Begriff, wandlungsfähiges Konzept oder „born 1576, but still going strong"?, in: Stein, Tina/Buchstein, Hubertus/Offe, Claus (Hrsg.): Souveränität, Recht, Moral, Campus Verlag, Frankfurt/Main, 2007, S. 251–270

Schwarze, Jürgen [1994]: Europapolitik unter deutschem Verfassungsvorbehalt. Anmerkungen zum Maastricht-Urteil des BVerfG vom 12.10.993, in: Neue Justiz, (NJ), 1994, S. 1–5

Schwarze, Jürgen [1999]: Auf dem Wege zu einer europäischen Verfassung – Wechselwirkung zwischen europäischem und nationalem Verfassungsrecht, Deutsches Verwaltungsblatt, (DVBl.), 114, 1999, S. 1677–1689

Schwarze, Jürgen [2010]: Zukunftsaussichten für das Europäische Öffentliche Recht – Analyse im Lichte der jüngeren Rechtsentwicklung in den Mitgliedstaaten und der Europäischen Union, Nomos, Baden-Baden, 2010.

Schwarzenberger, Georg: The Forms of Sovereignty, in: Stankiewicz, J. Wladyslaw (Hrsg): In Defence of Sovereignty, 1. Aufl., Oxford University Press, New York, 1969, S. 160–196

Schweitzer, Michael/*Hummer,* Waldemar/*Obwexer,* Walter: Europarecht. Das Recht der Europäischen Union, 1. Aufl., Manzsche Verlagsbuchhandlung, Wien, 2007

Seidel, Martin: Zur Verfassung der Europäischen Gemeinschaft nach Maastricht, in: Europarecht, 27, 1992, S. 125–144

Seidl-Hohenveldern, Ignaz: Lexikon des Rechts, 2. Aufl., Luchterhand Verlag, Berlin, 1992

Sen, Murat: Egemenligin Kollektif Kullanimi: AB`nin Anayasal Yapisina Uyum Acisindan Anayasamiz (Kollektive Ausübung der Souveränität: Unsere Verfassung in Bezug auf die Anpassung an die verfassungsrechtliche Konstruktion der EU), in: Anayasa Yargisi, Ankara, 2005, Band 22, S. 216–230

Sencer, Mithat: Degisen Egemenlik Sürecinde Mesruiyet Sorunu ve Anayasal Düzen (Legitimationsproblem in Änderungsphasen der Souveränität und die Verfassungsordnung), in: Anayasa Yargisi, Band 20, Ankara, 2003, S. 158–169

Siedentopf, Heinrich/*Speer,* Benedikt: Europäischer Verwaltungsraum oder Europäische Verwaltungsgemeinschaft?, in: DÖV, Heft 18, 2002, S. 753–763

Soysal, Mümtaz [1993]: 100 Soruda Anayasanin Anlami (Die Bedeutung der Verfassung in 100 Fragen), 10. Aufl., Gercek Verlag, Istanbul, 1993

Soysal, Mümtaz [1986]: Anayasaya Uygunluk Denetimi ve Uluslararasi Sözlesmeler (Verfassungsnormkontrolle und Völkerrechtsverträge), in: Anayasa Yargisi, Band 2, Ankara, 1986, S. 7–18

Soysal, Mümtaz [2003]: Degisen Egemenlik ve Mesruluk (Veränderte Souveränität und Legitimation), in: Anayasa Yargisi, Band 20, Ankara, 2003, S. 171–181

Steffek, Jens: Legitimität jenseits des Nationalstaates: Vom exekutiven zum partizipativen Multilateralismus?, in: Hurrelmann, Achim et al. (Hrsg.): Zerfasert der Nationalstaat? Die Internationalisierung politischer Verantwortung, 1. Aufl., Campus Verlag, Frankfurt/Main, 2008, S. 179–209

Steiger, Heinhard: Geht das Zeitalter des souveränen Staates zu Ende?, in: Der Staat, Band 41, 2002, S. 331–357

Steinbach, Udo [1996]: Die Türkei im 20. Jahrhundert – Schwieriger Partner Europas, 1. Aufl., Gustav Lübbe Verlag, Bergisch Gladbach, 1996

Steinbach, Udo [2000]: Geschichte der Türkei, 1. Aufl., Beck Verlag, München, 2000

Stettner, Rupert: Grundfragen einer Kompetenzenlehre, Duncker & Humblot, Berlin, 1983

Streinz, Rudolf [2003]: Art. 10 EGV, in: EUV/EGV, Vertrag über die Europäische Union und Vertrag zur Gründung der Europäischen Gemeinschaft, (Hrsg: Streinz, Rudolf), C.H. Beck Verlag, München, 2003

Streinz, Rudolf [2005]: Europarecht, 7. Aufl., C.F. Müller Verlag, Heidelberg, 2005

Suerbaum, Joachim: Die Kompetenzverteilung beim Verwaltungsvollzug des Europäischen Gemeinschaftsrechts in Deutschland, Duncker & Humblot, Berlin, 1998

Suner, Asli/*Firuzan*, Riza Ali/*Ayvaz*, Yüksel Yusuf: An Application About The University Students In Izmir With Stratified Cluster Sampling, in: Süleyman Demirel Üniversitesi Iktisadi Bilimler Fakültesi Dergisi, Band 14/1, Isparta, 2009, S. 407–424

Sydow, Gernot: Vollzug des europäischen Unionsrechts im Wege der Kooperation nationaler und europäischer Behörden, in: DÖV, Heft 2, 2006, S. 66–71

Szyliowicz, S. Joseph: Political Participation and Modernization in Turkey, in: The Western Political Quarterly, Vol. 19, No. 2, 1966, S. 266–284

Tachau, Frank/*Heper*, Metin: The State, Politics and the Military in Turkey, in: Comparative Politics, Vol. 16/1, 1983

Tanchev, Evgeni: The Lisbon Treaty within and without Constitutional Orthodoxy, in: Pernice, Ingolf/Tanchev, Evgeni (Hrsg.): Ceci n'est past une Constitution – Constitutionalisation without a Constitution: 7th International ECLN-Colloquium, Sofia, 17–19 April 2008, 1. Aufl., Nomos Verlag, Baden-Baden, 2009, S. 22–43

Tank, Pinar: Political Islam in Turkey: A State of Controlled Secularity, Turkish Studies,Vol. 6/1, 2005, S. 3–19

Tanör, Bülent [1994]: Iki Anayasa (Zwei Verfassungen), 3. Aufl., Beta Verlag, Istanbul, 1994

Tanör, Bülent [2006]: Osmanli-Türk Anayasal Gelismeleri (Osmanisch-türkische Verfassungsentwicklungen), 15. Aufl., YKY Verlag, Istanbul, 2006

Tanör, Bülent/*Yüzbasioglu*, Necmi: Türk Anayasa Hukuku (Türkisches Verfassungsrecht), 2. Aufl., YKY Verlag, Istanbul, 2001

Terhechte, Jörg Philipp [2009]: Dynamik, Souveränität und Integration – making up the rules as we go along? – Anmerkungen zum Lissabon-Urteil des BVerfG, EuZW 2009, S. 724–732

Terhechte, Jörg Philipp [2010]: Europäischer Bundesstaat, supranationale Gemeinschaft oder Vertragsunion souveräner Staaten? – Zum Verhältnis von Staat und Union nach dem Lissabon-Urteil des BVerfG, Europarecht 2010, Beiheft 1, S. 135–151

Tezic, Erdogan: Anayasa Hukuku (Verfassungsrecht), 12. Aufl., Beta Verlag, Istanbul, 2007

The Blackwell Dictionary of Modern Social Thought, 2. Aufl., Wiley-Blackwell Publishing, Cornwall, 2003

Toluner, Sevin: Milletlerarasi Hukuk ile Ic Hukuk Arasindaki Iliskiler (Beziehungen zwischen Völkerrecht und innerem Recht), 1. Aufl., IÜHF Veröffentlichung, Istanbul, 1973

Tömmel, Ingeborg: Das politische System der EU, 3. Aufl., Oldenbourg Verlag, München, 2008

Tomuschat, Christian [1985]: Art. 24, in: Bonner Kommentar zum Grundgesetz, Zweitbearbeitung, C.F. Müller Verlag, Heidelberg, 1985

Tomuschat, Christian [2004]: Die Entscheidung für die internationale Offenheit, in: Kirchhof, Paul/Isensee, Josef (Hrsg.): Handbuch des Staatsrechts, Band VII, 3. Aufl., C.F. Müller Verlag, Heidelberg, 2004, S. 483–535

Tunc, Hasan: Milletlerarasi Sözlesmelerin Ic Hukuka Etkisi (Der Einfluss der völkerrechtlichen Verträge auf die innere Rechtsordnung), in: Anayasa Yargisi, Band 17, Ankara, 2000, S. 174–192

Turan, Ilter: Politicians, Populist Democracy, in: Heper, Metin/Kramer, Heinz/Öncü, Ayse (Hrsg.): Turkey and West Changing Political and Cultural Identities, 1. Aufl., I.B. Tauris Publishing, London, 1993, S. 116–142

Turhan, Mehmet [2003]: Degisen Egemenlik anlayisinin hak ve özgürlüklerin korunmasina ve anayasa yargisina etkileri (Die Wirkung des geänderten Souveränitätsverständnisses auf die Verfassungsgerichtsbarkeit und der Schutz der Freiheiten), in: Anayasa Yargisi, Band 20, Ankara, 2003, S. 215–248

Turhan, Mehmet [2007]: Anayasanin Hak Temelli Yorumu ve Anayasa Yargisi (Auslegung der Verfassung auf der Basis des Rechts und Verfassungsgerichtsbarkeit), in: Ankara Üniversitesi SBF Dergisi, Band 62/3, 2007, S. 379–404

Ücok, Coskun/*Mumcu,* Ahmet/*Bozkurt,* Gülnihal: Türk Hukuk Tarihi (Die Geschichte des türkischen Rechts), 10. Aufl., Savas Verlag, Ankara, 2002

Ünal, Seref: Avrupa Insan Haklari Mahkemesi Kararlarinin Türk Ic Hukukuna Etkileri (Die Wirkung der Entscheidung des EGMR auf die türkische innere Rechtsordnung), in : Anayasa Yargisi, Band 17, Ankara, 2000, S. 63–85

Uygun, Oktay [1992]: 1982 Anayasasi'nda Temel Hak ve Özgürlüklerin Genel Rejimi (Grundrechts- und Freiheitsordnung in der 1982er Verfassung), 1. Aufl., Kazanci Verlag, Istanbul, 1992

Uygun, Oktay [2005]: Avrupa ve Türk Anayasasi, Temel Ilkeler Yönünden Temel Bir Degerlendirme (Europäische und türkische Verfassung: Eine Analyse in Bezug auf die Grundprinzipien), in: Anayasa Yargisi, Band 22, Ankara, 2005, S. 377–387

Verfassungsentwurf TOBB, Türkiye Cumhuriyeti Anayasa Önerisi: Anayasa 2000 (Türkische Republik Verfassungsentwurf: Verfassung 2000), TOBB Veröffentlichung, Ankara, 2000

Verfassungsentwurf Türkiye Barolar Birligi, Anayasa Önerisi: Gelistirilmis Gerekceli Yeni Metin (Verfassungsentwurf vom Bund der türkischen Rechtsanwaltkammer: Entwickelte neue Text mit Begründung), TBB Veröffentlichung, Ankara, 2007

Verfassungsentwurf TÜSIAD, in: TBMM Baskanligina Bazi Kuruluslarca Verilmis ve Ayrica TBMM'deki Siyasi Partilerin Anayasa Degisikligine Iliskin Hazirlik Calismalari ve Taslak Metinleri (Von den verschiedenen Institutionen und von den Parteien im Parlament an die Präsidentschaft des Parlaments gegebene Verfassungsänderungspläne und Verfassungsentwürfe), Parlamento Baskanligi (Präsidentschaft des Parlaments) Ankara, 1993

Verfassungsentwurf von den fünf Verfassungsrechtlern auf Wunsch der Regierungspartei: http://bianet.org/bianet/bianet/101746-akpnin-anayasa-taslaginin-tam-metni

Voigt, Rüdiger: Jenseits der Westfälischen Staatenordnung – staatliche Souveränität, internationale Organisation und Global Governance, in: Aden, Hartmut (Hrsg.): Herrschaftstheorien und Herrschaftsphänomene, 1. Aufl., VS Verlag für Sozialwissenschaften, Wiesbaden, 2004, S. 241–263

Wahl, Rainer: Europäisierung und Internationalisierung, Zum Verlust der schützenden Außenhaut der Souveränität, in: Schuppert, Folke Gunnar/Pernice Ingolf/Haltern, Ulrich (Hrsg.): Europawissenschaft, 1. Aufl., Nomos Verlag, Baden-Baden, 2005, S. 147–177

Walker, Neil: Sovereignty in Transition, 1. Aufl., Hart Publishing, Oxford, 2003

Wassermann, Rudolf: Kommentar zum Grundgesetz für die Bundesrepublik Deutschland, Luchterhand Verlag, Neuwied, 1989

Weber, Albrecht: Vom Verfassungsvertrag zum Vertrag von Lissabon, in: Europäische Zeitschrift für Wirtschaftsrecht (EuZW), Heft 1, 2008, S. 7–14

Weber, Max: Wirtschaft und Gesellschaft, Grundriss der verstehenden Soziologie, 5. Aufl., Mohr Siebeck Verlag, Tübingen, 1985

Weiß, Norman: Kompetenzenlehre internationaler Organisationen, Springer, Heidelberg, 2008

Wendel, Mattias: Permeabilität im europäischen Verfassungsrecht, Mohr Siebeck Verlag, Tübingen, 2011

Winterhoff, Christian: Verfassung – Verfassungebung – Verfassungsänderung. Zur Theorie der Verfassung und der Verfassungsrechtserzeugung, 1. Aufl., Mohr Siebeck Verlag, Tübingen, 2007

Wohlfahrt, Ernst: Anfänge einer europäischen Rechtsordnung und ihr Verhältnis zum deutschen Recht, in: Juristen-Jahrbuch, Band 3, 1962, S. 241–275

Wolf, Dieter, Integrationstheorien im Vergleich, 1. Aufl., Nomos Verlag, Baden-Baden, 1999

Wolf, Rainer: Herrschaft in Zeiten der Entgrenzung. Die Europäische Union als Herrschaftsverband, in: Aden, Hartmut (Hrsg.): Herrschaftstheorien und Herrschaftsphänomene, 1. Aufl., VS Verlag für Sozialwissenschaften, Wiesbaden, 2004, S. 177–240

Yavi, Ersal/*Yavi Yazicioglu*, Necla: Avrupa Birliginin Önlenemeyen Düsüsü, (Unvermeidlicher Sturz der EU), 1. Aufl., Yazici Verlag, Izmir, 2004

Yayla, Yildizhan: 1982 Anayasasi`na Göre Devletin Özü, (Kern des Staates gemäß der 1982er Verfassung), Idare Hukuku ve Idari Bilimler Dergisi, Band 1–3, 1983, S. 133–149

Yazici, Serap [2006]: Avrupa Birligi Süreci: Ulus Devletten Ulusüstü Devlete Geciste Egemenlik Yetkisinin Devri (EU-Verfahren: Die Übertragung von Hoheitsrechten bei der Übergangsphase von dem nationalen in den supranationalen Staat), Özgürlükler Düzeni Olarak Anayasa, Fazil Saglam`a 65 Yas Armagani Icinde, in: Can, Osman/Azrak, Ülkü (Hrsg.): Verfassung als Ordnung der Freiheiten, 65. Jubiläumsschrift für Fazil Saglam), 1. Aufl., Imaj Verlag, Ankara, 2006, S. 447–472

Yazici, Serap [2009a]: Yeni Bir Anayasa Hazirligi ve Türkiye (Vorbereitung für eine neue Verfassung und Türkei), Bilgi Üniversitesi Veröffentlichungen, Istanbul, 2009

Yazici, Serap [2009b]: Demokratiklesme Sürecinde Türkiye (Die Türkei im Demokratisierungsverfahren), Istanbul Bilgi Üniversitesi Yayinlari, Istanbul, 2009

Yildiz, Hüseyin [2007]: Ein Staatsverständnisvergleich zwischen Deutschland, Großbritannien, dem Osmanischen Reich und der Türkei, 1. Aufl., Lit Verlag, Berlin, 2007

Yildiz: Hüseyin [2010]: Der neue Verfassungsentwurf und die daraus resultierenden Einflüsse auf die demokratische Entwicklung der Türkei, in: AÖR, Band 58, Mohr Siebeck Verlag, Tübingen, 2010, S. 353–386

Yilmaz, Abdullah: AB`ye Uyum Sürecinde Türk Kamu Yönetimin Dönüsümü Üzerine Notlar (Notizen über die Wandlung der türkischen öffentlichen Verwaltung bei der Anpassungsphase an die EU), in: D.P.Ü Sosyal Bilimler Enstitüsü Dergisi, 2007, S. 215–240

Yilmaz, Hakan: Two Pillars of Nationalist Euroskepticism in Turkey: The Tanzimat and Sevres Syndromes, in: Karlsson, Ingmar/Strom Melin, Annika, (Hrsg.): Turkey, Sweden and the European Union: Experiences and Expectations, 1. Aufl., Swedish Institute for European Policy Studies, Stockholm, 2006, S. 29–40

Yoldas, Yunus: Das politische System der Türkei, 1. Aufl., Peter Lang Verlag, Frankfurt/Main, 2008

Young, Alison: Parliamentary Sovereignty and the Human Rights Act, 1. Aufl. Hart Publishing, Oxford, 2009

Yurdusev, Nuri: Turkey's Engagement with Europe, in: Kerslake, Celias/Öktem, Kerem/Robins, Philip (Hrsg.): Turkey's Engagement with Modernity – Conflict und Change in the twentieth Century, Palgrave Macmillan, London, 2010, S. 277–299

Yüzbasioglu, Necmi [1993]: Türk Anayasa Yargisinda Anayasallik Bloku (Verfassungsblock in der türkischen Verfassungsgerichtsbarkeit), 1. Aufl., Fakultät Veröffentlichung Nr. 703, Istanbul, 1993

Yüzbasioglu, Necmi [1996]: 1982 Anayasasi ve Anayasa Mahkemesi Kararlarina göre Türkiye`de Kanun Hükmünde Kararnameler Rejimi (Rechtlicher Status der Rechtsverordnung mit Gesetzeskraft in der Türkei nach der 1982er Verfassung und Urteile des Verfassungsgerichts), 1. Aufl., Beta Verlag, Istanbul, 1996

Yüzbasioglu, Necmi [2002]: Olusturulmakta Olan Avrupa Anayasasi Dogrultusunda 1982 T.C. Anayasasinda Yapilmasi Gereken Degisiklikler, Anayasa Reformlari ve Avrupa Anayasasi Icinde, (Der Änderungsbedarf in Bezug auf die vorzubereitende europäische Verfassung, in: Verfassungsreform und europäische Verfassung) TBB Veröffentlichung, Ankara, 2002, S. 130–140

Yüzbasioglu, Necmi [2003]: Anayasa Hukukunun Temel Kavramlari ve Türk Anayasa Hukuku (Grundbegriffe des Verfassungsrechts und türkisches Verfassungsrecht), 1. Aufl., Beta Verlag, Ankara, 2003

Yüzbasioglu, Necmi [2005]: Türk Anayasasinin Avrupa Anayasasina Uyum Sorunu Üzerine Bir Degerlendirme (Eine Analyse über die Anpassung der türkischen Verfassung an die europäische Verfassung), in: Anayasa Yargisi, Band 22, Ankara, 2005, S. 342–349

Zemanek, Jiri: The Europäen self-perception of the Court, in: ECLN 2010, (i.E., Stand 05/2011)

Zippelius, Reinhold: Allgemeine Staatslehre, 1. Aufl., Beck Verlag, München, 2003

Zuleeg, Manfred [1994]: Die Europäische Gemeinschaft als Rechtsgemeinschaft, in: NJW, Heft 9, 1994 S. 545–549

Zuleeg, Manfred [2000]: Die Aufteilung der Hoheitsgewalt zwischen der Europäischen Union und ihren Mitgliedstaaten aus der Sicht der deutschen Verfassung, in: Walter Hallstein-Institut für Europäisches Verfassungsrecht (Hrsg.): Grundfragen der Europäischen Verfassungsentwicklung, 1. Aufl., Nomos Verlag, Baden-Baden, 2000, S. 91–103

Zuleeg, Manfred [2003]: Artikel 10 EG, in: Kommentar zum Vertrag über die Europäische Union und zur Gründung der Europäischen Gemeinschaft, (Hrsg: Groeben, Hans v.d./ Schwarze Jürgen), 6. Aufl., Nomos, Baden-Baden, 2003, S. 669–679

2 Amtsblätter der türkischen Republik

Amtsblatt vom 18.02.1952, Nr. 8038
Amtsblatt vom 13.03.1954, Nr. 866, Gesetz Nr. 6366
Amtsblatt vom 11.06.1963, Nr. 11425
Amtsblatt vom 17.11.1964, Nr. 11858
Amtsblatt vom 22.9.1971, Nr. 13964, Gesetz Nr.1488
Amtsblatt vom 28.10.1980, Nr. 17145, Gesetz Nr. 2324
Amtsblatt vom 29.06.1981, Nr. 17386, Gesetz Nr. 2485
Amtsblatt vom 21.10.1982, Nr. 17845
Amtsblatt vom 22.05.2004, Nr. 25469, Gesetz Nr. 5170

3 Amtsblätter der Europäischen Union

ABl., Nr. 152 vom 13. Juli 1967
ABl., Nr. L 169 vom 29. Juni 1987
ABl., Nr. L 114/56 vom 01.05.1999
ABl., Nr. C 24/11 vom 31.01.2003
ABl., Nr. C 306 vom 17.12.2007
ABl., Nr. C 83 vom 30. März 2010

4 Bundesgesetzblätter

BGBl., I, 1950, S. 263 ff.
BGBl., II, 1952, S. 448 ff.
BGBl., II, 1957, S. 766 ff.
BGBl., I, 1992, S. 2086 ff.
BGBl., II, 1992, S. 1253 ff.
BGBl., II, 1995, S. 48 ff.

5 Gesetzessammlung der Türkei

Düstur II, Tertip C. 33, (Gesetzessammlung, II, Band 33), S. 314–315
Düstur III, Tertip C. 35, Gesetzes-Nr. 6366 (Gesetzessammlung, III, Band 35),
    S. 1567–1582
Düstur V, Tertip C. 4/1, (Gesetzessammlung, V, Band 4/1), S. 42–77
Düstur III, Tertip C. 17, (Gesetzessammlung, III, Band 17), S. 1455–1496
Düstur III, Tertip C. 26, (Gesetzessammlung, III, Band 26), S. 1382 ff.

6 Gerichtsurteile (Türkei)

bis 1970

Urteil des türkischen Verfassungsgerichts, E. 1963/311 K. 1965/12, in: Amtsblatt vom 24.12.1965, Nr. 12185

Urteil des türkischen Verfassungsgerichts E.1970/1, K. 1970/31, in: AMKD, Band 8

1971–1990

Urteil des türkischen Verfassungsgerichts, E.1973/19, K. 1975/87, in: AMKD, Band 13

Urteil des türkischen Verfassungsgerichts, E.1975/167, K. 1976/19, in: AMKD, Band 14

Urteil des türkischen Verfassungsgerichts, E. 1977/82, K. 1977/117, in: Amtsblatt vom 14.01.1978, Nr. 16169

Urteil des türkischen Verfassungsgerichts, E. 1979/1, K. 1980/1, in: AMKD, Band 18

Urteil des türkischen Verfassungsgerichts, E. 1979/38, K. 1980/11, in: AMKD, Band 18

Urteil des türkischen Verfassungsgerichts, E.1983/2, K. 1983/2, in: AMKD, Band 33, S. 363

Urteil des türkischen Verfassungsgerichts, E.1984/14, K. 1985/7, in: AMKD, Band 21, S. 181

Urteil des türkischen Verfassungsgerichts, E. 1985/31 K. 1986/11, in: Amtsblatt vom 09.05.1986, Nr. 19102

Urteil des türkischen Verfassungsgerichts, E. 1986/18, K. 1986/24, in: AMKD, Band 22

Urteil des türkischen Oberverwaltungsgerichts, E. 1986/1723, K. 1991/933

Urteil des türkischen Verfassungsgerichts, E.1987/9, K. 1987/15, in: AMKD, Band 23

Urteil des türkischen Oberverwaltungsgerichts, E. 1988/6, K. 1989/4

Urteil des türkischen Verfassungsgerichts, E. 1990/1, K. 1991/1, in: AMKD, Band 27/2

Urteil des türkischen Verfassungsgerichts, E. 1990/32, K. 1990/25, in: Amtsblatt vom 30.11.1990, Nr. 20711

Urteil des türkischen Verfassungsgerichts, E 1991/6, K 1991/20, in: AMKD, Band 27/I

Urteil des türkischen Verfassungsgerichts, E. 1993/1, K. 1993/2, in: AMKD, Band 30/2

Urteil des türkischen Verfassungsgerichts, E.1993/3, K. 1994/2, in: AMKD, Band 30/2

Urteil des türkischen Verfassungsgerichts, E. 1993/4, K. 1995/1, in: AMKD, Band 33/2

Urteil des türkischen Verfassungsgerichts, E 1994/49, K. 1994/45 in: AMKD, Band 30/I

Urteil des türkischen Verfassungsgerichts, E. 1995/1, K. 1996/1, in: AMKD, Band 33/2

Urteil des türkischen Verfassungsgerichts, E. 1996/3, K. 1997/3, in: Amtsblatt vom 22.06.2000, Nr. 24067

Urteil des türkischen Verfassungsgerichts, E. 1996/55 K. 1997/33, in: AMKD, Band 37

Urteil des türkischen Verfassungsgerichts, E. 1997/2, K. 1999/1, in: AMKD, Band 35/2

Urteil des türkischen Verfassungsgerichts, E. 1997/62, K. 1998/52, in: AMKD, Band 1

ab 2000

Urteil des türkischen Verfassungsgerichts, E. 2002/146, K. 2002/201, in: AMKD 39/1, S. 323

Urteil des türkischen Verfassungsgerichts, E.2007/72, K.2007/68, in: Amtsblatt vom 07.08.2007, Nr. 26606

Urteil des türkischen Verfassungsgerichts, E. 2008/16, K. 2008/116, in: ABl. Nr. 27030 vom 22.10.2008

7 EuGH-Entscheidungen

EuGH, Sammlung 1964, Costa/E. N. E. L., S. 1251

EuGH, Sammlung 1970, Internationale Handelsgeschäfte, S. 1125

EuGH, Sammlung 1978, Staatliche Finanzverwaltung/SpA. Simmenthal, S. 629

EuGH, Sammlung 1986, Les Verts, S. 1339

EuGH, Sammlung 1991, Gutachten, S. 1
EuGH, Sammlung 1991, Factorame, S. 3905
EuGH, Sammlung 1993, Levy, S. 4237
EuGH, Sammlung 1998, Solred, S. 937

8 Gerichtsurteile (Deutschland)

BVerfGE 22, S. 293–299, in: Entscheidungen des Bundesverfassungsgerichts, Hrsg: Mitglieder des Bundesverfassungsgerichts, Mohr und Siebeck, Band 22, Tübingen, 1968
BVerfGE 58, 1, S. 1–45, in: Entscheidungen des Bundesverfassungsgerichts, Hrsg: Mitglieder des Bundesverfassungsgerichts, Mohr und Siebeck, Band 58, Tübingen, 1982
BVerfGE 89, S. 155–213, in: Entscheidungen des Bundesverfassungsgerichts, Hrsg: Mitglieder des Bundesverfassungsgerichts, Mohr und Siebeck, Band 89, Tübingen, 2004
BVerfGE – Vertrag von Lissabon, in: Neue juristische Wochenschrift, (NJW), Heft 31, 2009, S. 2267–2295

9 Gerichtsurteile (Tschechien)

Lissabon-Urteil I des tschechischen Verfassungsgerichts
Lissabon-Urteil II des tschechischen Verfassungsgerichts

10 Web-Seiten

<http://bianet.org/bianet/bianet/101746-akpnin-anayasa-taslaginin-tam-metni>
<http://ec.europa.eu/enlargement/pdf/turkey/st20002_05_tr_framedoc_en.pdf>
<http://europa.eu/lisbon_treaty/news/index_de.htm>
<http://eur-lex.europa.eu/LexUriServ/LexUriServ.do?uri=COM:2004:0656:FIN:DE:PDF>
<www.concourt.cz/clanek/pl-29-09>
<www.consilium.europa.eu/ueDocs/cms_Data/docs/pressdata/de/ec/83221.pdf>
<www.tbmm.gov.tr/sirasayi/donem21/yil01/ss737m.htm>
<www.tbmm.gov.tr/tutanak/donem22/yil2/bas/b086m.htm>
<www.tuerkei-recht.de/Rezeption.pdf>
<www.verfassungen.de/tr/türkei21-index.htm>

<www.verfassungen.de/tr/tuerkei24.htm>
<www.verfassungen.de/tr/tuerkei61.htm>
<www.verfassungen.de/tr/tuerkei82.htm>
<www.verfassungen.eu/hu/index.htm>
<www.whi-berlin.de>
<www.yasayananayasa.ankara.edu.tr/anayasa/01.htm>

Sylvie Brahy

Europäische Union und Türkei: Nationale Verfassung und supranationale Ordnung im Spannungsverhältnis

Frankfurt am Main, Berlin, Bern, Bruxelles, New York, Oxford, Wien, 2009.
207 S.
Europäische Hochschulschriften: Reihe 2, Rechtswissenschaft. Bd. 4775
ISBN 978-3-631-57835-3 · br. € 47,95*

Diese Arbeit beschäftigt sich mit der Frage der Vereinbarkeit der türkischen Verfassung mit den Hauptgrundsätzen der Supranationalität der Europäischen Union – Übertragung von Hoheitsrechten, vorrangige Anwendung des Gemeinschaftsrechts und Beteiligung der nationalen Parlamente an dem EU-Entscheidungsprozess. Dabei handelt es sich nicht um ein Plädoyer für oder gegen einen EU-Beitritt der Türkei, sondern vielmehr um eine fachliche, rechtsvergleichende Auseinandersetzung mit der Auffassung von nationaler Souveränität und deren Vereinbarkeit mit der komplexen und einzigartigen Struktur der EU.

Aus dem Inhalt: Die Supranationalität der EU · Der Begriff der nationalen Souveränität · Die Implikationen der Supranationalität der EU auf innerstaatlicher Verfassungsebene

*inklusive der in Deutschland gültigen Mehrwertsteuer. Preisänderungen vorbehalten

Peter Lang · Internationaler Verlag der Wissenschaften

Frankfurt am Main · Berlin · Bern · Bruxelles · New York · Oxford · Wien
Auslieferung: Verlag Peter Lang AG
Moosstr. 1, CH-2542 Pieterlen
Telefax 00 41 (0) 32 / 376 17 27
E-Mail info@peterlang.com
Seit 40 Jahren Ihr Partner für die Wissenschaft
Homepage http://www.peterlang.de